BBVA

养老保险基金监管丛书

拉美养老金改革：
面临的平衡与挑战

［西］何塞·路易斯·埃斯克里瓦
（José Luis Escrivá）

［西］爱德华多·富恩特斯　主编
（Eduardo Fuentes）

［西］艾丽西亚·加西亚—埃雷罗
（Alicia García-Herrero）

郑秉文　译

中国劳动社会保障出版社

图书在版编目（CIP）数据

拉美养老金改革：面临的平衡与挑战/（西）埃斯克里瓦，（西）富恩特斯，（西）加西亚—埃雷罗主编；郑秉文译.—北京：中国劳动社会保障出版社，2012

书名原文：Pension Reforms in Latin America：Balance and Challenges Ahead

ISBN 978-7-5167-0006-8

Ⅰ.①拉… Ⅱ.①埃…②富…③加…④郑… Ⅲ.①退休金-劳动制度-经济体制改革-研究-拉丁美洲 Ⅳ.①F249.730.134

中国版本图书馆 CIP 数据核字（2012）第 235552 号

José Luis Escrivá, Eduardo Fuentes, Alicia García-Herrero
Pension Reforms in Latin America：Balance and Challenges Ahead
Copyright © 2010 by BBVA
All rights reserved. No part of this publication may be reproduced or transmitted in any form or by any means, electronic or mechanical, including without limitation photocopying, recording, taping, or any database, information or retrieval system, without the prior written permission of the author.
The Chinese translation edition is licensed to China Labour and Social Security Publishing House. This edition is authorised for sale in the People's Republic of China only, excluding Hong Kong, Macao SAR and Taiwan.
北京市版权局著作权合同登记号：图字 01-2012-7332

中国劳动社会保障出版社出版发行

（北京市惠新东街 1 号　邮政编码：100029）

出 版 人：张梦欣

*

中国铁道出版社印刷厂印刷装订　新华书店经销
787 毫米×1092 毫米　16 开本　21.75 印张　346 千字
2012 年 10 月第 1 版　2012 年 10 月第 1 次印刷
定价：80.00 元

读者服务部电话：010－64929211/64921644/84643933
发行部电话：010－64961894
出版社网址：http://www.class.com.cn

版权专有　　　侵权必究
举报电话：010－64954652

如有印装差错，请与本社联系调换：010－80497374

养老保险基金监管丛书编译委员会

主 任 委 员：陈　良　苏国新

副主任委员：刘　勇

委　　　员：刘云龙　张　琰　胡玉玮　董　涛

序 一

始于20世纪80年代至90年代的拉美养老金改革，形成了一种新的养老金模式——"拉美模式"。这种改革的主要特点是对现收现付的DB型计划做出调整，引入了"缴费确定型"的个人账户，并对个人账户资金进行市场化运作。

虽然拉美各国因经济、社会、金融和政治条件不同，导致它们各自采取的改革方式也不同，有的是采取新制度完全替代旧制度的"完全替代"模式，比如智利；有的采取"部分替代"模式，即在保者和新参保者全部进入到新制度，但赋予改革前参加公共制度的缴费者一项选择，即当他们退休时，可在现收现付制度和个人资本化制度之间，选择一份可领取的退休金，比如墨西哥；还有的采取"平行模式"，参保人员可在现收现付和个人资本化制度间进行选择，比如秘鲁和哥伦比亚。但它们仍具有一些共同目标，这些目标包括：实现更强的透明性；提高回报；吸引缴费者；增加自愿储蓄；确保社会保障缴费的可负担性；促进养老基金管理机构的竞争并为储蓄者提供更多的选择；促进资本积累；控制制度转换带来的财政成本；开拓市场；多样化资产组合；体现性别平等；促进非缴费型福利养老金计划的渐进发展；以及建立新的监管制度，等等。这种共性体现了养老金制度改革的普适价值。

我国已进入老龄化社会，从 2011 年到 2015 年，全国 60 岁以上老年人将由 1.78 亿人增加到 2.21 亿人，平均每年增加老年人 860 万人；老年人口比重将由 13.3% 增加到 16%，平均每年递增 0.54 个百分点。未来 20 年，我国人口老龄化日益加重，到 2030 年全国老年人口规模将会翻一番。老龄化趋势的加快，使完善多支柱养老保障体系的挑战更加艰巨。

拉美国家这些年的养老金改革，积累了一些可供借鉴的经验教训，可以帮助我们在探索建立适合中国国情的养老金制度方面少走弯路。《拉美养老金改革：面临的平衡与挑战》这本书，为我们提供了一些参考，不仅有学术价值，还具有现实意义。

在此，我对西班牙对外银行（BBVA）和中信银行将本书无偿引进中国表示感谢，对中国社会科学院世界社保研究中心所做的翻译工作，表示衷心感谢！

人力资源和社会保障部社会保险基金监督司司长

陈良

2012 年 10 月

序 二

现在呈献给大家的这本书，是中信银行最大的外资股东——西班牙对外银行（BBVA）对拉美养老金最新的研究成果。西班牙对外银行是拉美最大的养老金管理机构之一，是拉美地区养老金改革最早的参与机构，对世界各国养老金发展趋势，尤其是对拉美国家养老金改革有着深入研究。

这本书是通过对拉美地区养老金改革的长期跟踪、研究、参与后进行的全面总结，书中对私人养老金（即第二支柱）在拉美养老金体系中的重要作用给予了肯定，对智利、墨西哥、哥伦比亚、秘鲁四国养老金改革的背景、现状以及改革的经验教训进行了阐述，并对拉美各国养老金改革的可输出性进行了评估。养老金问题究竟给现在的欧债危机带来何种影响，私人养老金或第二支柱到底在养老体系中占据什么地位，这本书应该能够给出一些答案。这本书的内容是对拉美地区养老金改革的一场精彩阐述，它的出版对于更好地了解拉美地区养老金制度改革提供了参考，为政府机构的政策制定提供了依据。

我国建立多层次养老保障体系的序幕已经拉开，三支柱的建设正在逐步完善，商业银行作为中国养老金改革中的一支不可或缺的力量，重要性正在逐步体现。通过积极宣传推动，商业银行为企业年金制度在我国的推广起到了重要支持作用；在社会保障基金、各项社会保险基金的管理上，商业银行也正在成为重要的受托、资金托管和账户管理机构。本书也为银行业如何参与中国养老金改革提供了一定思路。

多年以来，中信银行积极参与中国社会福利保障体系的改革，通过开展和西班牙对外银行（BBVA）的战略合作，将西方先进的养老金管理经验引入我国，在养老金金融市场化、企业年金制度发展推动、托管制度完善等方面，一直贡献着自己的力量。同时，为推动我国养老金制度的进一步完善、金融机构参与养老金经营的经验积累，作出了积极贡献，体现出了高度的社会责任感。

这本书的引进，要感谢国家人力资源和社会保障部社会保险基金监督司的大力支持和积极引导；同时，也要感谢中国社会科学院世界社保研究中心严谨认真的翻译工作；对BBVA在版权以及工作方面给予的帮助，也要表示感谢。

它山之石，可以攻玉。我希望这本书能够呈献给大家更多的理论积累和经验借鉴，并为我国养老金制度建设和市场化运作提供积极的参照依据。

中信银行副行长

2012 年 10 月

目　录

第一章　拉美养老金改革评估 …………………………（ 1 ）
 第一节　原养老金制度 ……………………………（ 2 ）
 第二节　养老金制度改革 …………………………（ 4 ）
 第三节　改革成就和面临的挑战 …………………（ 18 ）
 第四节　结论 ………………………………………（ 26 ）

第二章　退休收入制度中私人养老金作用无可替代 …（ 27 ）
 第一节　引言 ………………………………………（ 27 ）
 第二节　养老金改革背后的驱动力 ………………（ 28 ）
 第三节　养老金改革对制度可持续性、充足
    　性和公平性的影响 ………………………（ 34 ）
 第四节　预筹积累和 DC 型转变重要性日显
    　的政策含义 ………………………………（ 36 ）
 第五节　结束语 ……………………………………（ 39 ）

第三章　智利养老金改革 ………………………………（ 41 ）
 第一节　背景 ………………………………………（ 41 ）
 第二节　个人资本化养老金制度 …………………（ 47 ）
 第三节　2008 年养老金改革 ……………………（ 60 ）
 第四节　建议 ………………………………………（ 89 ）
 第五节　结论 ………………………………………（ 98 ）

第四章 走向更完善的养老金制度：墨西哥改革愿景及对策建议 …………………………………（102）

第一节 引言 …………………………………（102）

第二节 背景 …………………………………（104）

第三节 养老金制度改革 ……………………（115）

第四节 养老金制度的预测结果 ……………（138）

第五节 对策建议 ……………………………（155）

第六节 结论 …………………………………（160）

第七节 附录 …………………………………（162）

第五章 坚信未来：改善哥伦比亚养老金制度之建议 …………………………………………（169）

第一节 引言 …………………………………（169）

第二节 背景 …………………………………（170）

第三节 1993年养老金改革及后续改革 ……（172）

第四节 哥伦比亚养老金制度的结构 ………（176）

第五节 哥伦比亚养老金制度的预测结果 …（186）

第六节 建议 …………………………………（206）

第七节 结论 …………………………………（215）

第六章 秘鲁养老金改革 ………………………（220）

第一节 引言 …………………………………（220）

第二节 背景和制度框架 ……………………（221）

第三节 养老金制度的预期成效 ……………（238）

第四节 改革提议 ……………………………（257）

第五节 改革效果评估 ………………………（262）

第六节 总结 …………………………………（264）

第七章 发展"团结支柱"面临的挑战 ………（267）

第一节 改革动机 ……………………………（267）

　　　　第二节　养老金改革的承诺与结果：财政
　　　　　　效应 …………………………………（269）
　　　　第三节　正在进行的改革：强化再分配制度
　　　　　　………………………………………（277）
　　　　第四节　哥伦比亚、秘鲁和墨西哥的改革：
　　　　　　进行中的工作 ……………………（283）
　　　　第五节　结论：智利模式的可输出性 ………（290）
　　　　附录 ………………………………………（294）
第八章　未来可吸取的教训 ………………………（300）
　　　　第一节　关于政策建议的总结 ……………（301）
专有名词对照表 ……………………………………（311）
参考文献 ……………………………………………（317）
译者后记 ……………………………………………（334）

第一章 拉美养老金改革评估

何塞·路易斯·埃斯克里瓦（José Luis Escrivá）
爱德华多·富恩特斯（Eduardo Fuentes）
艾丽西亚·加西亚—埃雷罗（Alicia García-Herrero）

自 20 世纪以来，一些重大的转型过程影响到世界，使得养老金制度改革变得迫切。这些改革可能因国而异，但其最终目标却十分相近，胡安·耶莫在第二章中很好地解释了这些。不管是通过"增补"方式，还是靠引入新的计划行动，发达经济体和新兴经济体存在的这些共性因素，都为改进养老金制度铺平了道路。

拉美在过去 20 年经历了重大变革，而在养老金制度方面尤为如此。依照智利的开创性经验（1981 年），相继有 12 个国家改良了他们的养老金计划[①]。这些变革既是参量式的（例如增加缴费率和提高退休年龄），但更是结构式的：将个人（强制性或自愿性）资本化体系[②]和私人部门完全或协同参与养老基金管理结合在一起，为这些结构式改革奠定了基础[③]。这种应对退休问题的新方法有着针对性的目标，即适应国

[①] 这些国家分别是智利（1981）、秘鲁（1992）、哥伦比亚（1993）、阿根廷（1994）、乌拉圭（1996）、墨西哥和萨尔瓦多（1997）、玻利维亚（1998）、哥斯达黎加和尼加拉瓜（2000）、厄瓜多尔（2001）和多米尼加共和国（2003）。

[②] 巴西的案例值得关注：该国在强制性支柱中采用一个混合性战略（名义性制度）。根据伯特拉诺（Bertranou 2004），巴西在 1999 年对私人部门工人养老金制度进行了改革，在 2003—2004 年对公共部门雇员制度进行了改革。

[③] Bertranou, August 2004.

家面临的由以下因素引起的新挑战和风险：公共财政的脆弱性、生育率的变化、人口寿命的增长、公共管理的效率问题以及金融市场更大的发展潜力。

在智利、哥伦比亚、墨西哥和秘鲁四国，虽然独有的金融、经济、社会和政治条件支配了各自的改革，但他们仍然具有一些共同目标。这些目标包括：实现更强的透明性；提高回报；吸引缴费者；增加自愿储蓄；确保社会保障缴费的可负担性；促进养老基金管理机构的竞争，并为储蓄者提供更多的选择；促进资本积累；控制制度转换带来的财政成本；开拓市场；多样化资产组合；加强性别平等；促进非缴费型福利养老金计划的渐进发展；以及建立新的监管制度。

改革成就是十分可观的。那些积极加入变革后制度的工人们，得到了比其他储蓄计划高得多的真实回报。对未来几代的退休者来说，预期的养老金替代率（养老金水平与平均最终领取的薪水之比）也是十分合理的。然而，仍有相当大比例工人未向制度缴费，其原因在于有一些重大问题仍影响着拉美经济。有两大主要因素仍制约着养老金改革潜力的发挥：大规模的非正规经济和大批人口的低收入水平问题，它们限制了建立长期储蓄积累的可能性。

然而，随着这些约束性因素逐步得以解决，改革后的养老金制度具有许多潜力。目前，改革已运行了多年，很有必要对现状进行详细的分析。这种分析可以作为一个基础，以此来制定新的措施，巩固这些养老金计划、扩大这些国家的养老金覆盖面，确保体面的退休金，并改善养老金制度的财务状况。本书详尽分析了上述内容，尤其聚焦在智利、哥伦比亚、墨西哥和秘鲁四国案例上，而在本章这一特殊章节中，我们将从趋势和比较的角度来对这些研究进行概述。首先，大致描述一下原养老金制度。接下来，我们观察这四国为创建新养老金制度，采取的结构性改革情况。随后部分是对结构性经济因素的一个分析，这些因素是决定养老金制度成效的条件，需要在结束对成就和挑战的分析之前，同步得到评估，而成就和挑战仍处于观察之中。

第一节　原养老金制度

在20世纪初，大部分拉美国家在养老金体系中引入了"待遇确定型"（Defined Benefit，以下简称 DB 型）现收现付计划。运用该计划的早期国家（1910—1930 年）包括乌拉圭、阿根廷、智利和巴西；中期国家（1940—1950 年）有墨西哥、秘鲁、哥伦比亚、玻利维亚、厄瓜多尔、巴拉圭、哥斯达黎加和委内瑞拉；最后一批国家（1960—1970 年）为萨尔瓦多、尼加拉瓜、多米尼加共和国、危地马拉和洪都拉斯。

这些国家的养老金体系由公共社会保障机构来组织和管理，并由国家负责提供大范围的保障和待遇（参见图 1.1）。最初，来自工人的缴费收入远高于退休金债务。因此，政府具有实施低费率和慷慨养老金政策的政治动因。随着时间推进，退休人口数量上升，同时，面向长预期寿命社会的人口转型过程开始发生。在原有规则下，已不可能继续发放同等水平的养老金。然而，代之以作出必要的调整（降低待遇和/或增加缴费），政府更倾向于维持、在某些国家甚至是提高养老金水平。于是，这些国家迫不得已以更大的财政赤字来负担养老金债务。

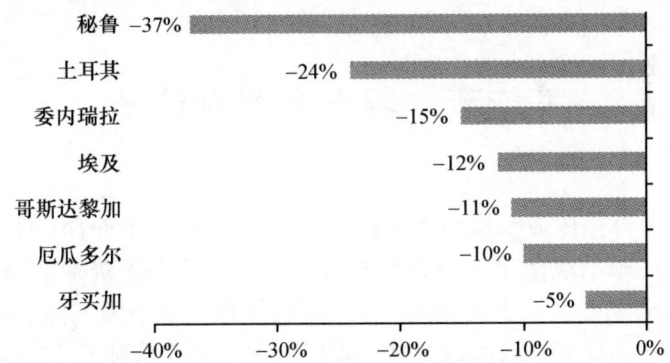

图 1.1　20 世纪 80 年代部分公共养老金计划的实际回报

资料来源：*Averting the Old-Age Crisis：Policies to Protect the Old and Promote Growth*. New York. Oxford University. World Bank（1994）。

一轮不幸的经济政策使上述状况变得更糟，这些政策削减了受影响国家的发展潜力。由于缺乏严格性的财政和货币约束规则，高通胀情形开始出现，进而对经济主体造成大幅扭曲①。同时，这些国家还实施了其他一些原打算好的政策，但它们远不符合市场现实。事实上，这些政策增加了市场的无效性，例如实行对工人的过度保护，在很大程度上限

---

① 这尤其会影响到那些养老金面临巨大实际损失的工人。关于通胀给养老基金带来潜在性风险的分析，请参见：Whitehouse（2009）。

制了雇主解雇工人的权力，并将最低工资提高到劳动生产率水平之上①。雇主不再有积极性去招聘，失业率上升，而且相当大一批人口被迫转入非正规经济。

其他问题还包括：当时政府的行政管理较弱，并且福利制度的运营缺乏透明度。几乎在所有国家的例子中，养老基金的财务管理都没有效率，其结果是管理资产的真实回报都是负数。与此同时，政府作出了更多的政治偏见性或短视性决策，导致许多情况下退休基金被挪用于公共工程融资，或用于中央政府的运营开支。

上述情况使一些国家的制度状况变得不可持续，并产生了全面性改革养老金制度的需求。为保障公共养老金体系的财务可行性，制度需要作出参量式调整（例如延迟退休年龄、提高缴费、限制提前退休以及按保险精算方式合理调整待遇）。我们认为结构式改革也是至关重要的。其中的措施包括推行基于个人强制性储蓄账户的养老金计划。

第二节　养老金制度改革

智利、哥伦比亚、墨西哥和秘鲁决定对现收现付的 DB 型计划作出调整（一些国家取消了现收现付计划），引入了"缴费确定型"（Defined Contribution，以下简称 DC 型）个人账户。每个国家都根据各自的金融、经济、社会、政治以及社会保障状况，将个人账户加以应用。传统公共管理的现收现付计划②变得更具个性化，并由私人养老储蓄公司来参与管理③。新计划聚焦于储蓄、自我保障以及养老金待遇，它取决于个人储蓄。

一、结构性改革

个人账户式的 DC 型计划在应用上有几种不同方式，作者称之为替

---

① Pagés (2010) 评估了可以继续促进该地区生产率上升的关键性政策。
② 公共养老金制度具有以下特征：非确定型缴费（non-defined contribution）、DB 型待遇、现收现付或部分集合性的资本化金融计划，以及公共管理（Mesa-Lago，2004）。
③ 私人制度具有 DC、非 DB 型的完全个人资本化的金融计划以及私人管理特征，尽管这种管理体制可能是多重的（公共、私人或混合）（Mesa-Lago，2004）。

代模式、平行模式和混合模式。替代模式终止现收现付计划，并代之以私人管理的个人储蓄账户。平行模式保留了现收现付计划，个人储蓄账户与之竞争，换句话说，工人可在两种计划间进行选择。在混合模式（也称做整合模式）中，现收现付和个人账户相互补充，它们可由政府与私人部门共同管理①。

表1.1说明了智利、哥伦比亚、墨西哥和秘鲁四国所采用的模式、改革日期以及他们采取的制度体系，包括在缴费、待遇和财务规则方面一些最重要的特征。

表1.1　　　　　　　　养老金改革特征和模式

国家	改革日期	制度	缴费	待遇	财务计划	行政管理
替代模式							
智利	1981	私人	确定型	非确定型	PIC^a	私人^b
墨西哥	1997					
平行模式							
秘鲁	1992	公共或	非确定型	确定型	现收现付	公共
哥伦比亚	1993	私人	确定型	非确定型	PIC	私人^b

注：a) FIC：哥伦比亚采取了完全个人资本化的部分集合制度（Full individual capitalization Partial collective capitalization）；b) 墨西哥和哥伦比亚采取了多支柱制度。（原文如此，疑似笔误——译者注）

资料来源：Evaluación de un cuarto de siglo de reformas estructurales de pensiones en América Latina，Carmelo Mesa-Lago，December 2004。

智利作为先锋国家，于1981年第一个改革了制度，当时它采用了替代模式。在这种制度框架下，公共现收现付计划停止面向新参保成员，并代之以私有的个人资本化体系。公共制度的缴费者被转移到私人制度中去，在余下来的工作生涯中，他们将向私人制度缴费。为补偿工人先前阶段已在现收现付制度下付出的缴费，一种养老金债券被设计出来，退休时它将会被单独添加到养老金中去。墨西哥在16年后也选择了替代模式。不过，虽然该国对新参保者终止了现收现付计划，并将所有工人转移到新制度中，但该国赋予改革前参加公共制度的缴费者一项选择，即当他们退休时，可在现收现付制度和个人资本化制度之间，选择一份可领取的退休金。与此同时，秘鲁（1992年）和哥伦比亚（1993年）采用了平行模式，工人可在现收现付和个人资本化制度间进

---

① 在阿根廷，1994—2008年期间，管理划分为国家和私人养老金公司两类。在乌拉圭，仅由国家管理。

行选择。

私有的个人资本化制度概括起来有两部分：一个是强制性的，另一个是自愿性的。强制性制度要求工人成为参保成员，并按法定费率缴费。通过界定工人可向私人管理资产补充缴费的规模，自愿性制度为他们提供了增加退休储蓄的机会。在上述两种情况下，缴费都享受延迟纳税的优惠。在大多情况下，个人账户中积累的资产不得在退休前提取，不过某些特殊情况也有例外（Mesa-Lago，2004）。

这些国家将一些更细的制度环节应用到各自特定的国情中去。在智利，新制度与旧制度大相径庭。新制度被看做储蓄制度，其间工人整个职业生涯的缴费都为养老金提供融资。这些缴费是"养老基金管理公司"（Administradoras de Fondos de Pensiones，AFPs）管理个人账户业务的一部分。国家专门集中负责非缴费型养老金计划的运营。这个问题将在第三章中由索莱达·霍马察巴尔做更详细的解答，并在第七章中由安赫尔·梅尔吉索、安赫尔·穆尼奥斯、戴维·图埃斯塔和华金·比亚尔进一步作出分析。

在哥伦比亚的案例中，第五章中玛丽亚·克劳迪娅·利亚纳斯和哈维尔·阿隆索描述了20世纪90年代初养老金制度面临的主要财务和覆盖面问题。该国选择一个平行制度，其中"具有平均费率特征的DB型待遇计划"（Average Premiums with Defined Benefits，RPM）与"具有福利因素的个人储蓄体系"（Individual Savings with a Welfare Element，RAIS）并存。参保人只能参加二者中的一个制度，不像乌拉圭和哥斯达黎加那类国家的做法，工人们可向两个制度缴费。养老金改革具有三重目标：财政平衡、扩大覆盖面以及更加公平。1993年出台的100号法令设定了哥伦比亚养老金制度的基本条件。自20世纪90年代前半阶段以来，哥伦比亚各项改革的主要目标在于：实现养老金制度更广的覆盖面、公平性、效率性和财务可持续性。

正如卡洛斯·埃雷拉在第四章中所阐述的，墨西哥引入了一个新制度，它从根本上改变了养老金计划的制度设计。作为该国社会保障制度历史中的第一次，人们获得了养老金储蓄所有权保障。在墨西哥社会保障局（Mexican Social Security Institute，IMSS）管理的制度体系下引入了DC型计划，并得到了公共部门和私人部门的支持，这是实现更完备养老金制度的一个台阶。上述举措是解决困扰原养老金计划问题的一个开端①，旧制度在长期内将无法融资，在人口变化面前十分脆弱，意味着政府部门要承担重大担保责任。

对秘鲁，第六章中亚斯米娜·别莱蒂奇和戴维·图埃斯塔解释了在1992年养老金改革之后，制度是如何形成两个平行体制的。第一个是"国民养老金制度"（National Pension System，SNP），它由"养老金标准化办公室"（Office of Pension Standardization，ONP）管理，采用现收现付运作方式。第二个是"私人养老金制度"（Private Pension System，SPP），于1993年7月开始运作。它由养老金投资管理公司（AFPs）私人化管理，这些公司在银行及保险监管局（Superintendency of Banking and Insurance）的监管下，负责个人资本化计划的管理。考虑到秘鲁经济中有大量非正规部门，并出于扩大低收入工人覆盖面的需要，该国政府已采取措施应对这些问题。2008年6月，1086号法令获得通过，该法赋予微型企业②和中小企业③雇员更多加入养老金制度的机会，他们既可选择国民养老金制度（SNP），也可选择私人养老金制度（SPP）。同时，该国还建立了一个福利养老金制度，目标专门面向微型企业雇员④。

个人账户DC计划的目标在于实现更有效的工人资产管理，并使公共资源的渠道面向更多的弱势群体，这些做法考虑到了财务约束问题。已采取的措施包括：

• 通过专业化管理，改善征缴以及养老金持有金融资产的投资，获得良好的风险—回报平衡。

• 通过监督和管制来平衡养老金行业中涉及的各方利益，至关重要的是保护基金所有权。法律规定了养老金投资管理公司（AFPs）明确的信托责任。

• 通过制定监管标准来评估以下因素：风险—回报之间的权衡、审慎经营管理、资本市场干预、对养老金投资管理公司（AFPs）可投资资产的定性和定量限制及其他一些方面。

---

① 这里是指高龄人员的伤残、老年、失业计划以及死亡保险（IVDM）。

② 在1086号法令范围之内，微型企业必须满足以下特点：1～10个雇员，每年销售额最高不超过150个报税单位（UIT为报税单位，2010年为3 600新索尔）。

③ 在1086号法令范围之内，小企业必须满足以下特点：1～100个雇员，每年销售额最高不超过1 700个报税单位（UIT报税单位，2010年为3 600新索尔）。

④ 在本书准备出版的过程中，2010年7月28日，来自秘鲁的选举信息声称政府打算出台一部法律，针对赤贫状态的老年人口，政府提供一个非缴费型养老金。

- 通过保险计划使养老基金降低风险，该种风险与死亡和无力就业因素相关。
- 在保留公共现收现付计划的同时，根据国家的人口和财政状况对其进行调整。

养老金制度因上述措施而得以改善，更重要的地方在于：通过引入个人账户、并建立起一个保障基金合理化运营的监管框架，工人们有了"退休缴费主权"（ownership of retirement contributions）意识。上述监管规则也被应用到现收现付计划中去，在这里缴费仍是集合式的，但资产是无形的，并且由于政府透明度提高，合理的财政管理体制保障了资金征缴。在私人养老金制度情形下，严格的管制政策保障了每个参保成员在储蓄上的个人财产权。养老金改革还促进了政府预算的有效使用，它对劳动力市场产生影响，提高了生产率，推动了经济制度发展，孕育了金融市场发展，并从总体上对长期经济增长产生全局性影响。根据施密特·黑贝尔（Schmidt-Hebbel, 2003）研究，在智利，在1981—2001年期间GDP平均4.63%的增长率中，养老金制度改革贡献了0.49个百分点。因此，养老金改革贡献占到了2001年GDP的4.62%。由于养老金改革是22年前发生的，通过财政融资、生产要素的积累和使用以及全要素生产率作用的发挥，它对国家产出带来了大量直接性和间接性影响。

二、投资改革

改革发生后，养老基金资产组合管理开始改善。这里尤其需要指出的是一些投资规则的引入，根据实施中的监管条例，这些规则允许专业性机构投资有效的资产工具。这些监管政策被逐步应用到一个更具竞争性的体系中去，在该体系下，养老基金管理人按职责将其托管的养老储蓄投资到各类资产中去，同时，该体系促进了资本市场繁荣。在那些养老基金资产增长效果良好的国家，养老基金管理公司和资本市场形成了一个良性循环，这可在图1.2中看出来。

这种新计划带来了新的监管变化，例如对个人账户不应统一对待，因为制度目前覆盖的人口既包括新参保人，也包括处于退休边缘的老年人。由此，"多基金计划"（multi-fund plans）应运而生。

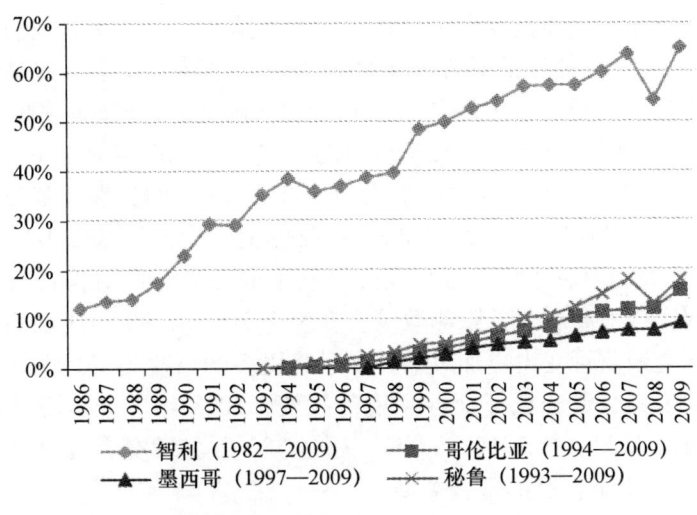

图 1.2　基金占 GDP 比重（%）

资料来源：BBVA 研究部。

1. 多基金计划①

每个国家的投资规则在很大程度上取决于公共政策制定者对金融市场发展的判断。这些国家在监管方面取得的成效，主要集中在数量限制政策上，也体现在一些更具灵活性的计划上，即通过经营指标来监督基金管理人的行为。虽然严格约束性计划的目标是为了使缴费者的储蓄更加安全，但它们可能带来差的"风险—回报组合"（risk-return balance）效果。

多基金计划有助于平衡投资者和缴费者的风险组合，并且允许养老金公司投资于一定数量风险水平不同的组合。每个组合中的投资回报风险容忍度或高或低，这取决于缴费者的类型，在一定限定条件下，理论上他们可以自由选择将储蓄投向哪支基金。

塔格斯和维达尔·阿拉贡（Taguas and Vidal-Aragón, 2005）评估的金融资料说明：正确的组合取决于市场类型、监管规则以及个体特征（例如风险厌恶、年龄、财富和生产率）。多基金制度考虑到了缴费者的个性差异和风险组合，这些特征与他们的就业状况相吻合。

智利自 2002 年以来实行多基金制度②。这种新制度赋予缴费者选择

---

① Munoz, A., Romero, C., Tellez, J., & Tuesta, D.（2009）. Confianza en el Futuro：Propuestas para un Mejor Sistema de Pensiones BBVA Colombia, Publisher：Norma pp. 54-58.

② 参见第三章。

的权利,将养老金储蓄投资于已建立的五支基金中的一支(他们可选择两支)。除接近退休年龄者外,每个工人可自由转换基金。如果他们没有作出选择,智利的立法建立了一个"默认选项"(default option),按照年龄,将参保人分配到五支基金中的三支中去。35 岁及以下:基金 B(相对风险较高)。36~50 岁的妇女以及 36~55 岁的男性:基金 C(风险中等)。51 岁及以上的女性和 56 岁及以上的男性:基金 D(相对安全)。投资限制取决于投资工具以及该基金的类型,而对投资权益类的份额,则实行最高和最低限额政策。在整个 20 世纪 90 年代期间,智利还促使其金融监管变得更加灵活,并且将更多的权益类工具纳入投资基金、对冲工具、资产抵押证券和境外投资,2008 年养老金境外投资的最高限额为 45%。至 2010 年 3 月,超过 380 万名缴费者(全部人员中的 25%)选择了自己的基金类型。

秘鲁的多基金计划于 2005 年开始运作[①]。该国建立了三支基金。如未作出基金选择,新参保的缴费者得到基金 2 的分配安排,这不包括年龄超过 60 岁的工人,他们被安排为基金 1。针对基金间的缴费转移,秘鲁并未采取限制。养老金公司最多可以管理三种类型的强制性储蓄基金,同时它们还可提供更多的自愿性储蓄基金。现在让我们看一下不同类型的基金安排。基金 1 也被称做"资本保值基金"(capital preservation fund),其目的在于保障低风险下的稳定增长;对于所有 60 岁以上的缴费者以及"计划退休金"(programmed retirement pension)领取者来说,基金 1 是强制性选择,除非工人表达出参加基金 2 的意愿。申请退休金权利的最低年龄为 65 岁。基金 2 或称"混合基金"(mixed fund)的目标在于实现微幅增长,具有平均风险水平。最后是基金 3,也称做"资本增值基金"(capital appreciation fund),其目标在于实现最大幅度增长并承受高风险。投资限额按照投资产品的金融特点进行界定(投资于固定收益或可变收益的水平)。对持有资产还规定了一些其他限制,例如秘鲁政府发行或担保的投资产品总量、秘鲁中央储备银行发行或担保的投资产品总量,以及对投资境外的限制。至 2009 年,在过去 16 年的运作中,1993 年实施的基金 2 获得了年均化 8.8% 的实际回报率。在过去 4 年中,基金 1 和基金 3 分别获得了 6.2% 和 21.8% 的实际回报率。

---

① 参见第六章。

在墨西哥①，多基金规则于2007年得到批准，自2008年开始应用。按照每支基金的固定收益、股票、"风险值限制"（VaR limits）以及年龄结构组合情况，制度设定了五支基金（Siefores），缴费者有权选择。如果工人们未选择任一基金，监管机构会将资产转移至与其年龄相匹配的基金中去。工人可随时申请将资产从一支基金转向另一支基金，因为基金投资的资产既面向老年工人，也面向青年工人。在"未决策"（undecided）参保成员的分配上，2008年引入了一些标准，参考基准是养老金公司在投资回报上的业绩表现。基金1最为保守，是为年龄超过56岁者设计的。该基金不投资于股票或结构性投资工具，并且风险偏差是最低的。基金2是为年龄处于46~55岁的工人设计的；基金3面向37~45岁的人群；基金4面向27~36岁人群；最后，基金5的目标为26岁人群。通过运用全局风险值（VAR）、信用风险、集中风险和工具类型分析，投资限制政策还将金融资产风险纳入考虑范围，正如智利、秘鲁和墨西哥三国的案例，许可的金融投资工具已实现多元化，从高度集中于政府固定收益类产品，向权益类的国外证券、衍生品、资产担保结构产品以及证券化产品方向转变。

在哥伦比亚，2009年下半年出台的1328号法令引入了多基金计划②。该制度为工人们提供了不同投资持有组合，他们可以按适合个人的最佳风险—回报组合来投资资产。这项法律目前正在实施，2010年7月出台的2373号法令规定了其采取的应用形式。在积累阶段，制度必须设有三支基金：一支保守基金、一支稳健基金和一支高风险基金，同时在领取阶段还有计划退休基金（programmed retirement fund）。在积累阶段，工人可自由选择三支基金中的一支。他们只能参加一支基金，年龄已超过50岁（女性）或57岁（男性）者除外。在该种情况下，他们必须将一部分基金投资于保守基金；如果情愿，他们可将一部分资产投资于个人选择的任一基金。

多基金制度产生了良好的效果。与每个工人的年龄和风险评估相符合，更好的账户管理制度对各类基金的回报产生了积极影响。西班牙对外银行（BBVA）将这种基金多元化过程视为该地区养老金现代化的基础。然而，这种改进需配合以更加灵活的风险监管政策。脱离高度集中的投资决策体制，制度转向一个新的方向：缴费者可自主安排其持有资

---

① 参见第四章。
② 参见第五章。

产组合（固定收益和可变收益的比率），此时与国内市场集聚（国内债券偏好）相关联的风险会加剧①。

三、人口和经济因素

尽管新的养老金计划带来了一个更加结构化、条理化和多元化的制度，但制度中仍有些缺陷需要根除。新计划与外部因素相互作用，这些因素会部分性或完全性地影响到最终结果。在进行新的结构性改革前，必须考虑到人口和经济变量：在宏观经济层面的劳动力市场和资本市场改革；在微观经济层面的福利项目和制度性改革。这些措施将改善覆盖水平、替代率和财政可持续性，以及其他直接参量。

人口变化和经济增长趋势是影响养老基金的两个决定性因素。不断上升的预期寿命和上升的出生率（应该是下降的出生率，可能是作者笔误——译者注）给现收现付计划带来了压力。私人制度也受这两个因素的影响，长寿意味着未来几代人口将不得不逐步延长工作时间，而且，当他们不再是有效劳动力市场的一部分时，这些人需要储蓄更多的收入，以备晚年生活之需。经济稳定和经济增长因素也是核心变量，它们将决定退休所需的储蓄水平。

1. 人口因素

（1）人口老龄化

在20世纪80年代和90年代，智利年龄达65岁及以上的人口占总人口的比重平均仅为5.9%，哥伦比亚为4.1%，墨西哥为4.0%，而秘鲁为3.8%（参见图1.3）。按照拉美经委会（CEPAL）的人口统计，在绝对数字上，1990年智利大约有62万退休年龄人口，哥伦比亚为108.5万，墨西哥为259.9万，而秘鲁为62.7万。

当该地区国家在这数十年期间开始人口转型时，也就是说，当劳动力平均年龄下降时，养老金制度本应积累起相当的储备。但是，这种现象并未发生，原因在于养老金盈余被用在了弥补公共财政亏空上。伴随平均就业年龄的上升，制度的财政状况变糟。同时，待遇上涨了，而资产余额投资仅得到了很低，甚至为零的实际回报。

从2000年起，年龄达65岁及以上人口的增加呈现出一个更加陡峭的曲线，在智利该数字为7.2%，哥伦比亚为4.7%，墨西哥为5.2%，

---

① 参见第八章以及Hinz等（2010）对于养老基金金融业绩的评估。

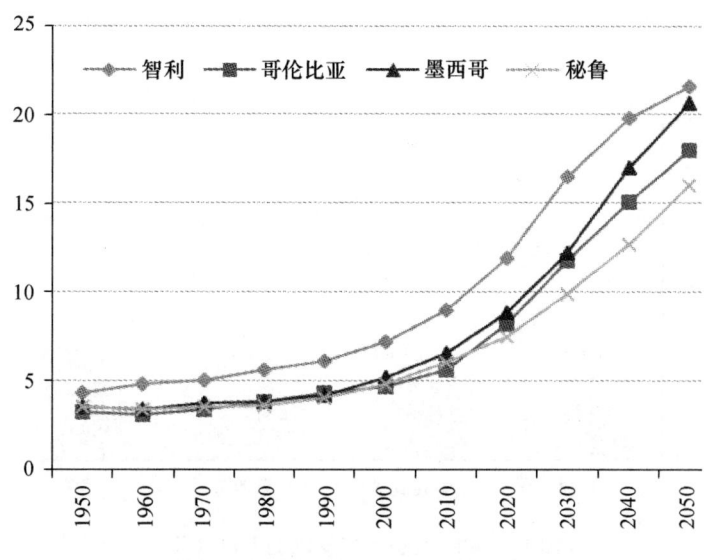

图1.3　65岁及以上人口比例（%）

资料来源：CEPAL。

而秘鲁为4.8%。因此，这些国家老年人口的持续增长对养老金制度构成巨大挑战。这就要求在短期内找到相应的养老金计划，适合那些无力储蓄者（并且这部分人群可能会发现他们处于无助状态之中）加入，同时将这部分工人融入养老金体系。对现收现付计划和个人资本化制度而言，由长寿风险带来的财务问题也必须找到解决方案。

根据拉美经委会的人口预测（参见图1.4），到2050年智利和墨西哥的老年人口比重将分别超过20%，哥伦比亚为18%，而秘鲁为16%。考虑到工作年龄人口数量下降、同时退休年龄人口数量不断上升的状况，制度调整是不可避免的。

（2）预期寿命

另外需要考虑的一点是预期寿命。在智利、哥伦比亚、墨西哥和秘鲁四国，男性和女性的预期寿命都在逐年上升，与之相伴，养老金应支付的月数和/或年数也在增加。在20世纪80年代，这四个国家的平均预期寿命大约为67岁。到90年代该数字上升到70岁，目前的情况为：2010—2050年期间该数字将处于76岁和80岁之间[①]（参见图1.5）。

---

① CEPAL估计数字。

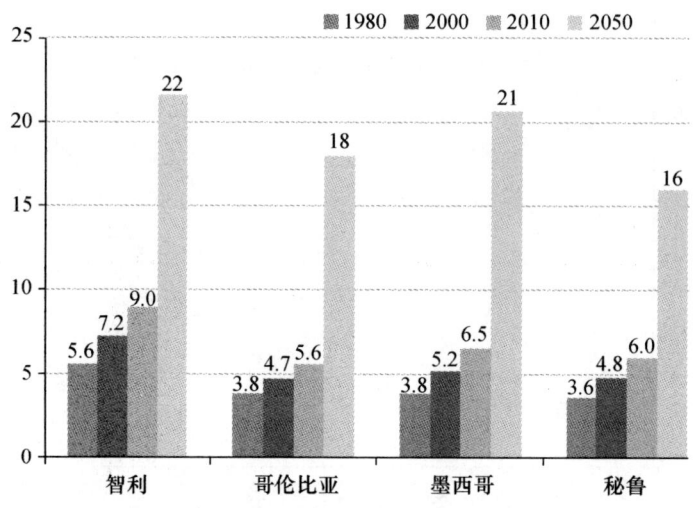

图 1.4　年龄达 65 岁及以上人口（%）

资料来源：CEPAL。

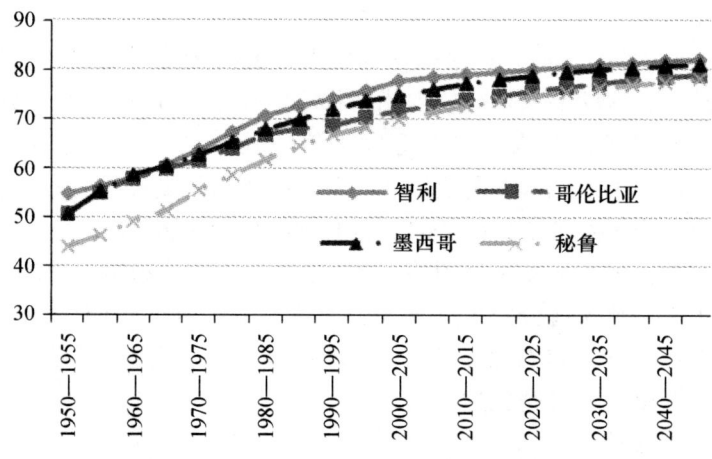

图 1.5　男性和女性预期寿命（平均年数）

资料来源：CEPAL。

（3）赡养率

根据西班牙对外银行（BBVA）的模型，赡养率指标说明，到 2050

年，这四个国家的退休年龄人口将超过工作年龄人口①。例如，在智利和墨西哥，赡养率将达到35%左右。哥伦比亚在21世纪初的赡养率指标表明，退休金领取人口相对于缴费人口的比率为21/100（原文如此，疑似笔误——译者注），而在1980年时，该比率仅为2/100。在秘鲁，2050年赡养率将为24%（参见图1.6）。

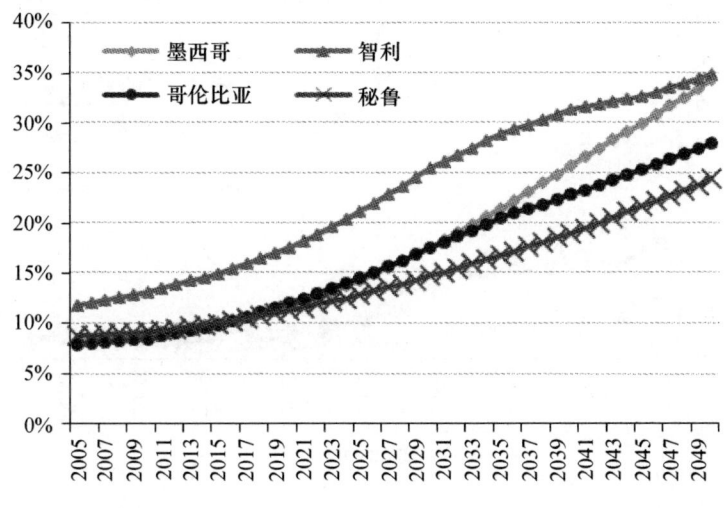

图1.6 人口赡养率

资料来源：BBVA 研究部。

由于养老金制度仍然明显面临着人口变化带来的冲击，这些国家的政府正在考虑新的方案来改进制度②。

2. 宏观经济因素

在20世纪80年代和90年代期间，由于政策实施和薄弱的公共管理问题，该地区的大部分国家经历了大幅的宏观经济动荡。这方面的例

---

① 1) Albo, Adolfo, Fernando González, Ociel Hernández, Carlos A. Herrera and Angel Munoz (2007), "Hacia el Fortalecimiento de los Sistemas de Pensiones en México: Visión y Propuestas de Reforma", 2) Favre, M., Melguizo, A., Munoz, A., & Vial, J. (2006). A 25 anos de la reforma del sistema de previsión chileno. Evaluación y propuestas de ajuste BBVA Chile, 3) Munoz, A., Romero, C., Tellez, J., & Tuesta, D. (2009). Confianza en el Futuro: Propuestas para un Mejor Sistema de Pensiones BBVA Colombia, Publisher: Norma, 4) Bernal, N., Munoz, A., Perea, H., Tejada, J., & Tuesta, D. (2008). Una mirada al sistema de pensiones peruano: diagnóstico y propuestas BBVA Peru, Publisher: Norma. http://serviciodeestudios.bbva.com/KETD/ketd/esp/nav/tematicas/pensiones/historico/libros/index.jsp

② 参见第八章。

子包括官僚机构臃肿以及严重的腐败问题。墨西哥和秘鲁经历了低增长或零增长的恶性通胀期。尤其是秘鲁，1990 年记载的平均通胀率超过了 7000%，GDP 下降了 5.4%（参见图 1.7）。养老金制度不可避免地成为经济表现的一种反映。

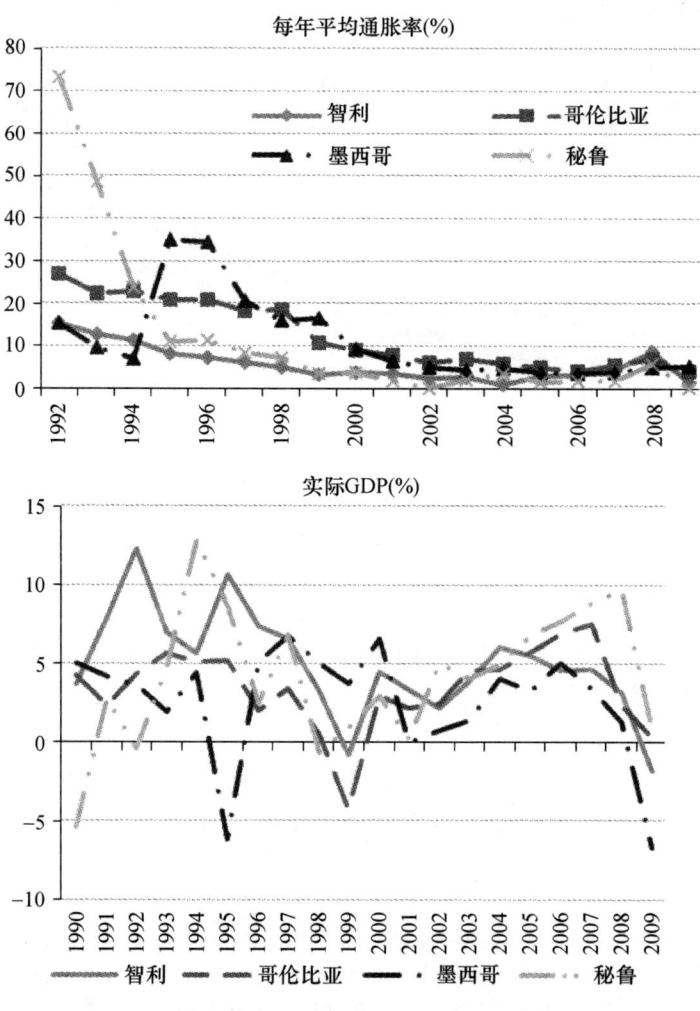

图 1.7　四国的宏观经济状况

资料来源：BBVA 研究部根据官方数据得出。

拉美各经济体超过 10 年的高通胀、低增长态势，促使部分国家政府采取结构性改革。智利已在 20 世纪 80 年代启动了该改革过程，但其他拉美国家却到 90 年代才开始走同样的路子。最初实施的措施为一些激进式的稳定项目，目标在于消除商品市场、生产要素以及财政和货币政策管理方面的混乱。接下来，政府开始抓住核心重要部分，使出台的政策避免来自政治家干预。政府出台了一些财政规则来维持公共赤字平衡，并赋予中央银行更大的独立性来制定决策。由于已为政策实施搭建起宏观经济框架，变革得以逐步引入，以使政府角色更有效率。这些变革包含着养老金制度改革，即引入私人管理的资本化制度。这些新出台的计划控制了通胀，并以平均速率趋向积极的发展势头。拉美经济体并未幸免于最近的全球风暴影响，正如90年代中期墨西哥的龙舌兰酒危机（Tequila crisis）、90年代末的亚洲和俄罗斯危机以及最近的全球金融危机所出现的情况一样。然而，拉美已稳步显示出抵抗经济冲击的能力在上升，并且面对国际形势变化，具有迅速恢复能力。

表1.2说明了经济强化措施是如何与养老金改革同步发生的。第二栏说明了自养老金制度建立后，经济平均增长速度是如何保持在合理水平上的；第三栏给出了这些国家在过去10年中的经济增长率，与其同步发生的是养老金制度和其他改革措施的强化；第四栏说明了在最近的金融危机期间，这些国家产出的主要变化；最后一栏表示2010年的增长预测，与发达国家形成鲜明对比，拉美有着强劲的恢复能力。

表1.2　　平均GDP增长率（%）

国家	制度启动至2010年*	过去10年的增长率（2001—2010*）	2009年	2010年预测*
智利（1981）	4.7	3.7	-1.5	4.8
哥伦比亚（1994）	3.3	4.0	0.8	4.2
墨西哥（1997）	2.8	1.7	-6.6	4.5
秘鲁（1993）	5.2	5.5	0.9	6.8

注：* BBVA研究部估算数据。
资料来源：BBVA研究部。

根据科博和施密特·黑贝尔（Corbo and Schmidt-Hebbel，2003）的研究，养老基金规模10%的增长对人均资本积累储蓄有0.1个百分点的影响。两位学者还揭示，养老基金占GDP的比重增长1个百分点，对储蓄的影响为GDP的1~5个百分点，这可以通过图1.8看出来。

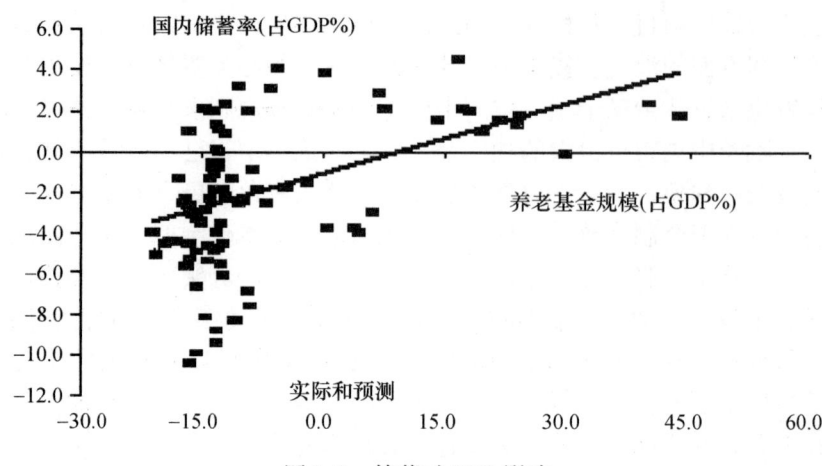

图 1.8　储蓄对 GDP 影响

资料来源：Cobo & Schmidt-Hebbel 2003。

第三节　改革成就和面临的挑战

拉美国家的养老金改革带来了巨大变化和利益，但仍有些挑战需要得到解决。

一、资本市场

自多基金制度引入以来，资本市场运营越来越好。如上所述，自智利、哥伦比亚、墨西哥和秘鲁的养老金制度改革启动以来，四国已赢得了回报。多年来，私人养老基金的多元化投资不断演进。目前，在智利面向国外发行证券的份额越来越大，达到了持有资产的45%。不过，在墨西哥、哥伦比亚和秘鲁，仍有空间增加境外资产投资。例如，墨西哥目前全部资产中仅有4.0%的资产投资海外（参见表1.3）。

第四章采用了西班牙对外银行（BBVA）为墨西哥设计的精算模型，该模型说明墨西哥社会保障局（IMSS）引入的新养老金制度能够继续增进该国经济中的金融储蓄。这将有助于深化和发展该国的金融市场，并改进资源配置。此外，更加灵活的投资规则会促使有效生产活动的融资得到改进，从而获得高额经济回报。因此，通过出台更多投资监

表1.3　　金融产品组合的多元化（%）（2010年6月30日）

工具	智利	哥伦比亚	墨西哥	秘鲁
政府债券	10.1	42.0	66.0	19.2
金融	17.3*	4.2	16.0	9.5
非金融	11.2*	5.4	—	11.1
股票	14.6	0.0	13.0	30.3
投资基金和其他	2.4	36.1	—	3.1
境外发行	45.0	12.3	4.0	23.4
其他	-0.6	1.8	1.0	3.4

注：*固定收益类。

资料来源：BBVA研究部。

管方案，金融市场应考虑拓宽其发展机会①。

二、财政可持续性

就财务影响而言，通过引入新的养老金制度改革，四国现收现付制度的财务成本不同程度地得到削减。然而，公共赤字没有消失，而且在某些国家它仍是一个当期面临的问题。为了更准确地计算赤字，我们为每个国家都准备了一个精算模型（每章逐一解释）

在墨西哥，可以清楚地看到，虽然DC型计划替代现收现付计划预示着财政将因此受益匪浅，但墨西哥社会保障局（IMSS）内部制度间的转换，仍需要大量财政的支出（2004年账务负担为GDP的54.6%）。公共部门养老金也是造成国内储蓄损失的一个重要源头，并且带来公共财政压力。大多数公共机构（准国有公司、大学和地方政府）仍运作着的养老基金造成了这种压力，这些基金在现收现付计划下运作，并记录有严重的财政不平衡。

在秘鲁，按现值计算，2006年的赤字达到了GDP的57.9%。虽然与宏观经济指标比率（如债务/GDP）相比，该数字仍是相当突出的，但与改革前以及该地区其他国家面临的情况相比，该国的情况并不代表着太高的成本。在哥伦比亚，最近平均保费养老金制度（RPM-ISS）的记录显示，制度账户确实存在着财务不平衡，将来这可能会对财政造成

---

① 参见第八章。

巨大影响。自 2004 年以来，当平均保费养老金制度（RPM-ISS）储备耗尽时，中央政府已开始着手为养老金亏空进行融资。

根据斯文尼和帕卡德（Zviniene and Packard，2004）的研究，图 1.9 说明了在改革和不改革两种情况下，哥伦比亚和智利的养老金赤字占 GDP 比重的估算数字。该估算显示，如果哥伦比亚或智利未进行新的改革，养老金赤字将可能分别达到 GDP 的 300% 和 500%。不过，虽然这两国避免了该赤字趋势的出现，但未来仍在财务上面临着挑战。

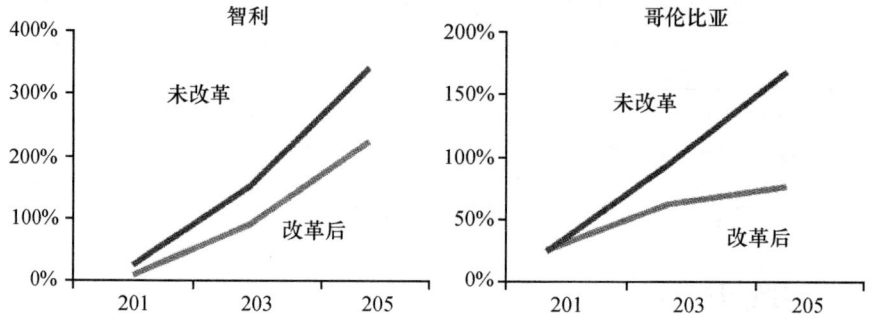

图 1.9　改革与不改革的养老金赤字预估（占 GDP%）
译者注：图中横坐标原文如此，疑似笔误。
资料来源：Zviniene & Packard 2004。

三、替代率

养老金改革背后的主要原因之一，是让人们有更好的机会获得体面的退休金。由于良好的经济发展势头和私人养老金公司参与管理的两方面原因，改革后的制度提供了更好的替代率。然而在未来，养老金在很大程度上取决于各类人群是否具备储蓄能力，进一步讲，这取决于进入正规劳动力市场的机会。在某些非正规部门比例和失业率较高的国家，对大部分社会群体来说，进入正规劳动力市场的通道可能已被堵上。

在上述情况下，我们可以看到不同群体间的替代率差异。那些能长时间留在劳动力市场上的人群，可获得相当高的替代率；而那些在劳动力市场就业时间中断或未进入市场的人群，获得的养老金水平则较低。这可以从图 1.10 中看出来。

显然，低缴费密度群体（low-contribution-density groups）问题的解决，并不直接与养老金制度相关，而是与国家结构性环境因素相关。诸

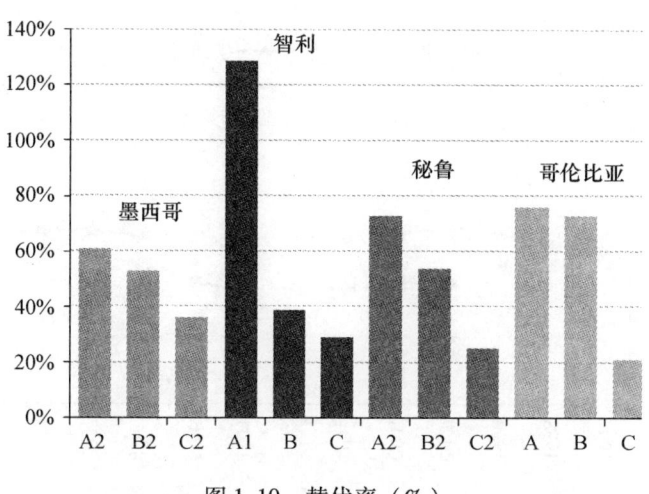

图 1.10　替代率（%）

资料来源：BBVA 研究部。

如非正规化、劳动力市场如何运作以及收入不平等的问题，需要出台具体的改革措施，而这些措施将对养老金制度产生影响，因而在提高替代率和制度覆盖面上取得进步是非常重要的。

四、覆盖面

养老金制度的另一挑战是扩大覆盖范围。正如替代率的情况一样，其解决办法需要更综合性的改革措施，而不仅是未来养老金计划的具体设计。尽管自改革实施以来，制度已取得了很大进步，但仍有很长的路要走。图 1.11 和图 1.12 说明了各国参保成员和缴费者人数的变化情况。

智利的覆盖面高于拉美其他国家。这是因为智利的非正规经济规模较小，并且其劳动力市场较好地吸纳了就业人员。智利私人制度实际缴费者的比重也高出墨西哥、哥伦比亚和秘鲁三国大约 10~15 个百分点。

这三国的劳动力市场和非正规经济问题影响到了各类人群的收入差距。图 1.13 表明，智利向所有社会群体都提供了较好的制度覆盖。

尽管这些问题的解决需要在养老金制度之外，采取坚决的行动方案，但政府也已实施了一些新措施来缓解覆盖面问题。例如，哥伦比亚已引入了社会保障缴费支付的整合体系（于 2005 年 6 月 30 日启动）。在该制度下，每月的社会保障缴费以及其他的财政收费（parafiscal）支付，都通过电子转移支付来完成，该过程使用了"综合缴费结算表"

拉美养老金改革：面临的平衡与挑战

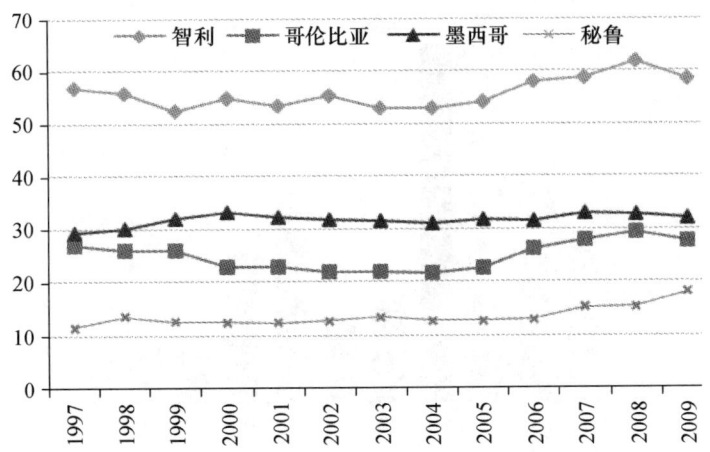

图 1.11 缴费人口占经济活动人口（EAP）的比例
资料来源：BBVA 研究部。

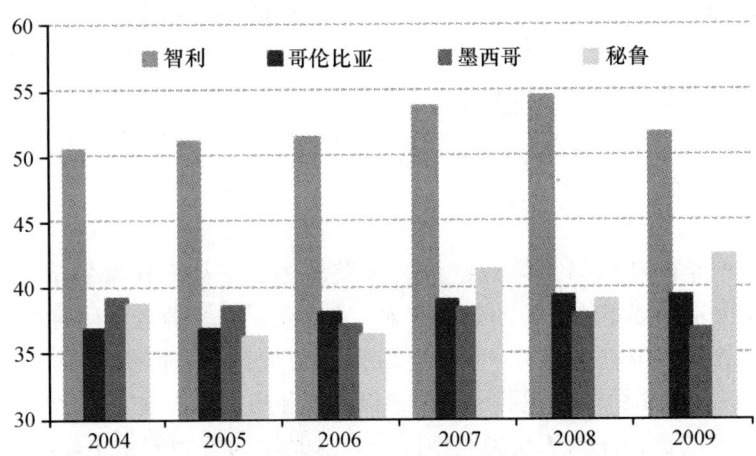

图 1.12 私人养老金制度中实际缴费者所占的比重（%）
资料来源：BBVA 研究部。

（Comprehensive Payroll for the Settlement of Contributions，PILA）。该举措使得对社会保障缴费的监控更为有效。随后该国采用了一些监管规则，以吸引更多自由职业工人和公司雇员加入制度[①]。

在秘鲁，竞争、正规化以及发展微型企业（micro-enterprises）和中

---

① 参见第五章。

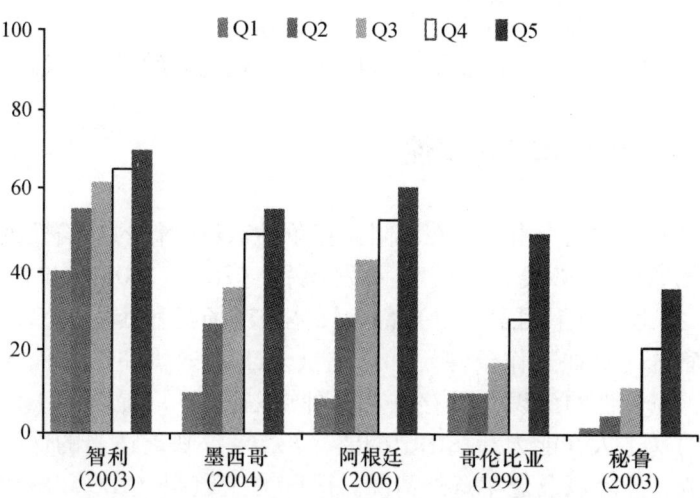

图 1.13 按收入五分位法划分参保人口覆盖率

注：Q1 为收入最低，Q5 为收入最高，占该类经济活动人口的百分比。

资料来源：Lucchetti and Rofman（2006）。

小企业（SMEs）的措施出台于 2008 年 6 月。该法律背后的目标是将养老金制度可容纳的、最大数量的工人覆盖进来，进而使低覆盖水平得以提高。此外，SPS 福利养老金（Sistema de Pensiones Sociales）的建立，允许工人在最低缴费水平之上，每月进行自愿性的缴费[1]，从而实现了双倍的覆盖面扩大效果。然而，由于上文所讲的潜在性因素影响，该目标还未实现。

在墨西哥，墨西哥社会保障局（IMSS）的 DC 型计划面临的一个现实是：大量缴费者的缴费密度（contribution density）不够高。这些缴费者包括自雇工人、临时工以及就业状况时常变化的人员，就业状况的变化包括从受聘转到解雇或到自由职业者，也包括相反的情况。尽管他们在一生中某些阶段属于养老金管理公司管理的参保计划成员，但在成为正式工薪者的大多时段内，他们作为实际缴费人口进行缴费的时间有限。因此，这是新改革方案需要考虑的一个方面[2]。

在强制性养老金制度支柱下[3]，智利已在 2008 年的改革中引入了扩大覆盖面措施。对自由职业工人来说，缴费成为强制性要求，上缴额取

---

[1] 最低工资为 550 新索尔（大约相当 185 美元），更多信息参见第六章。

[2] 参见第八章。

[3] 参见第三章。

决于其年纳税所得。另一措施是扩大智利养老金体系中第二支柱的覆盖面，针对雇佣年轻工人以及最弱势群体中年轻工人的缴费，给予补助。

五、劳动力市场和非正规性

按照经济理论，由于存在着阻碍竞争性市场运作的缺陷性因素，劳动力市场管制是必要的。美洲开发银行（IDB，2004）和世界银行（1994）指出了以下因素：（1）部分群体的市场权利处境；（2）非对称信息，雇员（例如工作条件）和雇主（对工人素质和努力程度缺乏事先性的、完全性的认识）都存在着这种缺陷；（3）提供的工作服务是非同质的（工人在能力和技术上的差异）；（4）缺乏适当的保险制度来覆盖失业、残障以及老年意外情况。国际劳工组织（ILO）出台了一系列关于劳工保护的基础原则和权利，包括：（1）结社自由权；（2）集体谈判权；（3）禁止童工；（4）消除雇佣和工作环境方面的歧视性做法。因此，这些拉美国家应遵照国际劳工组织（ILO）的建议，制定劳动力监管规则，以克服市场缺陷，保护工人免受来自雇主方面的专制、不公或歧视性对待。

在实践中，当政府试图平衡就业稳定和市场灵活性之间的关系时，考虑到其面临的压力，在劳动关系方面的管制政策上，需要考虑一些附加的注意事项。在某些情况下，监管框架会带来对某些类型工人的过度保护，并导致劳动力市场僵化。就业过度保护使正规经济中的工人受益。这些工人获得了所有法定待遇，而且由于劳动力市场刚性，他们享有高度的工作稳定性。而缺乏合适工作的人群则会吃亏，因为他们很难找到一份好工作（原因可能是由于雇主招聘成本的上升）。经济活动人口中最弱势的群体，比如年轻人或低技能工人和妇女，是处境最差的群体。

在发展中国家，工作机会的缺失将大规模的经济活动人口推入非正规部门，他们或者接受不稳固的就业关系（例如没有正式的合同或未出现在公司工资册上），或者直接被非正规部门雇佣，去从事低生产率和低收入工作，这一点可从他们相对较高的贫困水平上反映出来。

在非正规经济中，工人没有固定的就业待遇，例如健康保障、养老金或工作津贴。如果他们遭受雇主损害，也无法求助于法律，原因在于他们的就业关系没有记录。就业管制和非正规经济规模之间的这种负比率关系已被广泛论证。例如德索托（De Soto，1989）得出结论，在秘鲁，小企业为保留在正规部门内，承受了相当一部分负担，该负担主要是由劳动力市场相关监管政策带来的，例如最低工资和对自由雇佣和解雇的限制。托克曼（Tokman，1992）发现拉美地区在整体上都存在类似情况。他认为，劳动管制带来的附加成本是导致工人不愿留在正规部门的主要因素。针对哥伦比亚案例，卡德纳斯（Cárdenas，2008）也得出了类似结论。理想的情况应是劳动管制政策保护工人的基本权利，而不破坏市场激励。这意味着需要达成一种平衡，一方面考虑赋予工人的待遇和保护，另一方面又要考虑劳动力市场生产率和运营。图1.14说明了每个国家未被社会保障覆盖的人口比例。由于高比重的非正规经济，秘鲁的数字非常突出。

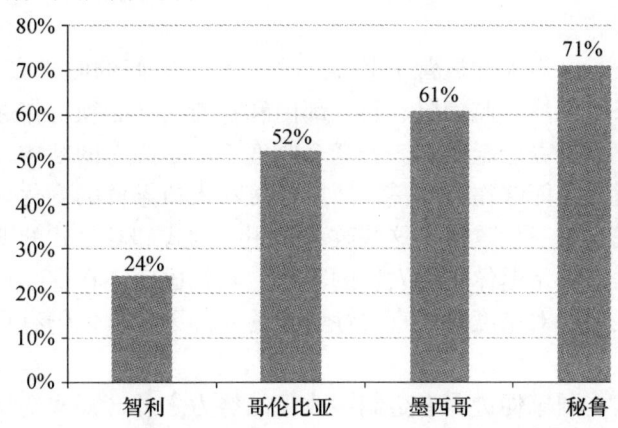

图1.14 2010年非正规就业（未被社会保障制度覆盖的人口比例）
资料来源：BBVA研究部。

劳动力市场正规化过程中存在的一些困难带来了非正规性问题。解决这些问题的方案实施难度最大。与一些潜在性影响因素结合在一起，这些改革措施不仅意味着政府方的努力，去制定制度监管和变革政策，也意味着民众要给予巨大支持。人们应充分认识到制度所带来利益的优点和缺点，从而能够以理性和公开透明的方式，在发展上通力合作起来。

第四节　结　　论

　　从理解和预测该地区国家养老金制度未来的角度出发，20世纪90年代上半期的养老金改革实现了巨大突破。取得的成就是深远的，导致了一个双重体制的诞生，它脱离开传统的现收现付制度，转向了另一个制度，该制度实现了自我依赖，为老年进行资本化储蓄。养老金管理框架中还引入了一个强有力的福利计划支柱，它满足社会最脆弱群体的需求。

　　既然改革已启动并运营了数年，现在是一个好的时机去评估成就，并面对未来的挑战。监管层、私人部门和普通大众必须协作起来，树立共同目标来改进养老金制度。养老金制度不应是静态的结构，而是应具备足够的活力，能够作出调整，适应经济和人口条件的变化。智利已开始了第二代和第三代改革，这些改革采用结构式和参量式的变化，来改进制度方案，满足退休年龄人口的需要。其他国家还在继续作出大量努力，去解决一些对制度具有直接性影响的外部因素，但仍有更多的工作需要完成。

　　除了这些国家促进养老金制度改革的努力之外，某些变量的变化趋势将取决于一些结构性因素，这些因素影响到经济发展、人口覆盖水平、未来养老金和现收现付计划的财务可持续性以及非缴费型救助养老金。因此，养老金改革应同其他领域的大幅变革联合起来，携手共进。

第二章 退休收入制度中私人养老金作用无可替代

胡安·耶莫（Huan Yermo）

第一节 引 言

养老金改革措施千差万别，但改革目标通常是相似的：向老年人提供更为可靠和持久的待遇，以确保他们的需求得到充分满足。引入"缴费确定型"（Defined Contribution，以下简称 DC 型）完全积累制养老金计划（通常称之为"个人账户"）已成为很多所谓养老金结构式改革的主旋律。一般而言，这种改革有助于对公共养老金支出长期增长形成约束，但却转移了一部分社会保障缴费（从社会保障缴费中分拆出来），这就提高了公共养老金制度的短期财务压力。此外，这种制度使工人处于金融风险之中，为了避免工人退休收入承受大量的不确定性，因此需要对金融风险加强管理。

正如本文所论述，虽然遵循 1981 年智利养老金改革理念的实践广受欢迎，但并未得到普遍认同。很多 OECD 国家已对其公共养老金制度实施了重大改革，例如，在养老金待遇和预期寿命或公共养老金制度长期精算平衡之间建立了自动调节机制。这些改革措施已使得养老金的长期偿付能力大为改观。当然，拉美和中东欧地区很多国家都引入了新的 DC 型制度，其中的一个重要特征是在养老金和预期寿命之间内在地生成了自动调节机制。

但是，那些在公共养老金制度中建立自动调节机制的国家固然无须转移出一部分社会保障缴费，但却面临着一个日益迫切的需求：提供某种形式的私人养老金来补充社会保障待遇。道理很简单，即在大多数情况下这种改革将导致未来养老金替代率的下降，而下降的替代率需要通过推迟退休（这种愿望虽好但不切实际）或者通过其他途径提供额外的退休收入来全部补偿。因此，提供私人养老金（特别是 DC 型私人养老金），将会日益成为世界上大多数退休收入制度的主要改革取向，而这种趋势又要求把规范和监督政策纳入进来。

私人养老金要想能够实现资产增值和支付按照投资多样化预先积累起来的待遇，并同时对老年人收入给予某种程度的可预见性和安全性，对 DC 型制度设计进行详尽考量就显得尤为迫切。近几年，把生命周期投资策略作为实现上述目标的主要工具已大行其道①，但其他一些政策议题仍不应被忽略，例如有关投资收益保障的成本和收益问题、是否和何时将 DC 型计划账户余额转换成年金和当在培育寻求效率（efficiency-seeking）提供商的市场时如何维持低管理费。

本文结构如下：第一部分探讨世界养老金改革趋势的主要动因，主要集中于 OECD 国家。第二部分主要考察养老金改革对制度的可持续性、充足性和公平性的影响。第三部分揭示私人养老金增长，特别是 DC 型养老金增长的政策含义。最后一部分给出结论。

第二节　养老金改革背后的驱动力

在 20 世纪后半叶大部分时间里，发达国家向其国民提供养老金是一件比较容易的事情。雇员在工作一定年限后就可以获得由社会保障制度提供的养老金，其待遇比退休前的税后工资相差无几。即使在社会保

---

① See for instance Hinz, R., Rudolph, H. P., Antolín, P. and Yermo J. (ed), Evaluating the Financial Performance of Pension Funds, The World Bank, 2010 and Impavido, G., Lasagabaster, E., and García-Huitrón, M., New Policies for Mandatory Defined Contribution Pensions: Industrial Organization Models and Investment Products, The World Bank, 2010. An in-depth discussion of the design of life cycle funds can be found in Schaus, S. L., Designing Successful Target-Date Strategies for Defined Contribution Plans, Wiley Finance, 2010.

障待遇较低的国家，公司也会通过与退休前工资相关联的企业年金来补助差额。

"待遇确定型"（Defined Benefit，以下简称 DB 型）公共养老金制度运转良好且支付足够和稳定的待遇，其原因就在于这一制度是建立在现收现付融资模式之上的，因此只要存在一个相对于养老金领取者更为庞大的缴费群体即可。同样，只要采取措施规避计划发起人破产和明目张胆的欺诈，公司的 DB 养老金计划也可以取得上述目标。通过立法，大多数国家要求建立的养老基金与计划发起人资产相分离。大多数国家要求公司在其账簿上保留这种承诺即可，而在德国和瑞典，公司还必须向破产保护基金进行缴费，以便在计划发起人破产时向受益人提供一定水平的待遇。

DB 型养老金在过去也受到了国家和雇主的高度青睐。借助于现收现付的融资模式，政府可以无偿向第一代老年人提供养老金，即无须这些老年人事先向社会保障制度缴费。因为至少在初始阶段，现收现付融资模式似乎可以自我融资，所以这在很大程度上促使债券投资者不再关注养老金承诺。另外，DB 型养老金也曾经被用于维护退休秩序，而且在危机时期（例如在 20 世纪 70 年代中期和 80 年代早期），DB 型养老金推动了年长工人的提前退休，为年轻人和失业者提供了工作岗位。

对雇主而言，DB 型养老金也是降低人员流动并提高雇员忠诚度的主要工具。同国家养老金一样，公司 DB 型养老金也和慷慨的提前退休措施一起被用于裁减年长工人。同时，公司也从会计准则中受益，基本无须采用市值来计算养老金承诺和基金赤字。DB 型养老金的年度报告极少披露财务状况，顶多是在附注中偶尔出现。

目前在大多数国家，上述境遇已荡然无存。人口老龄化、全球性竞争、会计标准的提高和越来越严格的监管审查等各种因素已经迫使对养老金制度采取重大改革，当然公共养老金和私人养老金都概莫能外。总体上来看，改革的最终结果是养老金制度的积累特征得到了强化，并通过 DC 公式或者 DB 和 DC 相结合的公式加强了缴费和待遇之间的联系。

人口老龄化无疑是导致发达的 OECD 国家公共养老金制度重大改革的关键驱动因素。人口老龄化的原因来自两方面：生育率的下降（大多数 OECD 国家的生育率已经低于世代更替水平）和预期寿命的提高（每 10 年提高 1~2 岁，各国情况不同）。人口老龄化的后果就是劳动年龄人口（15~64 岁）与老年人口（65 岁及以上）数量之比的快速下降。而且据预测，OECD 国家的这一比例将由目前的 4∶1 下降到 2050

年的2∶1。图2.1给出了OECD各国和其他一些快速人口老龄化国家（例如中国）的预测结果。

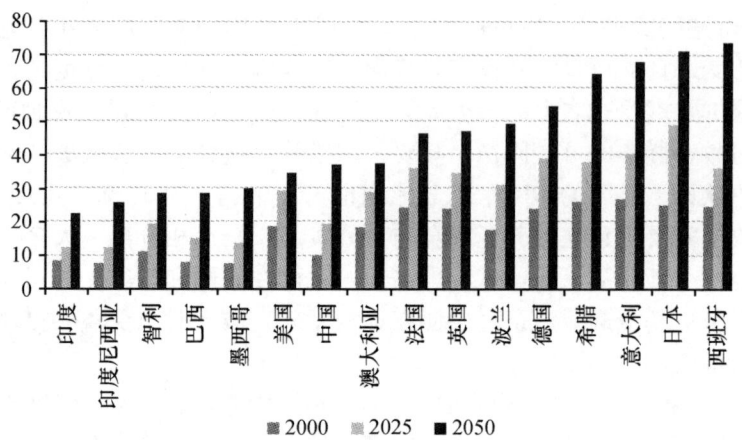

图 2.1　部分国家的人口赡养率（％）

资料来源：World Population Ageing 1950-2050, United Nations, 2002。

实际上，处于劳动年龄阶段的个人不会全部就业，而且很多工人会选择提前退休，因此工人与退休者的比例通常会更低。例如，最近欧洲委员会的预测显示：到2060年，某些欧洲国家将出现每个退休者只对应1名工人，而现在是每个退休者对应2个工人[①]。

这种人口环境的变迁对传统的公共养老金制度构成了最大的挑战。这些公共养老金制度是基于现收现付融资模式建立起来的，并提供DB型养老金，而且其待遇只与工人退休前的收入挂钩。因此，这些养老金制度的财务可持续性岌岌可危。提高劳动生产率和劳动力参与率（特别是女性和老年人）将有助于改善这些制度的财务平衡。但从根本上说，采取的重大改革必须能使制度融资潜力和待遇保障协调一致。

一、世界上养老金改革的主要类型

公共养老金改革可以分为很多不同类型，但主要差异体现在两方面：一是调整制度参数，例如缴费率、待遇标准和退休年龄；二是改变养老金结构设计，引入新的融资和待遇权责体制。

---

① Ageing report 2009, available at http://ec.europa.eu/economy_finance/publications/publication13782_en.pdf.

近几十年，很多国家已经实施的参量式改革，其内容包括：
- 提高缴费率；
- 延长用于计算待遇的缴费期；
- 养老金给付由工资指数化转向物价指数化；
- 降低用于计算养老金待遇的收入上限；
- 提高取得养老金的最低缴费年限；
- 提高法定或/和最低退休年龄。

与之相比，结构式改革的主要内容如下：
- 加强制度参数之间的联系，这些参数既有待遇标准或退休年龄等内部因子，也有人口寿命等外部因子，还包括其他人口变量或影响养老金制度财务可持续性的指标；
- 引入名义账户制（NDC）；
- 建立养老储备基金作为现收现付制养老金制度的长期融资来源；
- 引入完全积累制的私人养老金制度（通常是 DC 型）。

在上述提到的几类参量式改革中，OECD 国家主要采取以下改革：美国目前正在将退休年龄从 65 岁逐步提高到 67 岁；而澳大利亚、丹麦、德国、意大利和荷兰等国也打算提高退休年龄。另外，大多数 OECD 国家将计算待遇的参考期延长到了大部分或全部职业生涯，并将养老金待遇支付转向价格指数化。

就结构式改革而言，OECD 各国在其现收现付制度待遇结构上已经引入了对应多个人口因子的自动调节机制[①]。例如，在德国，养老金待遇与养老金领取者和缴费者人数之比建立了联系，后者较高则意味着未来养老金待遇提高幅度较小。同时，芬兰和葡萄牙也将把未来养老金待遇与达到标准养老金领取年龄时的平均余命联系起来。

其他国家把待遇资格条件与人口变量建立了联系。在法国，从 2012 年开始，取得全额养老金的最低缴费期将随着预期寿命的提高而自动延长。在丹麦，2027 年以后，正常退休年龄将随着预期寿命增长而提高。

意大利、波兰和瑞典三个 OECD 国家已经引入名义账户制。这三个国家的公共养老金仍然主要通过现收现付融资。基于退休时的平均预期

---

① 对于这类和其他类型养老金制度如何管理长寿风险的详细分析请参见 Whitehouse, Edward (2008), Life-Expectancy Risk and Pensions: Who Bears the Burden? OECD Social, Employment, and Migration Working Papers No. 60, October 2007.

寿命，将工人名义账户余额（通过某个增长因子，一般为工资和 GDP 来使缴费增值）转化成退休年金来计算养老金待遇。

同时，加拿大和瑞典两个 OECD 国家还引入基于养老金制度长期财务平衡的自动调节机制。在瑞典，当精算资产（未来缴费和储备基金资产之和）低于负债（未来养老金待遇之和）时，养老金待遇将自动向下调整。在加拿大，每三年要进行一次精算预测。如果出现精算赤字且加拿大议会无法在消减赤字的一系列改革上达成共识，那么自动调节机制就会启动。缴费将自动提高到填补 50% 预期赤字的水平，而且在三年内冻结养老金的发放。如果三年后仍然存在赤字，这个进程将再一次启动。

最后两类结构式改革，即建立养老储备基金和引入完全积累的 DC 型养老金是对现收现付融资和 DB 型规则这些传统社会保障制度基本特征的背离。在过去十年，像澳大利亚、法国、德国、爱尔兰、波兰和新西兰等国已经建立了养老储备基金；像加拿大和挪威等国将早已建立的储备基金纳入进来；而像中国和俄罗斯等非 OECD 国家也已经采纳这种办法来支持其社会保障制度的融资。

最后一类改革，即引入强制性的、完全积累的 DC 型制度在公共养老金制度所有改革选项中当之无愧是最激进的。这些改革常常包括转移部分社会保障缴费到新的养老金制度中（从社会保障缴费中分拆出来），这个新的养老金制度是基于完全积累的个人账户而建立的。近几年，有 6 个 OECD 国家实施了这一类改革，它们分别是智利、匈牙利、波兰、墨西哥、斯洛伐克和瑞典。

在澳大利亚、丹麦、芬兰、冰岛、挪威和瑞士余下这 6 个 OECD 国家，DB 或 DC 型私人养老金计划也是退休收入制度中的重要组成部分，但在这几个国家私人养老金计划是强制的，而且其缴费是在社会保障缴费基础上另外征收的（不是从社会保障缴费中分拆出来的）。最后，荷兰、新西兰和瑞典等国采用了准强制性私人养老金计划，这些计划通过如下两种方式之一实现对劳动力人口的广覆盖：一是附加选择性退出条款的自动注册机制（例如新西兰）；二是在行业或国家层面的劳资双方集体谈判方式（例如荷兰和瑞典的职业养老金计划）。

OECD 各国实施主要养老金结构式改革的类型见表 2.1。可以看出，在 31 个 OECD 国家中，目前有 7 个国家在现收现付融资的公共养老金制度中嵌入了养老金待遇和预期寿命的自动调节机制；12 个国家（原文如此，疑似笔误——译者注）引入了公共养老储备基金，用以补充现收现付融资；6个国家通过社会保障缴费分拆的方式建立了个人账户；9个国家把私人养老金计划转变成强制性或准强制性，对公共养老金制度进行补充。

表 2.1　　　　OECD 国家主要的养老金结构式改革

现收现付制度中嵌入针对人口或/和精算因子的自动调节机制	公共养老金储备基金	通过分拆社会保障缴费来建立 DC 型完全积累的制度（替代）	强制性/准强制性的私人养老金计划（补充）
加拿大	澳大利亚	智利	澳大利亚
德国	加拿大	匈牙利	丹麦
芬兰	智利	波兰	芬兰
意大利（NDC）	法国	墨西哥	冰岛
波兰（NDC）	爱尔兰	斯洛伐克	荷兰
葡萄牙	日本	瑞典	挪威
瑞典（NDC）	韩国		新西兰
	墨西哥		瑞士
	挪威		瑞典
	波兰		
	葡萄牙		
	西班牙		
	瑞典		

在 OECD 国家以外，引入替代性的 DC 型完全积累制度也是养老金结构式改革的主要方式。除了前文提到的 OECD 国家之外，拉美（例如玻利维亚、哥伦比亚、萨尔瓦多、秘鲁和乌拉圭）和中东欧许多国家（例如保加利亚、克罗地亚、爱沙尼亚、拉脱维亚和罗马尼亚）也都实施了这种改革。

在养老金主体制度改革波及范围越来越广的同时，大多数国家养老金特殊计划（例如覆盖公共部门雇员的计划）的改革却止步不前。很多 OECD 国家，几乎毫无例外（例如智利、丹麦、冰岛、荷兰、瑞士和美国）都对公共部门雇员提供特殊的、非积累的、DB 型计划。在大多数情况下，这些特殊计划是对一般性社会保障制度的增补。因此，除了一般性社会保障项目所带来的政府责任之外，这些 DB 型特殊计划又使得政府债务雪上加霜。

第三节　养老金改革对制度可持续性、充足性和公平性的影响

公共养老金改革对制度财务可持续性的影响可以通过考察未来几十年支出的预期增长来加以衡量。欧洲委员会对养老金制度支出实施定期预测（作为监控与人口老龄化相关的公共支出的一部分）。该委员会《2009年老龄化报告》显示一些欧洲国家（例如希腊、卢森堡和西班牙）的公共养老金支出占GDP比例的预期增长将超过6个百分点。只有在实施重大养老金结构式改革的国家，这一指标才有望出现下降，例如，爱沙尼亚、意大利、拉脱维亚、波兰和瑞典。在表2.1中列出的大多数欧洲国家基本都处于图2.2的下半部分，这说明公共养老金支出的预期增长幅度较小。

虽然几乎所有前文提到的改革驱动力都将改善社会保障制度的财务平衡状况，但这些改革对养老金制度充足性、特别是公平性的影响却有着巨大的差别。例如法国和德国等国家在降低未来退休者的养老金替代率上成绩斐然，但没有对提高私人养老金和推迟退休导致的待遇削减提供补偿，因此，工人将面临着收入保障不足的风险。另外，像澳大利亚和墨西哥等国家已经大幅度地转向了纯粹的DC型制度并将其作为退休收入保障的主体，这就使工人退休时获得的养老金待遇水平遭受极大的不确定性。不过，对于那些还没有采取重大养老金结构式改革的国家（例如希腊和西班牙），其在现行规则下的公共养老金制度的长期可持续性仍然是存在问题的，所以这些国家的养老金待遇在未来也是不确定的。

养老金改革对不同收入工人的待遇影响也是不同的。例如在法国、芬兰和瑞典等国家，养老金改革将保护低收入家庭而使高收入工人遭受损失。另一方面，匈牙利、波兰和斯洛伐克的改革对退休收入分配造成了不利影响，即低收入工人养老金替代率比高收入工人降低的相对幅度更大。

在这方面，新西兰是一个有意思的研究案例，因为新西兰通过向全体公民提供慷慨的基础养老金来构建了一个成本只占GDP不到5%的财务状况运行良好的公共养老金制度，并且在防止老年贫困上成绩卓著

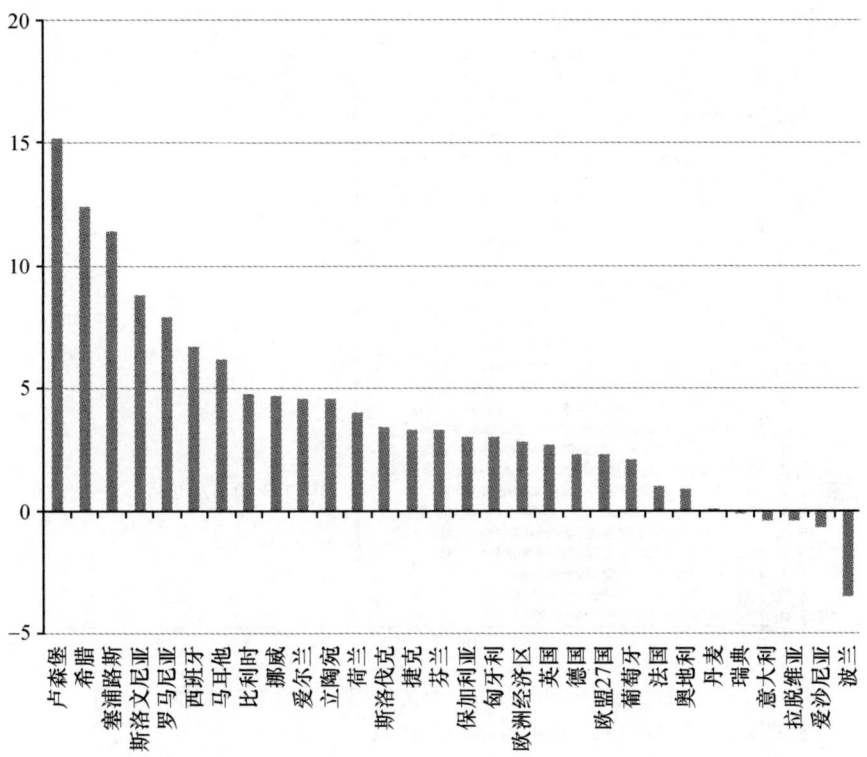

图 2.2　2007—2060 年公共养老金支出占 GDP 比率的变化（%）

资料来源：Ageing report 2009，available at：http://ec.europa.eu/economy_finance/publications/publication13782_en.pdf。

（参见图 2.3）。另外，最近新西兰引入了一项称为"几维储蓄"（"Kiwisaver"）退休储蓄制度，以此来对普享型的基础养老金提供补充。几维储蓄是带有选择性退出条款的自动向个人账户注册的养老金计划，其运作模式类同英国提出的"国民就业储蓄信托"（National Employment Savings Trust，NEST）。该项计划预计将在 2012 年引入。

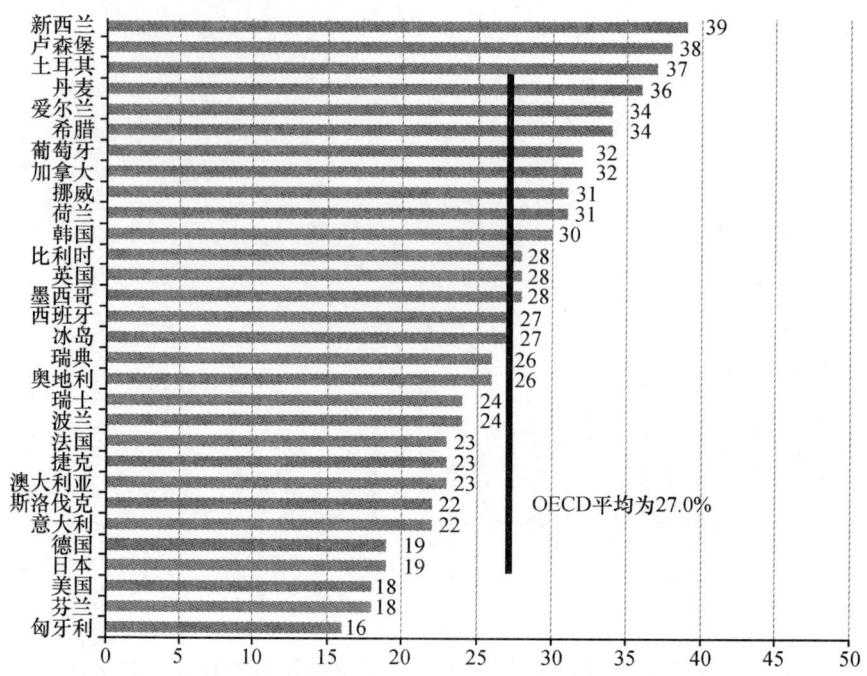

图 2.3 最低或基础养老金占全经济范围内平均工资的比率（%）
资料来源：OECD, Pensions at a Glance, 2009。

第四节 预筹积累和 DC 型转变重要性日显的政策含义

OECD 国家养老金制度的积累规模可以在图 2.4 和表 2.2 中观察到。图 2.4 显示了 OECD 国家全部养老基金资产占 GDP 的比重。在图 2.4 所列出的这几个国家中，尽管给出的养老基金没有涵盖全部项目，例如，在德国就没有包括记账储备，在法国没有纳入作为一种退休储蓄形式的人寿保险，但整个养老基金资产与私人养老金制度的规模大体相当。表 2.2 给出了持有社会保障储备规模最大的几个 OECD 国家情况。很明显，积累已经不再是私人养老金制度的专利。

养老金制度越来越多地采用积累就自然要承受更多的金融风险，如果对金融风险管理不当，那么在待遇支付上将会产生高度不确定性。因

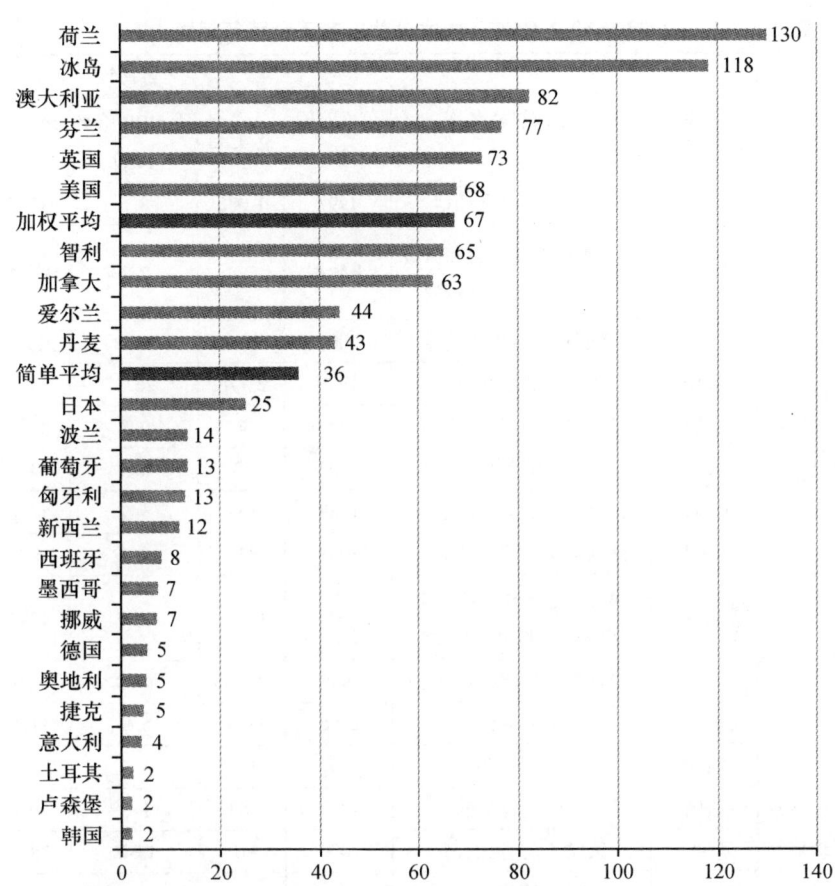

图 2.4 2009 年部分 OECD 国家养老基金占 GDP 的比重（%）
资料来源：OECD Pensions Markets in Focus, July 2010, Issue 7。

此，养老金管理机构就要在促进养老基金投资有效管理上发挥核心作用，这一作用可以借助治理和风险控制的法规条例和对养老基金运营的适当监督来发挥。

在过去 20 年左右，因为养老基金的重要性地位日渐突出，所以政策制定者的行为已成为确保养老金制度提供足够退休收入的关键所在。最值得一提的是，政策制定者可以在如下几方面进行尝试：提高养老基金受托人或董事的标准；合并基金使费用降低；引入基于风险的监管模式。

一直以来，在相对有限的监管干预下，DC 型制度安排越来越受欢迎，这是养老金制度发展的另一个主要趋势。但是，经验告诉我们，当

表 2.2　　2009 年部分 OECD 国家公共养老基金储备规模

基金类型	国家	基金或机构名称	创立时间	资产[4] 亿美元	占 GDP 比率（%）	增长率（%）
社会保障储备基金	加拿大	加拿大养老金计划	1997	1 086	8.5	13.8
	法国[1]	高管退休机构协会和雇员补充养老金计划协会	无数据	724	2.5	无数据
	日本[1]	政府养老金投资基金	2006	11 377	23.2	无数据
	韩国	国民养老基金	1988	2 178	26.1	17.9
	墨西哥	墨西哥社会保障局储备	无数据	36	0.3	3.3
	波兰	人口储备基金	2002	23	0.5	64.4
	葡萄牙	社会保障财务稳定基金	1989	131	5.7	12.8
	西班牙	社会保障储备基金	1997	834	5.7	4.9
	瑞典	国民养老基金（第一至第四基金和第六基金）	2000	1 088	27.2	13.2
	美国	社会保障信托基金	1940	25 403	17.9	5.0
主权养老储备基金	澳大利亚	未来基金	2006	516	5.9	11.0
	比利时	银发基金	2001	235	5.0	4.4
	法国	退休储备基金	1999	463	1.7	20.6
	爱尔兰	国民养老储备基金	2000	310	13.7	38.5
	新西兰[2]	新西兰超级年金基金	2001	83	7.1	-6.7
	挪威[3]	政府养老基金—挪威	无数据	190	5.0	32.9
选取的 OECD 国家总计				44 677	18.6	7.3

注：1. 法国和日本是 2008 年的数据。
2. 新西兰是 2009 年 6 月份的数据。
3. OECD 将挪威的"政府养老基金—全球"看做主权财富基金，因此，本书没有考虑这部分。
4. 最后一列的占 GDP 比率和增长率是对资产的加权平均数。

资料来源：OECD Global Pension Statistics。

个人接触金融产品时，其储蓄和投资决策往往表现不佳。如果政策制定者希望改善养老基金和诸如年金等其他退休产品的投资表现，那么他们就需要开始考虑更为积极主动地规范这些市场；对获得少数低成本选择提供便利；提出有效的信息披露要求；以及设计出足够多的积累和支付投资的默认选项，以便最好地满足退休收入目标。

当 DC 型计划是强制性的，并由其来提供大部分的退休收入时，把 DC 型计划向 DB 型作出一些调整也是必要的，至少表面上看有点 DB 型的味道。例如，可以使用生命周期投资策略来降低退休收入的波动。也可以利用相对低廉的投资保证来确保最低水平的待遇而又同时不损害太多的上升空间，例如，保证在缴费期结束时缴费名义价值不降低。

政策制定者也需要对养老金支付阶段给予更多关注，并考虑年金市场的定位，以便给退休者提供待遇保障方案，理想情况下可以保证退休收入免受通货膨胀影响。在积累和支付阶段，供应商收取的管理费也应该纳入到监管者的权限范围内。最近几年，一些创新的行业组织结构得到了尝试和验证，其中包括在某种程度上集中管理职能，例如瑞典的 PPM 制度和丹麦的 ATP 制度已经因此成功地把成本降低到合理水平上。

第五节 结 束 语

养老金改革仍然是世界上许多国家政府未完成的任务，但改革的压力却与日俱增。很多国家，特别是 OECD 国家正在与危机引致的财政压力和婴儿潮进入退休年龄导致的人口老龄化加重进行着战斗。当一次性参量式改革给痛苦挣扎中的社会保障制度以喘息之机时，必须采取重大的结构式改革来把制度固定在可持续融资路径上。

可以区分出两类结构式改革：一类是在公共养老金制度参数与人口和精算变量之间建立自动调节机制（例如在意大利、波兰和瑞典实施的名义账户制改革）；另一类是引入私人养老金制度安排，对现收现付融资的公共养老金进行部分替代，同时将部分社会保障缴费转入完全积累的 DC 型账户内（在拉美和中东欧地区广为盛行）。

这两种类型改革都改善了公共养老金制度的长期融资平衡，但由于设计上的差异，两类改革对养老金制度的足够性和公平性可能具有不同的含义。当然，不论是哪种类型的改革，设计良好的养老金制度都应该立足于这三个目标的改善。

此外，几乎毫无例外，养老金结构的重大改革都将导致未来几代人在既定退休年龄下的公共养老金替代率出现下降。推迟退休能够也应该在补偿公共养老金待遇下降方面有所表现。但是，指望完全补偿这种待遇下降却是不现实的，其原因就在于这需要进行更为彻底并由此导致政治上更为困难的改革。例如，将法定退休年龄与未来预期寿命联系起来，这正是丹麦从2027年开始要实施的。

基于目前的改革实践，人们可以预期到强制性私人养老金制度（或者某种弱强制的制度）将成为世界上大多数退休收入制度的越来越明显的特征。当前，31个OECD国家中14个国家已经引入了私人养老金制度，并覆盖了大多数劳动力。这些制度越来越强的DC属性正在对政策构成一系列新的挑战，政策制定者必须对此加以处理，例如确保缴费水平足够，设计合适的默认投资策略，保持低成本和保证合适的待遇支出形式。

同时，政策制定者也要采取平衡措施，其中养老金收入来源的多样化对实现退休收入目标是非常有价值的工具。积累制DC型计划的不断壮大是保护政府和私人公司免受人口老龄化影响的客观变化。但是，这也对退休者形成了新的风险，因此，需要将公共养老金制度对老年人提供足够保护和制度财务可持续协调起来。

第三章 智利养老金改革

索莱达·霍马察巴尔（Soledad Hormazabál）

第一节 背 景

一、改革前的智利养老金制度

智利第一个养老基金始建于 1915 年，并以国防部门为对象。9 年后，正式建立了一项福利制度，社会保障制度便得以诞生。

智利社会保障制度针对不同就业类型作出安排，但根本区别存在于体力劳动者和受薪劳动者之间。前者加入"社会保障制度"（Social Security Service，SSS）；而后者参加各种养老基金（Cajas）中的任意一种。而每一种养老基金都具备一套特别规则体系，这些规则体系主要根据劳动者所在部门或所从事的活动来管理养老金缴费和待遇发放。这些基金主要包括"私人部门雇员养老基金"（Caja de Empleados Particulares，EMPART）以及"公共部门雇员和新闻工作者国家养老基金"（Caja Nacional de Empleados Públicos y Periodistas，CANAEMPU）。此外，还有大量的为特殊类型劳动者团体设立的养老基金。在整个社会保障制度中，有 80% 的劳动者参加社会保障制度，而其余 20% 的劳动者则分属于各种养老基金。

最初，智利的社会保障制度只包括养老金和医疗保险，之后扩大了福利的提供范围。尽管所有基金都按照"待遇确定型"（Defined Benefit，以下简称DB型）制度来运营，但在彼此之间仍然存在着显著差异。比如在雇主和劳动者两者的缴费率上就不尽相同。随着时间的推移，这些基金开始有望通过诸如附属贷款等投资来获益。但是，低下的投资回报再加上日益严峻的人口状况，导致不得不需要增加多方的缴费，甚至迫使政府的公共资源除了用于社会保障制度外，还需要向各种养老基金进行补贴。

成员缴费是制度收入的主要来源（参见表3.1），主要根据基本工资进行计算（法律确定的工资百分比）。每个养老基金[①]确定各自的缴费率和待遇资格条件，例如，退休年龄和养老金计算机制。以工资为基数的缴费率随着时间推移不断上涨。事实上，20世纪70年代初这一比率在某些情况下甚至高达基本工资的50%以上。除了作为养老金计算基础的时期外（以退休前最后几年的收入作为基础计算养老金），在缴费和待遇之间并没有明显关联，因此这些缴费被视为对劳动收入的征税。

表3.1　　　　　　1965—1984年社会保障待遇和收入

	社会保障待遇（占GDP的百分比）					社会保障收入，按来源分列（占GDP的百分比）			
	养老金	家庭分配	医疗保健	其他	总计	缴费	纳税	收入和其他	总计
1965	4.7%	3.1%	1.2%	3.1%	12.2%	8.7%	4.8%	0.6%	14.2%
1970	5.2%	3.7%	1.5%	2.8%	13.2%	9.5%	5.2%	0.5%	15.3%
1975	4.5%	2.4%	1.5%	2.5%	10.9%	8.7%	4.4%	0.7%	13.8%
1979	4.1%	1.4%	1.8%	3.4%	10.7%	7.3%	4.1%	0.8%	12.1%
1980	5.5%	1.4%	1.6%	2.5%	11.0%	7.7%	4.7%	0.8%	13.2%
1984	9.0%	1.2%	1.6%	2.8%	14.5%	5.7%	8.8%	2.2%	16.7%

资料来源：社会保障监管局（1992）和作者估算，所用数据来自智利中央银行。法弗雷等（In Favre et al., 2006）。

改革前，智利的旧养老金制度存在着严重不公平。首先，参加社会保障制度的男性和女性只有分别达到65岁和60岁才可以退休，而养老

---

① 1979年年底有32个养老金机构，附带有近150个不同计划和各种各样的退休规定（Foxley et al., 1980）。

基金则可以允许劳动者提前退休，某些养老基金甚至允许劳动者在 42 岁退休。其次，为不同主体所提供的养老金的特点有着显著差异。例如，社会保障制度没有保护养老金免受通货膨胀侵蚀，其他养老基金则允许退休后的养老金与就业者工资上涨联系起来（被称做"追随"养老金）。虽然自 1981 年以后，在支付给养老金领取者待遇上的明显差异已逐步消失，且最低养老金也在不断增加，但目前，旧制度遗留下来的不公平情况却仍然存在。2004 年，旧制度覆盖下的 975 000 名养老金领取者的信息显示，有 82% 的养老金领取者隶属于社会保障制度，平均每月养老金约为 155 美元（接近最低养老金）。18% 的养老金领取者隶属于养老基金，平均每月养老金高达 410 美元左右，几乎相当于社会保障制度中的 3 倍。最后，大多数隶属于某一养老基金的文职人员（非军人）根据服务年限来确定退休（提前退休），而在社会保障制度中这种情况是不存在的。事实上，直到 2004 年，养老基金成员和私人部门雇员（EMPART）仍然可以较早退休，却领取数倍于社会保障制度下的养老金。

在 1960 年至 1980 年期间，劳动力的覆盖范围从 60% ~ 79% 不等。1973 年达到一个高位，1980 年又回落到 64%[①]。尽管缴费人口比例相对较高，但是需要注意的是，大部分从事经济活动的劳动者对低报收入具有强烈动机。因为养老金待遇只有在即将退休的前几年才与缴费直接相关联。

当智利人口结构开始转型时，换言之，当智利的年轻人大量进入劳动力市场致使劳动力平均年龄逐渐下降时，养老金制度本应该积累巨额储备。然而，这个宝贵的机会却被智利浪费了。智利反而将制度盈余用于改善养老金待遇或弥补公共赤字。随着劳动力平均年龄的提高，养老金制度财务状况日益恶化。与此同时，由于待遇支出规模庞大或增长明显，加之收支余额的实际投资收益率很低甚至为零。出于责任所在，国家为出现赤字的养老基金提供融资，由此导致养老金制度极大地消耗了预算资源，继而成为公共财政的一个主要负担。

---

① 这些数字很可能高估了有效覆盖率，因为难以确定有多少人参加了一个以上养老基金。造成这种情况的原因就在于劳动者所从事工作或所在部门发生变动，进而导致参加了不同养老基金，而相应的信息确认机制又极不稳定。为此，我们要感谢亚丽杭德拉·考克斯—爱德华兹（Alejandra Cox-Edwards）对这一情况所做的考察。

二、养老金制度改革的必要性

1981年改革之前的一段时间内，一系列研究文献都对养老金制度的诸多缺陷进行了阐述。这些研究分析了智利社会保障制度存在的问题并呼吁采取重大改革。在这方面值得关注的是卡洛斯·伊瓦涅斯（Carlos Ibáñez，1952—1958）政府期间的克莱因—萨克斯（Klein-Sacks）任务报告和豪尔赫·亚历山德里（Jorge Alessandri，1958—1964）政府期间的智利养老金制度研究委员会的研究成果。这些研究指出，该制度的成本过高，结果显失公平，覆盖面也不足，并预测未来将出现严重的财政问题。

如上所述，智利的社会保障制度在1981年之前是无序、零散、不公平和亏损的。在这种情况下，1973年军政府上台执政，开始对社会保障制度改革的可能性进行评估。1974年，做了一些调整。例如合并了家庭福利制度和失业保险制度；在最低养老金制度上对受薪劳动者和体力劳动者一视同仁；1975年建立了非缴费型家计调查养老金制度（Pensiones Asistenciales，PASIS）。1979年智利规范了不同养老基金关于退休年龄和服务年限的要求，并且废除了原来的根据退休前最后一份工作的相应工资增长调整养老金的规定。最后，在这个时期下调了缴费率，并根据通货膨胀因素对养老金（实际）价值进行了一些调整。上述调整都是在社会保障制度采取重大结构改革之前完成的。

政府对该情况进行了深入分析，得出以下结论：

- 多数人的养老金水平非常低。据估计，70%的劳动者退休后，所能领取的养老金仅等于或低于当时的最低养老金（相当于目前的70美元）。
- 在两方面存在着严重不公。少部分人可以较早退休并领取足以抵御通胀的高额养老金，而大多数人获取的养老金却与此大相径庭：大部分人在达到退休年龄之前没有机会退休；领取无法抵御通胀的较低水平养老金。而从20世纪50年代开始，智利的通胀一直维持在两位数，到了1973年甚至高达三位数。
- 制度的财务收支严重不平衡，导致缴费率上升，不得不依赖政府财力支持。也即制度财务不可持续的风险加大。
- 对于大多数缴费的经济活动人口而言，待遇和缴费之间并无直接关联（仅根据退休前最后几年的工资水平来计算养老金）。缴费被视为税收,从而鼓励人们逃避缴费和低报工资收入。这种结构无助于创造就业机会并激励更多的人进行正规就业。

1980年,智利3500号法令以个人资本化和私人储蓄管理为基础建立了新的养老金制度。

三、向新养老金制度的过渡

1981年生效的新制度以强制性的"缴费确定型"(Defined Contribution,以下简称DC型)为基础。每个受雇劳动者每月须存入其基础缴费收入的10%。该储蓄存入"养老基金管理公司"(Administradoras de Fondos de Pensiones,AFPs),不受雇他人的劳动者则没有缴费义务,但这并不妨碍其自愿参保缴费。养老基金管理公司属于私人公司,其唯一职责是管理该制度下的储蓄并发放待遇。这些公司有权对其服务收取费用,并且也必须为其缴费者与保险公司就提供伤残和遗属待遇签订保险单。该保险单向两种受益人提供给付:一是当缴费者在领取养老金之前死亡时,须向缴费者的继承人提供给付;二是向丧失工作能力的缴费者提供给付。同时,智利成立了"养老基金管理公司监管局"(AFP Superintendency),作为这些管理公司的监管机构,目前称为"养老金监管局"(Pension Superintendency)。

新制度要求除不受雇于他人的劳动者,所有首次进入劳动力市场的新劳动者均必须加入,所有已在旧制度下参保的人员则可以自愿加入[①]。而那些选择转入新制度的老劳动者将不允许返回旧制度。对于转入新制度中的劳动者来说,新制度的激励性主要来自于以下几个方面:

● 新制度的缴费率比旧制度低。因此,转入新制度的劳动者会发现其可支配收入增加。

● 转入新制度的劳动者收到"认可"或退休债券,用以补偿他们在旧制度下的缴费。政府用发行的退休债券给那些转入新制度来领取终身年金的劳动者募集资金,该终身年金相当于1978—1980年期间获得缴费基础收入的80%。募集资金的数额通过加权得到,其权数是旧制度下缴费年数除以35。此种退休债券对通货膨胀作出调整,且每年按照4%的实际利率增值。在退休时,政府兑换这些债券,使其成为用于

---

① 唯一的例外是武装部队和安全部队,他们保留其旧养老基金并且年复一年地出现数额可观的赤字,这些赤字均由预算拨款来弥补。

个人养老金储蓄的一部分。

要取得退休债券,劳动者必须在旧制度中至少有 12 个月的缴费记录,且该缴费对应的收入是在 1980 年前的最近 5 年内或者在 1979—1982 年期间取得,且此收入不作为获取其他养老金的依据。

由于旧的现收现付制度向新制度的过渡尚未完成,这两个制度仍然并存,但旧制度仅覆盖 1981 年之前加入且决定不转入新制度的参加者。在对旧制度参保者的处理上,智利将所有基金合并成一个唯一的公共实体(INP,今天称为 IPS)。由该实体负责管理缴费和兑现待遇,另外政府用于弥补旧制度赤字的款项(部分赤字是由缴费者转入新制度造成的)也由该实体负责管理。截至 2009 年年底,旧制度中仍然有超过 95 000 名缴费者和 784 562 名养老金领取者。正如新制度设计者所预期的,随着 1981 年转入新制度的参加者开始退休,用于退休债券的公共支出也在增加。但据预测,用于退休债券的公共支出将开始下降,直到 2030 年左右就不再需要这方面的公共支出。

表 3.2 给出了 1981—2000 年用于养老金上的财政支出。可以看出,制度转型已给公共财政带来沉重负担。

表 3.2　1981—2000 年对养老金的财政供款(占 GDP 百分比)

	运营赤字		福利养老金	退休债券	最低养老金	总计
	公务员	军人				
1981	1.6	2.0	2	0.0	0.00	3.8
1982	3.9	2.1	3	0.1	0.00	6.4
1983	4.4	2.1	0.4	0.2	0.00	7.1
1984	4.7	2.2	0.5	0.2		7.6
1985	4.0	2.0	0.5	0.2	0.00	6.7
1986	4.0	1.9	0.5	0.3	0.00	6.7
1987	3.5	1.7	0.5	0.4	0.00	6.1
1988	3.2	1.5	0.4	0.4	0.00	5.4
1989	3.4	1.3	0.3	0.4	0.01	5.4
1990	3.2	1.3	0.4	0.5	0.01	5.4
1991	3.2	1.3	0.3	0.5	0.01	5.3
1992	3.1	1.2	0.3	0.5	0.01	5.1
1993	3.1	1.6	0.3	0.5	0.01	5.3
1994	3.0	1.2	0.3	0.7	0.01	5.2

续表

	运营赤字		福利养老金	退休债券	最低养老金	总计
	公务员	军人				
1995	2.7	1.2	0.3	0.7	0.02	4.9
1996	3.0	1.2	0.3	0.7	0.02	5.2
1997	2.9	1.2	0.3	0.8	0.02	5.2
1998	3.1	1.2	0.3	0.9	0.03	5.5
1999	3.1	1.3	0.4	1.1	0.004	5.9
2000	3.1	1.3	0.4	1.1	0.005	6.0

资料来源：Budget Department（2001）in Favre et al. 2006。

第二节　个人资本化养老金制度

养老金制度的目标是为那些诸如因年老或残疾而不能再拥有自己收入的人口提供适当收入。依照人口不同的社会经济状况，把养老金制度分解成五支柱、四支柱或者三支柱。这些支柱采用的运行机制可以以最有效的方式实现这些目标。这些支柱是：

● 零支柱[①]：包括各种补助，主要以防止老年贫困或应对诸如残疾等情况为主。这项福利制度通过税收融资；换言之，其筹资机制与养老金制度无关。

● 第一支柱：其与零支柱具有同一目标，也为贫困人口提供津贴。区别在于筹资机制，第一支柱通过从事经济活动参保者的部分缴费筹资。一些分析人士不对零支柱和第一支柱进行区分。

● 第二支柱：包括 DC 型或 DB 型个人强制性缴费的制度。

● 第三支柱：政府通过给予激励（补贴或免税额）来鼓励个人进行自愿性养老储蓄。

● 第四支柱：向老年人或者残疾人提供激励，促使他们就业，而不管这些人的劳动生产率是否低下。目前，该支柱的理念仍然比较前卫，

---

① 在一些情况下被称为"零支柱"，即提供给家庭和社区的私人保护网络。虽然该支柱一直以来都很不正规，但却可能比社会保障制度更强大，因为从历史上讲，原始社会就曾出现这一支柱，而且该支柱在当今许多农村人口比例很高的国家仍然大行其道。

因此，在很多研究中并没有把这一支柱考虑进来。

1980年12月6日智利个人资本化养老金制度以3500号法令的形式予以公布，并于1981年生效。这次养老金制度改革从根本上改变了DB型现收现付制度（基本位于整个养老金制度核心的第二支柱）。这次改革通过私人公司管理的个人账户对强制性储蓄进行资本化。另外，这次改革还引入了零支柱和受限制的第三支柱，而第一支柱和第四支柱从来没有成为智利养老金制度的一部分。

改革后的智利养老金制度以雇员的强制性个人储蓄和自雇者的自愿性储蓄为基础。强制性缴费的数额为月收入缴费基数的10%，上限为60 UF①（货币单位）。储蓄存入养老基金管理公司为每个参加者设置的个人账户中。养老基金管理公司管理其参加者的个人账户并将基金投资于金融市场。通过这种方式，每个成员的个人账户通过新增缴费以及取得的投资回报两种方式获得增值。当成员所从事的经济活动结束时，养老基金管理公司通过储蓄起来的基金向其支付养老金。

政府通过养老基金管理公司监管局履行其对养老金制度的监督和管理职责。该养老基金管理公司监管局隶属于"劳动和社会保障部"（Ministry of Labor and Social Security）。同时，该机构还承担着依靠一般政府预算来支持的附属管理和融资职能，即以向低收入劳动者提供转移支付为目标的团结或福利支柱。

一、零支柱：福利养老金和最低养老金

"养老金标准化机构"（Institute for Pension Normalization，INP）是智利负责管理团结支柱的公共部门，该团结支柱是通过非缴费型家计调查养老金制度（PASIS）提供福利养老金和最低养老金而建立起来的。非缴费型家计调查养老金制度创建于1975年，向65岁以上老年人，18岁以上丧失劳动能力者或所有年龄的心智不健全者（出具医学健康状况证明）以及没有家庭福利的人提供非缴费型待遇。个人想要取得非缴费型家计调查养老金制度提供的待遇，申请前在智利连续居住时间不能少于三年。而且，受益人必须处于贫困状态。换言之，受益人必须没有收

---

① UF是一个账户单位，其每天都随着上个月的通货膨胀进行调整。目前，1 UF相当于大约40美元。

入来源或其收入低于最低收入线的50%。家庭核心成员①的平均收入也必须低于最低收入线的50%。贫困状态是通过"社会经济特征"（Socioeconomic Characterization，CAS）档案中的计分制度来认定。社会经济特征档案是政府公共政策定位缓解贫困的主要手段。如果个人因为诸如家庭核心成员收入增加而不再符合适用条件，则该人将不能再取得非缴费型家计调查养老金制度提供的待遇。

劳动部和财政部每年依据预算来确定非缴费型家计调查养老金制度的待遇数额，并由劳动部和财政部依照预算法的规定通过一项联合决议向这个项目分配资金。这种资金分配机制导致了如下结果：即使轮候名单上的参加者符合相关规定，但由于可分配的资源数量不足而无法取得待遇。

团结支柱（the Solidarity Pillar）也有一个最低养老金，属于缴费型待遇，政府据此向已完成相当数量缴费（其中一个必要条件是缴费不少于240个月）的养老金领取者提供最低收入保障。一旦养老金领取者个人账户中积累的基金耗尽，该保障便开始生效。与此同时，政府转移支付相同数额的资金到最低养老金中。养老金领取者即可领到最低养老金。

根据15386号法令第26条，2005年12月生效的最低养老金的数额如下。2005年这个数额的月平均数额大约相当于143美元、156美元和166美元（参见表3.3）。

表3.3　　　　　　　　每月最低养老金数额

	加权	美元*
70岁以下	79.867	143
70岁以上并且75岁以下	87.328	156
75岁及以上	93.176	166

注：*2005年的平均数额。
资料来源：INE。

二、第二支柱：强制性储蓄

第二个缴费型支柱包括雇员为其未来养老金融资而进行的强制性储

---

① 家庭核心成员是这样一个群体，即不论他们是否有血缘关系，他们长期生活在一起。

蓄。这个强制性储蓄是唯一的国家级 DC 型个人资本化计划，并由私人单一业务公司，即养老基金管理公司负责管理。

法律规定雇员必须支付其月缴费基数收入的 10%，而缴费基数收入的上限为 60 UF①，因此，该制度的最大强制性缴费为 6 UF。独立劳动者可以自愿地选择是否对该制度缴费。养老基金管理公司有权对其提供的服务收取占强制性储蓄 10% 的费用。这些服务基本上包括制定运营管理和对积累储蓄进行投资。养老基金管理公司通过筹集附加缴费弥补其开支，其中包括收取强制性"伤残和遗属保险"（Disability and Survivors' Insurance，SIS）的保费。图 3.1 显示了伤残和遗属保险的缴费和成本占账户积累余额的百分比。如我们所料，考虑到该制度已经成熟，作为余额一定比例的缴费已经下降。然而，值得一提的是，随着制度规模的增加，（作为工资百分比的）服务费将显著降低。

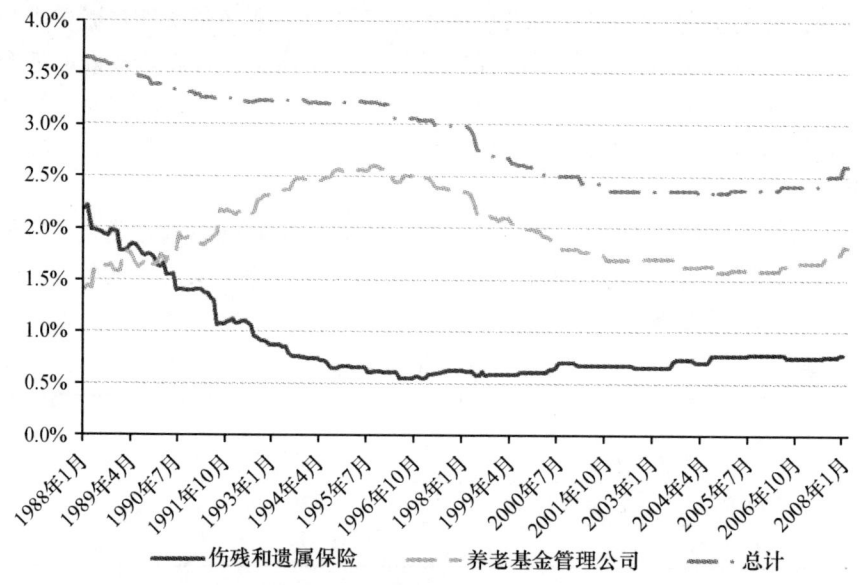

图 3.1　伤残和遗属保险的缴费和支出的变化
资料来源：养老金监管局。

新增缴费和养老基金管理公司在金融市场获得的投资回报增加了个

---

① UF 是一种货币单位，它每天都随着上个月的通货膨胀而调整。目前，60 UF 相当于 2 400 美元。自从制度初建时起，2008 年的养老金制度改革增加了每月缴费限制，并且建立了如下规定：每月缴费限制应该依据上年实际工资的增长而调整；如果上年实际工资下降，则缴费收入的限制不再调整。

人资本化账户里的积累资金。个人资本化账户里的累积余额以后将以养老金的形式返回给成员，即成员可以自由选择提取额度，或者作为遗产留给继承人①。

最初，只有一种类型的基金（C类基金），其成员只能借助该类基金积累储蓄。换言之，该基金有唯一的投资政策或战略。尽管这个战略在不同的养老基金管理公司之间有所不同，但它服从于养老基金管理公司监管局制定的严格的投资规则。因此，各个养老基金管理公司之间的投资结构非常相似。

2002年创建了"多基金"养老金计划。该计划提供了五类具有差别投资政策的基金。该计划使参加者能够根据其风险偏好和距离退休的时间来作出最优选择，来确定基金中的权益类投资比重。这是满足计划成员偏好的更好方式，同时也保留了一个默认转换计划，即随着退休年龄的日益临近，强迫参加者转向权益类投资比重最低的基金②。

五类基金之间的基本区别在于权益类投资工具的最高和最低投资比例的不同。这个不同导致风险和回报不同组合的投资策略。对于权益类投资的比例，法律要求（最高风险的）A类基金不得超过最高80%；（有风险的）B类基金不得超过60%；随着比例逐渐减少，直至（最保守的）E类基金只允许将5%投资于权益类工具。

法律规定养老基金管理公司有义务提供四支风险较低的基金，而风险最高的A类基金可以自愿提供。从历史上看，所有的养老基金管理公司根据法律都提供了五种类型的基金。

参加者可以自由选择基金存入其储蓄，也可以在基金之间转移他们的缴费余额③。但是，如矩阵1所示，养老金领取者和那些临近于可领取养老金年龄的参加者不允许选择最高风险的基金。

对于那些不行使选择储蓄投资基金类型的参加者，智利养老金制度向他们提供了一个根据参加者的投资期限设置的默认选择，如矩阵2所

---

① 在满足对个人资本化账户基金要求的基础上，基金成员可为实现其认为合适的任何目标而适时退休。这些要求是：基金所能提供的养老金数额，必须不少于该成员缴费基数收入的70%，且超过最低养老金的150%。

② 虽然存在这样的观点，即各种类型基金数量的不断增加满足了缴费者的风险—回报偏好。但是，这个观点可能导致极端乐观的设计，即提供了如同在制度中缴费者一般数量众多的基金。因为供应方面的管理成本和需求方面的信息实际上限制了能有效提供的替代品数量。

③ 当一年内资本化账户的余额从基金中转移超过两次时，该养老基金管理公司有权收取费用（这个费用不能从基金中贴现）。

第三章 智利养老金改革

矩阵1　　根据参加者年龄的可选择基金类型

基金类型	低于55岁的男性，低于50岁的女性	56岁及以上的男性，51岁及以上的女性	退休人员
"最高风险的"A类基金	适用	不适用	不适用
"有风险的"B类基金	适用	适用	不适用
"中等的"C类基金	适用	适用	适用
"保守的"D类基金	适用	适用	适用
"最保守的"E类基金	适用	适用	适用

资料来源：养老金监管局。

示。它将未满35岁的男性和女性的强制性储蓄分配给的B类基金；他们的基金将开始以每年20%的速度转移至中等风险的C类基金；当女性达到50岁，男性达到55岁时，其余额再次（以每年20%的速度）转移至保守的D类基金。

矩阵2　不选择基金类型的参与者的默认选择（根据年龄的分配）

基金类型	男性/女性达到35岁	36~55岁之间的男性，36~50岁之间的女性	超过56岁的男性退休者，超过51岁的女性退休者
"最高风险的"A类基金			
"有风险的"B类基金	适用		
"中等的"C类基金		适用	
"保守的"D类基金			适用
"最保守的"E类基金			

资料来源：养老金监管局。

截至2010年3月，超过380万名参加者为自己选择了基金的类型。这个数字占智利养老金制度参加者总数的39%。图3.2显示出自从2002年多基金制度创建以来，越来越多的参加者选择了基金的类型。

养老基金已经积累了大量资产。图3.3显示了养老基金在规模上如何最初从1981年占GDP的1%增加到2009年占GDP的65%。

截至2010年5月31日，养老基金的总价值为1164.391亿美元。图3.4显示了不同类型基金的分配。C类基金（中等风险）集中了超过480亿美元的最大比例储蓄。

智利政府作为养老金制度的担保人，要求劳动者用其工资的一部分

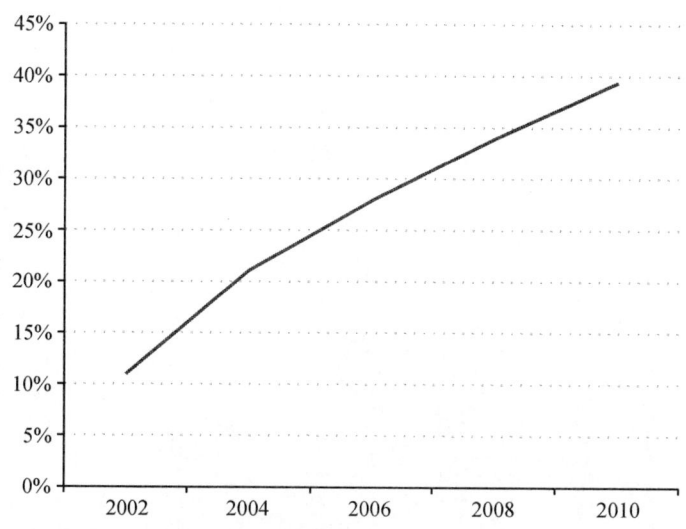

图 3.2　选择基金类型的参加者比例
资料来源：养老金监管局。

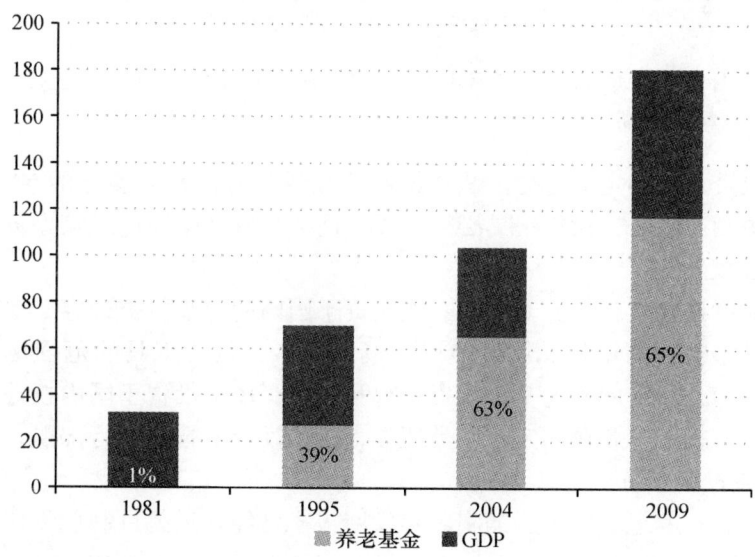

图 3.3　养老基金占 GDP 的比例（万美元，每年 12 月）
资料来源：智利中央银行和养老金监管局。

来履行缴费义务。这两个原因为制度管制提供了合理性。因此，通过对资产类型和工具的限制性规定，智利政府一直对养老基金投资进行管制。这些投资规定意味着养老基金资产只能投资于经法律专门批准或者

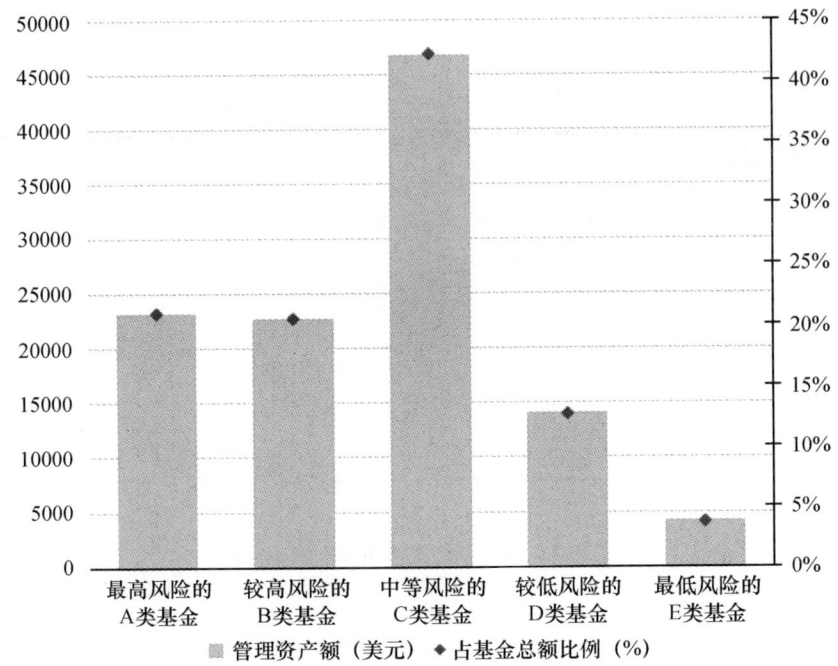

图 3.4　截至 2010 年 5 月不同类型基金所管理的资产（百万美元）
资料来源：养老金监管局。

依据投资规则确定的证券。法律给出了在任何时候都要遵守的 60 多种具体限制。此外，投资工具必须分级，这意味着必须通过风险评级委员会的授权。

制度建立之初，养老基金只能投资于国内固定收益类证券。但随着养老基金规模的增长和国内金融市场的发展，投资工具的范围也扩大了。目前，10% 的养老基金投资于智利国债，16% 投资于国内权益类产品，11% 投资于企业固定收益类证券，19% 投资于智利银行部门，另外的 44% 投资于海外。

现在，养老基金投资的实际年度回报率已经远远超过制度创建时预期 4% 的实际平均回报率。从 1981 年 6 月制度建立到 2010 年 5 月，C 类基金取得了 9.2% 的实际平均回报率。图 3.5 显示了该基金从 1981 年智利养老金制度建立开始至 2010 年的实际回报率。可以看出，在绝大多数年份，回报已经远远高于最初预计的 4%。

表 3.4 给出了不同类型基金的实际年回报率。可以清楚地看到，随着权益类投资比例的提高，基金类型也相应发生变化。

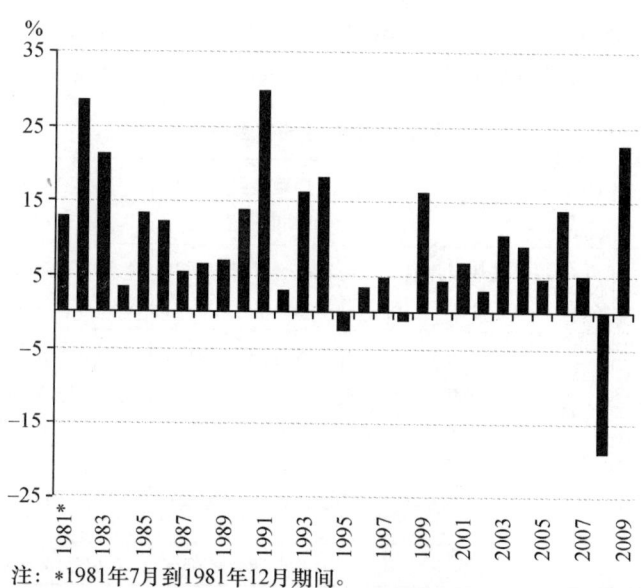

注：*1981年7月到1981年12月期间。

图3.5 C类（中等风险）基金的实际年度回报率（1981—2009年间）
资料来源：养老金监管局。

表3.4　　　　养老基金的真实回报率（至2010年4月）

	A类基金 最高风险	B类基金 有风险	C类基金 中等风险	D类基金 保守	E类基金 最保守
过去12个月 （2009年5月—2010年4月）	35.42%	26.91%	18.08%	11.44%	5.34%
在过去的36个月的年度平均 （2007年5月—2010年4月）	-3.03%	-0.91%	0.68%	2.11%	3.69%
从多基金推行以来的年度平均 （2002年9月—2010年4月）	9.14%	7.33%	6.18%	5.28%	3.83%
从制度推行以来的年度平均 （1981年6月—2010年4月）	—	—	9.29%	—	—

资料来源：养老金监管局。

　　智利男性和女性的法定退休年龄分别是65岁和60岁。当然，退休年龄仅作为一个参考，其原因就在于养老金领取者可以在达到法定退休年龄之后继续工作和缴费。此外，如果通过自筹资金来积累养老基金，其储蓄额必须达到一定条件，该制度就允许参加者提前退休①。在退休时，养老金领取者可以选择如表 3.5 提供的养老金类型之一②。

表 3.5　　　　　　　　不同类型养老金的主要特征

类型	终身年金	计划退休金	具有递延终身年金的临时收入	具有计划退休金的终身年金
管理	寿险公司	养老基金管理公司	养老基金管理公司和寿险公司	养老基金管理公司和寿险公司
基金的所有权	寿险公司	养老金领取者	养老金领取者只拥有临时收入的部分，其余部分归寿险公司所有	养老金领取者只拥有计划退休金那部分，其余部分归寿险公司所有
可能会改变养老金的类型	否	是，总是可以	只有临时收入的部分	只有计划退休金那部分
可以遗赠	否	是	只有临时收入的部分	只有计划退休金那部分

资料来源：养老金监管局。

一般而言，在储蓄去积累阶段，有两种基本机制："计划退休金"（programmed retirement）和终身年金。此外，还有这两种机制组合而成的其他形式养老金。计划退休金是将工作期间储蓄的所有钱保留在养老基金管理公司中并投资于最保守的基金（C、D 或 E 类）。养老基金管理公司每年按固定实际金额从养老基金中支付养老金。根据养老基金余额和养老金领取者预期寿命的变化，每年重新计算和调整养老金。终身年金是养老金领取者有权在其剩余寿命期间每月从寿险公司取得养老金待遇。按实值计算③，成员购买这种产品就是将他的储蓄转移给保险方，在成员生存期间内保险方承诺向其兑现固定的真实终身收入。具有递延终身年金的临时收入是结合上述两种选择的结果。在退休时，一部分基金用于购买一份若干年（例如退休之后 10 年）之后可以开始按月定额领取养老金待遇的终身年金。而剩余部分的基金如同计划退休金的情况一样，由养老基金管理公司保管，在成员所选择的期间，由养老基金管理公司来向其支付待遇。这样，最初养老金领取者取得一种临时性

---

①　目前，自筹资金必须满足的条件是据此领取的养老金水平超过最低养老金的 150% 和不低于申报薪酬或收入的 70%。
②　2008 年之后引入计划退休金计划的同时也引入了终身年金。
③　法律禁止名义终身年金。

收入（类似于计划退休金的机制）；若干年（由该成员选择）后，开始取得一份终身年金。最后，具有计划退休金的终身年金则是用一部分储蓄购买一份立即生效的终身年金，剩余部分资金保留在养老基金管理公司的计划退休金计划中。在这种情况下一个重要的区别是当计划退休金计划的养老金领取者死亡时其余额转给其继承人；而终身年金则不会出现这种情况。此外，计划退休金领取者如果生存时间较长的话，可能会发现其养老金将大大减少。

智利第二支柱的设计结构中，由于缴费和待遇直接关联，因此，逃避缴费的动机被遏制了。但由于个人的短视或者个人对于即期消费的偏好，并不能完全消除逃避缴费现象。

此种个人短视从许多提前退休人员的行为中可以得到体现，他们在提前退休后继续工作，这样他们就可以免除养老缴费义务。另一种体现是在计划退休金计划中退休后可以自由提取的盈余基金被大量取走。[①] 所有这些行为都减少了老年时的养老金数额。

2010年3月，297 649人或占总数39%的人提前退休。在所有男性养老金领取者（472 879人）中超过54%（255 891人）的人提前退休。

如图3.6中的数据显示，自从20世纪80年代末起，提前退休的养老金领取者的人数大幅度增加，90年代中期他们占领取养老金总人数的比例保持在60%左右。2004年法律收紧了准许提前退休的规定，因此，提出申请养老金的人数占新养老金制度总人数的比例已经下降（参见图3.7）。

三、第三支柱：自愿性储蓄

自愿性储蓄的目标是在养老金制度中补充强制性储蓄并且给予参加者更高的替代率，或者提前退休的机会。政府对参加者给予一些税收优惠政策以促进这种储蓄，但是2002年改革之前，在实践中此类政策使用得很少。2008年的一些变化加强了对免征所得税的低收入劳动者的激励措施。

自从1981年制度初建以来，第三支柱已经存在了。然而，直到2002年它才真正变得重要。当时基金管理者获准对其管理的储蓄收取

---

① 由于提取基金可以享受特别的税收待遇并可能构成免税收入，因此，从纳税方面看他们存在这么做的动机。

第三章 智利养老金改革

拉美养老金改革：面临的平衡与挑战

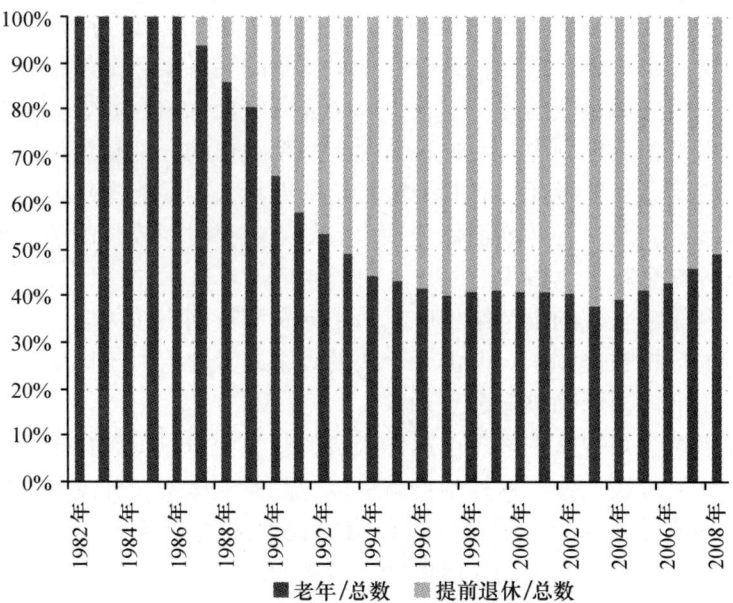

图 3.6 养老金制度中老年养老金和提前退休养老金情况
（从 1981 年至 2009 年，为每年 12 月的数据）

资料来源：养老金监管局。

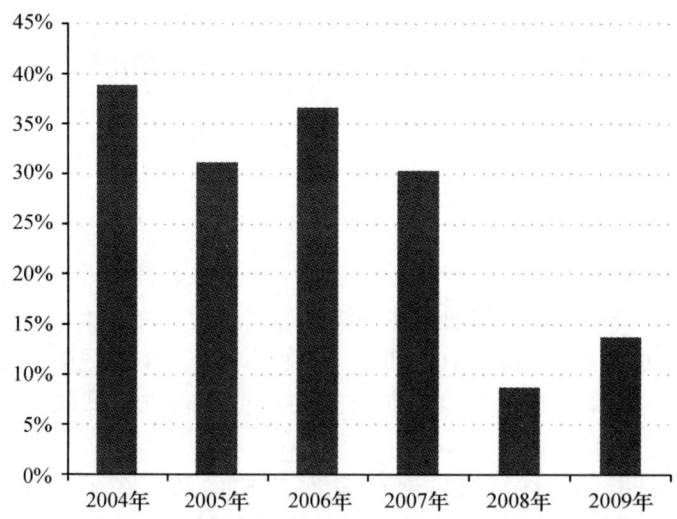

图 3.7 每年 12 月提前退休养老金占老年养老金总额的比例

资料来源：养老金监管局。

管理费，同时这部分业务也向共同基金、保险公司、银行和金融中介机构等开放以促进竞争。这些金融中介机构的产品需要获得证券和保险监管局的批准。税收激励允许通过对"自愿性储蓄养老金"（Voluntary Pension Saving，APV）免征所得税来降低参与者的应纳税所得额，并且由这些储蓄产生的回报如不提取的话也无须纳税。但由于养老金要纳税，因此这实质上是一种延迟纳税。然而，到了养老金低于储蓄时获取的收入的程度，这才能令成员的税收负担得到真正的削减。显然，对于那些边际税率很低甚或为零的中低收入劳动者来说，自愿性养老金储蓄制度对他们并没有激励作用。尽管自愿性储蓄养老金的基本目标是运用储蓄增加养老金待遇，参加者仅凭其意愿即可随时提款。但他们必须按照提款金额的3%~5%来支付所得税作为提前提款的一种处罚。

协议存款是自愿性储蓄养老金的另一种形式。协议存款是一种货币存款，它是由非独立劳动者在与雇主达成协议的前提下，以增加个人资本化账户中的余额为唯一目的，而并不代表该劳动者的任何收入。此种存款没有金额限制，也没有流动性。

由于强制性缴费制度存在每月用于计算缴费金额的收入限额64.7 UF（相当于2 588美元左右）①，自愿性储蓄养老金存款对于中高收入参加者来说是能够取得足够替代率的一个重要选择。虽然任何决定自愿存款的个人将以养老金总额或者提前退休的形式获得更多的养老金收益，但在某些情形下强制性储蓄是不允许人们维持其在工作期间所享受的生活水准。这些情形如下：

- 收入高于缴费基数上限的劳动者。
- 无业期间没有缴费登记的劳动者。
- 65岁前要提前退休的劳动者或法律规定的60岁退休的女性。

下面描述的已经构建的模拟评估了关于参加者在上述关键情况下养老金终值的自愿性储蓄养老金的重要性。模拟假定某人25岁开始工作，65岁退休，并且在退休时没有残疾子女或24岁以下子女。此外，我们假定实际年平均回报率为5.5%。

如果这个人一直依照60 UF的最大缴费基数缴费，那么他在退休时缴费密度为100%。不论收入超过缴费限额多少，他都将获得50.4 UF的养老金。因此，如果总收入是60 UF，他将有84%的替代率。但是如

---

① UF是一种货币单位，它每天都随着上个月的通货膨胀而调整。目前，1 UF相当于大约40美元。

果全部收入是 120 UF，则替代率仅为 42%。因此，劳动者可以通过制造一个相当于其超过缴费基数上限的月收入的 10% 的自愿性储蓄养老金以保持 84% 的替代率。

对于那些有"养老金缺口"（"养老金缺口"表示劳动者因失业等原因而没有缴纳养老保险费的时期。——译者注）的个人而言，自愿性储蓄养老金计划可以弥补缴费不足。例如，如果某人总收入为 30UF 并且其工作期限中缴费率为 65%，那么他的替代率将达到大约 59%。但是，如果这个人在他缴费期间将其工资的 2.5% 作为自愿储蓄，从而缴费率将从 10%（强制性）增加到 12.5%，则可以实现 74% 的替代率。

最终，采取提前退休的人将大大减少其养老金的数额。就女性而言，同样的事情也在发生，她们能在 60 岁时退休并且有比男性更长的预期寿命。例如，一个缴费密度 100% 并且工资低于缴费基数下限的人，如果她在 60 岁退休，将有大约 60% 的替代率；而如果她在 65 岁退休，则替代率将是 84%。在自愿性储蓄计划中通过月工资 2.7% 的储蓄，她能在 60 岁退休并取得和她 65 岁退休相同的养老金。

为了使这点更清楚：截至 2010 年 3 月 31 日，有 253 032 名缴费者的缴费基数等于或者大于缴费基数下限。这个数量相当于月缴费者总数的 6.1%，占定期缴费者总数 39.6% 的是有资格提前退休（60 岁）的女性。

第三节 2008 年养老金改革

25 年以来，智利最初养老金制度改革的制度基础从现收现付制确定给付型转向了确定缴费型个人资本化制度，并在以下方面取得了一些共识，即制度需要微调。正如积累数据显示的关键假设（尤其涉及缴费密度）并没有在现实中反映出来①。2005 年西班牙对外银行（BBVA）研究部门在为数众多的研究项目中实施了这个有助于巩固此设想的项目，并于 2006 年出版（Favre et al.，2006）。

---

① 法弗雷等（Favre et al.，2006）和伯恩斯坦等（Bernstein et al.，2005）对于养老基金管理公司监管局的一些研究和阿瑞纳斯·梅沙（Arenas de Mesa，2000）对于联合国拉丁美洲和加勒比经济委员会（ECLAC）的一些研究考虑到这些问题。

一、对智利养老金制度改革25年以来的评估和建议

为了显示其致力于智利的发展,西班牙对外银行(BBVA)通过对智利养老金制度进行仔细研究,在分析了其优点和缺点的基础上,促成了智利公众的反思。鉴于此,该研究提出了一系列调整建议。

西班牙对外银行(BBVA)的研究基于一个50年的时间跨度(到2050年时执行该研究)的保险精算预测模型的经济分析。该工具不但可对已获取的结果进行审视,而且可通过一个系统的、动态视角对检验结果在关键假设和参数方面改变的敏感度进行检验。

该保险精算预测模型考虑了养老金制度的测定或范围、养老金对应的替代率、制度的覆盖范围等变量,并且评估上述变量对于参数变化的敏感度。此外,该精算预测模型还补充了财政影响对养老金制度的预判因素。

上述分析完成后,西班牙对外银行(BBVA)提出了制度调整的建议,在此基础上,对以前所提出的涉及关键变量的建议进行影响力再评估。

养老基金管理公司监管局(AFP Superintendency,即现在的养老金监管局,Pension Superintendency)、智利大学和来自普罗维丹养老基金管理公司(AFP Provida)的内部数据产生的信息表明,制度的参与者之间存在着鲜明的异质性,特别是在其缴费密度方面。

二、总统顾问委员会

涉及上述话题的反思,以及需要对制度进行调整的共识影响了当时的总统候选人米歇尔·巴切莱特(Michelle Bachelet),她将其作为主要优先事项之一,并拟定了一项新的养老金制度改革以解决上述问题。

她表示,一旦当选总统,会任命政治上无党派倾向的养老金和经济学专家,由其深入研究和分析智利养老金制度,在此基础上,提出相应完善措施以解决前述问题。

2006年3月17日,由马里奥·马塞尔(Mario Marcel)为主席的养老金改革总统顾问委员会(Presidential Advisory Council for Pension Reform)成立。第336号最高法令规定了该委员会的任期,人员构成及职权范围。

该委员会意识到，公民参与在养老金制度改革中极其重要。因此，在一个月期间内进行了多次相关会议。在此期间其附属机构会见了制度的参加者以及其他诸如社会团体、企业、金融机构、智囊团、国际机构和专家在内的各种相关方。西班牙对外银行（BBVA）参与了这一过程，并对智利养老金制度提出了包括修改建议在内的预测与分析[①]。

由于在此之前，智利在形成公共政策中从未与公众进行过公开对话，因此，公众对该委员会的章程和工作方法很感兴趣。另外，新数据库在几年之前就已经建立，如社会保护调查局为分析和建议提供坚实的基础。委员会的主要结论如下，并且与上文所述的西班牙对外银行（BBVA）研究中的分析做了对比。

三、智利养老金制度中强制性支柱的覆盖范围

养老金制度的覆盖范围主要指在制度中注册的个人占总人数的比例。不仅包括在制度中取得保险金的个人的比例，他们实际获得的保险金水平，还包括（与此密切相关）在工作期间例如缴费期间积极参加该制度的个人的比例。这是参加者（注册的人）与缴费者（其实际进行缴费）之间的区别。然而，评估覆盖范围的质量也非常重要。

实际上在特定时间内进入劳动力市场的人已在养老基金管理公司或养老金标准化机构（INP）登记，即便其随后退休或因此不积极工作，又或者采取独立工作或在非正规市场工作的形式，因此养老金制度参加者超过劳动力数量。由于并非所有上述登记都给予制度定期缴费，因此参加者数量占人口的比例并不是缴费阶段制度覆盖范围的有效性指标。作为涉及劳动力的一个比例，关于定期缴费者的数量或者可提供更多信息。

西班牙对外银行（BBVA）的研究强调缴费者数量占劳动力的比例仅从1980年的51.6%增加到2005年的超过60%。这个数字虽不能令人满意，但考虑到近30%的劳动力是由独立劳动者组成，他们并没有缴费义务，60%的覆盖范围其实是相当高的，因此上述结果的产生也就不足为奇了。在这种情况下，要想增加缴费的覆盖范围并使其超过

---

① 更多的例子可见：Favre et al.（2006）and Consejo de Equidad, Chapter II（2006）。

60%是很难的。衡量国家经济发展水平①的国别比较结果显示,智利的覆盖范围大约为50%,高于那些与其经济发展水平相当的国家。

这项研究强调如果仅仅考虑强制性缴费的话,以某种程度进行定期缴费的劳动者将获得与其他国家,甚至是发达国家相比较高的替代率。

覆盖范围不足的原因主要在于自雇劳动者、临时劳动者和独立劳动者雇佣情况的经常变化。数据显示,只有正式受薪劳动者才定期缴费;23%的男性和29%的女性作为制度的参加者在2005年仅以工作期间20%的平均水平缴费。

这表明由于独立劳动者在养老金制度中没有单独的类别,单一措施并不足以解决覆盖范围不足的问题。基于以上分析,西班牙对外银行(BBVA,2006)提出了一系列用以增加智利养老金制度有效覆盖范围的措施。

• 认可真正的独立劳动者,如小公司的所有者和独立的专业人士,上述人员工作时,其收入源于工作和资本的收入之和。因此,此类人员向制度缴费,对其自身而言,存在重大不利因素。

• 现阶段,他们对养老金制度做出的任何缴费均减少了其营运资本。而就独立劳动者中的许多人而言,在自己业务上的投资是为其老年提供保险的一种必要形式。

• 独立劳动者在现有养老金制度的缴费不能从税基中扣除,缺乏针对于非独立劳动者缴费的税收激励措施,导致独立劳动者没有缴费积极性。与之相对的,他们有足够的动力投资于自己的业务活动。

虽然税收问题相对而言很容易解决。通过30%的收入(作为一个限制)自动减少税收收入的设计就足以弥补此缺陷。但无论怎样,减少不该是无条件自动进行的,只有养老金的支付和健康的缴费获得认可,自动减少才是应该的。

如果以恰当地方式获得官方认可(如通过在智利国税局的注册)的小型独立商人可被允许在某些特殊情况下(如当国内失业率上升至高于一定限制,或其活动例如在智利国税局的注册结束等)兑换其一部分基金。此外,另一种形式的缴费也可以考虑用于覆盖这一目标。

• 临时独立劳动者。这些是在失业期间拥有独立工作用来赚钱的受薪劳动者。假定最有可能的情况是为了从自己受限的活动中获取收入,

---

① 这种国别比较是重要的,因为可以观察到非正规劳动与国家经济发展水平之间的联系。

他们不被要求强制缴费，而是由政府对其养老基金缴费提供补贴（例如，一个相当于最低工资缴费的数额），但这些影响到失业保险的效用。因为，处于此种情况下的劳动者，其取得最低养老金的概率将增加，而这些劳动者是那些典型的具有最低水平的人力资本并因此取得最低收入的人。

- 临时劳动者。在此类人的工作中存在明显的随季节变化的特征。总体而言，这些职位的人属于次级劳动力（青年人、老年人、家庭主妇）。这些临时劳动者的收入不是其家庭的主要收入来源，强迫他们缴费是不合理的。
- 有多个雇主的劳动者。事实上，除了在私人家庭雇工的情况下，劳动法并不承认多个雇主的存在，这种情况在服务业相当多见。如果此种雇佣关系是现实存在的，不应设定每月最低工资限额，而应通过改变法律调节雇佣合同以及设置每天或每小时的最低法律工资条款。这样，将会同许多国家一样，有效解决上述问题。
- 在收费制度下的独立劳动者。这种情况往往与转包契约有关。虽然转包商与劳动者有较频繁的联系，他们更倾向于运用合同费制度来应对养老金缴费。应对这种情况最好的方式是强制其缴费并用支付所得税的方式来弥补拖欠的缴费。

西班牙对外银行（BBVA）的模型运用敏感度的结果表明，如果引入所推荐的措施，具有低缴费密度的养老金参加者将增加40%～50%，这个比例是以前述分析为基础预测获得的。在这种预测下，养老金低于最低养老金的退休者也将大为减少。

养老金改革总统顾问委员会对养老金改革的分析结果与西班牙对外银行（BBVA）的类似。该分析指出："2005年的覆盖范围（约60%的劳动力）与改革前一年1980年的数字相比增长了大约10%，但在20世纪70年代中期也曾达到过这一水平。"比较显示，智利是近10年来拉丁美洲地区少数几个养老金覆盖范围没有减少的国家之一。另外，该分析也强调收入部分的覆盖范围，并显示了改进的结果："最富裕国家覆盖范围的1/5超过最贫穷国家覆盖范围1/5（在拉丁美洲）的6倍。就智利而言，考虑到股权仅低于墨西哥（这个比例为1.9倍），这个比例下降到2.2倍。"但是，该分析表明与发达国家有关的这一指标的表现正在显著恶化。

对于覆盖范围不足，委员会认为其主要原因之一是独立劳动者群体的存在。根据国家统计局的分析，27.4%（1986—2006年期间的平均值）的劳动者宣称他们自己成为自雇人士或者雇主。这个数字一直保持相对稳定。委员会还强调，此类人士中大部分处于正规经济中。智利国内税收服务局（Chilean Inland Revenue Service）的统计资料与国家统计局的相比，2005年有74%的独立劳动者申报其收入；然而，委员会也指出另一部分独立劳动者值得关注，这些独立劳动者通过法律授权、专利、许可证或市政许可证的方式，千方百计使其不需要申报收入。因此这部分独立劳动者不能被视为完全地非正规就业。

基于以上因素，委员会得出基础性结论，"自我雇佣劳动者的覆盖范围是微乎其微的，其覆盖范围甚至随着时间的推移而下降。"并进一步指出："独立劳动者缴费的覆盖范围较低。加之，其从事的非独立工作岗位占固定岗位的比例也相对较低。这两个方面因素导致了平均缴费密度略低于50%的结果。"委员会也强调了在工作期间的就业状况中处于职业流动中的劳动者比例较高，这些劳动者在就业、失业、闲置、受薪工作和自雇工作期间交替。因此，将此类人群纳入现实就业范畴，并以此来调整养老金制度的计划势在必行。

上述分析的结论是现阶段政策下，占人口相当大比例的人员将不能领取养老金，即使能领取，其养老金也将非常低。"委员会的预测分析表明，如果不改革养老金制度，未来只有一半的老年人能获得高于最低养老金的自筹资金养老金；另一半中的少部分将获得政府保证养老金；而剩下的老年人将只能取得一个较少的养老金，他们将不得不请求额外的福利补助金，否则他们将什么待遇也得不到。"

鉴于上述可能结果，委员会提出了一系列增加智利养老金制度强制性支柱覆盖范围的措施。下面我们将引用一些委员会在其最后提交给共和国总统和议会的报告中提到的措施加以说明：

- "为所有劳动者建立强制参保（缴费）制度，消除当前在非独立劳动者和独立劳动者之间的区别，逐步实施使独立劳动者有效履行缴费义务的一系列措施。
- "将家庭补助金的权利扩展到所有已经登记进行养老金缴费的独立劳动者，并使其与非独立劳动者保持一致。
- "取消目前禁止独立劳动者在赔偿基金（互助会，Cajas de Compensacion）中的登记的规定，允许所有劳动者有权依法取得符合工伤法规定情形的工伤保险金。
- "给予独立劳动者与非独立劳动者同等的养老金缴费税收待遇。
- "在同等条件下，准许独立劳动者有权获得包括新的团结支柱保险金在内的养老金制度（老年、伤残和遗属养老金）的保险金。

- "在劳动者领取保险金期间，由失业保险金为其支付为期6个月的养老金缴费。
- "由所有低收入劳动者最初24个月内的有效月缴费额的50%为基础，确定与养老金缴费关联的补贴，用其来取代当前通过就业计划实现的补贴。
- "就公共健康制度分类的宗旨而言，考虑到每个劳动者的年度收入，在登记缴费时，劳动者不能随意改变其等级。
- "加快缴费申报以及缴费期届满之后的最初几天内的缴费行政征收进程。
- "由市长和那些与养老金支付相关的公共机构或服务部门的其他官员扩大对个人和实体玩忽职守与行政不作为的认定范围。
- "规范养老基金管理公司向不申报缴费的雇主以及为劳动者支付缴费的雇主提供信息的义务。因此，为了使缴费征收过程更容易，养老基金管理公司可以按照原因系统地对于例如业务活动结束的不缴费等行为进行分类。
- "目前，国内劳动者在私人家庭部门工作具有特殊最低收入缴费基础，而最低国民工资对应最低收入缴费基础，二者之间存在差别。委员会认为应该消除此差别。
- "消除用养老金总额确定的公共部门劳动者保险金标准为每月50 000比索，并且通过建立相当于私人部门的缴费基础标准以消除在公共部门存在的养老保险缴费不足的现象。"

作为配套设施，委员会提出如下建议：

- 简化缴费支付机制以减少关联交易成本，如鼓励电子支付和自动扣款。
- 强化独立劳动者与政府的接触，如税收的支付和许可证的使用，以鼓励和监督缴费的支付。建议将政府支付养老金缴费这个问题增加到申请许可证、专利和执照必须要填写的表格中。
- 从所得税款项中扣除独立个人的养老保险缴费。这将通过增加10%~15%的预提金额以确保独立个人的养老保险中有足够的基金。另外（如同西班牙对外银行的建议），规定对于登记的养老金缴费给予30%的课税扣除。
- 通过部门机构提留回报以实施相应的机制取代在团体（例如工会和行业协会）中承诺的缴费。

委员会还建议将逐步推进独立劳动者纳入养老金制度，并将之完全整合。

2008年智利养老金制度改革中扩大强制性支柱覆盖范围的措施

2008年的法律改革是基于委员会提出的建议。建议的大部分被纳入政府法案中，并且在其通过国会期间产生了后续的一些变化。

总之，关于日益增加养老金制度覆盖范围的建议最终通过了。建议中也包含对独立劳动者建立强制性缴费的义务。独立劳动者应该以其年度收入为基础缴纳所得税。另外，从2018年开始，独立劳动者也将必须为医疗保健缴纳其缴费基础收入的7%。

实施该项措施及其强制执行的机制将是政府确保该措施执行而面临的主要挑战。即使（正如2009年为养老金监督局提供的书中所强调的那样）养老金制度改革是基于大部分独立劳动者都遵守纳税义务，这也是新养老金制度的一大优势。

正如委员会所建议的，改革包括将独立劳动者逐步纳入强制性缴费的养老金制度。伴随着最初3年信息数据的产生，在随后的3年内缴费将成为默认选项。换言之，在此期间除非劳动者明确要求不缴费，否则财政部门将会扣除税款以形成缴费。最终将促成该强制性缴费制度的形成。

在过渡期间内，独立劳动者缴费基础部分的比例将会从第一年的40%逐渐增加到第三年的100%。

独立劳动者将会在与非独立劳动者类似的条件下被伤残和遗属保险所覆盖，而以前这个覆盖范围仅对应于上月缴费的人群，今后这个覆盖范围将会被扩大。以年度缴费基础收入缴费的劳动者将会进入伤残和遗属保险的覆盖范围。他们的年度缴费基础收入等于或高于7倍最低月收入水平。如果劳动者的缴费低于这一金额，保险将覆盖这些劳动者持续若干个月。在相当于最低月收入的缴费金额乘以7除以12的结果得出这个月数。

此外，独立劳动者的缴费将得到一个公平合理的税收待遇，如果他们刚完成缴费，那么将会给予他们获得家庭补助金的权利。这个权利登记在友好互助会中，并且根据工伤法和职业病法的规定取得相应的补助金。

智利养老金制度在第二支柱中将扩大覆盖范围的另一项措施是为雇佣人口中最脆弱的年轻劳动者的雇主建立一种补助。这个措施是为19~35岁之间并且收入低于最低月工资1.5倍的年轻劳动者提供在最初24个月（不论是否连续）缴费期间内有效月缴费的补助。这项补助的资金来自以最低工资为基础的强制性缴费的50%。此外，该项措施还规定，政府将采取措施为这些年轻受益劳动者的个人资本化账户额外提供其工资5%的资金。这样，这些劳动者将有占其工资15%的总缴费率。

四、智利养老金制度中团结支柱的覆盖范围

根据西班牙对外银行（BBVA）的研究，绝大部分低收入的养老金领取者将达不到政府最低养老保险（SEPM）的进入要求，原因在于他们的缴费密度很低。这也是西班牙对外银行（BBVA）提出建议重新定义团结支柱的保险金和要求的原因：

● 鉴于上述原因，考虑以何种方式改变取得补助和政府最低养老保险的权利。这种方式应该对于取得现在需要，抑或正在运用，如一个浮动比例的低于240个月的最低养老金的缴费部分是可行的。

● 实施奖励缴费的补贴能填补缴费期的缺口。然而，应该记住在保险金的目标管理中会有困难。同样重要的是需要牢记，如果建议要取得成功，应在缴费时给予补贴，而不是在之后。当然这将涉及政府财政的相关支出。

计算表明，非缴费型家计调查养老金制度（PASIS）的覆盖范围可以在2025年开始以更快的速度扩大，而没有发生过多的财政支出。非缴费型家计调查养老金制度的这种替代将缓解那些不能达到取得政府最低养老保险要求的状况和不能运用养老基金的状况。

养老金改革总统咨询委员会指出，团结支柱的覆盖范围非常低。预测提出2020—2025年期间政府最低养老保险的受益人将占制度参加者的5%。其中接近一半的参加者将收到低于最低限额的养老金。委员会得出结论认为，政府最低养老保险的准入要求太严格。委员会认为，非缴费型家计调查养老金制度的覆盖范围无法可靠预测，正如从管理角度而言社会经济削减是可以确定的，并且分配已经与财政资源的可利用性相关联。委员会还指出，这些待遇"'撒胡椒面式[①]'地分配给养老金制度的其余部分"。

总体情况不太理想，尤其对于那些有极高养老金风险的人以及那些确定不能获得养老金的人，这种"撒胡椒面式"的方法无法实现总体

[①] 所谓"撒胡椒面式"是形容将有限的资源平均分配到过大的范围内。这里是指将有限的补贴资金按照人头平均分配给养老金制度众多的参加者，那么对于每个受益人经济状况的改善作用不大。——译者注。

平衡：

• 不缴费的人不符合非缴费型福利养老金的领取条件。举例而言，这个群体包括主妇和收入一直较为有限的独立劳动者，但是他们的家庭仍有一些收入，所以他们不能享受非缴费型家计调查养老金制度。

• 无法自筹资金获得最低养老金的人以及缴费密度低于240个月的人不能取得政府最低养老金的保障。如果他们很穷，当他们花光他们的资源，他们才能取得福利养老金，但是如果他们不够穷则他们无权得到任何养老金。

委员会表示，那些没有缴费并且是穷人的人比上述规定的群体具有更大的风险。但是不能保障每个符合要求的人都得到福利（非缴费）养老金，因为一年中养老金的支付数额取决于政府预算资源的可利用性。

此外，委员会报告还指出，为取得政府最低养老金需要达到几个月的缴费要求，但是现行规定对此缴费要求缺乏激励。这是因为对于许多劳动者而言，如果他们通过自己的收入水平所取得的自负盈亏养老金不能远高于最低养老金的水平，那么这将不再吸引他们对自负盈亏的养老金制度进行持续缴费，因此导致缴费与待遇之间关联的丧失。这种情况造成对非正规就业和机会主义态度的激励。

总之，委员会得出结论认为，我们面临的挑战是构建一个团结支柱。这个支柱允许在防止老年贫困的目标与合理的替代率之间保持平衡，并且不会创造不利于缴费的诱因。委员会的具体建议如下：

• "在养老金制度中建立一个新团结支柱（NPS）。这个新团结支柱包括老年、伤残、遗属津贴，并引入了缴费型保险金。这个支柱通过预算资金融资，并且逐渐取代目前的福利养老金计划和最低养老金。

• "由自筹资金养老金取代多年的缴费成为支持团结支柱的决定性因素。

• "在缴费型制度中为没有取得任何养老金的人构建一个新的团结支柱，这个团结支柱以基本普惠型养老金（PBU，最多为75 000智利索比，相当于145美元）为基础。从缴费型制度取得养老金的比例将逐渐下降，并且当自筹资金养老金达到每月200 000智利索比时将最终终止。

• "准许符合经济和居住要求的所有男性和女性取得新团结支柱的保险金。新团结支柱将逐步取代当前的最低养老金和福利养老金计划。

• "确定65岁时基于自筹资金养老金的新支柱缴费，准许在这个年龄之前或之后退休并调整实现缴费现值的保险金。

- "准许向所有失去工作能力的人发放伤残津贴。一旦主管当局已经对残疾分类，工作的事实将不再成为终止这项津贴的理由。"
- "通过最初设置的基本普惠型养老金以非缴费型家计调查养老金制度现值的方式逐步引入新计划；扩大覆盖范围并随后调整保险金数额使之达到所建议的目标；使强制型缴费成为所有劳动者的应尽义务，并以此作为获得养老金的资格；消除当前在非独立劳动者与独立劳动者之间的区别并逐步实施使独立劳动者有效履行缴费义务的一系列机制。"

2008年，智利养老金制度改革中完善团结支柱的措施

养老金改革遵循总统咨询委员会的建议，并且创建了一个取代旧支柱的新团结支柱。新制度确保占总人口60%的智利所有最低收入老年人都有一份收入。这个新制度包括一个非缴费型基本养老金，这个养老金是对老年人的一个收入安全网。并且这个养老金位于缴费型支柱中的第二部分，所以缴费者的养老金将比那些不缴费或缴费少的人多。在团结支柱中这种情况部分地减少了对于不缴费者行为的激励。

新团结支柱的保险金如下：

（1）对老年人和残疾人的非缴费型基本团结养老金。这是一个最低养老金。65岁以上没有对制度缴费的人将会获得这个养老金。这些人无其他任何养老金并且属于最穷人口（占总人口的60%）。

（2）为老年和残疾人提供的团结养老金缴费包括一项福利补贴，这项福利补贴提供给为制度缴费但仍无法取得足够养老金的人。此外，还成立了一个最大值养老金（maximum pension，PMAS）。如果自筹资金养老金低于这个最大值养老金，那么团结养老金缴费开始实施。对团结养老金的缴费与自筹资金养老金相比在金额上成比例地减少，直到当自筹资金养老金达到最大值养老金时终止。

随着自筹资金养老金的增长，产生激励的机制是养老金金额的逐步减少。这个设计保证如果一个人更多地缴费，他将总会得到更多的养老金①。

表3.6可以看出，为取得团结支柱的要求条件已经明显低于以往的

---

① 然而，对于中等收入和低收入的人，当他们年轻时，如果我们考虑来自缴费或者不缴费的期望回报，那么基本团结养老金存在着对缴费的消极影响。然而当不缴费或者减少缴费的决定在退休时被事后评估，劳动者可以看到如果其年轻时积极缴费则退休时的回报率会较高，但是已经退休则无法改变既定事实。

情况。

表3.6　　　　　　　　团结养老金缴费的运行

缴费型养老金（自筹资金）		补充（团结养老金）		全额养老金，包括团结支柱	
智利比索	美元	智利比索	美元	智利比索	美元
0	0	75.000	145	75.000	145
50.000	97	60.294	117	110.294	214
100.000	193	45.588	88	145.588	281
150.000	290	30.882	60	180.882	350
200.000	386	16.176	31	216.176	417
255.000	492	0	0	255.000	492

资料来源：养老金监管局。

图3.8列出了团结养老金缴费的运行。在该计划中，每个符合条件的人将得到对应于基本团结养老金的至少75 000智利比索（145美元）的养老金。如果受益人通过政府（团结养老金）支付补贴部分进行缴费，那么这个养老金将会增加。如果已经储蓄了足够的基金并为最大值养老金融资（255 000智利索比，相当于492美元），那么这个保险金会终止。随着团结养老金和缴费支柱制度的结合，存款越多的人将取得更多的养老金，所以缴费和待遇之间的联系没有被打破。

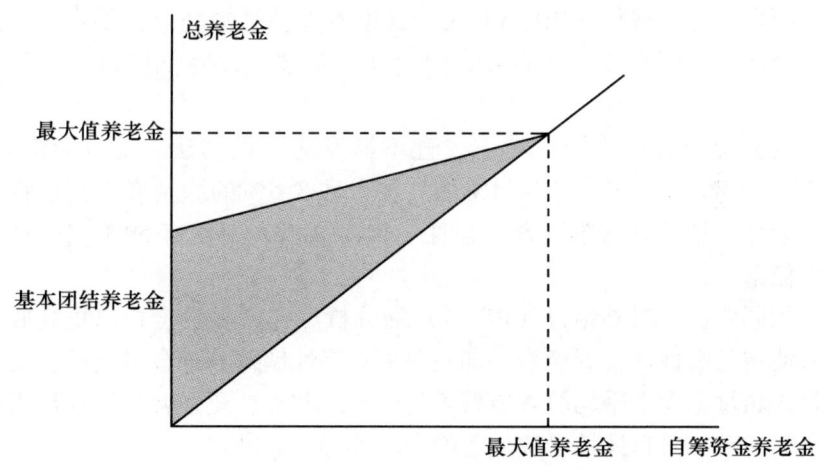

图3.8　老年团结支柱中的养老金

正在逐渐引入新团结支柱。如表3.7所示，保险金的金额和被覆盖收入的五等分的数量随着时间的推移正在增长。

表 3.7　　　　　　　养老金改革中团结支柱的执行情况

日期	基本团结养老金（智利比索）	最大值养老金（美元）	覆盖范围		
			智利比索	美元	百分比
2008年7月到2009年6月	60.000	116	70.000	135	40
2009年7月到2009年9月	75.000	145	120.000	232	45
2009年9月到2011年7月	75.000	145	150.000	290	50
2011年7月到2012年7月	75.000	145	200.000	386	55
2012年7月	75.000	145	255.000	483	60

资料来源：养老金监管局。

通过某种手段测试确定受益人，这个测试将排除人口中两个最高收入等级（收入五等分）的人。这些保险金将从国家预算中获得融资。

五、智利养老金制度中自愿性支柱的覆盖范围

西班牙对外银行（BBVA）关于自愿性支柱结构的分析得出如下结论，激励只对更高收入者有效，因为他们是唯一以降低所得税为目标的。

委员会的分析赞同"第三支柱不够发达"的看法。委员会强调，到2005年12月为止仅有4.4%的参加者和8.5%的缴费者在自愿性储蓄养老金计划中有结余资金，并且一年内这些人中仅有59%实际拥有这种储蓄。

如同西班牙对外银行（BBVA）的分析那样，委员会指出更高收入的人使用自愿性储蓄养老金。那些参加自愿性储蓄养老金缴费的人的平均收入超过制度中平均收入缴费者的两倍。此外，还强调自愿性储蓄养老金只占全国总自愿性融资储蓄的一小部分（5.2%）。

委员会提出的增加自愿性支柱覆盖范围的措施如下：
- "扩大目前被排除在外的独立劳动者的自愿性储蓄养老金待遇。
- "如果谈及的储蓄没有得到税收优惠，那么免除来自自愿性储蓄养老金的一次性提款税。

● "将自愿性储蓄养老金的余额认定为储蓄者死亡时遗产的一部分。

● "创建一个法律框架以促进由雇主缴费的自愿性储蓄养老金（APVC）计划的发展。"

然而，委员会警告说，关于后面的建议，不能期望在短期内取得很大成功。因为同意存款的制度已经以一个类似的基础在智利存在。此外，雇主和劳动者同意在养老基金管理公司账户中存入款项。如果雇佣关系结束，这个款项则可以收回。这是一个很少使用的具有税收优惠的流动性替代。

2008年，智利养老金制度改革中扩大自愿性支柱覆盖范围的措施

养老金改革引入中产阶级对自愿性储蓄养老金缴费的激励措施：

● 创建集体自愿性养老金储蓄计划：这些计划提供了税收优惠措施，所以公司能够为他们的劳动者提供由劳动者和雇主共同缴费构成的职业计划。虽然公司没有义务创建这个计划，但是一旦计划已经建立，该公司就有义务遵守它。参加这些计划的劳动者也是自愿的，并且他们不能拒绝接受公司建立的任何计划。

从雇员利益出发，雇主与一个经批准的财务机构建立合同共同管理由雇主缴费的自愿性储蓄养老金。雇主可以要求劳动者留在公司不低于一个最短期限，以利于公司为劳动者进行缴费。但是这个最短期限不得大于24个月。

不同于其他种类自愿性养老金储蓄或相关待遇的情况，当决定有权使用团结支柱时，这些储蓄被考虑进来。

建立公司的自愿性养老金储蓄补贴。在这项计划中，对养老金的自愿性缴费（个人或集体）由流动性收入组成。换言之，支付所得税后，政府将年度限额6 UTM（每月纳税单位）[①] 的储蓄增加了15%。这些缴费将无须缴纳所得税，一旦当劳动者退休时则可以收回全部资金，但是由缴费带来的收益则需要纳税。这种形式的储蓄可以随时提现，但如果在退休前提款，则必须归还全额补贴。

支付给这种储蓄的补充或补贴被存入养老基金管理公司中，劳动者是该养老基金管理公司的成员，并且对于这部分补充或补贴养老金管理公司可以收取管理费，同时劳动者也可获得回报。

---

① UTM：每月的纳税单位。截至2010年7月，6 UTM相当于大约430美元。换言之，它相当于每年大约2 865美元的储蓄。

改革也产生了一个新型的自愿性缴费者，他们不必进行任何支付活动。在这种情况下，可以由会员自己或者一个第三方存款。这些缴费者也被伤残和遗属保险所覆盖，尽管有效期仅为缴费后的那一个月。

六、性别因素

西班牙对外银行（BBVA，2006）的研究强调了改善老年女性保障的重要性。预测表明男性与女性的养老金之间有着显著差异。一年缴费11个月的男性可以取得接近70%替代率的养老金，女性仅能获得低于她们缴费基础收入50%的养老金以勉强度日。

尽管女性比男性的预期寿命更高，但结果是女性比男性提前5年退休。因此，西班牙对外银行（BBVA，2006）为了实现减少性别不公平的目的，提出"使女性的法定退休年龄与男性一致"的建议。这个建议使上述改革措施具有有效性。但是这只是一个建议，因为法定退休年龄不是一项义务。

另一个建议是当她们申请退休的程序开始时，有义务告知女性每推迟一年退休她们将获得的养老金价值。

对于增加法定退休年龄到65岁的敏感性预测，结果非常振奋人心：女性养老金的价值到2050年将增加大约40%左右，并且替代率也增加3~15个百分点。

养老金改革总统咨询委员会承认，目前女性养老金大大低于有类似就业历史的男性的事实。委员会认为这个结果可以由很多因素来解释，这些因素共分为4类：

- 就业活动。智利女性的劳动力市场参与率较低，2002年为35.7%。然而依照2003年的数据，第一个五等分的女性的劳动力市场参与率仅为26.2%，第五个五等分的女性的参与率达到56.6%。

作为一个平均数，即使女性做同样的工作，她们却仍获得比男性更低的工资。此外，女性经常比男性做更多的兼职。正如委员会通过使用卡森（Casen）2003年调查的数字显示，智利57.4%的女性每周工作超过40小时，并且几乎1/3的女性每周工作在20~40小时之间。

- 家务活。怀孕导致女性减少她们的工作活动。前两个收入五等分中分别有21.8%和20.1%的女性声称由于无法离开她们的孩子，她们无法外出工作，她们的年龄在20~29岁之间。这对她们的养老金产生很大冲击，因为早年期间的储蓄在未来养老金规模上有一个更大的比例。家庭共享其收入和财富的隐含协议意味着在退休之后共享养老金，这也抵消了家庭内部的工作分工。但是如果家庭破裂，只能分割积累的财产，不分割在婚姻存续期间积累的养老金权利。

- 生物人口方面。女性的预期寿命比男性高。在出生和60岁时，在2005—2010年期间这个预期寿命之差分别是6年和3.7年。因此，在工作期间女性的事故率更低，并且女性必须为退休后更长的生活进行资金储备。
- 养老金制度的结构：主要的男女养老金不平等在于女性更低的法定退休年龄。这个退休年龄上的不平等在智利曾经的现收现付制度中对女性而言是一个福利，而现在在新型资本化的养老金制度中却成为女性的一个损失。据估计，女性提前退休5年减少了其养老金价值的30%~40%。

养老金制度中的另一个不平等是不影响养老金但是却影响女性可支配工资收入。这个不平等是基于这样一个事实，男性和女性对伤残和遗属保险支付相似金额的保险费，但是女性比男性的事故和患病率更低。

委员会提出了多项措施以纠正或弥补以上导致女性有更低养老金的因素：

- "以对于其他社会保障福利的一个相似方式，将婴儿护理纳入并成为工作女性的权利。
- "建立一个用于改善母亲养老金的政府缴费，例如对每个新生儿付款。此项付款将为每个儿童进行12个月的最低收入缴费。并且此款项将提供给所有其社会经济状况有资格获得新团结支柱的女性，而不考虑她们的养老金缴费历史。
- "在离婚或婚姻无效的情况下，授权在每个配偶的个人账户中分配积累的余额。
- "在第三方账户中授权团结养老金缴费。这个第三方账户与存款者自己持有的账户有相同的税收优惠。例如，允许那个工作的配偶以另一个没有工作但照顾孩子或照顾家庭的配偶的名义缴费。
- "将男性配偶作为由女性产生的遗属养老金的受益人。
- "分割男性和女性伤残和遗属保险合同，并且授权养老基金管理公司依据资本化账户的不同积累对女性费用给予折扣。
- "为了评估是否申请直接两性通用表格或通过其他因素区别的表格，将预期寿命作为一个决定性因素并对比于其他变量起草一项比较性别影响的研究。

- "允许女性在 60 岁时取得新的团结支柱待遇，并且以维持 65 岁时当前计算价值的方式调整她们的待遇。建议在为期 10 年的过渡期内，仍维持现行制度下以取得最低养老金为目的的退休选择。
- "使男性和女性伤残和遗属保险覆盖范围的最大年龄统一为 65 岁。
- "一旦两性平等的其他措施获得批准，并且在 10 年过渡期之后，这些差两个月到退休年龄的每个男性在随后退休的额外一个月里，逐步使女性退休年龄与男性相同。"

2008 年，智利养老金改革中改善性别平等的措施

改革特别考虑一些改善养老金制度中女性状况的措施，使团结支柱的创建在更大程度上有利于女性。由于女性的劳动力市场参与率较低，她们将是基本团结养老金的主要接受者。尽管不利处境主要受社会经济和生物人口学因素的影响，然而个人资本化计划中没有这些因素。委员会提出了一系列改革措施，用以改善养老金制度或者弥补其对女性养老金的负面影响。

- 每个孩子出生或者收养的债券。创建一个用于支付给每个出生或者收养的孩子的债券。这个债券相当于以最低收入进行 12 个月养老金缴费的 10%。这个最低收入适用于真实的年度调整，并且当其将来被存入受益人用于养老金资本化的账户时，等于 C 类基金（中等风险）从孩子出生之日到女性 65 岁之时取得的收益率。该债券实际上是普享的，换言之，对于受益人没有收入水平的限制，只要是智利的常驻居民即可。

表 3.8 显示了一个女性在 2010 年 20 岁时生了第一个孩子，然后在其 25 岁和 30 岁时又生两个孩子的债券价值。虽然事实上最低工资没有变化（127 000 智利索比或者 245 美元），如果 C 类基金的真实年度回报与 2020 年 6 月的历史回报（自从 1981 年制度创建）相等，政府将支付给达到 65 岁的女性的个人资本化账户相当于超过 3 200 万智利索比或者相当于 62 419 美元的一笔巨款。

政府在受益人个人账户里存入的额外资金只能用于支付养老金并且对于较低收入的女性的替代率将有一个更大的影响。根据养老金监管局的估算，如果女性是基本团结养老金（PBS）的受益人，债券可能使生了两个孩子的（在 20 岁和 25 岁）女性的养老金增加到 37%。如果这个女性自己进行了缴费，那么不考虑债券，她的养老金将更多。尽管债

表 3.8　　　　　　　　带 3 个孩子母亲的债券价值

C 类基金（中等风险）的真实回报率	比索（2010 年）	UF	美元（2010 年）
2010 年 6 月历史数据 9.19%	32 407 178	1 527	62 419
保守的预测 5%	6 572 509	310	12 659
非常保守的预测 4%	4 464 644	210	8 599

资料来源：普罗维丹养老基金管理公司（AFP Provida）。

券价值不会随着受益人的社会经济情况而改变，但是该债券可以解释她为何得到低百分比的养老金。影响债券金额的因素有：孩子的数量、女性生孩子时的年龄（女性越年轻，债券资本化的时间越长）、最低工资的水平和 C 类基金的真实回报。

当改革引入时已经是母亲的女性，她们也应该得到这样的债券。在这种情况下，当法律通过时可以计算所有改革之前出生的儿童的生日。

● 在伤残和遗属保险的付款中消除从女性到男性的交叉补贴。在伤残和遗属保险的新拍卖框架内，决定将为男女群体做独立拍卖。这将减少女性的损失，虽然一个单一的保险费将以一个平等的更高价格用于支付给所有的缴费者（保险成本通过雇主变成应付款）。然而，女性支付保险费时其个人资本化账户将得到额外的优惠。

● 此外，将男性配偶作为已亡故女性的遗属养老金受益者。

● 在离婚或者废止的情况下，为每个配偶的个人资本化账户中建立起高达 50% 的累积余额的分配，并且提供有经济损害或损害赔偿金的公正决定。

七、投资规则

养老金基金资产以超过国内生产总值（GDP）50% 的速度快速增长。在 2005 年当西班牙对外银行（BBVA）的研究完成时，国内对金融工具的需求远远大于供给，特别是在长期方面。投资工具相对短缺的后果之一是具有较低回报率的银行存款在投资组合中占有较高比例。

2002 年，多基金的推出给制度带来巨大的利益。西班牙对外银行（BBVA）以该地区养老金制度现代化为基本原则识别风险概况。在调整年龄和分支机构的风险厌恶特征的投资风险概况方面取得了进展。然而，随着在投资方面的规则更加灵活，这方面也逐步改善，正如通过分支机构在投资组合中的更大选择余地可能会导致很短时间帧的改变。

西班牙对外银行（BBVA，2006）认为，毋庸置疑，解决问题的办法应该是大幅放开对国外投资的限制。

此外，西班牙对外银行（BBVA）建议，为减少与退休时间相关联的风险问题，应该对在退休制度计划中为已退休人员创建一个投资专项基金的可能性进行评估。虽然 E 类基金（最保守的）能满足这种角色规范的选项，但是其投资的平均时间可能与已经退休者需要的预期寿命明显不同。

养老金改革总统委员会确定可以改进的法律框架，特别是接受在一个平均风险条件下的更高水平的回报。委员会特别强调，通过一个更大的反应能力提供管理投资的法律，使投资更具灵活性并减少过多的监管细节。这将有助于提高养老基金管理公司的责任感并减少其"随大流"的行为[1]。

最后，委员会强调该行业（养老基金管理公司和监管者双方）并没有给予投资风险应有的重视：

- "仅仅维持一个基本且简化的结构，这个结构在法律方面涉及工具合格性和投资限制，并且把更多精确细节的监管委托给政府。政府能通过最高法令修改这些监管细节。
- "创建一个投资技术委员会，该委员会由五个具有同一学科背景的分支机构组成，并且这五个分支机构有一个固定的四年任期。该委员会可以提出任何改变投资限制的建议。
- "使对投资限制的规定合理化，并使这些规定仅与那些决定投资组合风险的变量相联系。作为这种合理化的一部分，逐步用限制外汇风险代替限制境外投资。
- "改变控制最低回报的规则，设置一个回报波动储备，并传递有关投资组合的信息以实现在投资管理领域提高竞争的目的。
- "迫使养老基金管理公司为其管理的养老基金建立明确的投资政策，并且设立投资委员会。其董事会负责制定这些政策。
- "确保养老基金管理公司监管局（SAFP）开发适合养老基金的可供选择的风险度量体系，并定期监控风险水平以实现监管模式转变为以风险为本的监管模式。
- "授权控制养老基金支付给境外投资组合管理者的费用（有最高限额）。

---

[1] 由不同的养老基金管理公司管理的投资组合之间的微小区别。

- "承认养老基金投资为第一类信用。"

2008 年改革中完善投资规则的措施

在养老基金投资方面，由 20255 号法令引入的主要改变如下：

- 更加灵活的投资限制结构。该法令保持了只有一个基本简化的结构，这个结构包括工具合格性和投资限制，使政府在精确细节上有更大的空间制定规定。为了实现此目的，设立的技术投资委员会（CTI）对财政部部长和劳动保险部部长提出建议。这个建议是在养老基金投资方面修改投资限制。

- 改变境外投资限制。正如西班牙对外银行（BBVA）所分析的，高额养老基金资产对投资工具必然有更高的需求。这就是为何决定对境外投资基金逐步增加限制。这可能会达到一个管理者所有养老基金价值的 80%。在法律规定的范围内设置一个境外投资限制将会继续存在于智利中央银行的权利范围内。

从那以后，中央银行大幅度增加了限制，因此，对国内市场过度投资需求的威胁已经消失。

- 该法令增加了基金管理者在投资管理方面的责任。该法令规定养老基金管理公司应该正式建立自身的投资政策，并且报告对于管理主体和公众所采取的方向。此外，养老基金管理公司有义务在其董事局成员中设立投资委员会，从而在养老金投资组合的管理方面允许建立更多措施。

- 建立相关风险预测。改革前的监管表明，通过法律建立的投资限制和合格工具的分类来专门管理风险。然而，这没有提及基于统计和财务参数的其他风险测量的运用。这些参数可以补充甚至取代限制方面的法规。2010 年 6 月推出了养老金行业风险方面的管理制度。这个制度涵盖了包括基金投资在内的养老基金管理的所有方面。

八、养老金待遇和缴费率

西班牙对外银行（BBVA）的研究预测计算出的替代率相对较高，甚至当与发达国家相对比时这个替代率也较高。如果那些缴费密度减少的劳动者获取的养老金被排除在外，那么这一结果尤为显著。假定制度的缴费是定期的，这表明制度（10% 的缴费基础收入）的缴费率将足以实现养老金在积极工作阶段与收入保持一致。

但是，如上所述，当缴费断断续续，或者在提前退休的情况下，或者如果不是对于收到的全部收入进行缴费，那么养老金的替代率可能很低。关于缴费基础收入的最高限额，西班牙对外银行（BBVA）声明制度有替代方案和激励性，即允许缴费者以更高收入的自愿缴费取得适当的替代率。

关于制度中的缴费性养老金，委员会认为在退休制度计划中用于计算养老金的技术利率每年应该等于作为成员的养老金领取者的基金未来预期回报率。如果不是这样，那么养老金不好计算。在这种情况下，这就意味着成员的基金会被早早用光，或者以非常缓慢的速度使用，由此该成员就会留下远远多于他自己认为数额合理的遗产。

关于养老金的终身年金形式，委员会得出结论认为，分支机构暴露的利率风险①和在退休时与养老金价值相关的风险②都可能过高。

最后，委员会建议创建鼓励提前退休的激励机制，因为劳动力市场的状况非常残酷。这个建议与西班牙对外银行（BBVA）和这本书作者的观点相反，尤其是在期望预期寿命提高和老年人在劳动力市场有更大活动能力的背景下，因为提前退休大大降低了养老金的价值。

委员会提出的走向正确方向的另一个政策是应该鼓励人们在退休年龄继续工作：

• "开发早期终身年金市场，允许参加者在退休年龄之前 10 年或更短时间内提早取得他们将在退休时收到的终身年金'模块'。

• "重新定义计算退休制度计划的技术利率模版，或使用长期市场利率加一个相当于假定风险的价差和一个由投资组合管理和组成的更大预期回报，或在计算时运用完全基于当前长期利率的利率。

• "随着法定退休年龄的临近，通过减少要求的最低替代率使老年人更容易提前退休。

• "开发一个支持老年劳动者的中期战略，这个战略涵盖包括更灵活的工作日在内的退休前和退休后的时期。这个战略关注劳动技能、就业中介、再就业和运动发展的过程，最终实现赋予年长劳动者更大价值的目标。"

---

① 这是与养老金计算相关的金融风险。这个计算包括其他变量在内，并运用当前市场利率。这个变量可以随着时间的推移而大幅改变。因此，由于控制成员的外部原因，在终身年金中的养老金数额差异可能会非常高。

② 市场风险与投资价值的变化相关。如果在退休时出现金融危机，积累基金的价值可能大幅下降并且以类似程度减少养老金。

2008 年，智利养老金制度改革中解决供款支柱待遇公平性的措施

养老金改革对养老金制度待遇管理方面法律的调整主要体现如下：

退休制度中用于计算养老金的技术利率对于基金未来回报不是一个很好的预测。因为，它包括养老基金过去回报和超过签约之前 12 个月终身年金的隐含利率的加权平均值。因此，改革排除了法律下计算技术利率的模板，并转移了通过劳动和财政部授权对养老金、证券和保险监管局进行计算的责任。

改革也指出退休制度使个人完全受到长寿风险的威胁。这个风险决定了养老金领取者生命中每一年的生存概率高于前一年，只要重新计算随后几年里的相应养老金，从这时起养老金便开始下降，甚至下降到很低的水平。为了解决这个问题，改革主张运用某一因素计算团结支柱中的养老金。这个因素在保险精算条件中是公平的，并且这个因素保证在基本团结养老金①中养老金的金额将不会下降。也有人认为非受益人应该通过养老金监管局确定的调整因素予以纠正。随着时间推移，调整参加者收到的养老金金额。

关于伤残养老金，改革消除了总残疾分类的临时期，正如这些情况的再评估被认为是不必要的，因为修复的可能性很小。改革还引入了医疗顾问对取得残疾分类过程成员的作用。最后，为那些已经加入制度（10 年以下）的参加者计算伤残养老金，其基础收入将等于收入总额除以 120，这样做的目的不是对那些以低收入开始工作的参加者持有偏见。

最终，配偶和非婚生子女的家长作为女性参加者的受益人被包括在内，从而消除现存的性别不平等。

养老金改革影响待遇的其他规定包括：

- 那些在 60 岁时没有退休并且继续工作的女性将被伤残和遗属保险计划所覆盖，直到她们 65 岁。
- 如果她们在一定数额之上利用福利支持和以前 120 个月工资的 75% 给最大养老金融资，那么在达到法定退休年龄以前的 10 年，人们可能会将资产分配到更具风险的基金（A 或 B）。
- 决定根据国家统计局制定的实际工资指数的增长调整缴费基数限制。如果某一年这个指数下降，则无须调整。这项措施意味着自 1981

---

① 具体来说，在精算条件中的公平因素对应于允许政府缴费的现值，与在退休制度和终身年金模式中的现值相当。

年以来，2010年缴费基数的限制第一次从60 UF增长至64.7 UF。

这将使过时的限制问题在某种程度上有可能得到解决（至少不会继续恶化），因为经济增长意味着越来越多的劳动者获得超过限额的收入。

九、行业组织和竞争

西班牙对外银行（BBVA）的研究表明，私有制度的成本一直是分析人士关注的焦点。最初，私有制度的商业化成本很高，因此在一个新行业中管理者的战略定位至关重要，所以缴费者所缴纳的费用也很高（大约为流量的3.5%，包括伤残和遗属保险）。随着行业变得更大，更高效，费用开始下降。直到20世纪90年代，当时的商业战争使削减费用的进程陷入停滞。作为回应，当局在养老基金管理公司和新卖家的公司之间转移中设置了行政障碍。这样一来商业战争停止了，也导致了商业成本和费用的降低。

与商业进程并肩前行的是该行业在其他方面开始整合，并且减少了管理者的数量（曾经超过20个）。最大的两个养老基金管理公司——普罗维丹养老基金管理公司（AFP Provida）和哈比塔特养老基金管理公司（AFP Habitat）拥有制度中参加者的66%（参见图3.9）。

一些研究强调，养老基金管理公司行业相对缺乏竞争。巴尔德斯（Valdés，2005）认为，费用的下降尚未完成；换言之，制度中所有的成本降低没有被传递给消费者，并且这已产生超过正常水平的利润。在作者提到的所谓缺乏竞争的原因中存在着"进入壁垒"这一因素。其中最重要的是与缴费者数量相关的规模大的经济体，以及迫使养老基金管理公司采取一系列行政程序的规定。这一系列行政程序的规定意味着在一个成本很高的行政制度下进入该行业。另一点是分支机构在收取费用方面不服从边际变化。最后，监管的不确定性也导致抑制新参与者进入市场。

分析人士已经提出了许多进一步减少费用的措施。巴尔德斯（Valdés，2005）提出拍卖团体的分支机构；达尔兹汉（Tarziján，2006）建议分离这个行业的一些部分，例如账户管理。账户管理可以成为该行业规模经济的主要组成部分。

最具争议的建议之一是为了创建养老基金管理公司的附属机构，已经允许银行加入该行业。该建议导致在操纵投资时的利益冲突，因为银行会投资于其自有资产，然而养老基金管理公司只向第三方投资。也存

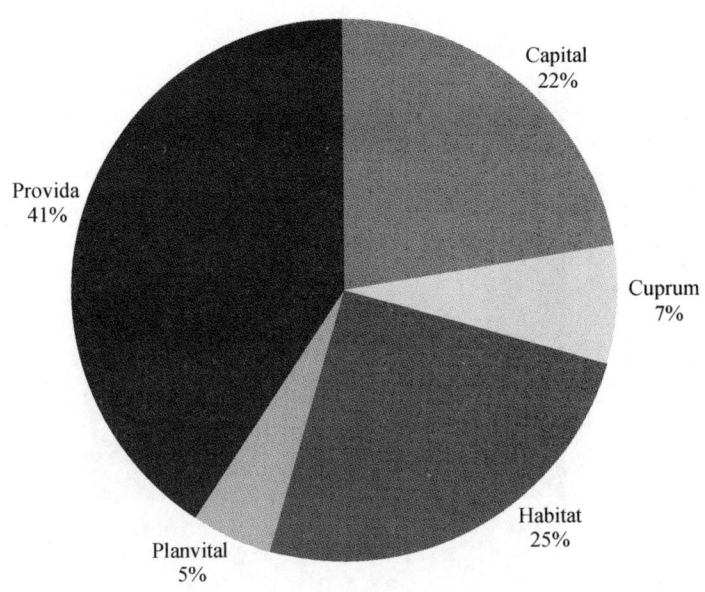

图 3.9　养老基金管理公司行业的参与率
（2010 年 5 月测量的参加者数量）

资料来源：养老金监管局。

在参加者可能会决定早点使用他们资产的风险，并且这种风险危及他们的养老金储蓄。最后，值得一提的是这将减少在金融市场中的竞争，正如今天的非金融部门可以选择发行债券或者从银行获取贷款。但是如果养老基金是银行的附属机构，那么非金融部门要想发行债券或者从银行贷款将变得更加困难。

西班牙对外银行（BBVA，2006）指出，即使在竞争中有不端行为，对价格的影响也非常有限。在西班牙对外银行（BBVA）进行研究时，费用大约为可支配收入的 2.5%，包括伤残和遗属保险，估计伤残和遗属保险的费用是工资的 1% 左右。作者提出了在旧制度下的成本比较。如图 3.10 可见，在 2005 年新制度的成本低于在同一时期的旧制度。

然后他们比较了智利和在世界其余地方其他私人基金管理者的成本。困难在于这样一个事实：这些行业的标准是收取所管理余额的一定百分比作为费用；而在智利法律指明养老基金管理公司必须依据回报收费，如对流量。因此，必须通过以制度作为一个整体或者以一个成员在其工作期间所收取的平均费用来测量对余额的收费。

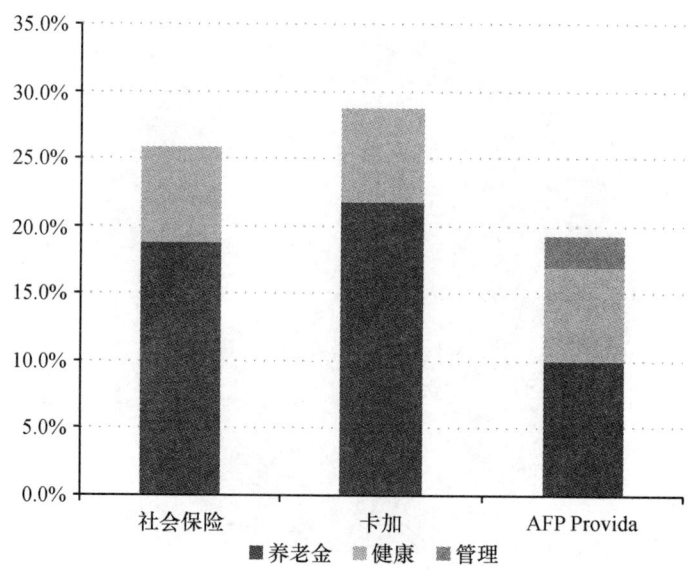

图3.10　养老金制度的成本

资料来源：法弗雷等（Favre et al.，2006）。

应该考虑到，当对流量的收费转移到对余额的收费时，根据个人的年龄/制度和缴费密度的相应变化。对于作为一个整体的该制度，某种程度上是相对年轻的，并且因此其管理的资产越来越大，随着分母在不断增加，支付的费用作为积累余额的一定百分比将降低。同样，在个人的第一笔缴费中，收取的管理费约为所管理金额的15%①，但随着第二次缴费的产生，收取的管理费已经下降到这个数字的差不多一半，因为一旦付款多达回报的1.5%，养老基金管理公司将管理双倍的余额（在第一次缴费的账户中，它所获得的任何回报，加上新增的缴费）。当成员工作期间结束后，他继续支付月回报的1.5%，并且由养老基金管理公司管理他一生的储蓄，所以可以说这个阶段的收费是余额的九牛一毛。

因此，正确的方法是计算一个人在其工作期间支付给管理者对于其每个阶段所管理的总金额的款项。2009年这个计算结果是对应于大约4%~5%的真实回报率和100%的缴费密度收取余额0.5%~0.6%之间

---

① 向工资和佣金收取10%的费用是工资的额外2.5%，其中1%要支付给伤残和遗属保险，并且其余1.5%则是管理费。对于10%的缴费率，工资的1.5%相当于向被管理总资金收取15%的费用。

的费用。

根据西班牙对外银行（BBVA，2006）研究报告可见，智利共同基金业对其余额收取大约3.5%的费用，是智利养老基金管理公司收取费用的4~5倍。在国际层面的对比也比较有利。401（k）账户，新兴国家的共同基金以及拉丁美洲和美国共同基金收取1%~1.5%的费用；只有美国覆盖那些来自唯一雇主的劳动者（公共雇员）的最大基金的收费略低于智利的养老基金管理公司。

最后，西班牙对外银行（BBVA，2006）强调即使当费用下降归因于竞争的加剧，劳动者的待遇也是相当有限的。根据巴尔德斯（Valdés，2005）的数据，削减工资费用[①]的0.5%，并且转移养老金储蓄（虽然它可能是更大的流量）的这个折扣可能每年增加养老金的5%。

总统咨询委员会从根本上分析了其在这个行业存在的规模经济。并认为这个规模经济提高了对于新竞争者的进入壁垒。作为进入壁垒之一的是营销功能。另外一个非常重要的影响行业竞争的因素是智利养老基金管理的最低需求价格弹性的结果。这就涉及在养老基金管理公司之间价格的有限竞争。

作为行业固有的规模经济，他们也已通过一些规定得到增强。并且这些规定通过一定的税收方面[②]已经变得不必要。在这方面，委员会提出了一个好主意，即建议该行业销售人员应该专门致力于防止可能发生的捆绑销售。这对转包消费者服务中心加强了限制，这个限制对在养老金领域运行的其他公司的作用很有限。

委员会也强调现行法令不足以有效地控制和防止那些可能出现在管理基金和与养老基金管理公司所有者财产有关联的其他公司的产品销售中的利益冲突。考虑到此漏洞，委员会认为使银行或政府控制任何养老基金管理公司所有权的类似条件不会出现。

由于价格变动对需求反应的缺乏结果，并且养老基金管理公司有法律义务对其所有参加者收取唯一价格的费用，因此，价格竞争也很有限，并且养老基金管理公司减少费用的成本高昂并且效果也有限。最

[①] 巴尔德斯（Valdés，2005）估计，在充分竞争的条件下，智利养老基金管理公司的费用可能会下降缴费基础的0.5%。

[②] 例如，养老基金管理公司可能不转包消费者服务。在税收方面，由养老基金管理公司提供的服务不缴纳增值税，所以他们没有得到授权对转包服务打折扣。

终，竞争转向商业水平，因此，增加了该行业的成本。

为了增加养老基金管理公司行业内价格竞争，委员会提出了一系列措施。现将这些措施列示如下。这需要降低新竞争者的进入壁垒并增加其对价格需求的敏感度。

- 创建这样的机制，使得缴费以及账户管理基本操作和那些来自于投资管理或基金管理的分支网络等相关管理职能分离。通过减少该行业的进入壁垒，实现更好地运用规模经济的目的。
- 为了实现这个目的，应该通过消除法律和税收上的限制条件，仔细考虑创建一个广泛的分包职能。当今这些限制条件阻止或者产生了不利于将养老基金管理公司的职能中与分支机构内消费者服务以及个人账户（客户支持部）管理职能相关部分进行转包的因素。通过与社会保障制度相关机构的参与来实现这些职能。
- 允许一个养老基金管理公司使用其自己公司的名称或者其控制者或所有者的名称或缩写命名，在某种程度上，这不会引起关于养老基金管理公司目标或其所有者责任的错误。
- 强化规则的目的在于防止基金管理和产品商业化中的利益冲突，以及由于当前的弱势不能使一些代理方有可取建议的获得参与养老基金管理公司所有权的规则；尤其考虑到相关方的业务运营，商业职能在养老基金管理公司和他们控制的股东之间的分离，投资政策和决定在养老基金管理公司和相关方之间的分离以及金融企业集团监管的巩固。
- 当上述条件已执行时，依据应用于其中的特定法规评估金融机构和公共实体的附属机构在养老基金管理方面的参与。
- 组织个人资本化制度的新分支机构的拍卖机制。尤其该提案是分配给新分支机构。这些新分支机构在某一年加入到管理者中。管理者通过拍卖程序提供最低费用。这些分支机构将在获得授权的养老基金管理公司中从分支机构注册日开始保留 18 个月。
- 在机制生效期间，那些赢得拍卖的养老基金管理公司有义务为预先存在的分支机构和那些志愿加入者维持原有的价格。
- 分发给需要在养老基金管理公司和基金之间进行网上转账的分支机构高安全性钥匙。
- 从工资（而不是从个人资本化账户的余额）中扣除固定的费用。
- 允许养老基金管理公司依据有效隶属关系的长度对其费用提供折扣。这个规定适用于有 18 个月隶属关系，并且有相同管理者的所有分支机构。

- 在已支付给养老基金管理公司要离开的分支机构的最低6倍缴费之前，禁止分支机构转移到一个更昂贵的养老基金管理公司。

2008年改革中解决养老基金管理公司行业竞争问题的措施

2008年改革引入多项措施以增加养老基金管理公司行业竞争。其中最重要的是通过对于养老金制度的新分支机构按价格进行拍卖。这项措施是对以下结论的一个反应。这个结论是隶属关系方面存在惯性。通过拍卖一些分支机构以使新公司以一个可行的规模进入市场，并且可能不产生极高的商业成本，从而来克服该惯性。被拍卖的分支机构团体是超过两年期间首次加入者。从2004年的数据可知，这一团体大约600 000人，他们平均年龄26.9岁，71.3%的人年龄在30岁及以下，并且近一半是女性（养老金监管局，2009）。这些分支机构在两年前没有机会改变，除非有例外情况，例如养老基金管理公司破产。如果养老基金管理公司达不到所要求的最低回报，那么它不再是最便宜的，或者最低回报不能补偿其索取的最低费用，这些都将导致该养老基金管理公司退出市场。

并且迫使一部分的需求完全受价格变量的影响，监管机构希望通过捕捉到其他分支机构对这个变量的关注以影响到一切需求的弹性。

新分支机构的首次拍卖在2010年年初举行。在2009年11月发出公告，4家养老基金管理公司以其出价竞争，其中3家已经设立，另一家新加入。它们提供的价格低于当前的价格，具体可以参见表3.9。

表3.9　　　　　　　　新分支机构的拍卖

养老基金管理公司	出价（费用占应纳税所得额的百分比）	养老基金管理公司	当前费用（2010年1月至3月费用占应纳税所得额的百分比）
AFP Modelo	1.1%	AFP Capital	1.44%
AFP Planvital	1.2%	AFP Cuprum	1.48%
AFP Habitat	1.2%	AFP Habitat	1.36%
AFP Cuprum	1.3%	AFP Planvital	2.36%
		AFP Provida	1.54%

资料来源：养老金监管局。

2010年2月结果公布。新的摩德洛养老基金管理公司（AFP Modelo）投出费用的最低标价。在2010年8月初，它被认定成为为期两年的新分支机构。因此，所有的新参加者将加入新的摩德洛养老基金管理公司。

毋庸置疑，一个新的养老基金管理公司赢得拍卖，因为被拍卖的分支机构集团对于在制度中作为一个整体的那些分支机构不具有相似特征。这是一个年轻的集团，对于管理者而言它更加便宜，因为他们没有需要被管理的养老金，并且事故和疾病率较低。单一价格的义务限制了在拍卖中提供实际竞争性费用的可能性，因为单一价格要求现有的养老基金管理公司一旦降低费用，则应该一视同仁地减少它的其他所有参加者的费用。

以下几点是对拍卖机制定义的补充：

- 扩展养老基金管理公司能转包的活动，基于这样的事实：最佳规模的运行对于养老基金管理公司的一些不同职能有所不同，并且也限制了专业化的可能性。建立养老基金管理公司缴纳增值税的税收抵免。这个税收抵免可以从相应的所得税中扣除。
- 忽略固定费用和从分支机构的基金中扣除的费用。养老基金管理公司指定的价格在以缴费基数工资确定的费用上是统一的，其目的是使消费者更容易作出比较，从而提高消费者价格意识。
- 伤残和遗属保险的管理与养老基金管理公司的管理是分开的。在丧失工作能力，或成员死亡的情况下，伤残和遗属保险补充了养老金储蓄并为养老金融资。

养老基金管理公司负责与伤残和遗属保险签订契约以覆盖参加者的事故和伤残，因为他们负责提供伤残和遗属养老金。这使得与伤残和遗属保险签订契约的成本上涨至超过养老基金管理公司成本的50%。随着费用纳入保险成本，收费的透明度越来越低。

结果发现，实际上养老基金管理公司支付一个类似分支机构事故和疾病有效成本率的保险费。养老基金管理公司假定投资组合的风险，并假定成本由分支机构支付。这意味着养老基金管理公司收取的费用受投资组合分布图的强烈影响。因此，这不是良好的效率指标，这还为养老基金管理公司分割市场提供了激励，在分割的市场中劳动者的索赔得到较低的预期费用。

改革从养老基金管理中分离出伤残和遗属保险的管理，并且决定养老基金管理公司应该组织一个共同邀请通过价格在寿险公司中投标。2009年完成了首个伤残和遗属保险的拍卖。它包括两个同步的公开拍卖，其一为女性，其二为男性。共有10个保险公司出价，5个提供最低价格的成为优胜者。结果是通过所有缴费者支付的普遍保险费是应纳税所得额的 1.87%。毋庸置疑，随着改革的引入后伤残和遗属保险待遇提高了，也消除了在性别间的交叉补贴，增加了保险成本（当由养老基金管理公司管理的时候，这个成本大约为 1% 左右）。女性的平均赔付率为 0.2%，低于男性，因此由女性缴纳的这个额外缴费将存入她们的个人账户。2010 年 7 月举行了第二次拍卖。在第二次拍卖后，单一保费下降到 1.49% 并且女性的平均保费达到较低的 0.05%。

第四节　建　　议

本节回顾了养老金制度方面未来有可能产生的问题以及因此现在应该重点处理的议题。包括如下内容：评估养老基金投资业绩的形式，以及即将发生的与工作期间覆盖范围和退休期间养老金保障相关的主题。本节我们不是对于每个主题提供行动方针的具体建议，换言之，我们研究的重点在于将工作程序转移到解决这些问题的方向上面。

一、完善养老基金投资评估的建议

智利个人资本化养老金制度改革的最显著成效之一是其投资业绩。第一章第二节的"二、投资改革"评论了投资成果。从表 4 可见，2010 年 4 月制度建立之初就已存在的 C 类基金（中等风险）以 9.3% 的真实年度平均回报率积累了近 30 年。这个数字是一个了不起的成就，因为在对制度进行预测之前，该制度以 4% 的真实年度回报率实施。即使最近遭遇了全球历史上最为严重的金融危机之一，该投资表现也特别成功。

考虑到智利养老基金投资获取的高回报，对于促进国家经济发展的缴费以及制度运行超过 30 年而没有欺诈或贪污案件的事实，可见智利对养老金制度的监管计划已相当成功。然而，某些方面仍待改善。一方面，基金投资管理者业绩的评估形式有待开发。目前，通过相当于该行业平均水平的回报创造激励因素。这些激励因素有助于成功处理养老基金投资和尊重所设置的限制和合格工具。基金管理者取得低于这个平均回报水平会受到处罚。养老基金管理公司必须创建一个储备，这个储备相当于每个投资于各自养老基金管理公司股票的养老基金价值的 1%，这样就可以在有系统偏差时补偿养老基金管理公司的参加者。

这意味着对于基金管理者而言有效基准是与每种类型基金测量的行业平均表现有关的标准。这与投资（养老金价值）的最终目的没有关系，并且对于平均风险管理没有创造激励。实际上，这导致"羊群效应"，其结果导致在不同养老基金管理公司管理的基金的投资组合之间缺乏灵活性。

正如基准是事前未知的，因为它是依据事后制度的平均回报率决定的，所以每个管理者仅有有限的空间作出关于基准的决定。一个未知的基准效率较低，因为在试图寻找基准是什么或者如何预测基准方面浪费了资源。此外，还存在犯错误的风险，即有可能存在根据分支机构的回报来确定费用。

最好的，换言之，最优的解决方案是制定一个基准，这个基准应考虑与养老金数额有关联或联系的回报与风险。这需要隔离其他因素对于投资的影响。这些因素对于养老金（例如缴费密度、年龄等）有影响。还需要确定投资组合，这个投资组合能让养老金金额和风险达到最佳平衡。

一个众所周知的事前基准为管理者在参数比较范围内管理投资留下更多空间。这将使养老基金管理公司之间在基金管理方面产生真正的竞争，并且大大减少对"羊群效应"的激励。

二、扩大智利养老金制度工作期间第二支柱覆盖范围的建议

2008年，智利养老金改革包括了养老金制度中主要问题之一的覆盖范围。扩大覆盖范围消除了影响独立劳动者的不足之处。这些独立劳动者现在拥有了更多同等的权利和义务。

虽然增加独立劳动者对制度缴费的义务是对于以往情况的一个重要进展，但是智利养老金制度的覆盖范围仍然不是全民普享。智利养老金改革中的措施仅包括那些收到应纳税所得额的独立劳动者的义务。此外，税收制度也遵守这项义务。这个公共政策设计的结果导致该制度仅仅覆盖那些正式税务条款中的独立劳动者。那些在非正式经济部门中的低收入独立劳动者不包括在内。总之，许多人将获得以新团结支柱为基础的合理替代率的养老金。

独立劳动者没有缴费义务，只是因为确保他们缴费在实际操作上有难度，因为没有理由根据社会保障制度排除他们。这些劳动者，像其他

人一样，需要为其无业的生活而储蓄，但是他们不会自愿储蓄足够金额，因为他们更偏好当前消费，并且他们在看待未来对资源的需求方面是短视的。因此，最好每一个劳动者都对养老金制度缴费。他们中任何一个人都不被排除在外。因此，继续扩大覆盖范围的机制是必要的。

公共政策需要增加最贫困劳动者的就业，并减少非正规就业。减少非正规就业是确保最低收入部门显著增加养老金制度覆盖范围的一个方式。把最贫困劳动者逐步纳入正规经济将改正对于养老金的最大威胁：低缴费密度。

考虑到非正规就业产生社会不公平的一个因素，非正规就业是由总统咨询委员会在"工作、工资、竞争和社会公平"会议中提出的许多方面之一，因为这与低水平生产力的保障工作和由此得到的低工资相联系。建议之一是给予那些每月收到 0~7.5 UF① 之间酬劳的人 30% 的补贴。得到那些补贴的受益者群体将占收入的第一个五等分。也建议将这个津贴的 1/3 分给雇主，2/3 分给劳动者。虽然缴费津贴不考虑在内，以这个目的，1/3 分给雇主、劳动者和每次收到 1/3 补贴的受益者的资本化账户。

劳动和公平委员会（LEC，正如它在新闻中被称呼的那样）提出的另一个建议是促进"预正规化"，包括逐步引入整套体现全部手续的规则。这个建议的焦点是在生存水平线上的小企业的经营。虽然认识到这些企业的生产率非常低，假定所有准入的规定手续仍是不可避免的。其目的是使当局了解生产性小企业和监管者，同时实现那些正式的条件。这些条件可能促进政策实施并增加生产性小企业生产力和收入机会。这些生产性小企业和监管者遵守最低可接受标准。预正规化将包括逐步引入最低强制性水平的就业标准。必要的是预正规化被理解成为一个暂时的情况，而不是一个平行监管框架。逐渐增加要求直到取得所有规定手续。应该强调的是委员会的建议从就业标准（预正规化标准的初始水平）的最低强制性水平中排除了社会保障的覆盖范围。换言之，从对于保健、养老金和就业保险的缴费中排除了社会保障的覆盖范围。有人建议，这种情况不涉及那些在小企业工作被团结支柱所覆盖缺乏保护的人。然而，预正规化可能伴随着对劳动者缴费的补贴，这个补贴将直接存入个人账户，但是这涉及一个重要的当期消费，并允许从政府必须取

---

① UF 是一个货币单位，其每天都随着上个月的通货膨胀进行调整。截至 2010 年 8 月，7.5 UF 相当于大约 310 美元。

消的团结支柱相关的承诺中降价。通过个人账户的存款,这个补贴继续变现直到达到退休年龄时为止。这样做减少了政府为养老金融资的缴费需要,对养老金的融资体现为跨时空水平节约财政资源。

三、扩大智利养老金制度退休阶段覆盖范围的建议

智利养老金制度非常年轻,因此在新制度中养老金领取者仍然相对较少,并且那些在其整个标准劳动生涯中加入新制度的尚未领取养老金者则更少。正因为如此,到目前为止,智利养老金制度的积累阶段已经引起大量分析人士和监管者的关注。与此同时,智利也正在经历着人口结构转型,所以预计在人口中成年人的比例将会继续增加。图 3.11 显示了根据拉加经委会(ECLAC)的数据,65 岁及以上的人口占全国总人口的比例情况。由此可见,到 2050 年前后这个比例将会增加一倍多。

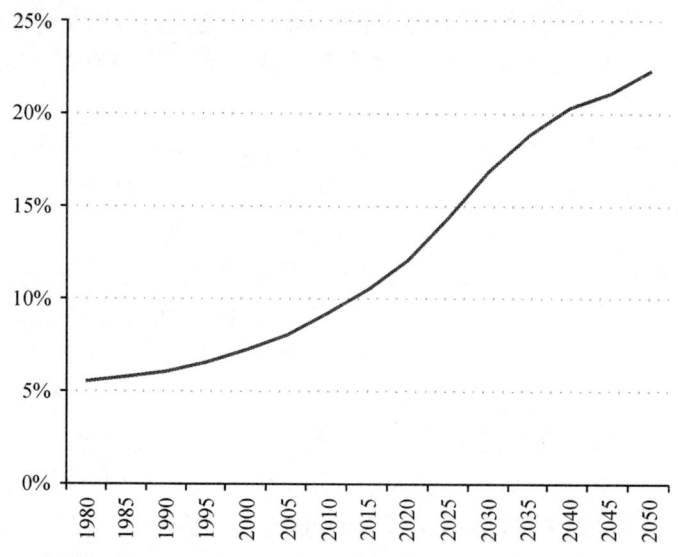

图 3.11 智利:65 岁及以上人口占总人口的比例
资料来源:Cepal。

因此,智利新制度中养老金领取者的比例将在未来几年中显著增加,并且西班牙对外银行(BBVA)预测在 2050 年前后老年参加者将会超过 3 倍。制度中参加者的老龄化进程将会影响该行业,考虑到(1)(具有退休制度计划的)养老金领取者占总参加者的比例将会增加;(2)在退休阶段被管理的基金数额也很重要;(3)该行业将在程

序和津贴发放效率上提升以避免制度成本的增长；（4）养老基金总额的投资预测将倾向于固定收入工具。

制度层面也存在一些挑战，这些挑战与迟早开始解决的非积累阶段有关。主要的挑战是限制关于养老金价值的风险。

沃克（Walker，2009）确定了在个人资本化养老金制度中与那些分支机构生命周期有关的养老金的5个风险：

- 就业风险。这是来源于就业的养老金风险，即与工资水平、失业期、不工作和在正规与非正规就业之间转换相关的养老金风险。这些因素在个人资本化账户余额方面对具有较低水平或者较低缴费频率的养老金账户积累额有负面影响。
- 金融风险。这种风险来源于在积累阶段养老金储蓄产生的回报和投资的多样化，以及这些投资预期回报的不确定性。
- 再投资风险。如果退休时成员决定取得一个终身年金，即他将会取得由他的储蓄确定的特定数额基金的养老金。那么这个养老金可能会根据当前利率水平而显著波动。此外，使资产与负债匹配的长期金融工具的可取性也意味着对于退休时与再投资基金有关联的成员具有养老金风险。
- 长寿风险。这种风险是指比预期生活得更长，并且导致养老金融资的基金更早被花光。这个风险影响退休制度计划中个人水平的养老金领取者；换言之，每个养老金领取者面临这样的问题，即他的基金不能满足其生命的整个退休阶段的收入需要。
- 信用风险。这是提供终身年金的寿险公司不能规避其负债并走向破产的风险。由于管理不善、风险评估（例如长寿风险的集中）不良或保险公司资产回报不足，可能发生信用风险。

金融、再投资、长寿和信用风险不独立于成员选择的养老金形式。简言之，养老金替代品局限于两个：终身年金和退休制度，对应于本书第一章第二节中所述非积累型储蓄的两个机制：退休制度和终身年金。

值得关注的是智利养老金制度包括终身年金——这一强制性储蓄养老金的替代品之一。因此所有在退休时储蓄达到一定数额以上的参加者可以购买一个终身年金。这个规定数额需要获得（法律规定的）最低养老金。这种相对普遍性来自于终身年金和强制性储蓄的结合。因此随着覆盖了大部分人口，这种相对普遍性导致限制世界终身年金市场发展并无法克服的主要问题之一：逆向选择的产生。在一些国家中购买终身年金是一个完全自愿的决定，那些需要它的往往是有较高预期寿命的人。这将大大增加寿险公司所承担的长寿风险，并且限制寿险行业的发展。

金融风险以不同的方式影响退休制度和终身年金模式。在终身年金中最大的问题是在购买之前即时产生的金融风险。如果当接近退休年龄时金融资产价值大幅下跌，将不再有时间弥补损失，因为在终身年金模式中基金被转移到保险公司。在退休制度中储蓄仍然是参加者的财产，并且继续被投资和资本化。因此，事实上虽然第一年金融资产价值大幅下跌影响养老金，但是在随后年份重新计算之后，基金的损失可以逐渐被弥补。

再投资风险主要影响选择终身收入模式的参加者。在退休时成员把储蓄的基金交给为其提供终身年金的保险公司。换言之，他要以当时（利率）支付当前价格来购买这种终身年金产品，使这一产品成为终身持有的货币。在退休制度中，利率较低的一段时期将影响该年收到的养老金，但是因为每年重新计算养老金，所以不存在将会影响成员整个退休期间的问题。此外，在销售终身年金时，保险公司试图获取那些将会匹配长期负债的长期资产。因此，对于那些选择终身收入的人存在着缺乏长期金融工具的风险，正如保险公司存在着匹配其财务承诺一样。然而这些长期负债不严格存在于退休制度模式中，养老金是在年度基础上被计算的，因此，资产必须找到每年的投资期限。这并不代表任何问题，在此之后，将重新计算用剩余资金支付下一年养老金的承诺。

总之，长期来看退休制度计划没有匹配需求。它只需要在价格上进行有限的变化，因此，在必须重新计算养老金时不必假定存在一个重大损失。

在退休制度计划中，假设所有成员都存在长寿风险，如果根据成员储存的基金来给付养老金，那么基金被用光或者基金低到不能筹措足够养老金的水平，这都是成员自己的责任。在终身年金计划中，长寿风险转移到保险公司，正如保险公司承诺以一个真实的固定养老金付款直到领取养老金者生命的结束为止。虽然个人不能应对个人长寿风险，但是个人能面对那些保险公司面临的间接的系统风险或集合的长寿风险。这种风险的一个不良的评价或处理可能导致保险公司不能履行其承诺，并且因此不能再支付其承诺的养老金。

在退休制度计划中，信用风险不会影响养老金领取者，因为基金在任何时候都是养老金领取者的财产。在养老基金和管理者资产之间存在了一个严格分离的相关规定，因此，如果一个养老基金管理公司破产，基金自然而然地转移到另一个养老基金管理公司来管理。相反，在终身年金计划中，信用风险是存在的并且可能非常显著。正如保险公司破产，其成员将失去今后的养老金和基金一样。

虽然在某些情况下制度以大量财政资源为成本，但是在制度中存在如下这些产生风险的因素：

● 在退休年龄上的灵活性：如果由于金融危机或市场低利率时期而导致成员的储蓄价值下降，成员可以推迟退休以等待形势转好。

● 团结支柱：消除对于较低收入水平参加者的金融风险、长寿风险和信用风险。这些参加者有资格接受政府补贴（人口中最贫穷的那60%）。

● 证券和保险监管局：管理和监督由保险公司产生的合同和投资，大大限制了在终身年金计划中的信用风险。

● 养老金监管局：管理和监督由那些持有参加者基金的养老基金管理公司进行的投资，限制金融风险并消除在退休制度中的信用风险。

● 在退休前的即期或在非积累阶段限制选择更多激进的基金，限制了作为一个整体的分支机构的金融风险。

● 混合养老金计划（具有递延终身年金的临时收入和具有同步终身年金的退休制度）允许个人长寿风险被消除和转移到保险公司。然而，参加者总的长寿风险依然存在。

制度规定了覆盖或减轻许多风险的要素。监管框架和监管局的工作作为监督和管理的主体大大降低了诸如金融风险和信用风险等风险。然而，长寿风险是最重要的挑战，因为直到现在它只能被转移，而不能被控制。

欧芬和沃佩尔（Oeppen and Vaupel，2002）证明，人类越来越长的寿命是所有养老金制度都要面临的一个重要风险，特别是考虑到在历史中预期寿命的系统性低估。

在智利的养老金制度中，收入水平和可选择的养老金计划二者确定了不同的长寿风险。表3.10给出了长寿风险和信用风险（来源于预期的长寿风险）的发生率。

因此，我们可以得出如下结论，低收入的养老金领取者的长寿风险被养老金制度所覆盖，因为这个风险已经转移给政府；而不论高收入的参加者选择何种类型的养老金，他们直接或间接面临长寿风险。这个风险需要引起重大关注，因为不论采用何种方式，养老金制度都面临这一风险的威胁。

表 3.10　　　　　　　　参加者长寿风险和信用风险

	低收入的参加者			高收入的参加者	
—	终身年金	退休制度	—	终身年金	退休制度
长寿风险	低	低，通过团结支柱	长寿风险	低	高
信用风险	低，通过团结支柱	低，通过团结支柱	信用风险	中/高*	低

注：＊通过系统的长寿风险。
资料来源：养老金监管局。

应采取的措施之一是随着人口预期寿命的增加而自动增加退休年龄。预期寿命的增加可以解释为健康和生活质量改善的结果，而这两方面的改善导致一个较长的生产性时期。不仅是人口的生存时间更长，而且生活时间更长并且状态更好。因此，除非从政治角度考虑，否则退休年龄几十年保持固定是不合理的。提高退休年龄这项改革的政治成本很高。但是，对于解决人口失衡，这是一个很好的选择，因此应该对其进行评估。

正如我们所见，在退休制度计划中个别的长寿风险由养老金领取者所承担。养老金领取者可以通过自我保险来规避个人的长寿风险。但是自我保险不是一个有效的替代品。对长寿风险缺乏保障的结果之一是养老金往往随着时间的推移而减少。这可以解释为，因为随着岁月的流逝，成员资本化账户余额减少的速度比预期寿命增加的速度更快，至少系统地讲，它难以补偿基金的回报。① 鉴于此，我们认为如下说法是合理的，即某种程度上可以通过扩大覆盖范围规避长寿风险予以完善退休制度养老金计划。

用来完善退休制度的一项措施是建立具有递延终身年金计划的临时收入。这项措施通过提供保险规避长寿风险。在个人层面，终身年金花费比即期终身收入还低的成本规避了长寿风险，正如在尚未支付养老金的时期仍然存在养老金领取者死亡的可能。因此，在这段时间结束后在此期间的大量死亡有助于为幸存者融资。虽然保险通过提供递延终身年金规避长寿风险，计算临时收入的方式将被调整为适用于从限定成员的那一刻起多年来仅有的覆盖范围；随着基金用光开始向成员支付递延终

---

① 实际上，在退休制度计划中养老金的计算包括如下的限制：在成员达到110岁之前，基金不能完全被用光，但是基金能下降到非常低的水平。如果养老金下降低于最低利率，支付的数额可能增加，所以个人账户的余额可能更早被用光。

身年金养老金。以这种方式，如果我们假定标准期限为 110 年，由临时收入支付养老金的期限将远大于此。

创建这种类型激励的一个替代选择是对于具有递延终身年金的成员为其评估临时收入引入发放缴费与传递信息的义务。在智利为了退休，参加者必须定期向"养老金咨询和供应系统"（System of Consultations and Offers of Pensions, SCOMP）缴纳申请费。养老金咨询和供应系统是在养老金市场负责交易的机构。它是一个受养老金和证券以及保险监管局监督的集中电子交易系统。其成员提出申请和细节，然后这些被发送给供应商。供应商的答复以一个类似的方式被反馈给申请人。这项措施包括在具有递延终身年金的临时收入模式下的强制性缴费。该模式与成员需要缴费的模式相同。

另一项改善退休制度模式的措施是增加团体长寿保险。这种保险可能有多种结构：例如，养老基金管理公司管理养老金领取者，养老金领取者向保险公司支付保险费。这个保险费来自于养老金或从个人养老金的账户余额中贴现。另一个保险结构是对继承权提供保险金。这样，养老金将会作为死亡较早的参加者遗赠的遗产提供给那些活得更长的人。这种类型的替代品更有效，因为通过分组和在成员之间重新分配风险，能大大降低成本。

更多的重点应该放在长寿债券解决长寿风险的议题上。保险公司需要这些债券。智利一个不成功的计划是在 2009 年发行了这些债券。这项倡议是由世界银行发起，由投资银行摩根大通公司（JP Morgan）设计了相关投资工具。然而，建议未达到预期效果，因为这些债券只涉及达到 90 岁的女性，鉴于目前 60 岁（法定领取养老金的年龄）女性的预期生存时间为 24.5 年。债券所提供的覆盖范围非常有限，因此保险公司对这些债券不感兴趣。

引起争论的是，如果根据一些技术储备条件无偿取得公司，债券可能更具吸引力。换言之，更大的覆盖范围需要监管补贴，这也意味着需要取得债券。这项建议违背了监管目标，因为它会增加行业风险。

随着风险必要性特征的减少，私营部门极不可能在短期或中期发行长寿债券。假定其收入与人口寿命正相关，保健行业对发行这些债券可能感兴趣。然而，必须评估这样做所涉及的资金。

由于缺乏这一重要产品为政府干预养老金制度的恰当运行留下空间。具体而言，智利能够继续发行这些投资工具并以保险公司销售额加上养老金储备基金资源为总收入收回他们。这些养老金储备基金是截至

2009 年 6 月持有 3 656 亿美元的主权基金。如果我们考虑到在任何情况下通过团结支柱所暴露出的长寿风险，以及由保险公司破产导致的问题。我们会发现政府的这一承诺是有道理的。保险公司的破产可能产生政府的强制性救援或者至少部分养老金成本损失的假定，这些应归因于政府作为保险业的监管者和管理者的责任。

第五节 结 论

大约 30 年前，智利养老金改革彻底改变了养老金制度基础，即从一个现收现付确定给付型制度转移到一个确定缴费型并且个人资本化的制度。智利养老金制度在其多年的运行中，在许多基本指标方面取得了良好的成绩，例如，在参加者和基金回报方面。然而，智利养老金制度也存在诸如缴费密度等不足之处。这些不足阻碍了一些群体在老年时取得足够的养老金。

2006 年，智利政府成立了养老金改革总统咨询委员会，由马瑞欧·马塞尔（Mario Marcel）担任主席，该委员会具有分析养老金制度和提出改进措施的责任。委员会具有技术性和多样性特征，拥有来自不同部门的广泛代表。委员会也收到了来自不同国内和国际机构，如西班牙对外银行（BBVA）的建议。最终，委员会发布了一份报告。该报告提出了对于改革的评价、分析和建议，并将充当法案和随后养老金改革的基础。

西班牙对外银行（BBVA，2006）递交给养老金改革总统咨询委员会的研究在多个方面与这个机构的分析和建议相符，也与随后的改革执行情况相符。该研究得出结论认为，智利养老金制度是一个良好的制度：（1）对于定期缴费者而言，该养老金制度为其提供了高额养老金；（2）对于分支机构而言，该养老金制度为其提供了具有竞争性的成本；（3）虽然存在本地市场饱和的威胁，但是养老基金在回报方面具有良好的表现；（4）鉴于智利市场的特点，在其研究中引入团结支柱（最低养老金）的需求非常迫切，因此，覆盖范围非常有限；（5）在其研究中如果女性缴费越少，退休越早并且寿命越长，那么女性明显拥有高于男性的保障水平；（6）在其研究中随后几年里，来自过渡期的高额财政承诺大为减少。总之，制度运行得很好，但仍需要作出一些调整。

改革涵盖了包括以下内容在内的养老金制度多个方面：

• 增加制度团结：重新形成团结支柱，包括一个基本普惠的非缴费型养老金和一个政府缴费作为补充的自筹资金养老金。这些保险金将覆盖国家最贫困人口的60%。

• 改善覆盖范围：扩大了独立劳动者缴费的义务，建立了一个新的志愿成员，并且已经形成对于中产阶级的自愿缴费的激励。

• 增加养老基金管理公司的行业竞争：主要措施是在制度中引入新分支机构拍卖机制。该机制具有旨在减少由经营和商业规模产生的进入壁垒，并削减成本，引导价格下降的目的。

• 对于养老基金规定更加灵活的投资规则，以便不丧失安全保障。通过这些手段，他们将市场调整得更具活力和适应性。这样的市场将使他们能够增加回报。

• 性别平等：减少或限制在覆盖范围和保险金方面的性别差异。

改革涉及大部分的基础领域，并且在大多数情况下产生了改变。这些改变通过增加覆盖范围和待遇对养老金制度的业绩产生积极影响。然而，仍然存在着一些能够在未来导致一些问题的方面。诸如如下方面：(1) 评估养老基金投资业绩的形式；(2) 在工作期间与覆盖范围相关的即将发生的问题，特别是与非正式工作相关的问题；(3) 制度退休阶段的养老保障。本文提出了行动方针的建议，而不是对于以上每一个问题中的具体建议。换言之，工作程序是用以解决这些问题的方向。

关于用于评价投资业绩的基准，已观察到的是最低回报的需求表现为当前有效的基准。该机制为每种类型基金衡量该行业平均业绩建立了一个措施。这个结构与长期目标无关。该长期目标应该在制度（养老金）中盛行并且不能对于管理风险充分地创造激励。实际上，这将导致"羊群效应"，这一行为的结果是在不同养老基金管理公司管理基金的投资组合之间缺乏灵活性。

最佳的解决方案是制定一个基准。这一基准考虑与未来养老金数额相关或有联系的回报和风险。挑战是构建一个具有这些特征的基准，其他影响养老金的要素对投资的影响必将被隔离（例如缴费密度、年龄等），然后确定最佳平衡总价值和养老金风险的投资组合。

关于在工作阶段增加覆盖范围，独立劳动者对制度的缴费被作为改革义务是一个重要的进步。然而，覆盖范围被有效地扩大到收到应纳税所得额的独立劳动者。换言之，即那些在税收方面正式的独立劳动者。在非正规经济部门工作的低收入独立劳动者并不包括在内。将他们纳入是一个好主意，因为他们中许多人将得到养老金，这个养老金显示了以新团结支柱为基础的合理替代率。

为了确保最低收入部门的覆盖范围显著增加，公共政策需要增加最贫穷劳动者的就业并且减少他们的非正规就业。将最贫穷劳动者逐步纳入正规经济将矫正养老金的最大威胁之一——低缴费密度。总统咨询委员会对于劳动和股权提出减少非正规就业的两项建议包括第一个收入的五等分的就业补贴和引入一个短暂的预正规化阶段。

存在各种各样影响养老金水平的风险，包括劳动、金融、再投资、长寿和信用风险。养老金制度规定了一些涵盖或减轻其中许多风险的要素，包括监管框架和作为监管和管理主体的监管局工作。这使得一个显著的限制被置于诸如，金融和信用风险之中。然而，长寿风险代表了最重要的挑战，因为直到现在为止，它只能被转移，而不能被控制。

人口结构的稳定将随着时间的推移限制长寿风险。这包括随着人口预期寿命的增加，退休年龄的自动增加。

为了提高退休制度养老金计划的效率提出了一些改革的替代选择。由于抵御长寿风险的自我保险是一个昂贵的替代品，可以通过将其纳入抵御长寿的覆盖范围予以完善。在具有递延终身年金的临时收入计划中提出缩小养老金的激励措施对于那些即将退休的参加者制造了强制性。这些参加者收到一份申请和关于养老金计划的信息。

将考虑到改善退休制度计划的另一项措施是增加团体长寿保险。这个团体长寿保险可以以不同方式组成：由养老基金管理公司承包并且根据养老金金额支付；或者根据养老金领取者的个人账户余额支付；或者根据养老金领取者的继承权提供。

此外，为了解决长寿风险，发行长寿债券面临更多压力。虽然已经有所尝试，但是随着长寿风险的必要特征的客观减少，私营部门几乎不可能以短期或中期的方式发行长寿债券。

缺乏如此一个重要产品，为国家干预养老金制度的正确运行留下余地。具体而言，智利能够继续发行这些工具并且拿出寿险公司的销售收入加上养老储备基金的资源来支持它们。如果我们考虑到在任何情况下团结支柱暴露的长寿风险，以及由寿险公司破产引起的问题，由于国家作为保险行业监管者和管理者的责任，这些寿险公司可能需要国家的拯救或者至少承担一部分养老金损失的费用，国家的这一承诺是合理的。

智利养老金制度运行已近30年，所取得的成就也是有目共睹的，即有着高水平的覆盖范围、足够的保险金和显著的财政稳定性。最近的改革使得许多业绩表现不佳的领域问题有望被解决。引进一个强大的团结支柱是根本，这样做可以为低收入的老年人提供足够的覆盖范围。然而，仍然存在着一些挑战，所以在这些领域为了取得进展必须继续探索相应的措施。本研究回顾和评论了智利养老金改革，并且为了解决智利养老金制度改革所面临的新挑战提出了行动方针。

第四章 走向更完善的养老金制度：墨西哥改革愿景及对策建议

卡洛斯·埃雷拉（Carlos Herrera）

第一节 引　　言

"墨西哥社会保障局"（Mexican Social Security Institute，IMSS）实施"缴费确定型"（Defined Contribution，以下简称 DC 型）养老金制度已经过去 10 年了。这一制度设计完全改变了墨西哥养老金计划的制度设计。在社会保障历史中，这是人们第一次在制度中享有对个人养老金储蓄的所有权。

同时，由于公共部门和私人部门的参与和支持，墨西哥社会保障局引入的 DC 型制度设计，在建立一个能够更好地适应人口结构变化的养老金制度设计方面取得了重大进步，这是因为这次养老金改革代替了过去的"待遇确定型"（Defined Benefit，以下简称 DB 型）养老金计划。原有的养老金计划是墨西哥社会保障局制定的、旨在为残疾、老年、年长劳动者失业和死亡等提供保险服务的制度安排，这一制度安排以大规模的国家援助作为基础但缺乏长期的财政考虑，并且难以承受人口结构的变化。鉴于此，另一种养老金制度设计出现了，即更好地以低收入人群为导向，更好地以大量受益人的财产为保证，这些受益人仅占该国劳动人口的1/4多一点。

在墨西哥社会保障局DC型制度运行13年中，一系列数据显示新制度的运行结果是值得肯定的。制度的覆盖人数、管理下的资产价值以及"养老基金管理公司"（Afore）的数量在一个严格监管、基金管理人之间竞争日益激烈的市场环境中都大幅度增长，这就在个人账户管理、基金投资等方面为人们提供了安全保障和多样化选择。

但是，人口老龄化要求墨西哥社会保障局新养老金体系不断发展，以更好地应对即将退休的劳动者人口的增加。这就是"西班牙对外银行集团"（BBVA Group）决定对墨西哥养老金制度进行深入研究的背景所在，该研究构成预测2005—2050年间长期人口结构和经济状况研究的一部分（参见图4.1）。研究由阿尔博（Albo）等人于2007年共同发起，研究得到了西班牙对外银行集团（BBVA Group）下属的"经济研究部"（Economic Research Department）、养老金和保险公司（Pensiones & Seguros）的共同资助。

此次研究的目的包括：计算墨西哥社会保障局DC型养老金计划的养老金水平和替代率（相对于所有劳动者退休前10年的平均收入）；预测制度的覆盖面；分析不同人口、经济变量及制度关键参数对养老金水平产生的影响；以及测算新制度设计对财政负担产生的影响。

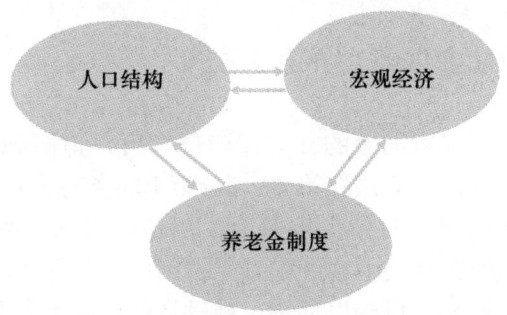

图4.1 西班牙对外银行对养老金制度的系统分析

本章内容对阿尔博（Albo）等人2007年所开展西班牙对外银行（BBVA）研究工作的主要内容进行了总结，并详细介绍了2008年以来墨西哥养老金制度所出现的新变化。尤其是，它重点讲述了在生命周期模型下，5家基金投资公司即"养老基金投资公司"（Siefores）所使用的新养老金资产投资模型的初步运行状况。本章还论证了，我们应当站

第四章 走向更完善的养老金制度：墨西哥改革愿景及对策建议

在全局的角度分析养老金制度，在分析中不仅要考虑制度本身的参数，还要考虑人口结构和经济方面的状况，这是个人、企业和政府在未来几十年制订养老金计划时都应当参照的因素。在这样的分析框架下，本章最后得出了一系列完善墨西哥养老金制度的经济政策建议。

第二节 背 景

作为由国家提供的一整套社会保险和福利计划的组成部分，养老金计划在世界各国常常由公共社会保障机构来提供。墨西哥也不例外，其主要养老金计划的覆盖范围很显然也根植于该国社会保障制度发展过程之中。

墨西哥社会保障制度发展过程中的最重要特征之一是，直到最近几年还没有一项明确的政策来促使该国建立一个单一的养老金制度。因此，墨西哥的社会保障制度和养老金制度被构建成为一系列不同的子制度，这些子制度同时并存，但是从整体上看，它们并没有按照整齐划一的方式运转，它们也不允许参保者将其待遇从一种制度转向另一种制度。下面我们介绍一下墨西哥社会保障制度简史。

一、墨西哥的社会保障和养老金制度

在墨西哥，现代意义上的社会保障概念可以追溯到1917年宪法对公民权利进行的界定。宪法在第29部分第123条写道："以下被认为是社会福利：为国民建立社会保险基金，以应对残疾、死亡、非自愿失业、意外事故以及其他类似情况的发生。因此，联邦政府和各州的州政府应当为国民组建相关机构以促进、鼓励社会保险制度发展。"

按照宪法的规定，第一部关于养老金的联邦立法为《公务员养老金法通论》（General Law on Civil Pensions），该法于1925年通过，目的是为了保障公务员退休后的生活。紧接着，1929年修订的宪法明确规定："制定一部涵盖社会保险计划的《社会保障法》（Social Security Law）是一项公共福利，这里的社会保险计划是指为了应对残疾、死亡、非自愿失业、意外事故、疾病以及其他类似情况的发生而建立的保险计划。"接下来，1931年《联邦雇佣法》（Federal Law on Employment，LFT）将保护职业意外事故和职业病的有关内容写进法律。

1942年，国会通过了《社会保障法》(Social Security Law, SSL)；1943年，墨西哥社会保障局成立，目的是为在私人部门工作的领薪劳动者提供保险和保护。为了实现这一目标，墨西哥社会保障局制订了三方筹资计划，即由劳动者、雇主和联邦政府共同缴费。同年，为了整合向非领薪人口提供的医疗照护服务计划，墨西哥建立了"健康援助秘书处"(Secretariat for Health and Assistance)，目前医疗照护服务计划由"健康秘书处"(Secretariat of Health)负责实施。

1949年，墨西哥社会保障待遇的覆盖范围开始扩大。墨西哥社会保障局由原来仅保障单个领薪劳动者，逐步扩大到保障这些劳动者的家人，但是与工作有关的意外事故和疾病不在保障范围之内。有关公务员的福利待遇，1959年建立的"公务员社会保险和服务局"(ISSSTE)和通过的《公务员社会保险和服务局法》(Law on the Institute for Civil Servant Social Security and Services, ISSSTE Law)提高了公务员的医疗照护和养老金给付水平。

此后，墨西哥社会保障制度逐步将其他形式的保险、服务和机构纳入其中。例如，1972年墨西哥建立了"劳动者国民住房基金"(National Housing Fund for Workers, Infonavit)和"公务员社会保险和服务局劳动者住房基金"(ISSSTE Workers' Housing Fund, Fovissste)，分别用于向私人部门劳动者和公务员提供购房贷款和资助。1975年，墨西哥成立了"墨西哥军人社会保障局"(Social Security Institute for the Mexican Armed Forces, ISSFAM)，在军人的退休金（1955年开始支付）中增加了医疗照护、家庭照护和文化服务（culture benefits）等内容。最近，2003年修订的《健康法通论》(General Law on Health)建立了"普通保险计划"(Popular Insurance Scheme)，以此来提高健康服务对普通人口的覆盖水平（参见图4.2）。

然而，事后看来，墨西哥为扩大社会保障制度基础所做的努力并不是一项明确而全面的养老金政策。其原因是，墨西哥缺乏单一的全国养老金制度，而是存在几种不同的养老金子制度。这些子制度同时并存，但是从整体来看，这就阻碍了制度的参保者在各个子制度之间进行转换。因此社会保障待遇，尤其是养老金计划，在不同的制度参保者之间相差很大，而且公共养老金计划分散于联邦和州机构、半国有企业以及其他在其雇佣合同中规定要提供养老金和保险计划的公共团体之中，具体例子参见表4.1。

第四章 走向更完善的养老金制度：墨西哥改革愿景及对策建议

拉美养老金改革：面临的平衡与挑战

私人部门劳动者	1917年宪法	1943年《社会保障法》	1972年 劳动者国民住房基金	1992年 退休储蓄制度（SAR）	1995年 修订《社会保障法》	1997年《退休储蓄制度法》（SAR Law）	2002年 修订《退休储蓄制度法》	2005年 修订《退休储蓄制度法》	2007年 修订《退休储蓄制度法》
公共部门劳动者		1925年	1959年《公务员社会保险和服务局法》（ISSSTE Law）	1972年 公务员社会保险和服务局劳动者住房基金			2002年 修订《退休储蓄制度法》		2007年 修订《公务员社会保险和服务法》
非缴费者		1943年 健康援助秘书处	1975年 特殊计划（墨西哥军人社会保障局等）	1983年《健康法通论》		1999年 改革特殊计划	2002年 修订《退休储蓄制度法》	2003年 修订《健康法通论》并建立普通保险计划	2006年 建立普通社会保险体系	2007年 社会发展秘书处老人照护计划

图 4.2 墨西哥社会保障发展概况

资料来源：BBVA Bancomer, based on ISSSTE, *Comprehensive Reform of ISSSTE* in www.issste.gob.mx。

第四章 走向更完善的养老金制度：墨西哥改革愿景及对策建议

表 4.1 不同机构的社会保障待遇

联邦公务员社会保险和服务局（Federal ISSSTE*）	州公务员社会保险和服务局（State ISSSTE**）	墨西哥社会保障局（IMSS）	墨西哥石油公司（Pemex）	联邦电力委员会（CFE）	墨西哥军人社会保障局（ISSFAM）
医疗服务	医疗服务	医疗服务	完全医疗照护	自然死亡保险	完全医疗照护
职业风险保险	职业风险保险	职业风险保险	职业风险	工业意外事故保险	退休年金
残疾和人寿保险	工业意外事故保险	残疾和人寿保险	补偿金	退休储蓄制度缴费	军属年金
基于退休年龄和服务年限的退休保险	非职业疾病保险	服务期退休和年长社会保障劳动者失业（墨西哥社会保障局的工作人员）	退休	联邦电力委员会住房基金	退休保险
年长劳动者失业保险	退休贷款	房屋贷款	人寿保险	墨西哥社会保障局	军人人寿保险
退休者和养老金领取者的综合退休服务	残疾抚恤金和人寿保险养老金	退休储蓄制度（SAR）（针对有资格享有者）	房屋贷款	医疗服务	一次性财政补偿金
全额补偿金	人寿保险	日间照护中心	行政贷款	职业风险保险	被保险者及其家庭成员的丧葬成本
抵押贷款	短期贷款	福利待遇	劳动者和其他有资格者的丧葬成本	残疾和人寿保险	工作基金
中期贷款	长期贷款		劳动者子女津贴	福利待遇	储蓄基金
短期贷款	房屋贷款		退休储蓄制度缴费		抵押贷款
丧葬服务					退休军人援助金
退休储蓄制度缴费					
日间照护中心					
福利待遇					
廉价房屋出售和出租					

注：*2007年3月《公务员社会保险和服务局法》修订前实施的服务。
**包括 ISSSTELEON、ISSTAB、ISSTEY 和 ISSSEMOR。

资料来源：各机构立法。

为了了解墨西哥养老金制度的运行状况，我们将描述最主要的几个子制度所覆盖的人群，并评价其各自负责资格认定和待遇支付机构的运行情况。接下来，我们将解释建立 DC 型养老金制度的原因，并详细评论墨西哥养老金制度所取得的进步，尤其要对墨西哥社会保障局进行重点评价，该制度的参保者超过了该国总劳动人口的 1/4。

二、制度覆盖面

墨西哥的养老金计划通常由公共机构提供，其保障对象是正规的领薪劳动者及其受益人[①]。在提供公共养老金和社会供给的机构中，墨西哥社会保障局和公务员社会保险和服务局在为大量待遇领取者提供服务方面所发挥的作用尤为重要（见表4.2）。同时，这些机构作为社会保险和其他福利待遇的主要提供者，其重要性随着时间而日益凸显，这是因为很多公共机构和地方政府已经同某个机构达成协议，以享有其提供的全部或部分服务。例如，开发银行、"联邦电力委员会"（Federal Electricity Commission，CFE）和"国家电力公司"（Central Electricity and Energy Company，LFC）的员工都有各自的养老金计划，且都由墨西哥社会保障局为其提供服务。一些地方政府也有自己的社会保障制度，但是大部分也都全部或者部分地使用公务员社会保险和服务局提供的服务（见表4.2和表4.3）。

虽然墨西哥社会保障局与公务员社会保险和服务局作为国家级的社会保障机构有着重要的作用，但是如果我们考虑整个劳动力市场或者全国总人口，就会发现这些机构所提供的服务已经覆盖的人群还是非常有限的。例如，在 2009 年，劳动者中成为这些机构成员的人仅占整个劳动力市场的 46.6%，尽管在过去的 12 年中这一数据的平均值达到了 54.8%。正如表4.4所示，墨西哥社会保障局是社会保障覆盖面最广的公共机构。

另外需要指出的是，虽然在私人部门有正规工作的人必须依法参加墨西哥社会保障局的保险制度，但这一规定可能会在估算墨西哥社会保障局养老金制度的实际覆盖面时引起偏差，因为在现实生活中有很多人

[①] 虽然，墨西哥很多年以前就出现了针对大规模雇员团体的私人养老金计划和由养老金公司提供的其他养老金计划，但是有关他们的全部信息却是最近才可以获取。要了解更详细的信息，请参考 Estadísticas de los planes privados de pensiones，www.consar.gob.mx。

并没有为了得到制度保障而按照规定缴纳保险费。例如,"墨西哥养老基金管理公司协会"(Mexican Pension Fund Administrators' Association,Amafore)的数据显示,"退休储蓄制度"(SAR)(所有成为IMSS成员的劳动者都必须参加这一制度)2009年12月注册的个人账户中有64%的账户是非经济活动人口[①]。

表4.2　　　　　　　　　主要社会保障机构

	受益人口*	附属机构劳动者**
公共机构	97.6%	97.2%
墨西哥社会保障局	74.5%	78.3%
公务员社会保险和服务局	16.3%	17.2%
其他[1]	6.9%	1.6%
私人机构[2]	2.4%	2.8%
总计	100%	100%

注：　*占总受益人口的比重。
　　　**占附属机构劳动者总额的比重。
1. 包括墨西哥石油公司(Pemex)、国防和海军秘书处(Secretariats of Defense and the Navy)以及普通保险(SSA)。
2. 包括与雇主在合同中约定有权享受某些福利和医疗服务(这些福利待遇或医疗服务部分可以提前预支)的人口。

资料来源：BBVA Bancomer, with data from INEGI, National Survey of Employment and Social Security, 2004。

表4.3　　公务员社会保险和服务局参保者在不同机构的分布

2005年12月	人数
政府专业部门	431 280
准国有公共行政机构	386 604
州政府	350 629
州机构	1 190 431
市政府	39 364
总计	2 398 308

资料来源：BBVA Bancomer, with data from VI Government Report, 2006。

---

① 在2009年12月,退休储蓄制度的总账户数量为3 990万,其中只有1 430万属于经济活动人口。见http://www.amafore.org/estadistica.htm。

第四章 走向更完善的养老金制度：墨西哥改革愿景及对策建议

表 4.4　主要社会保障机构的覆盖面

	总受益者（万人）			占人口的百分比（%）*			总缴费者（万人）			占经济活动人口的百分比（%）**		
	总和	IMSS	ISSSTE	总和	IMSS	ISSSTE	总和	IMSS	ISSSTE	总和	IMSS	ISSSTE
1997	4 893.4	3 946.2	947.2	51.8	41.8	10.0	1 237.6	1 015.5	222.1	33.4	27.4	6.0
1998	5 166.6	4 194.2	972.4	53.9	43.8	10.2	1 332.6	1 105.1	227.5	34.6	28.7	5.9
1999	5 445.4	4 455.7	989.7	56.1	45.9	10.2	1 411.2	1 180.8	230.4	36.0	30.1	5.9
2000	5 512.1	4 505.5	1 006.6	57.5	47.3	10.2	1 712.6	1 478.8	233.8	37.6	31.6	6.0
2001	5 495.7	4 472.0	1 023.7	56.3	46.0	10.2	1 718.1	1 481.2	236.9	35.4	29.5	5.9
2002	5 566.2	4 535.2	1 031.0	56.0	45.8	10.2	1 750.9	1 513.6	237.3	35.3	29.5	5.8
2003	51 87.2	4 152.0	1 035.2	51.2	41.0	10.1	1 792.4	1 555.7	236.8	33.8	28.2	5.6
2004	5 346.9	4 300.7	1 046.3	51.9	41.7	10.2	1 860.9	1 622.9	237.9	34.4	28.9	5.6
2005	5 514.0	4 453.2	1 060.8	53.0	42.8	10.2	1 924.9	1 685.1	239.8	44.8	39.2	5.6
2006	5 743.5	4 663.6	1 079.9	54.8	44.5	10.3	2 016.1	1 773.7	242.5	45.7	40.2	5.5
2007	5 963.1	4 865.1	1 098.1	56.4	46.0	10.4	2 109.6	1 860.5	249.1	46.9	41.4	5.5
2008	6 021.0	4 891.0	1 130.1	56.4	45.8	10.6	2 129.3	1 875.0	254.2	47.0	41.4	5.6
2009	6 076.4	4 913.4	1 163.0	56.5	45.7	10.8	2 162.2	1 902.6	259.5	46.6	41.0	5.6

注：* 总受益者数量除以总人口数。

** 总缴费者数量除以经济活动人口数量。

IMSS 为墨西哥社会保障局，ISSSTE 为公务员社会保险福利服务局。——译者注

资料来源：BBVA Research with INEGI data。

此外，由于制度上的限制，公共养老金制度的覆盖面难以扩大。例如，由于法律没有规定独立劳动者必须参加养老金制度或者向养老金制度缴费，因此，全国就有近1/4的劳动人口因为是独立劳动者而被排除在养老金制度之外。

以上内容阐述了2002年《退休储蓄制度法》（Law on Retirement Savings Systems，LSAR）修订时所引入的内容①。这次修订《退休储蓄制度法》目的是为了扩大对个体劳动者和自由职业者的覆盖范围。在这次改革过程中，没有加入墨西哥社会保障局的劳动者，包括已经加入公务员社会保险和服务局的劳动者，可以自愿选择在养老基金管理公司建立自己的个人账户并将所缴保险费存入个人账户以建立或增加养老金收入②。

按照"退休储蓄制度国民委员会"（National Commission for the Retirement Savings System，Consar）的说法，改革有望将制度的覆盖面增加110万人③。到目前为止，虽然有关自愿缴费者数量的统计数据还难以从官方获得，但是有关退休储蓄制度中自愿储蓄账户累计资产的数据表明，这一可选择的储蓄计划与强制缴费计划相比所占比例仍然很低（2010年3月仅占强制缴费计划累计资产的1%）。

此外，墨西哥正计划通过实施"反贫困计划"（Opportunities to Combat Poverty Program）将原用于资助老年人的一部分财政支出用于保护普通人口，尤其是其中的低收入人群。该计划向城乡地区陷入极度贫困的70岁及以上人口每两个月提供500比索的财政支持④。

---

① 为了给这些储蓄机制建立一个更加严格的监管框架，1994年7月22日官方公报刊登了《退休储蓄制度协调法》（The Law for the Coordination of Retirement Savings Systems，LCSAR），用于协调墨西哥社会保障局与公务员社会保险和服务局的退休储蓄制度。该法于1996年5月24日废止，同日《退休储蓄制度法》开始实施。

② 独立劳动者的个人账户有两个子账户：自愿缴费账户和长期储蓄账户。自愿缴费账户中的缴费可以每两个月支取一次，但是长期储蓄账户中的缴费及利息只有缴费满5年之后才可以支取。如果可以得到1992年退休储蓄制度（SAR 92）下的资产，这些资产可以按照劳动者的要求存入个人账户。养老基金管理公司负责管理这一制度，但是要收取一定的服务费。

③ Consar（2005），"Trabajador independientei Tú eres la pieza que faltaba!：Apertura del SAR a todos los mexi-canos". Presentation，August.

④ 联邦政府实施的反贫困计划旨在促进极度贫困人口的人类发展。自1997年起，该计划开始在教育、健康、营养和收入水平等方面帮助贫困人口。参与此计划的部门包括公共教育秘书处（Secretariat for Public Education）、健康秘书处（Secretariat for Health）、墨西哥社会保障局、社会发展秘书处（Secretariat for Social Development）以及州政府和市政府等。详见 http://www.opor-tunidades.gob.mx。

不仅如此，墨西哥还实施了几个新项目来扩大福利待遇覆盖面。例如，在 2007 年 5 月，社会发展秘书处（Secretariat for Social Development, Sedesol）实施了两个支持老年人的新项目：一个是"70 岁及以上老年人照护计划"（Care Program for Adults Aged 70 or Over），一个是"农村老年人照护计划"（Care Program for Elderly Adults in Rural Areas）。前一个计划，每两个月向 70 岁及以上的、居住在社区（社区规模在 2 500 人以上）的老年人支付每月 500 比索的补助；后一个计划给予在农村社区（社区规模不到 2 500 人）生活的、很有可能被边缘化的 60 岁以上老年人每年 2 100 比索的转移支付。社会发展秘书处的统计显示，在规模超过 2 500 人的社区中，70 岁及以上老年人口大约有 100 万人。需要指出的是，这些新项目所提供的福利待遇不会与反贫困计划提供的福利待遇重合，因为受益者只能选择参加其中一个项目①。

但是，即使有了以上制度安排，墨西哥的社会保障和养老金制度仍然在覆盖面上存在很大不足。例如，参考"全国职业和就业调查"（National Occupation and Employment Survey, ENOE）2010 年第一季度的统计数据，在 4 360 万名劳动者中只有 1 530 万人加入了社会保障机构。因此，即使我们将社会发展秘书处和反贫困计划所覆盖的 100 万人考虑进来，全国也还有 61% 的劳动人口未被纳入社会保障和养老金服务。

然而，在社会保障机构中，养老金制度显得越来越重要，这主要体现在养老金领取者人数和缴费人数上。例如，在主要的公共机构——墨西哥社会保障局与公务员社会保险和服务局中，养老金领取者人数在 1999—2009 年间增长了近 2 倍，缴费人数占经济活动人口的比重分别为 14.1%②和 28.1%（见表 4.5）。

三、主要 DB 型计划

虽然所有缴费型社会保障和养老金制度都是建立在劳动者储蓄的基础上，即他们在参与经济活动时进行储蓄并在需要的情况下领取待遇，但是不同的养老金制度在运行方式、基金筹集和待遇支付等方面却大相

---

① www.sedesol.gob.mx.
② 根据表 4.4 的内容，这里的比例应该是 14.1%，作者原来写成了 15.8%，翻译时译者改正过来了。——译者注

表 4.5　墨西哥社会保障局（IMSS）以及公务员社会保险和服务局（ISSSTE）养老金

	年金领取者（万人）			缴费者比重*（%）			平均年金额（比索）	
	总计	IMSS	ISSSTE	总计	IMSS	ISSSTE	IMSS	ISSSTE
1997	200	168	32	16.2	16.6	14.3	9 890	22 812
1998	207	174	34	15.6	15.7	14.9	11 594	35 199
1999	216	180	37	15.3	15.2	15.9	13 642	39 900
2000	225	186	39	13.1	12.6	16.5	15 264	45 900
2001	236	195	41	13.7	13.2	17.4	16 614	49 971
2002	248	203	44	14.1	13.4	18.6	18 878	56 572
2003	261	213	48	14.6	13.7	20.1	20 574	68 886
2004	273	222	51	14.6	13.7	21.4	23 740	66 490
2005	285	230	55	14.8	13.7	22.8	24 809	67 989
2006	296	238	58	14.7	13.4	23.9	ND	ND
2007	310	249	61	14.7	13.4	24.5	ND	ND
2008	323	257	67	15.2	13.7	26.2	ND	ND
2009	341	268	73	15.8	14.1	28.1	ND	ND

注：原表中星号注的内容和正文不符，译者根据上下文将星号注的内容作了修正。

＊缴费者/经济活动人口。

资料来源：BBVA Research with INEGI data。

径庭。不同的养老金制度可以分为以下 3 类：DB 型、DC 型和混合型。

在 DB 型制度中，养老金金额在养老金计划开始时就已经给定，养老金为工人工资的一定比例（也称为"替代率"）。为了获得养老金，工人必须在年龄和缴费期限方面符合制度的最低要求。受益者的养老金来源于所有参与经济活动人口向同一基金或账户的缴费①。但是，在 DC 型制度中，养老金金额是根据养老金制度参保者退休时个人储蓄账户中的缴费来确定的，参保者工作期间的缴费数额是在养老金计划开始时确定的。用于筹集养老基金的储蓄是个人缴费及个人资本化账户所产生利息的总和。最后，在混合型制度中，养老金金额的确定通常是 DC

---

① 在当前养老金支付来源于当前经济活动人口缴费时，这样的养老金制度被称为是现收现付制。

型，但是会保证一个最低的养老金金额，等同于有一个最低的确定待遇。

在墨西哥，大部分公共社会保障机构选择了 DB 型养老金计划。但是，人口结构的不断变化和医疗照护水平的不断提高意味着这些计划正在丧失他们的经济基础，而且从长期来看，也缺乏足够的资金来源①。出生率下降和人口老龄化意味着经济活动人口与老龄人口的比率也会下降。此外，健康状况的改善和预期寿命的延长增加了养老金的支付年限（参见图 4.3）。

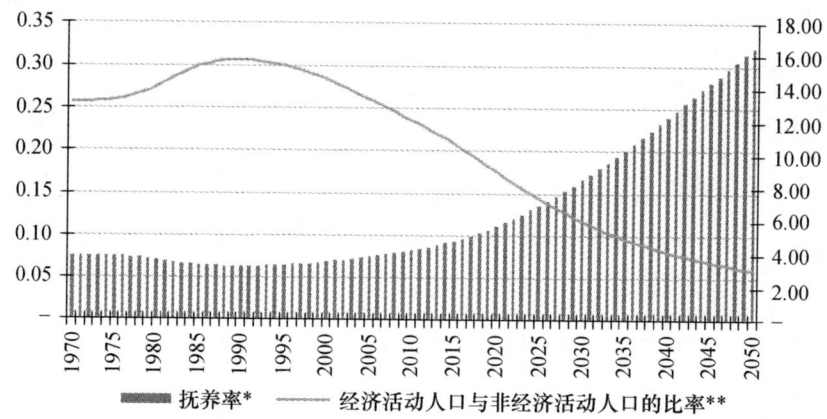

图 4.3　墨西哥的人口趋势

注：＊65 岁以上人口占 15～65 岁之间人口的比率。

＊＊15～65 岁之间的人口与 65 岁以上人口的比率。

左边纵轴上的一列数据代表抚养率，右边纵轴上的一列数据代表经济活动人口与非经济活动人口的比率。——译者注

资料来源：BBVA Bancomer with Conapo data。

此外，墨西哥公共养老金计划也正在表现出参保者之间的权利和义务严重不对等的问题。该问题的存在影响了养老金计划的财务偿付能力，因为从历史上看，养老金计划的待遇支出在增加，而缴费收入却没有相应增加。因此，墨西哥的主要公共社会保障机构正表现出长期的偿付能力问题，而且这一问题给公共财政带来的压力日渐增大。例如，从

---

① 当负债（养老金支出）现值与资产（缴费收入）现值的比率等于 1 时，养老金计划被认为是筹资充足的；当负债现值与资产现值的比率大于 1 时，养老金计划被认为是筹资不足并表现为精算上的赤字。更多关于养老金计划不同分类的信息见索利斯（Solís, 2000）的论述。

图 4.4 可以看出，最近几年公务员社会保险和服务局的养老金收入与支出之间的差距在加大。按照法律规定，这种收支差距应当由联邦政府转移支付来弥补。

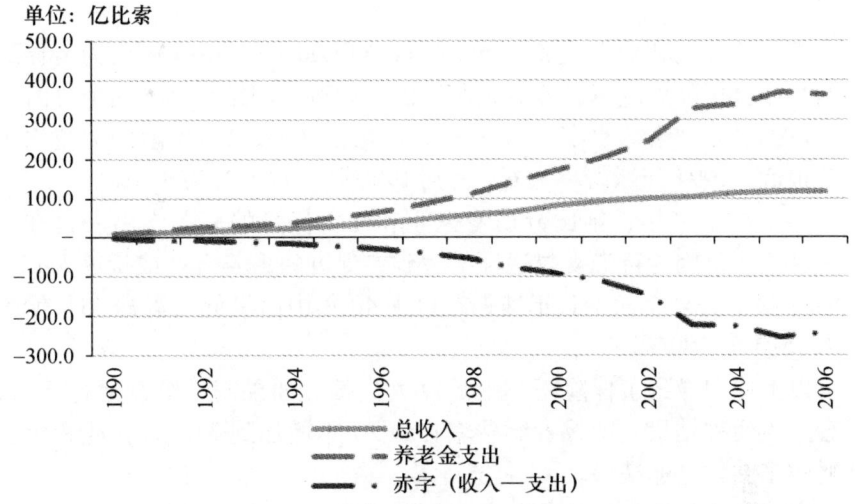

图 4.4 公务员社会保险和服务局养老金收入和支出趋势（单位：亿比索）

资料来源：BBVA Bancomer, with data from VI VFQ Government Report, 2006。

第三节 养老金制度改革

1997 年 6 月 30 日之前，墨西哥社会保障局实施的养老金计划是按照 DB 型方式运行的，该计划的名称是 IVCM（这是"残疾、老年、年长劳动者失业和死亡"的西班牙语简称）。同公务员社会保险和服务局的养老基金一样，IVCM 也表现出严重的财政不稳定性。但是，1995 年 12 月《社会保障法》实施的一项改革规定，墨西哥社会保障局实行的退休、年长劳动者失业和老龄养老金将来不能再成为财政负担，而且墨西哥社会保障局的缴费者能够对个人的养老金资产有更大的控制权[①]。

一、社会保障局养老金制度改革

索利斯和比利亚戈麦斯（Solís and Villagómez，1999）认为，导致墨西哥社会保障局改革其养老金制度的原因可以归结为如下几个方面：

1. 残疾、老年、年长劳动者失业和死亡（IVCM）保险的缴费水平一直很低，1994 年缴费率为 6%，到 1996 年仅仅上升为 8.5%。

2. 残疾、老年、年长劳动者失业和死亡保险的待遇支出一直在增长，这主要是因为待遇支付逐渐扩大到参保者的赡养人（或抚养人）。

3. 最低养老金额增长迅速，在过去 40 年中由最低工资的 40% 增长到 1995 年的 100%。

以上原因导致了保险精算上的巨大失衡。如果制度继续运行下去，只会产生两种结果，即或者缴费率在 2020 年增加到 23.3%，或者由公共财政来支付基金缺口。

在残疾、老年、年长劳动者失业和死亡保险制度运行初期，养老金领取者的数量与缴费者数量相比很少，因此由缴费形成的基金原本可以进行积累。但是，由于参保者没有养老金资产所有权，这些基金部分用于资助墨西哥社会保障局的基础设施建设以及弥补疾病保险和生育保险赤字。1994 年，基金积累的资本化率非常低，仅占 GDP 的 0.4%，但按照当时的基金收支状况，这一比率本应该达到 11%。

人口结构变化也是这次改革的一个重要因素，因为它改变了墨西哥社会保障局养老金制度所面临的人口结构：

1. 墨西哥的人口出生率从 1970 年的 3.7% 下降到 1995 年的 1.9%。

2. 预期寿命从 1950 年的 49.6 岁增加到 1995 年的 70.8 岁。

在这种背景下，墨西哥修订了 1973 年《社会保障法》（SSL-73），因此自 1997 年 7 月 1 日起，新法，即 1997 年《社会保障法》（SSL-97）开始实施，用于为墨西哥社会保障局（IMSS）保险分支筹资；并且一

---

① 1995 年《社会保障法》的修订内容还包括其他社会保障待遇改革。此次修订建立了家庭健康保险（Family Health Insurance），使个体劳动者及其家庭可以享受到社会保障局提供的全部医疗照护；并且还建立了儿童日间照护中心，使法定制度扩大到农业劳动者。

个为劳动者提供保障型养老金的新的 DC 型养老金制度将开始实行①。

需要特别指出的是，墨西哥社会保障局养老金计划中的退休、年长劳动者失业以及老龄保险的运营和管理职能得到了细化。墨西哥社会保障局仍然负责征收保险费和其他缴费以及认定待遇领取权，但是，养老金资产的财政管理职能改由专门管理养老基金的金融机构负责，该机构名为养老基金管理公司。养老基金管理公司可以有一个或者多个专业的养老基金投资公司（Investment Companies Specialized in Pension Funds, Siefore），负责在不同的风险回报选择下投资运营参保者的基金。

由于新的养老金制度赋予每位参保者在养老基金管理公司自由建立个人储蓄账户的权利，并且赋予其对个人账户资产的所有权，因此，新制度在保障养老基金安全方面为参保者提供了更加强有力的法律依据②。这次改革背后还有一层含义，即参保者可以为日后领取养老金积累足够的储蓄，积累储蓄的方法是向退休储蓄制度个人账户中进行缴费，缴费来源于个人、雇主和联邦政府三方③。

同时，1997 年《社会保障法》还为已经满足年龄和缴费要求，但未积累足够基金为其受益人购买遗属保险的参保者提供了保障型养老金，购买了遗属保险后参保者的受益人就可以领取到相当于保障型养老金金额的养老金。改革实施时，法律所规定的保障型养老金每月的数额相当于"联邦地区最低工资"（SMGVDF）。每年的 2 月份，保障型养老金的数额都会随着消费者价格指数的调整而相应调整，以此来保证其实际购买力不变。

旧的养老金制度向新的养老金制度转变需要遵循 3 个原则：

1. 改革时已退休者所领取的养老金额保持不变，他们的养老金支付由联邦政府兜底。

---

① 最初，墨西哥社会保障局管理 4 个保险计划：①疾病和生育保险；②职业风险保险；③儿童照护中心保险；④残疾、老龄、年长劳动者失业以及死亡保险。后来，这 4 个计划扩展成 5 个：①疾病和生育保险；②职业风险保险；③儿童日间照护中心保险；④残疾和人寿保险；⑤退休、年长劳动者失业和老龄保险。

② 这一章对有关养老基金管理公司个人账户体系的组成和运营相关信息进行了更为详细的介绍。

③ 墨西哥社会保障局为了建立新的养老金制度，使用的是 1992 年退休储蓄制度（SAR-92）创建的个人账户。1992 年退休储蓄制度是一个强制储蓄的 DC 型计划，该计划所积累的资产可以一次性支取或者以终身年金的形式下发，从而完善了墨西哥社会保障局与公务员社会保险和服务局参保者所加入的 DB 型养老金制度。1992 年退休储蓄制度个人账户有两个子账户，分别是退休账户和住房账户。

2. 自1997年7月1日起，所有新加入墨西哥社会保障局的人都只能加入DC型养老金制度，而不能选择加入之前的制度。

3. 1997年6月30日前，在DB型制度下缴费的劳动者，其退休时有权选择是根据DB型制度还是DC型制度来领取养老金，也就是说他们可以选择使个人收益最大的养老金领取方案。

但是，以上原则意味着，1973年《社会保障法》规定的DB型养老金制度和1997年《社会保障法》规定的DC型养老金制度将在制度转型过程中同时存在。这样的话，按照1973年《社会保障法》的规定已经支付的养老金或者将来要支付的养老金，在某种程度上意味着，联邦政府要在转型期承担支付这些养老金的责任，而不是由墨西哥社会保障局承担。因此，1997年《社会保障法》规定，养老金的资金来源于个人账户的缴费，同时联邦政府保证所有的养老金制度参保者在满足年龄和缴费条件后都可以领取到其应得的养老金额。

2001年12月，《社会保障法》新增了几项改革内容来增加养老金待遇：①老龄养老金的数额不得低于最低工资水平；②孤儿、父母、祖父母以及寡妇领取的待遇额低于最低工资的1.5倍的，将在改革当年养老金待遇水平上提高11%；③退休、60岁及以上失业者的养老金额将增加11%；④自改革之日起，为了保证养老金的购买力，所有养老金额都将随着国家消费者价格指数而进行指数化调整①。

关于墨西哥社会保障局养老金制度改革产生的经济效应，最早进行这方面分析的人有萨莱斯、索利斯和比利亚戈麦斯（Sales, Solís and Villagómez, 1996）以及格兰多利尼和塞尔达（Grandolini and Cerda, 1998）。他们撰写的著作详细地分析了改革的原因，阐述了改革可能对国内储蓄产生的影响。但总体来讲，他们都首次对养老金制度财政方面的变化进行了预测。

萨莱斯、索利斯和比利亚戈麦斯（Sales, Solís and Villagómez, 1996）论证了如果不对原有的残疾、老年、年长劳动者失业和死亡保险制度进行改革将会给公共财政带来巨大的成本支出。然而，他们也提醒人们，虽然改革在最初几年会对财政政策产生积极影响，但是转型成本

---

① 改革还包括：为其他墨西哥社会保障局的保险（如职业风险保险、残疾和人寿保险等）建立了一个基金积累体系；出于对加入墨西哥社会保障局的劳动者的利益考虑，建立一个"遵守劳动义务基金"（Fund for Compliance with Labor Obligations）。2004年修订的《社会保障法》第277D条和第286K条规定，墨西哥社会保障局工作人员中的新空缺职位或职位替代者的养老金筹资不能源于劳动者—雇主缴费，也不能由联邦政府拨付的社会保障缴费提供。

的存在会对改革产生消极影响：改革会造成在原有残疾、老年、年长劳动者失业和死亡保险制度下存在的债务问题显性化。假设实际 GDP 年均增长率为 5%，工资年均增长率为 2.8%，退休、年长劳动者失业和老龄保险养老金子账户的年均增长率为 6%，住房保险子账户年均增长率为 0%，上述研究者预测预计大约到 2035 年制度的转型成本将达到最大值，大约占到 GDP 的 2~2.3 个百分点，届时财政成本的现值将占到 GDP 的 80%，较按照 1997 年之前的制度运行所产生的精算上的赤字而言增长了。

格兰多利尼和塞尔达（Grandolini and Cerda，1998）重点指出，由于在残疾、老年、年长劳动者失业和死亡保险制度下存在严重的财政不平衡问题，墨西哥社会保障局的改革不能再推迟了。他们声称，按照官方当时的测算，精算上的赤字规模在 74 年内将达到 1994 年 GDP 的 141%（见表 4.6）。

表 4.6　　IVCM-IMSS 养老金制度未来赤字现值
（1994 年 12 月 31 日，万比索）

资产		负债	
基金积累	0.33	老龄养老金现值	9.69
未来缴费现值	68.37	未来支出现值	239.06
现在的附属机构	17.97	现在代	101.74
未来代	50.39	未来代	137.32
总资产	68.69	总负债	248.75

养老金未来赤字现值：180.06（1994 年 GDP 的 141.5%）

注：IVCM 是"残疾、老年、年长劳动者失业和死亡"的简称；IMSS 是"墨西哥社会保障局"的简称。——译者注

资料来源：Grandolini and Cerda (1998)。

关于改革的财政后果，格兰多利尼和塞尔达（Grandolini and Cerda，1998）的测算结果是，在最初的 20 年中年均财政影响为 GDP 的 1%；1997—2024 年间制度转型成本占 1994 年 GDP 的近 17.7%。

虽然以上的测算相差悬殊（主要是因为不同的研究者所使用的方法不同、采用的经济和精算方面的假设不同造成的），但是上述研究都揭示了，与残疾、老年、年长劳动者失业和死亡保险制度所提供的养老金待遇（不变情形）相比，养老金制度改革为墨西哥财政带来了重大利好。

此外，之所以改革墨西哥社会保障局的养老金制度，其原因决不能仅从养老金领域内部来考虑。近几十年来，世界各国纷纷将人口老龄化看做是其制定经济政策的主要考虑因素之一。这是因为，为预防老年贫困的发生，通过建立养老金制度向老年人提供足够的收入来源已经显得非常重要；而且这些养老金计划必须有一个良好的长期融资结构，从而避免公共财政、利率甚至经济增长以及人们的福利水平等受到负面影响。

二、公务员社会保险和服务局养老金制度改革

由于养老金制度难以抵御人口结构变化带来的压力且制度参保者之间的权利和义务不对等，公务员社会保险和服务局的养老基金产生了严重的财务问题，并给公共财政带来了巨大压力。再加上高额的行政管理成本以及因经济困难导致的服务提供上的不足等原因，对《公务员社会保险和服务局法》的改革势在必行，目的是为了恢复公务员社会保险和服务局的活力并长期为制度参加者提供更好的服务。

为此，改革就是要建立一个在经济上可行的养老金制度，但首先是要建立一个，不论制度参保者在哪个社会保障机构缴费，都能够为其提供全方位保障并允许劳动者权力自由转移的养老金制度。2007年3月31日的改革，标志着墨西哥在上述两方面的制度建设上迈出了全新而重要的一步。

公务员社会保险和服务局养老金制度改革的主要内容包括：

1. 公务员社会保险和服务局的养老基金由DB型转向DC型，且同时建立保障型养老金。因此，新制度既是一个拥有个人资本账户的DC型养老金计划，又建立了保障型养老金这样一个福利支柱。

2. 公务员社会保险和服务局实行的新养老金制度，引入了"社会缴费"（Social Contribution）因素来资助低收入水平劳动者，和一个新的福利储蓄机制。这一新机制包含了国家共同融资计划，以此来鼓励劳动者的自愿储蓄行为。新修订的《公务员社会保险和服务局法》特别规定，劳动者每自愿向个人养老金账户缴费1比索，政府作为雇主将缴费3.25比索。劳动者自愿缴费的上限是个人缴费基数的2%，雇主的缴费上限是个人缴费基数的6.5%。

3. 建立了"国家公务员养老基金"（PensiónIssste），这是公务员社会保险和服务局的一个派生机构。该基金的投资运营、行政管理以及履

行职能的过程都要受到退休储蓄制度国民委员会（Consar）的管理和监督，并且必须遵循《储蓄退休制度法》的相关规定。

4. 在实践中，国家公务员养老基金作为一个养老基金管理公司来运行，它的运行靠的是对参保者的个人账户基金收取行政管理费，但其管理费不能高于私人管理机构所收取费用的均值。

同墨西哥社会保障局的养老金制度改革一样，在制度转型期间，《公务员社会保险和服务局法》的改革也要遵循3项原则：

1. 改革时已经退休的人所领取的养老金额保持不变，他们的养老金支付由联邦政府兜底。

2. 自改革之日起，所有公务员社会保险和服务局的新参保者都被纳入新的DC型养老金制度中，并且都享有保障型养老金。

3. 改革时仍在向公务员社会保险和服务局养老基金缴费的劳动者，有权选择是转而参加新的DC型养老金制度还是仍然参加原有的DB型的制度，但原有的制度也将逐步进行改革。劳动者的选择期限为6个月，自2008年1月1日算起。

在最近的改革中，转型期内决定参加DC型计划的劳动者有一份养老金补偿金，作为对他们在改革前缴费期间财产权利的一种认定。这种补偿金会存到劳动者的个人账户中。那些决定仍然参加DB型计划的劳动者必须按照新规则进行缴费：最低退休年龄将逐渐由50岁提高到2035年的65岁，改革后的6年内退休、年长劳动者失业和老龄保险的缴费额度由缴费工资基数的3.5%上升到6.125%。表4.7列出了转型期一代人在两种不同选择下所要遵循的规则。

公务员社会保险和服务局与墨西哥社会保障局的养老金制度改革在转型期所遵循的规则虽然有相似之处，但是二者之间仍然存在不同，这将会对二者改革产生的财政成本有重要影响。

从长期来看，公务员社会保险和服务局在养老金制度改革过渡期的设计上较墨西哥社会保障局的设计更为有效。这是因为，首先，养老金制度参保者不用等待很长时间就能选择加入哪一个养老金制度；其次，引入的养老金补偿金将参保者在旧制度下的权利转化成了当前的货币价值。这种机制将使改革的财政成本更为确定，并且因此允许财政部门相机而动，从期限足够长的财政和财务策划中受益。

相反，从长期来看，墨西哥社会保障局的养老金制度改革的财政成本有很大的不确定性，这是因为劳动者在退休时可以选择对他们最有利的养老金计划。

表4.7　转型期的选择

新制度：退休、年长劳动者失业和老龄（RCO）保险筹资安排

劳动者	机构、团体	联邦政府
占缴费工资的比例	占缴费工资的比例	每位劳动者的日社会支付
6.125%	5.175%	5.5%

注：自1997年7月1日起，到《公务员社会保险和服务局法》实施之日止，联邦政府的缴费率（为最低工资的一定比例）随着国家消费者物价指数的变动每季度调整一次。最低工资也随着国家消费者物价指数的变动每季度调整一次。

旧制度（修改过的）：养老金受益人的年龄和服务期限的变化

暂行部分第9条	养老金种类	养老金领取者的年龄和服务期限		领取修改后的养老金的年龄
		服务期限	年龄	每两年增加一岁
I	退休金	30	50	60
II	年龄和服务期限	15	55	60
III	失业和老龄养老金	10	60	65

注：表中养老金额的确定是根据参保者退休前一年的月平均缴费工资进行计算的。

资料来源：BBVA Bancomer。

此外，公务员社会保险和服务局实行的新养老金制度在设计和财务监管方面与旧制度有不同之处，这让新制度更有可能为缴费者提供高水平的养老金，因为新制度的一个核心要素是强制对个人账户实行更高的缴费率。具体而言，经过改革，公务员社会保险和服务局的强制缴费率从旧制度实行的7.0%增加到新制度实行的11.3%。这一缴费率比墨西哥社会保障局实行的缴费率要高，这就是DC型制度所带来的一个关键结果。

而且，公务员社会保险和服务局养老金制度的新福利储蓄机制，更能够激励劳动者通过自愿储蓄来增加可以转成养老金的账户总积累额。不仅如此，如果参保者符合了缴费标准但没能积累足够的基金，他们有权获得保障型养老金，养老金的数额比墨西哥社会保障局提供的保障型养老金数额还要慷慨（见表4.8）。

表 4.8　　　　　公务员社会保险和服务局和墨西哥
　　　　　　社会保障局实行的新养老金制度的财务方案

财务方案	墨西哥社会保障局	公务员社会保险和服务局
缴费	缴费基数的 6.5%	缴费基数的 11.3%
社会缴费	SMGVDF 的 5.5%	SMGVDF 的 5.5%
政府共付	无	个人每缴费 1 比索政府缴费 3.25 比索*
保障型养老金	最低工资	最低工资的 2 倍

注：＊上限为缴费基数的 6.5%
　　SMGVDF：联邦地区当前最低工资。

资料来源：BBVA Bancomer。

三、养老金和退休储蓄机制

墨西哥社会保障局的 DC 型养老金制度，为墨西哥公共社会保障机构向制度参保者提供灵活的待遇给付开了先河。在墨西哥社会保障局实行的 DC 型养老金制度下，长期储蓄的一个关键变量是参保者在个人账户的缴费。

正是制度参保者经常向个人账户缴费才开始了长期储蓄的过程。通过这种储蓄，个人账户的资产实现了资本化，缴费者可以获得账户资产的投资收益，这是一种劳动者为了领取养老金而进行的一种储蓄方式。参保者在个人账户中积累的准确储蓄额度，基本上取决于其缴费额度和频率，但是也与账户资产的投资回报额有关，当然投资回报中要扣除行政管理成本。因此，缴费额度越大、缴费频率越高、积累基金的净回报越高，个人退休后能够领取的养老金额也就越高。反之则越低。

墨西哥社会保障局的 DC 型养老金制度，也向参保者提供了其他待遇：①个人缴费的所有权及使用个人缴费的确定性；②通过对自愿缴费的管理建立了养老金缴费额调整机制；③允许积累足够基金后可以提前退休；④领取养老金有更强有力的法律保证，养老金的领取由联邦政府担保①。

对于在墨西哥社会保障局注册的劳动者来说，其个人账户退休储蓄计划运营的主要制度特征将在下文着重阐述。这不仅仅因为墨西哥社会保障局对养老金覆盖面的贡献突出，而且因为其运营与没有注册加入墨西哥社会保障局的劳动者个人账户运营有关系，其中包括独立劳动者，更为重要的是，与制度改革后加入公务员社会保险和服务局养老金计划的劳动者也息息相关。

（一）个人账户（子账户和缴费）

个人账户是对下列缴费进行财务管理的工具：劳动者、雇主和政府每两个月一次为退休、年长劳动者失业和老龄保险进行的缴费；劳动者或者雇主的额外缴费；以前总缴费额的投资回报；此外，还包括养老基金管理公司记录的雇主对住房基金个人账户中的缴费数额。

个人账户有4个子账户：

1. "退休、年长劳动者失业和老龄"（RCO）子账户。这是对源自劳动者、雇主和政府的强制性缴费进行储蓄并积累的养老金账户。表4.8给出了具体的缴费比率。强制缴费额根据劳动者的缴费工资基数进行计算，最高不能超过联邦地区最低工资（SMGVDF）②。

2. 自愿缴费子账户。雇主以及（或者）劳动者可以自愿决定是否为了增加个人账户基金总额而进行缴费，由其缴费构成的子账户为自愿缴费子账户。但是，这些储蓄基金不仅仅用于退休储蓄，法律允许其可以用于其他个人储蓄或者投资，尤其是第一次存款或者最后一次取款的两个月内，个人可以部分或者全部使用存款总额和所有投资回报。

3. 补充缴费子账户。这也是由雇主以及（或者）劳动者自愿决定为了增加个人账户基金总额而进行缴费所构成的子账户，但是仅仅出于

---

① 但是，在残疾、老年、年长劳动者失业和死亡保险制度下，一是制度参保者没有对养老金资产的所有权，养老金资产被放进公共基金中因此可用于除了养老金发放之外的用途；二是养老金的缴费额度为缴费工资基数的一个固定比例，这一比例自养老金制度建立时就已经确定；三是不能提前领取养老金，因此参保者如果没有满足最低缴费期限就很有可能不能领取养老金；四是没有领取养老金的实际保证。养老金负债和其他保险负债让墨西哥社会保障局的财务状况很尴尬，并且，当劳动者从已加入养老金计划的部门离开后就会丧失其养老金账户的所有权。此外，因为最低养老金通常源自低收入劳动者的缴费和不能满足最低缴费要求的女性参保者的缴费，所以残疾、老年、年长劳动者失业和死亡的养老金制度是一个累退的制度安排。

② 墨西哥社会保障局参保者的缴费工资基数由每日的现金收入、补助（extras）、特殊津贴、餐补、房补、奖金、提成以及其劳动所得构成，只有《社会保障法》第27条所列的项目除外。

退休保障的目的。由于这种限制，储蓄基金及其投资回报仅仅在劳动者达到65岁时才可以支取，劳动者残疾或者不能从事有偿劳动时也可以支取基金，这些都是根据法律规定进行的。这些基金可以一次性支取，也可以作为养老金的补充每年支取一次。

4. 住房子账户。这是雇主为了员工的利益向劳动者国民住房基金（Infonavit）进行的强制性缴费。这些基金直接由劳动者国民住房基金进行管理，劳动者国民住房基金根据基金的运营收益计算确定基金的利率。如果劳动者向机构贷款，住房子账户中的基金必须要用于偿付贷款。但是，如果劳动者没有向机构贷款，劳动者国民住房基金必须将基金移交给养老基金管理公司并用于支付相应的年长劳动者失业和老龄养老金，或者根据社会保障法的相关规定进行移交①。

表4.9给出了劳动者、雇主以及政府在各个子账户下的缴费数额。需要指出的是，在退休、年长劳动者失业和老龄养老金子账户中，联邦政府的缴费包含在社会缴费（Social Contribute）之中。当1997年7月1日墨西哥社会保障局开始实行新的DC型制度时，社会缴费是作为向账户所有者提供的一项福利来对待，当时它相当于联邦地区最低工资的5.5%。此后，社会缴费的数额每个季度都随着国民消费者价格指数调整而调整。

但是，2009年5月26日，联邦政府在它的官方公报中刊登了一条规定，国会仅允许向工资收入低于联邦地区最低工资15倍的劳动者支付社会缴费，参见表4.10②。

---

① 值得指出的是，处于制度转型期间的劳动者，自1997年下半年以来，将住房子账户的资产用于养老金支付在法律上是有争议的。最初，1997年1月6日"劳动者国民住房基金局"（National Workers' Housing Fund Institute）的法律改革令规定，加入根据《社会保险法》（Social Insurance Law）（至1997年6月30日有效）所建立的制度的劳动者，按照《社会保险法》规定可以领取养老金，而且还要一次性支取住房子账户中积累的所有基金，这些基金是由1997年前6个月的缴费积累形成的，其中包括基金的所有投资回报。但是，接下来的缴费应该交给墨西哥社会保障局以领取养老金。然而，"国家最高法院"（Supreme Court of Justice of the Nation, SCJN）第二法庭（Second Chamber）在2006年3月3日的裁决中规定，这些转型期劳动者住房子账户中的资产只能在其直接同意下才能转移到养老金账户总额中，因为根据国家最高法院的规定，在购买住房上给予可获的且可负担贷款的权利与在残疾或老龄保险上所给予的权利在本质目的上是不同的，所以他们的缴费不能混合在一起也不能用于同一功能。国家最高法院的裁决只能在通过宪法申诉的个案中适用，因为基本的法律框架仍然没有改变。

② "Decreto por el cual se reforman diversas disposiciones de la Ley del Seguro Social". Diario Oficial de la Federación, dated May 26, 2009.

表 4.9　　　　　　　　个人账户子账户和缴费结构

子账户	劳动者	雇主	国家	总和	最高缴费限额比例***
1. 退休	0.00%	2.00%	0.00%	2.00%	25.00%
年长劳动者失业和老龄	1.125%	3.150%	0.225% + 社会缴费*	4.5% + 社会缴费*	25.00%
2. 住房	0.000%	5.000%	0.000%	5.000%	25.00%
3. 自愿缴费	自愿	自愿	0.000%	自愿	无
4. 补充缴费**	自愿	自愿	0.000%	自愿	无
总和	1.125%	10.150%	0.225% + 社会缴费*	11.500%	无

注：* 社会缴费是联邦政府提供的一项福利待遇。最初的社会缴费数额为每个工作日的联邦地区最低工资的 5.5%。这一数额每季度随着通货膨胀的水平而调整。由于社会缴费极大地增加了低收入劳动者的退休储蓄，因此，它对低收入劳动者发挥着极为重要的作用。

** 2002 年 12 月 10 日的《退休储蓄制度法》改革案将其列为一个子账户。

*** 最高缴费限额为联邦地区最低工资乘以最高缴费限额比例。

资料来源：BBVA Bancomer, based on the Social Security Law。

表 4.10　　　　　　　　劳动者的缴费基数

劳动者的缴费基数	社会缴费（美元）
最低工资	3.870 77
最低工资的 1.01~4 倍	3.709 49
最低工资的 4.01~7 倍	3.548 20
最低工资的 7.01~10 倍	3.386 92
最低工资的 10.01~15.0 倍	3.225 64

资料来源：The Official Bulletin of the Federation of 26 May 2009。

到目前为止，在个人账户制度运行中，有一个非常值得关注的现象。截至 2010 年 4 月底，养老基金管理公司中的个人账户数量为 4 000 万，在账户总资产中，退休、年长劳动者失业和老龄养老金子账户的资产占到 12 153.62 亿比索、自愿缴费账户资产占到 114.97 亿比索、社会缴费资产占到 12 389.75 亿比索①。个人账户的资产总额相当于 GDP 的

---

① 养老基金管理公司管理的资产中包括，按规定需要投资到养老基金投资公司的 121.16 亿比索。另外，还需要指出的是，2010 年 4 月底，公共团体和个人团体的养老金缴费达到 86.05 亿比索。

10.1%（参见图4.5），并因此使养老基金投资公司成为墨西哥仅次于全能服务银行的第二大金融中介机构①。

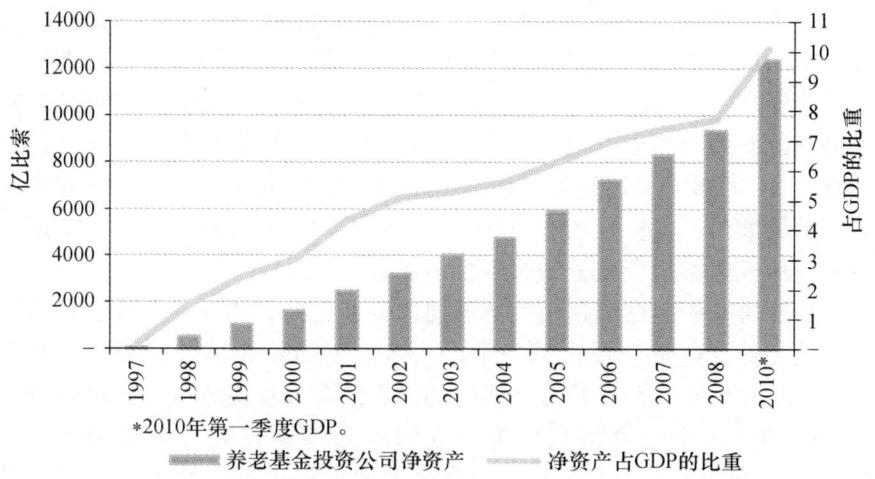

*2010年第一季度GDP。

图4.5 制度的积累资产

资料来源：BBVA with data from Consar and INEGI。

（二）养老基金投资公司的投资原则

在墨西哥的退休储蓄机制中，个人账户缴费投资的目的在于获取收益并增加用于养老金筹资的账户余额。养老基金管理公司管理的养老基金投资公司或者投资基金，负责根据已有的投资原则对基金进行投资运营。

在投资方面，需要重点强调的是养老基金管理公司的投资管理。每家养老基金管理公司起初只负责为其成员提供一支单独的投资基金，且投资主要集中于固定收益的政府债券（1997—2004年）；而后来逐渐转向新的投资模式，即投资于拥有多样化投资组合的一组"基本型的养老基金投资公司基金"（Basic Siefores，SB）。

2005年开始转向具有两支基金的新基金投资模式：一支是面向年龄在56岁以上的人的基金1，一支是面向年龄在56岁以下的人的基金2。基金2首次将退休基金投资于股票，但是有两个限制：①投资额限制在基金总资产的15%以内；②只允许投资于基于股票指数形成的保本型债券。

---

① 养老基金管理公司仅仅有住房缴费的记录。2010年年底，这些缴费达到5 787.35亿比索，占到养老基金管理公司总储蓄的46.7%。

但是，2008年3月每家养老基金管理公司的养老基金数量增长到5支基本型的养老基金投资公司基金，并且基金运行具有明显的生命周期特性。换句话说，随着参保者年龄的增长，他们的养老金资产投资于权益类产品比重降低，而投资于固定收益类产品的比重提高，以此来降低养老金资产收益的波动性。因此，在这种投资模式下投资于权益类产品的最高比例为30%，但是，这仅仅适用于"基本型的养老基金投资公司基金5"（SB5），这是为年龄不超过26岁的参保者设计的。随着参保者年龄的增长，投资开始转向SB4、SB3、SB2，并最终投资于SB1这一没有任何权益类投资成分的投资公司基金。

墨西哥基于生命周期模型形成的这组基金具有如下一个特征：参保者不能将养老金资产投资到一个以上基本型的养老基金投资公司基金中，而且相对于按照年龄自动匹配的投资组合，参保者也只能将养老金资产转移到一个投资组合更为保守的养老基金投资公司基金中。表4.11详细介绍了有关养老基金投资公司的投资体系以及其可以使用的投资工具。

除了对资产种类、风险敞口程度和金融工具进行明确限定外，法律还规定了其他投资原则，即增加国内储蓄和开发与养老金制度发展相匹配的长期投资工具市场。具体来说，法律规定投资应主要借助于有价证券来促进以下几方面的发展：

- 国内的经济活力；
- 就业水平；
- 住房建设；
- 国家战略性基础设施建设；
- 区域开发。

根据最近的统计数据，2010年第一季度末在所有的养老基金投资公司和其他投资基金中，年轻劳动力群体（36岁以下）的账户数量占到总账户数量的53%；但是从账户净资产来看，以转型期年长劳动者（46岁以上）为主的养老基金投资公司资产占到资产总额的33.5%，详见表4.12。

还需要指出的是，养老基金管理公司负责管理劳动者的个人账户，他们的主要义务包括：①按照劳动者的要求建立、管理和运营个人账户；②接受支付和缴费；③记录住房账户的缴费；④每年至少将两份账户清单寄送到劳动者家中；⑤支付额外福利待遇（如在劳动者结婚或失业时向其支付部分基金，并从个人账户资产额中扣除）、支取自愿储蓄

表4.11 养老基金投资公司的投资体系[①]

			不同基本型养老基金投资公司基金的最高限制[1]				
			1	2	3	4	5
市场风险	风险价值 [VaR 历史的（1−95%α，1天）]		0.6%	1.0%	1.3%	1.6%	20.0%
	股票（通过股票指数）		0.0%	15.0%	20.0%	25.0%	30.0%
	外国货币工具（美元、欧元、日元或者其他可以购买股票的货币）		30.0%	30.0%	30.0%	30.0%	30.0%
	金融衍生品		是	是	是	是	是
信贷风险	mxAAA[2] 等债券和政府证券		100%	100%	100%	100%	100%
	mxAA 等证券		50%	50%	50%	50%	50%
	mxA 等证券		20%	20%	20%	20%	20%
集中度风险		来自一个发行者[3] 或者交易对手的 mxAAA 等证券	5%	5%	5%	5%	5%
		来自一个发行者或者交易对手的 mxAA 等证券	3%	3%	3%	3%	3%
		来自一个发行者或者交易对手的 mxA 等证券	1%	1%	1%	1%	1%
	国内	来自一个发行者或者交易对手的 BBB + 等证券	5%	5%	5%	5%	5%
		来自一个发行者或者交易对手的 BBB − 等证券	3%	3%	3%	3%	3%
	国外	来自一个发行者或者交易对手的外国 A − 等证券	5%	5%	5%	5%	5%
		一次发行的所有权[4]	35%	35%	35%	35%	35%

① 在本书即将出版之际，退休储蓄制度国民委员会（Consar）2010 年 6 月 8 日发布了有关调整养老基金投资公司投资模式的新方案，新方案主要体现在《通告 15 −26》中。新方案增加了养老基金投资公司对权益类产品的最大投资额，依次为 SB5 为 35%，SB4 为 30%，SB3 为 25%，SB2 为 20%，SB1 为 0%。

第四章 走向更完善的养老金制度：墨西哥改革愿景及对策建议

续表

		不同基本型养老基金投资公司基金的最高限制[1]				
		1	2	3	4	5
其他限制	外国证券（在怀疑的情况下，最低 A−）	20%	20%	20%	20%	20%
	证券化[5]	10%	15%	20%	30%	40%
	结构化证券[6]	0%	5%	10%	10%	10%
	基础设施和房地产投资信托（REITs）	0%	5%	5%	10%	10%
	通胀保护[7]	是（最低51%）	否	否	否	否
	相关方都赞同的证券	15%	15%	15%	15%	15%
利率冲突	各方对与养老基金管理公司有关的资产都赞同的证券[8]	5%	5%	5%	5%	5%

注：这个表格仅是对适用法律的总结，其目的也仅出于了解释说明而非法律目的。
1. 所有的限制都指的是对管理下的存存养老基金投资公司资产最大投资比例的限制。（通胀保护除外，这是一个最小比例限制）。一次发行的最大投资额不是根据所管理的资产测算的。
2. 地方等级适用于国内证券，国际等级适用于其他证券。
3. 发行者或背书人的投资比例，对回购和金融衍生品的投资限制必须加入到证券所具有的风险敞口程度中。
4. 适用于所有基本型养老基金投资公司由同一个养老基金管理公司管理的情况。
5. 包括CKDs、IPOs、不按照授权指标交易的个人股票和可转换次级债券（来自财政发行者和其他集中于基础设施投资的发行者）。
6. 如果证券化遵循《通告15》的附录K，他们就被认为是创始人的独立发行者。
7. 证券化最低投资限额保证了不低于墨西哥通货膨胀率的投资回报率。
8. 这一限制包含在《退休储蓄制度法》第48条，第10部分中。在特殊情况下，10%的比例也是允许的。通过资产产生关系的团体的投资限额是0%。

表 4.12　养老基金管理公司中的账户和储蓄按年龄和基金类型的分布状况（2010 年 3 月底数据）

年龄	养老基金管理公司	账户数量（万）	占总账户数量的比重	净资产（亿比索）	占总净资产额的比重（%）
55 岁以上	SB1	411.9	10.4	1 214.97	9.8
46~55 岁	SB2	560.0	14.1	2 938.54	23.7
37~45 岁	SB3	898.2	22.6	3 691.20	29.8
27~36 岁	SB4	1 434.4	36.0	3 600.81	29.1
27 岁以下	SB5	679.5	17.0	842.94	6.8

资料来源：BBVA Research with CONSAR data。

账户中的基金以及提供其他服务（如额外账户清单、更换文件和账户资产咨询等）。

此外，上文已经指出，养老基金管理公司有义务建立和维持一支特殊的货币准备金来确保劳动者的资产和投资安全。如果个人账户资产收不抵支，养老基金管理公司必须用特殊准备金来弥补亏空；如果准备金不充分，养老基金管理公司必须用其自己的股份资本弥补不足。法律上的这种规定为墨西哥的养老金储蓄建立了一套保证劳动者资产和投资安全的制度机制。

（三）养老金：计划退休金和终身年金

按照《社会保障法》的规定，当劳动者符合了年龄和缴费要求后，他们可以在两种养老金类型中进行选择：计划退休金和终身年金。我们将简要地介绍这两种养老金形式。

计划退休金，个人账户中的资产继续由养老基金管理公司进行管理，并因此也继续从相应的养老基金投资公司中获得投资收益。在这种情况下，养老金由养老基金管理公司每月从个人账户中支付给劳动者，直至账户中的资产用完为止。但是，所支付的养老金额每年调整一次，调整的依据是当期养老金领取者的预期寿命和个人账户中的资产额，其中资产额要加上上一期的投资收益并减去已经支付待遇的额度①。

在计划支付方式下，劳动者继续对其个人账户中的资产持有所有

---

① 养老基金管理公司计算每年的计划养老金总额时，用个人账户的资产除以被保险人及其受益人的一个单位终身年金所需资本，这一额度至少等于保障型养老金的数额。按照此方法，每月的养老金额为每年计算的养老金额的 1/12。终身年金则等于总待遇的现值，总待遇是根据死亡率表和官方规定的技术利息率而为每个参保者测算出来的。

权,所以如果所有者死亡,账户中的资产是其遗产的一部分。计划退休金不能低于保障型养老金的数额,如果任何一次重新计算后的退休金低于保障型养老金,养老基金管理公司每月向退休金领取者支付等于保障型养老金数额的退休金额直至用完账户资产为止。当这种情况发生时,如果养老金领取者满足了领取保障型养老金的条件,联邦政府有义务向其支付保障型养老金。

至于终身年金,养老金领取者通过与保险公司签订不可撤销的合同来享有养老金。合同规定,劳动者将个人账户基金的所有权转移给保险公司,保险公司负责每月支付劳动者一份与通胀水平挂钩的终身年金。但是,终身年金只能是已经积累充足基金而有权领取养老金的劳动者才能享有,其有权领取的养老金数额不低于劳动者决定领取终身年金时的政府保障型养老金的数额。

在这两种养老金形式(计划退休金和终身年金)下,养老金领取者的法定继承人受到遗属保险的保护。养老基金管理公司出于对劳动者权益的保护,当劳动者获得养老金领取权时为其购买遗属保险,保险费出自个人账户的基金积累[1]。

(四) 领取养老金的条件

为了获得年长劳动者失业养老金或者老龄养老金的领取权,劳动者必须满足墨西哥社会保障局规定的年龄和缴费周数。1997年7月1日后注册的劳动者必须符合1997年《社会保障法》规定的条件;根据1997年《社会保障法》和1973年《社会保障法》的规定,处在转型期的劳动者可以选择使其利益最大化的养老金制度[2],见表4.13。

1973年《社会保障法》规定,年长劳动者失业养老金和老龄养老金的计算方法是年度养老金基础额(basic annual amount)加上年度养老金增加额(annual increments),养老金增加额是根据被保险者缴费满第一个500周后继续进行缴费的周数来计算的。

年度养老金基础额及其增加额是通过将最后250个缴费周的平均值作为日工资额来进行计算的。如果被保险者未能够达到这些缴费周数,但是他们又符合领取残障或死亡津贴的条件,那么他所缴费的周数将作

---

[1] 有关劳动者死后其法定受益人的待遇(遗孀抚恤金、孤儿抚恤金和遗属抚恤金)领取条件、领取数额和领取期限等有关信息见《社会保障法》第128至137条。

[2] 为了决定哪个是最有利的养老金制度,劳动者有权要求墨西哥社会保障局计算在两种法律下所给付的养老金额。当然,这仅在劳动者直接要求的前提下才能做。

表 4.13　从墨西哥社会保障局领取养老金的条件

养老金种类	1973 年《社会保障法》	1997 年《社会保障法》
年长劳动者失业养老金	• 缴费 500 周 • 没有从事有经济收入的工作	• 缴费 1 250 周* • 年龄在 60~64 岁 • 没有从事有经济收入的工作
老龄养老金	• 缴费 500 周	• 缴费 1 250 周* • 年龄满 65 岁

注：* 如果被保险者没有满足规定的缴费期限，他要么选择一次性支取个人账户中的资金，要么继续缴费直至满足规定的缴费周数。

资料来源：Social Security Law，LSS 1973 and 1997。

为计算年金额的依据。

根据表 4.14，将计算出的日工资额作为被保险者退休时的联邦地区最低工资的一个因子，可以确定出被保险者属于哪个群体。养老金基础额和养老金增加额的基数为上文提到的日平均工资额。

表 4.14　按照 1973 年《社会保障法》计算的养老金额

日工资与联邦地区最低工资的比率	养老金基础额，日工资的百分比（%）	养老金增加额，日工资的百分比（%）
1	80.00	0.563
1.01~1.25	77.11	0.814
1.26~1.50	58.18	1.178
1.51~1.75	49.23	1.430
1.76~2.00	42.67	1.615
2.01~2.25	37.66	1.756
2.26~2.50	33.68	1.868
2.51~2.75	30.48	1.958
2.76~3.00	27.83	2.033
3.01~3.25	25.60	2.096
3.26~3.50	23.70	2.149
3.51~3.75	22.07	2.195
3.76~4.00	20.66	2.235
4.01~4.25	19.30	2.271
4.26~4.50	18.29	2.302
4.51~4.75	17.30	2.330

续表

日工资与联邦地区最低工资的比率	养老金基础额，日工资的百分比（%）	养老金增加额，日工资的百分比（%）
4.76~5.00	16.41	2.355
5.01~5.25	15.61	2.377
5.26~5.50	14.88	2.398
5.51~5.75	14.22	2.416
5.76~6.00	13.62	2.433
大于6.00	13.00	2.450

资料来源：Social Security Law, LSS 1973 and 1997。

被保险者要额外缴费满52周才能获取年度养老金增加额。如果基础额的增加额不足一年，那么其计算公式如下：额外缴费为13~26周时可以领取年度养老金增加额的50%，额外缴费为26周以上时可以领取年度养老金增加额的100%。

值得指出的是，当劳动者决定按照1973年《社会保障法》的规定领取养老金时，他们也可以从自己的个人账户中支取1992年至1997年6月在退休储蓄账户中积累的资产，以及自愿缴费子账户中的资产。

与1973年《社会保障法》不同的是，按照1997年《社会保障法》的规定，被保险者即使只满足了法律规定的部分条件也可以获得养老金的领取权。

• 如果被保险者符合了退休年龄条件但是没有符合缴费周数的条件，他也可以选择一次性支取个人账户中的资产也可以继续缴费直至缴费周达到法定要求为止。

• 当被保险者满足了缴费周数的要求，并且已经积累了足够的基金从而可以获得超过保障型养老金30%额度的终身年金领取权，而且可以缴纳继承人的遗属保险费时，那么他可以在未达到退休年龄的情况下获取养老金领取权。

• 如果被保险者符合了法定退休年龄和缴费周数的要求，但是其个人账户中的基金不足以获得终身年金或者计划退休金的领取权，他有权接受联邦政府的补充缴费以使其能够积累足够的基金而获得养老金领取权。在这种情况下，养老金通常是按照计划退休金的方式来发放[①]。

---

① 在这种情况下，养老基金管理公司会继续管理养老基金，并且会从积累账户中支取保障型养老金。一旦个人账户资产积累充分了，联邦政府将接手养老金支付的事务。

四、养老基金管理公司行业的规范与竞争

养老基金管理公司行业市场的服务、价格和结构等因素与法律框架的变动密切相关。养老基金管理行业的产生源自《社会保障法》改革,据此建立了养老基金管理公司和养老基金投资公司,由其负责1997年7月1日开始实施的退休、年长劳动者失业和老龄养老账户和基金的管理工作,以此来辅助墨西哥社会保障局管理公共养老金计划。

因此,墨西哥社会保障局必须负责,根据涵盖公共和私人部门参保者的新养老金设计方案,征收缴费并对各种养老金进行确权;养老基金管理公司负责管理储蓄机制,以便为制度参保者的养老金提供长期融资。但是,养老基金管理公司能够向其参保者提供多少资金取决于一系列的变量:个人账户缴费率、缴费频率、缴费期间的工资水平以及缴费年限和自愿缴费额;但是也与养老基金投资公司在退休、年长劳动者失业和老龄养老金方面实现的实际投资回报和收取的服务费有关系。

按照以上方案设计,养老基金管理公司行业竞争至少体现在以下3个方面:服务、收费和投资收益。

(一)服务

自养老基金管理公司建立以来,它们就在一个鼓励服务竞争的市场框架下运行。为了保护需求方的利益,制度参保者有权选择由哪家养老基金管理公司管理其个人账户,并且,他们也有权在一年后(自劳动者在管理公司注册之日算起或者从上一次变更基金管理公司时算起)变更基金管理公司。为了保护供给方的利益,法律框架鼓励在服务提供上存在竞争,规定基金管理公司管理的账户数量不能超过个人账户总量的20%,这就防止了市场集中的发生。

同时,养老基金管理公司行业有义务向它的客户提供必要的信息服务,这样客户可以比较不同基金管理公司所提供的服务水平的高低。因此,按照法律,每家养老基金管理公司必须成立一个专门的、独立运行的客户服务部来处理各种问题和请求,服务部的办公室设在联邦总部。例如,所提供的窗口服务主要包括更新个人信息、接受自愿缴费存款、处理因结婚或失业问题而需要部分或者全部支取资产的申请、注册或变更账户以及回复关于账户资产额的咨询。

并且,技术进步使得养老基金管理公司和其客户间的联络更加方便,尤其是电子和通讯媒介的发展更是增加了基金管理公司间在服务上

的竞争。例如，通过互联网和呼叫中心客户可以咨询账户资产额、进行自愿缴费的收支业务、更新或修改个人信息。此外，基金管理公司可以利用电子邮件向客户邮寄账户清单，客户可以在自动取款机（ATMs）上查询账户资产信息。

（二）收费

自个人账户制度实施以来，法律框架更加重视不同基金管理公司在收费上的竞争。例如，经退休储蓄制度国民委员会（Consar）的授权而更改收费体系，已经成为客户更换基金管理公司的主要原因之一。自1997年建立以来，养老基金管理公司行业已经经历了多个放松管制、增加收费竞争的阶段。例如，2002年取消了个人账户在两家养老基金管理公司间的转换程序，个人账户进入收费更低的养老基金管理公司更加容易；2003年，对于之前没有主动选择基金管理人的被保险者（指派账户参保者）来说，其个人账户资产的分配过程也发生了改变，即从原来账户按照比例在各家养老基金管理公司之间进行分配，改变为把所有账户都分配给收费最低的1/4基金管理人；此外，自2005年起，所有指派账户参保者在养老基金管理公司之间的变动只能面向收费较低的基金管理人。

还需要指出的是，由于法律体系规定养老基金管理公司可以根据账户流量和（或）账户资产来确定收费标准和折扣额，因此客户对不同基金管理人的收费标准进行直接比较变得困难。但是，在某种程度上，退休储蓄制度国民委员会1998—2008年发布的《同等收费指标》（Equivalent Fee Indicator）使得比较不同基金管理人的收费水平更加容易①。

此外，退休储蓄制度国民委员会近年来已经采取了多种措施来降低基金管理人行业的进入壁垒以及完善价格指标。例如，降低了自愿建立养老基金投资公司所必需的资本限额，同时却增加了向客户提供信息的数量和质量。养老基金管理公司行业因此不仅面临着收费间的激烈竞争也面临着商战的压力。因此，该行业中会出现基金管理人之间的一系列并购行为，也会有很多新近加入者，以及出现各基金管理人纷纷降价的趋势。

但是，自2008年3月15日起，《退休储蓄制度法》（SAR Law）撤

---

① 有关养老基金管理公司的收费和根据流量或资产计算收费的详细信息，见www.consar.gob.mx。

销了对账户资金流量的收费,仅仅保留对账户资金额进行收费的制度[1]。这次改革给养老基金管理公司行业的竞争局面带来了重大的、结构性变化,因为它使得养老基金管理公司有强大的动力由原来追求管理尽可能多的缴费账户转向追求更好地管理和增加这些账户中的资产从而获得更多收入。这种改革措施将极大地增强客户获得更多养老金的能力,因为他们的利益与养老基金管理公司的利益是一致的。

(三)投资收益

对于养老基金管理公司来讲,其投资收益间的竞争主要受养老基金投资公司面对的投资制度的限制。这一投资制度规定了风险水平、资产分类以及养老基金投资公司可以使用的投资工具,这里的投资是养老基金投资公司为了使参保者的资产获得最大程度的安全保障和尽可能多的投资收益而对退休、年长劳动者失业和老龄养老金所进行的投资。

在养老基金管理公司和养老基金投资公司运行的13年中,投资制度经历了不断变化。在1997年至2000年期间,为了降低制度的风险并完善对制度的监管,养老基金投资公司在投资退休、年长劳动者失业和老龄资产时受到特殊限制:根据通过实施投资分类来控制投资信贷风险的方法,退休、年长劳动者失业和老龄资产主要投资于联邦政府债券方面。但是,这也限制了风险多元化和通过投资回报让不同的养老基金投资公司有所区别并参与竞争的可能性,因为投资原则鼓励使用相似的资产组合。

自2000年开始,投资原则开始变得更加灵活,这主要是为了促进风险多元化和投资组合的多样化。例如,2002—2003年,不同类型投资者间的投资限制被取消了,转而对不同信贷质量的投资者实行投资限制。半国有企业、市政府和州政府等新发行者也可以加入,金融衍生产品和用来控制风险的"风险价值"(VAR)指标也开始在投资中使用。但是,2004年首次将账户资产投资于股票(最高限额为投资组合的15%并且只能依据股票指数进行投资)和除货币外的外国债券(最高限额为投资组合的20%)。这也是第一次允许客户使用两家养老基金投资公司:允许56岁及以上的客户使用基本型的养老基金投资公司基金1(SB1),可以投资于固定收益的国内和国外证券;允许56岁以下的客户使用基本型的养老基金投资公司基金2(SB2),这种投资组合中加进了权益类成分。

---

[1] 改革刊登在2007年6月15日的官方公报上。

但是，2007年7月，退休储蓄制度国民委员会在《通告15—19》中公布了其对投资制度的重大修改，在墨西哥首次引入了养老金投资生命周期模型。这次修改的创新之处主要包括：

- 基本型的养老基金投资公司基金的数量由2个增至5个。SB1保持不变，原来的SB2变为4个基本型养老基金投资公司基金：SB2、SB3、SB4和SB5，对象是56岁以下的客户。
- 客户只能选择比原来指派给他的养老基金投资公司风险更低的公司[①]。
- 新的基金更多地投向权益类资产。
- 通过养老基金投资公司净资产的风险价值水平来控制权益类风险。

按照生命周期计划运营的养老基金投资公司基金组采取新的养老金资产投资模式，这意味在追求投资组合风险更加多样化的道路上迈出了重要一步，必将为有不同偏好和特征的客户们提供更好的投资选择。我们可以预见，随着养老基金投资公司投资制度继续朝着更加灵活的方向发展，养老基金管理公司行业在探寻不同的风险回报战略方面的竞争将会更加激烈。

总之，养老基金管理公司间的竞争与规制它的法律制度密切相关。最近对《退休储蓄制度法》和养老基金投资公司投资原则的调整，通过规定更高的投资收益和更低的收费，使养老基金管理公司行业产生更加激烈的竞争，这将为养老金制度参保者提供更好的增加个人账户资产并进而增加养老金收入的机会。随着养老基金管理公司间新的竞争原则的不断建立，我们不难得出，在不久的将来新一轮的行业内并购将会发生，这会使行业内参与者达到最佳运营状态。

第四节　养老金制度的预测结果

养老金制度是使收入流始终保持连续的财务机制。这一特征在退休金制度中表现得更加明显，在退休金制度中，参保者在从事经济活动期

---

① 参考本章的投资原则部分，并结合《通告15—26》的规定，目前权益类资产的最高投资限额为：SB5为35%，SB4为30%，SB3为25%，SB2为20%，SB1为0%。

间向制度缴费、在年老时获得退休金,两者之间有非常紧密的联系。从更加整体和全局的角度出发,这种随时间而发生的收入流联系也受到人口结构和经济总体状况的影响。人口结构不仅决定了支撑养老金制度的缴费和储蓄基础,还决定了所有参保者拥有资产的规模以及支付养老金待遇的基金需求。经济总体状况决定了运营养老金制度的基本变量,如就业、缴费者数量以及工资和利率水平变动。

有关人口结构、经济总体状况以及影响墨西哥养老金制度的最重要制度因素等方面的详细介绍,可以参考阿尔博等人的研究(Albo,2007)。但是,这部分给出了宏观—精算模型的主要前提假设,这些前提假设允许在墨西哥社会保障局的 DC 型制度下,计算需要支付的退休、年长劳动者失业和老龄养老金水平。它也给出了制度的收入替代率(养老金占劳动者最后工作 10 年平均工资的比率)、测算了制度覆盖面并且评价了不同经济、人口结构和制度关键参数将对养老金水平和财政成本(财政成本是由新养老金制度产生的)的影响。

一、宏观—精算模型

宏观—精算模型预测了以终身年金形式支付的养老金额,使用的数据源自退休储蓄制度(SAR)参保者①。这些数据根据参保者的年龄和性别进行分类,然后又按照参保者的缴费密度进行分类。

这就定义了 4 类主要的养老金制度参保者,他们的最初规模由劳动人口(劳动力)的规模决定。自预测期的第一年开始,每一类参保者都与其他类参保者的缴费密度不同。某一年龄成为劳动力的人,根据其具体情况被分入某一类人群中,同时并不改变缴费密度的分布比例。所有参保者缴费至退休,退休时间为法定年龄。

由于很多人进入劳动力市场时间较晚,为了应对这种情况模型建立了一类附加人群。为了使模型不过于复杂化,并考虑到这类人群的规模相对较小(他们会在预测期结束时退休),这类人群的缴费密度被临时假设为与所有制度参保者的平均缴费密度相同。最后,为了体现收入水平差距,每一类人群又被分成了 3 个收入段。

---

① 《社会保障法》规定了两种养老金形式:终身年金和计划退休金。《退休储蓄制度法》对终身年金进行了规定;《退休储蓄制度国民委员会通告 31》第 5 条对计划退休金进行了规定。但是,这部分只给出了终身年金的测算模型,目的是为了使测算结果不过于复杂。

将制度参保者每隔5岁分成一个年龄段，应用前一年龄段的死亡率和残疾率以及参保者之前的工作收入，便可以生成宏观—精算模型的动态变化。精算模型和动态变化的详细情况可以参见阿尔博等人研究中的附录3（Albo et al，2007）。我们现在将简要介绍一下预测模型的初始信息和主要假设，然后再详细介绍主要的预测结果。

（一）基准方案

模型使用了2004年12月31日退休储蓄制度参保者的信息，该信息由退休储蓄制度国民委员会提供。数据以整体形式出现，按照性别和年龄被分类汇总到矩阵中，而且依据缴费密度每5个百分点的间隔和最低工资因素将参保者进行了分类。所采用的缴费密度，是有关参保者的缴费月数和参保月数相结合的指标。这种分布用于表示退休、年长劳动者失业和老龄养老金个人账户资产平均值。

参保者由1 520万名男性和910万名女性组成。此外，还有一组指派账户参保者，他们是一群没有行使选择养老基金管理公司权利的参保者，数量为1 020万名。据推断，有大约1/4的指派账户参保者与现有制度参保者重合。有关这群指派账户参保者的年龄和性别信息无从查找。

为了进行预测，制度参保者按照缴费密度被分为4类：A、B、C和D。A类的缴费密度为96%，也就是说，他们几乎每个月都缴纳养老金保险费；B类的缴费密度为76%；C类的缴费密度为44%；D类的缴费密度为15%（参见图4.6）。此外，附加分类E类指的是进入劳动力市场较晚的一群人，其缴费密度等于缴费密度的均值60%。

同时，制度参保者也被按照工资水平进行了分类，分类依据为联邦地区最低工资。照此，一共有3个收入类别：最低工资，最低工资的2倍，最低工资的3倍及以上，如图4.7所示。

综合考虑，以上给出的两种分类将不同性别的制度参保者分成了12类。有必要指出，这种分类极大地丰富了墨西哥养老金制度的研究，因为之前关于该问题的研究多将其分析的重点和结论放到了制度参保者"平均值"上，如图4.8所示。

将制度参保者进行分类之后，接下来将根据性别、年龄和缴费密度及工资水平，计算出每一类人群的退休、年长劳动者失业和老龄养老金个人账户资产的平均值，如图4.9所示。

对于指派账户参保者，他们的数量、工资与最低工资的比率以及缴费密度都是已知的，和未被指派账户参保者一样，他们也被按照年龄、

第四章 走向更完善的养老金制度：墨西哥改革愿景及对策建议
拉美养老金改革：面临的平衡与挑战

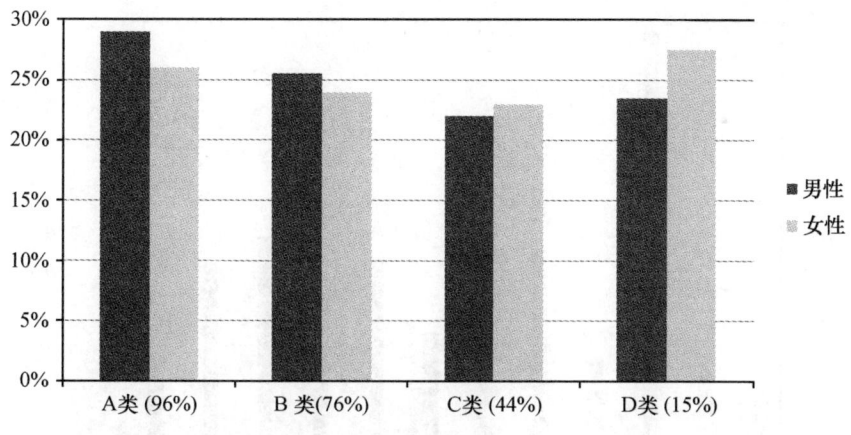

图 4.6 缴费密度的分布

资料来源：BBVA Bancomer。

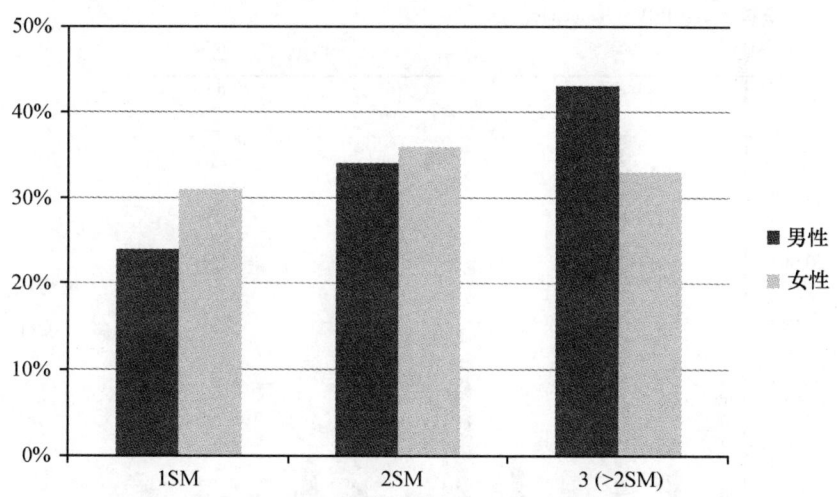

图 4.7 以最低工资作为因子的分布

注：SM—最低工资。
资料来源：BBVA Bancomer。

性别分组并使用同样的标准制作了分布图。

至于住房子账户和劳动者国民住房基金（Infonavit）所管理的资产，因为找不到资产的分类信息，因此，模型根据退休、年长劳动者失业和老龄养老金个人账户分布状况，等比例地绘制出了相应的总量分布图。

在参考工资水平时，考虑到第一类参保者和第二类参保者的工资分

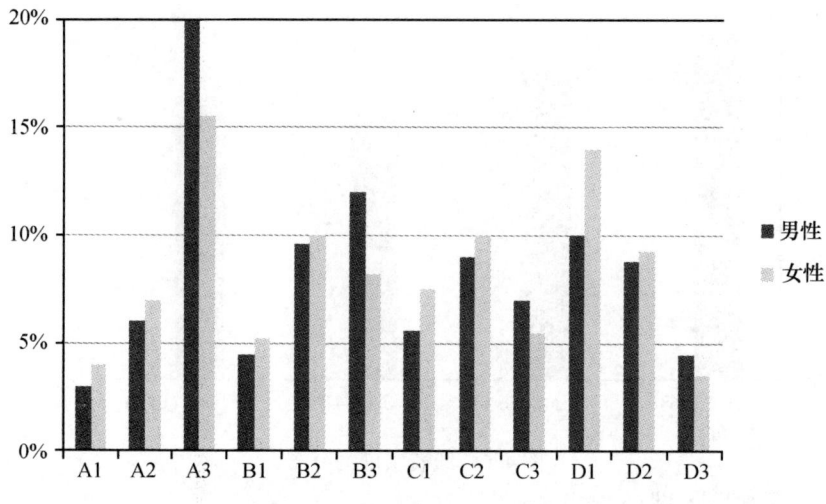

图 4.8　缴费者分布（按照缴费密度和工资水平）

资料来源：BBVA Bancomer。

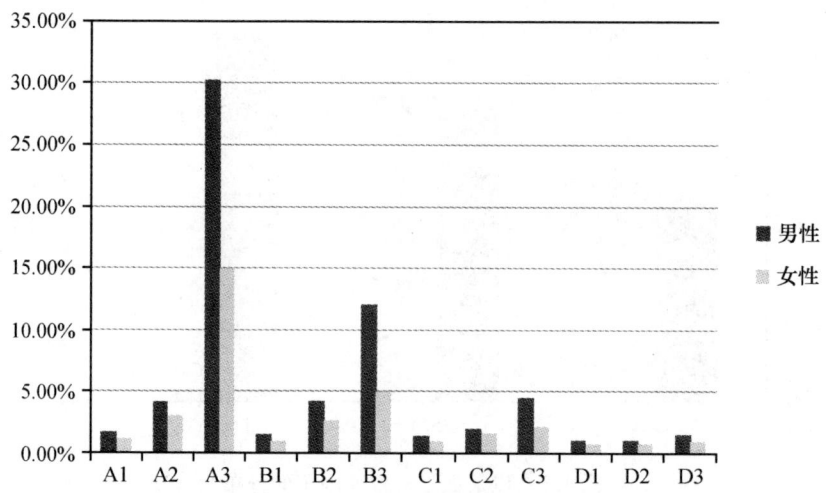

图 4.9　退休、年长劳动者失业和老龄养老金
　　　　个人账户的分布

资料来源：BBVA Bancomer。

别为最低工资的 1 倍和 2 倍，他们并没有显示出年龄段上的变化。因此，只有第三类参保者的工资水平在整个预测期内有所变化，其工资水平由划入此类的所有参保者的平均工资决定，这里区分男性和女性。值得注意的是，在制度预测中，工资水平服从生产率决定工资增长的假定。

(二) 模型假设

根据人口结构和经济总体状况以及养老金制度运行中的制度关系，给出如下动态假设：

1. 人口结构特征

- 在预测过程中使用的死亡率数据依据的是"国家人口委员会"（Consejo Nacional de Población, Conapo）预测的直至2050年的死亡率。
- 模型中的残疾率使用的是墨西哥社会保障局2004年的统计数据，其中不包括任何预测。
- 用来测算待遇领取人口（退休、遗属和残疾）待遇水平的人口结构表，已经被墨西哥立法确认并得以实施，依据的是墨西哥社会保障局的数据（主要是按性别划分的残疾人和非残疾人的数据表格）。

2. 制度特征

- 假定墨西哥社会保障局的DC型制度参保者人数占某一年龄段劳动人口的一定百分比，并参考墨西哥和其他拉丁美洲国家的历史数据。尤其是，动态模型假定墨西哥的制度参保者与智利参保者有相同的历史发展轨迹，因为该国实行DC型制度的历史最长。
- 年龄在20～24岁之间的男性制度参保者占到该年龄段人口的50%，25～29岁之间的男性参保者占到该年龄段人口的65%。对于女性而言，在前一个年龄段比例为40%，在后一个年龄段比例为50%。为了处理指派账户参保者，模型使用了如下假设：年龄在20～24岁之间的男性占该年龄段人口的21%，年龄段在25～29岁的比例为27%；对于女性，第一个年龄段组的比例为18%，第二个年龄段组的比例为23%（见表4.15）。

表4.15　　　　　　　　　制度参保者占人口的比重

	未被指派账户男性参保者		指派账户男性参保者	
	20～24岁	25～29岁	20～24岁	25～29岁
2005年	42%	62%	21%	27%
2010年	50%	65%	21%	27%
2015年	50%	65%	21%	27%
2020年	50%	65%	21%	27%
2025年	50%	65%	21%	27%
2030年	50%	65%	21%	27%
2035年	50%	65%	21%	27%

续表

	未被指派账户男性参保者		指派账户男性参保者	
	20~24 岁	25~29 岁	20~24 岁	25~29 岁
2040 年	50%	65%	21%	27%
2045 年	50%	65%	21%	27%
2050 年	50%	65%	21%	27%
	未被指派账户女性参保者		指派账户女性参保者	
	20~24 岁	25~29 岁	20~24 岁	25~29 岁
2005 年	31%	45%	18%	23%
2010 年	40%	50%	18%	23%
2015 年	40%	50%	18%	23%
2020 年	40%	50%	18%	23%
2025 年	40%	50%	18%	23%
2030 年	40%	50%	18%	23%
2035 年	40%	50%	18%	23%
2040 年	40%	50%	18%	23%
2045 年	40%	50%	18%	23%
2050 年	40%	50%	18%	23%

资料来源：BBVA Bancomer。

- 为了保持养老金制度缴费者与所预测的宏观经济就业人口相一致，模型假定已分类的制度参保者的缴费密度随着时间而增加，以此来反映经济在正规就业方面取得的成绩。具体而言，B 类、C 类、D 类和 E 类每 5 年的缴费密度增长率分别假定为 2%、3%、2% 和 2.5%。A 类保持 96.2% 的缴费密度，就意味着该类的制度参保者在参与制度期间已经接近充分缴费，因此也就没有增长的必要。有关预测期开始和结束时的缴费密度（见表 4.16）。

- 我们所使用的缴费数据根据目前立法规定得出，具体缴费额占工资的比例如下：
  ○ 退休缴费：2%。
  ○ 年长劳动者失业和老龄缴费：4.5%。
  ○ 住房缴费：5%。
  ○ 社会缴费：最初为 1997 年 7 月联邦地区最低工资的 5.5%，此

表 4.16 2005—2050 年的缴费密度

	种类	预测期开始时的缴费密度 2005 年（统计数据）			2050 年		
		密度	男性	女性	密度	男性	女性
未被指派账户缴费者	A	96.20%	18.30%	9.80%	96.20%	14.50%	9.60%
	B	76.20%	16.10%	9.00%	94.20%	11.80%	9.00%
	C	44.50%	13.50%	8.50%	71.50%	9.20%	8.60%
	D	14.80%	14.70%	10.20%	32.80%	9.80%	10.60%
	E	59.60%	—	—	82.10%	9.60%	7.20%
			62.60%	37.50%		54.90%	45.00%
	总计	24 287 197			39 171 769		
指派账户缴费者	A	94.90%	2.00%	2.00%	94.90%	2.00%	1.00%
	B	74.80%	7.00%	5.00%	92.80%	5.00%	4.00%
	C	42.70%	11.00%	7.00%	69.70%	8.00%	7.00%
	D	11.30%	38.00%	28.00%	29.30%	28.00%	27.00%
	E	27.90%	—	—	50.40%	9.00%	8.00%
			58.00%	42.00%		52.00%	47.00%
	总计	10 200 380			16 882 674		

注：总计部分是缴费者人数。——译者注

资料来源：BBVA Bancomer。

后每个季度都随着国民消费者价格指数进行调整①。

- 长期行政管理成本如下：
  ○ 账户流量费：0.0%②。
  ○ 账户资产年费：0.5%。
- 为了确定家庭结构，模型假设所有的制度参保者都已婚且没有孩子，妻子的年龄都比丈夫小 3 岁。这种假设简化了进行预测所需的计算过程，并且这一假设通过假定没有配偶的制度参保者也有配偶弥补了制

---

① 本章中的预测工作并没有分析最近的社会缴费对低收入人群产生的影响，但是，阿尔博等人（Albo et al，2007）的研究预测了社会缴费对养老金额和替代率产生的影响。阿尔博等人（Albo et al，2007）是最早分析这次改革的研究者，但是他们当时的分析是极为严格的，他们仅分析了工资水平在最低工资 3 倍以内的人群，但是改革的最终结果是工资水平为最低工资 15 倍以内的人群都被覆盖进来。

② 2007 年 6 月 15 日出版的联邦官方公报记录，《退休储蓄制度法》改革取消了对资产流量的收费，此项改革自 2008 年 3 月起实施。

度参保者有孩子或者父母等受益人的情况，至少从理论上看是这样的。

- 保障型养老金的数额遵照法律的规定：每月的数额等于1997年联邦地区最低工资。这一数额每年2月都会随着国民消费者价格指数进行调整，以此来保证保障型养老金的实际购买力。

3. 经济特征

- 根据经济状况得出这一假设：随着生产力发展，工资的年增长率为1.5%。这一假设会影响到工资水平的衡量标准——联邦地区最低工资。
- 根据之前的宏观经济分析以及养老金制度此前的运行情况，模型假设退休、年长劳动者失业和老龄养老金子账户的年实际投资回报率为4%[1]。
- 假定住房子账户的投资回报率稍低，为3%。这一数据高于历史数据，但是这是考虑到，从中长期来看，劳动者国民住房基金引入的新管理模式会提高资产的投资回报率。
- 假定技术利息率为3.5%，这也是退休、遗属和残疾抚恤金的回报率。这一回报率是当前立法正在使用的，并假设与个人资本账户的投资回报率相同。
- 计算受益人领取待遇的成本时，包括按照缴费基数3%征收的保险费。
- 所有的货币变量都按照2004年不变比索价格来表示。

（三）结果

由预测工作所生成的表格，显示了墨西哥社会保障局与公务员社会保险和服务局养老金制度改革所带来的积极因素。首先，改革遏制了公共财政压力的上涨，财政压力主要源自养老金制度不能够承受人口结构的变化。因此，第一个结论是养老金制度改革为墨西哥带来了大量储蓄，有利于经济的长期稳定和增长。其次，包括缴费确定和保障型养老

---

[1] 这一回报率是阿尔博等人（Albo et al, 2007）在预测过程中，对所有年份使用的投资回报率。但是，这一回报率现在看来是有些保守的，因为2008年后养老基金投资公司的投资原则有所变化。从理论上讲，这些变化会增加预期的实际投资回报率：一是投资引入了生命周期计划，也就是说越是年轻的制度参保者，其账户资产投向权益类资产的比重越大；二是引入了新的金融工具，鼓励将账户资产投向另类资产，例如房地产、基础设施资产和私人资本项目；三是允许直接投资股票（构成股票指数的一部分），这相当于对一部分投资组合实施积极的投资战略。此外，在投资原则部分已经指出，退休储蓄制度国民委员会在《通告15—26》中宣布，将所有养老基金投资公司对权益类资产的最高投资额提高5个百分点，但是SB1除外，其投资权益类资产的比例一直都是0%。

金在内的新养老金制度设计,通过将国家资助更多地投向低收入阶层增强了社会保障制度的福利特征;同时新制度引入了透明的、经济上可行的机制设计来积累养老基金。再次,新制度还将赋予参保者对资产的所有权和携带权。

预测还显示,除此之外,新养老金制度,尤其是墨西哥社会保障局实施的 DC 型制度,还存在很多其他方面的优势,下文将一一介绍。

二、制度覆盖面

首先,墨西哥社会保障局的 DC 型和提供保障型养老金的新养老金制度,形成了一些必要机制来汇集墨西哥全国近 3/4 的劳动力储蓄。从理论上讲,这种结果为到扩大覆盖面提供了条件,即到预测期末向超过 69% 的 64 岁以上人口提供养老金制度。

但是,墨西哥社会保障制度碎片化问题突出,目前存在多种 DB 型养老金制度且养老金资产的转移性机制没有建立,这就极大地限制了墨西哥社会保障局 DC 型养老金制度将来实现全覆盖的可能性。例如,如果劳动者所从事的工作需要他们在私人部门和不同公共部门间(如联邦政府、半国有企业或者其他社会团体,如大学)变换职位,最后有可能出现其个人账户中只有很少储蓄的情况,更为甚者,虽然他们已经在不同的养老金子账户中进行了缴费,但是他们仍有可能因为达不到某养老金计划所规定的最低缴费要求,而使自己处于没有保障的境地。考虑到上述问题,公务员社会保险和服务局的养老金制度改革,在促进劳动者养老金权利的转移性方面取得了很大进步,即养老金可以在墨西哥社会保障局与公务员社会保险和服务局间进行转移。

值得一提的是,墨西哥社会保障局 DC 型计划的覆盖面取决于劳动者的缴费额及其工作期间的缴费频率。宏观—精算模型显示,制度参保者的缴费密度越大,他们将来能够从制度中获得的养老金就越多。但是,在墨西哥社会保障局的 DC 型制度中,事实却是很多缴费者的缴费密度很小。现实情况是很多自雇者、临时工人和其他一些雇佣状况经常变动的劳动者,这些劳动者会从雇员变成失业者或独立劳动者,也会从失业者或者独立劳动者再变为雇员。因此,即使这些劳动者在一生中某段时间成为养老基金管理公司的成员,他们作为有效缴费者的时限也仅限于其在正规部门就业的那段时间。

养老金制度参保者数量和有效缴费者数量不一致,一般是由国家经济状况导致的,尤其是其中劳动力市场的运营状况。事实上,与OECD平均水平相比,墨西哥劳动力市场表现出极大的非正规性。这就导致了制度参保者的缴费密度很低,以及墨西哥社会保障局DC型制度向其成员提供的待遇出现两极分化。当考虑如何提高制度的有效覆盖面时,这一问题变得极为重要,因为即使在相对较好的宏观经济状况下,某类制度参保者缴费密度的增长幅度也是极为有限的。例如,在宏观经济良好的情况下,D类制度参保者的缴费密度,对于未被指派账户参保者而言将由15%增长为30%,对于指派账户参保者而言将由11%增长至29%。

这就警示人们,应当为墨西哥社会保障局DC型制度设计更好的缴费机制,以保障目前仍然处在自我雇佣状况的劳动者;但是,更为迫切的是,政府要在养老金制度之外实施相应的政策措施来扩大正规就业的范围。这是唯一能够降低老年贫困风险发生概率的措施,原因是很多制度参保者达不到领取保障型养老金的最低缴费水平。

三、养老金水平和替代率

正如在制度覆盖面部分所讨论的,墨西哥社会保障局DC型养老金制度的养老金待遇,在养老金水平和替代率上因参保者缴费密度大小而相差很大。那些缴费密度大的参保者,能享有更高的养老金收入和替代率。

但是,即使考虑制度参保者的缴费密度差异,养老金制度所提供的养老金水平和替代率也明显低于转型期参保者所获得的养老金水平和替代率。这种差距将在下一部分详细介绍,这里我们只想说,这种为转型期一代劳动者制定的较高收入替代率,实质上依赖的是政府补贴。当然,这种补贴缺乏长期财政收入保障,因此成为财政的一个沉重负担。

此外,为了评价一下墨西哥社会保障局DC型制度的收入替代率水平到底是高还是低,我们有必要进行国际比较。为了进行比较,我们将OECD国家中实行DC型制度的国家作为参考。

值得指出的是,要比较墨西哥社会保障局DC型制度的预期收入替代率和其他国家的历史替代率是非常困难的,其原因是多方面的:各国间的收入增长率、工资水平、缴费率和养老金领取条件等都存在差别。但是,仔细分析上述因素,图4.10表明,DC型制度提供的收入替代率与实施该制度的国家的经济发展水平(通过一个产业工人的平均收入来衡量）呈负相关关系。因此，一国的经济发展水平和收入水平越高，它的养老金制度的收入替代率越低①。

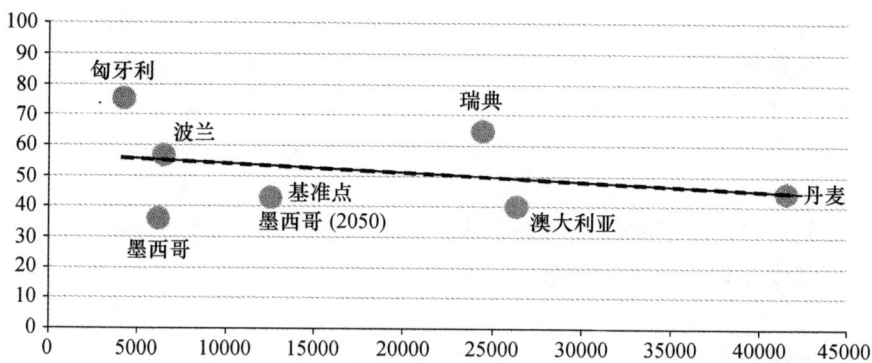

图4.10 2002年不同收入水平国家的DC型养老金制度收入替代率*

注：* 根据完整的生命周期工资概况（缴费密度为100%）和一产业工人的实际平均收入（等于墨西哥最低工资的3.9倍）进行计算。

译者注：图中纵轴表示的是收入替代率（%），横轴表示的是产业工人的实际平均收入（美元）。

资料来源：OECD（2006），Pensions at a Glance。

综合考虑收入替代率和经济发展水平之间的负相关关系（图中各点之间的直线表示这种关系），以及在预测期末墨西哥产业工人（根据其一生的收入状况）的预期平均收入，我们可以得出，墨西哥社会保障局DC型养老金制度所提供的收入替代率是相对较低的。预测期末，墨西哥养老金制度收入替代率的均值将达到43%，这比OECD国家的52.7%的收入替代率要低②。

这表明，不仅低的缴费密度限制了墨西哥社会保障局DC型养老金制度，其他制度特征也限制了养老金制度的运行结果。尤其是，强制缴费率和养老基金投资回报率这两个关键变量也影响了DC型计划所提供

---

① 怀特豪斯（Whitehouse，2007）指出，在OECD国家中，在强制储蓄和自愿储蓄的养老金制度之间，收入替代率反映了一种取舍关系，所以有关收入替代率和经济发展水平之间存在负相关性的一个合理说法是，居民的收入水平越高，他在强制储蓄之外进行自愿储蓄的可能性就越大，故而强制储蓄与自愿储蓄的比率就越小。

② 根据OECD在《养老金概况》（Pensions at a Glance）所使用的参数，一个普通的墨西哥产业工人，根据其一生的收入状况，其平均收入是最低工资的3.9倍，缴费密度为100%且缴费期限超过40年。我们的预测只有在进行国际比较时才考虑这些参数，并且预测的一个前提是，个人没有使用其住房子账户中的资产来支付其养老金。如果考虑住房账户资产，养老金制度的收入替代率将提高至69%。

的养老金待遇。

关于缴费,值得注意的是,墨西哥的强制缴费额为缴费工资的6.5%,这与智利和拉丁美洲其他 DC 型制度的缴费率 10% 相比还比较低。如果将政府的社会缴费也考虑进来,墨西哥的平均缴费率也只有8.1%。此外,即使将来养老基金投资公司的投资体系更加灵活,其所管理的资产也只能大部分投向政府证券,这些证券的风险低,回报率也低。

附录给出了更多有关养老金水平和收入替代率的数据,这些数据是根据制度参保者的类型和缴费率测算出来的。

四、财政成本

很多研究在分析墨西哥社会保障局养老金制度改革所产生的影响时,都从财政成本角度进行了分析。相关研究已经非常丰富,他们大都从有代表性的个人出发进行研究;并且,不同的研究成果都得出了一个基本共识:养老金制度改革降低了现收现付子制度下的财政成本,现收现付子制度是墨西哥社会保障局在原有的残疾、老年、年长劳动者失业和死亡(IVCM)保险制度下实行的制度。这一成本将随着已预见到的人口老龄化而增加,并将给国家公共财政带来危机,因为墨西哥社会保障局并没有用于资助养老金制度的储备金。

当然,我们的预测结果与已有研究的基本观点是一致的,都认为改革将为公共财政带来重大利好。根据我们的预测,原有的养老金制度和新制度设计(政府缴费和保障型养老金也算在内)所支付成本的差距相当于 2004 年 GDP 的 61.4%(参见图 4.11)。

但是,我们的研究提醒人们,尽管养老金制度改革通过将现收现付型制度转变为 DC 型制度间接地节省了大量财政成本,但是墨西哥社会保障局的养老金制度在转型过程中仍然需要支付高额的财政成本(占 2004 年 GDP 的 54.6%)(参见图 4.12)。

这是因为,现在支付的养老金是按照 1973 年《社会保障法》进行的,而且转型一代(1997 年之前加入养老金制度的一代)仍然能够在退休后享有优厚的退休待遇。首先,他们可以选择对他们最有利的制度,即或者按照 1973 年《社会保障法》或者按照 1997 年《社会保障法》领取养老金;其次,2001 年《社会保障法》改革将根据 1973 年《社会保障法》发放的养老金数额提高了一次。因此,允许转型一代的

第四章 走向更完善的养老金制度：墨西哥改革愿景及对策建议

拉美养老金改革：面临的平衡与挑战

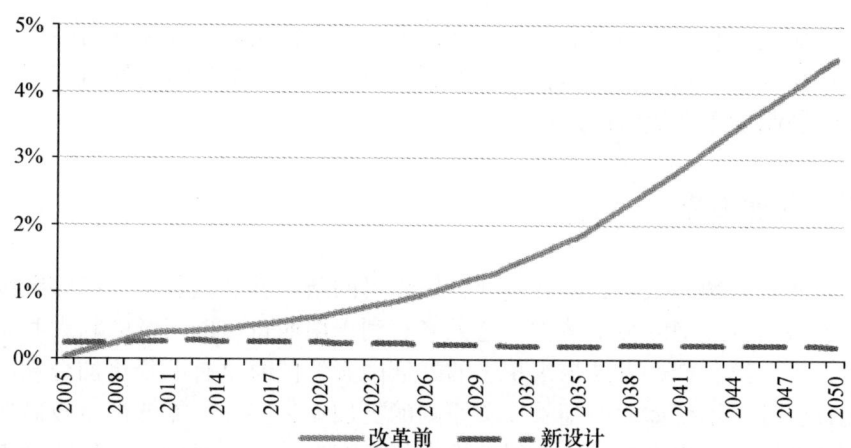

图 4.11 墨西哥社会保障局的养老金制度
（成本占 GDP 的百分比）

注：新设计包括政府缴费和保障型养老金。
资料来源：BBVA Bancomer。

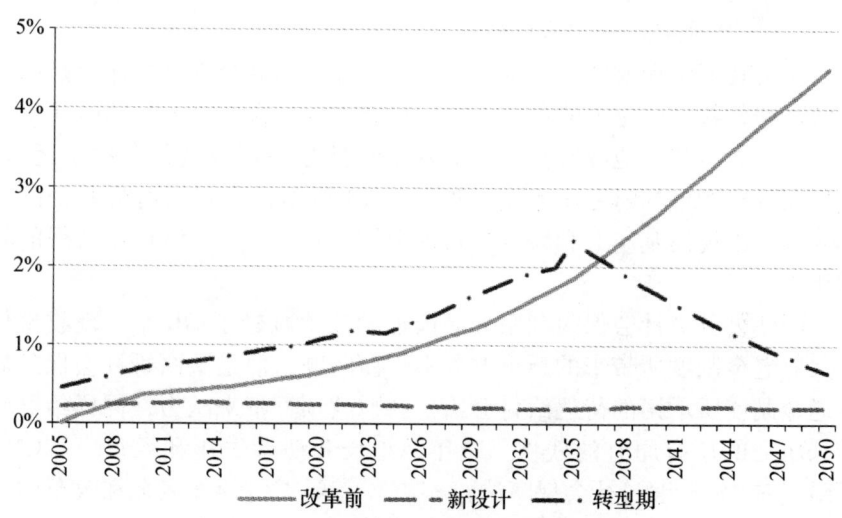

图 4.12 墨西哥社会保障局的养老金制度
（成本占 GDP 的百分比）

注：新设计包括政府缴费和保障型养老金。
资料来源：BBVA Bancomer。

参保者在退休后可以自由选择自己的养老金制度，事实上等于将养老金制度改革的积极效应推迟到了 2035 年，因为届时转型一代的人口会消失。如此一来,转型期的制度安排并不能激励转型期一代经常向制度缴费并获取金融知识。当然,这就不利于新的 DC 型制度的良好运行,也会限制制度潜在优势的发挥。

五、其他考虑

我们的预测表明,墨西哥社会保障局的新型养老金制度,能够继续增加墨西哥经济的金融储蓄。这无疑有利于墨西哥金融市场的壮大和发展,也会给生产力发展带来积极的外部因素,同时也有助于更加合理的配置资源。不仅如此,随着投资原则的更加灵活多样,能够产生较高经济社会回报的生产活动,会得到更大的资金支持。这不仅会增加劳动者资产的投资回报,也对国家的经济发展起了推动作用。

但是,从整体来看,墨西哥的公共养老金制度是多种制度并存的,这就给经济政策制定者提出了两类主要问题:一类是宏观经济—财政问题,另一类是微观经济—社会问题。

(一) 宏观经济—财政问题

从宏观经济和财政的角度来看,公共部门养老金制度总体上是国内负储蓄和公共财政压力的重要来源。这是因为,大部分公共部门(半国有企业、大学和当地政府)的养老基金仍然是在现收现付制度下运行,并且表现出严重的财务不平衡。如图 4.13 所示,联邦政府公共部门的养老金支出规模基本上和墨西哥石油公司(Pemex)在该行业获得的收益相当。

即使公务员社会保险和服务局最近的改革减轻了 DB 型、现收现付公共养老金制度所带来的严重财务不平衡问题,但是墨西哥社会保障局养老金制度所承诺的待遇给付会给公共财政预算带来压力,同样给财政带来压力的还有原有的残疾、老年、年长劳动者失业和死亡(IVCM)保险(依 1973 年《社会保障法》实施)需要支付的养老金和改革的转型成本。将来,这些制度承诺将会给公共财政带来巨大的财政负担。墨西哥社会保障局与公务员社会保险和服务局的养老金改革所带来的或有债务成本,两项相加就将达到 2004 年 GDP 的 91.7%(见表 4.17)。

(二) 微观经济—社会问题

虽然,从宏观经济角度看,养老金制度改革对财政成本的影响是积极的,但是,我们预测的结果表明,墨西哥社会保障局 DC 型养老金制度仍然需要完善,这主要是为了使制度在微观经济层面带来更大的

第四章 走向更完善的养老金制度：墨西哥改革愿景及对策建议

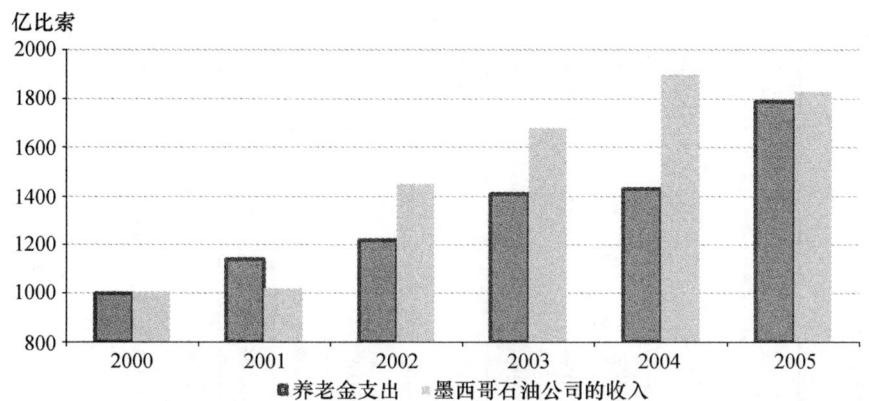

图4.13 养老金支出和预算收入

资料来源：BBVA Bancomer。

益处。

我们的预测表明，为了增强养老金购买力，解决养老金制度和 DC 型机制之外的各种问题（如解决教育、生产力和就业之间的关系问题）是非常必要的。例如，如果不考虑将住房子账户资产用于养老金支付中，到 2050 年，养老金制度能够向一个平均收入仅为最低工资 2 倍的参保者支付的平均实际养老金额，按照现值计算，将仅占当前实际最低工资的 40%。当然，对于缴费密度更低的制度参保者，养老金额将更低。而且，上述平均养老金额的现值还难以占到养老金领取者基本食品支出的 60%。

但是，以上结果与墨西哥社会保障局实行的 DC 型养老金制度并没有内在关联。这种养老金制度只是根据收入和制度运行状况来支付待遇。平均养老金水平低的问题警示人们，要提高养老金水平，就需要统筹考虑养老金制度之外的生产力问题、就业问题。例如，在 2004 年 12 月，也就是在预测期的初始阶段，最低工资能覆盖基本食品支出的比例仅为 41.64%（Meixueiro, 2005）。

此外，墨西哥社会保障局的 DC 型养老金制度，通过增加个人账户中的资产额来增强养老金购买力的变量是缴费密度和完费后的净收益。但是，在这两个变量中，最有可能增强养老金购买力的或许是，在投资制度不断变化的市场上更好地利用新的风险回报策略，因为墨西哥经济正规就业的现状决定了增加缴费密度是有限度的。同时，养老基金管理公司间的激烈竞争意味着，降低服务收费的空间是非常小的，原因是该

表 4.17 墨西哥社会保障局（IMSS）与公务员社会保险和服务局（ISSSTE）养老金制度的公共成本（折现值，占 2004 年 GDP 的比重）

	现在的 IMSS–IVCM			IMSS 转型期			IMSS 新设计		ISSSTE	总和
	支出	收入	余额	支出	收入	余额	社会缴费	缴费（RCV+IV）	保障型养老金	改革后的*	IMSS+ISSSTE
2005—2010	1.9%	0.0%	−1.9%	1.8%	0.2%	−1.6%	−1.3%	−0.1%	0.0%	−3.2%	−5.3%
2010—2015	1.3%	0.0%	−1.3%	3.9%	0.4%	−3.5%	−1.4%	−0.3%	0.0%	−4.1%	−7.3%
2015—2020	0.9%	0.0%	−0.9%	6.1%	0.8%	−5.3%	−1.3%	−0.3%	0.0%	−3.8%	−8.3%
2020—2025	0.5%	0.0%	−0.5%	8.5%	1.4%	−7.1%	−1.2%	−0.3%	0.0%	−3.3%	−9.3%
2025—2030	0.2%	0.0%	−0.2%	11.8%	2.2%	−9.6%	−1.1%	−0.3%	0.0%	−2.8%	−11.1%
2030—2035	0.1%	0.0%	−0.1%	15.4%	2.5%	−12.9%	−1.0%	−0.3%	0.0%	−2.2%	−13.9%
2035—2040	0.0%	0.0%	0.0%	13.1%	0.0%	−13.1%	−0.9%	−0.3%	−0.2%	−1.7%	−13.4%
2040—2045	0.0%	0.0%	0.0%	8.8%	0.0%	−8.8%	−0.7%	−0.3%	−0.4%	−1.2%	−8.7%
2045—2050	0.0%	0.0%	0.0%	5.5%	0.0%	−5.5%	−0.6%	−0.3%	−0.4%	−1.0%	−5.1%
2005—2050	4.3%	0.0%	−4.3%	62.9%	6.5%	−56.4%	−8.2%	−2.2%	−0.9%	−19.7%	−91.7%

注：* 不包括保障型养老金。

资料来源：BBVA Bancomer。

行业已经达到了最佳规模。例如，如果我们考虑服务费用是0的极端情况，由此带来的养老金购买力的增加幅度是非常有限的。拿一个未被指派账户的男性制度参保者来讲，假设其收入为最低工资的2倍，其2050年领取的平均实际养老金的现值只能占到目前最低工资的40%，占到基本食品支出的60%。

因此，我们认为，如果要完善DC型养老金制度，我们必须首先认识到，决定制度待遇水平的只能是收入和制度运行环境。墨西哥社会保障局的新养老金制度能提供的预期收入替代率，为日后完善养老金制度的有关机制提供了宝贵的信息，但是它也提醒人们，完善制度需要公共部门和私人部门的通力合作，共同解决制度之外的生产力和就业问题。

第五节 对策建议

我们所认识到的财政和社会问题表明，墨西哥的养老金制度必须重新设计。我们认为，新制度可以在已取得成绩的基础上，对以下问题作适当调整：
- 养老金待遇转移性差；
- DB型制度仍然存在很高的财政成本；
- 墨西哥社会保障局DC型养老金制度的养老金额和收入替代率较低；
- 养老金制度实际覆盖面窄。

为了解决这些问题，完善墨西哥的养老金制度，尤其是墨西哥社会保障局DC型制度，我们现在提出以下对策建议。

（一）建立一个全国养老金制度

在此后的50年中，人口结构因素将加重DB型养老基金收支结构不平衡问题。目前，大部分公共部门仍在实行DB型养老金制度，这就使得加快转向长期可持续的制度变得非常紧迫，一个简单的选择是在养老金制度中引入DC型机制。

养老金资产投资于政府发行的认可债券，在很多改革养老金制度的国家做得很成功。墨西哥最近也通过改革《公务员社会保险和服务局法》引入了这一做法。投资于认可债券使很多不同养老金子账户的养老金待遇转化成了货币价值，这有利于资产权利在养老金子账户间的转换。因此，这种投资工具让政府在建立"国民养老金制度"（National Pension System，SNP）上采取更加坚定的措施，国民养老金制度的设想是在2004年召开的"第一届全国税收会议"（First National Tax Convention）上提出的。国民养老金制度应当建立在DC型计划和保障型养老金基础之上。

一个建立在个人账户基础之上的国民养老金制度，将促使使更多的独立劳动者加入养老金计划，从而克服社会保障制度碎片化的现状，并增加非连续缴费人群的缴费密度、提高其养老金水平。非连续缴费人群主要是一些经常在一个或多个养老金子账户中不能连续缴费的人。

（二）增加墨西哥社会保障局DC型制度的缴费

墨西哥社会保障局DC型计划下的低养老金水平和低收入替代率表明，原因之一可能在于制度缴费率低，相应的解决办法就是提高缴费率。事实上，如果我们仔细分析墨西哥的缴费特征，有两个事实值得我们思考：一是制度参保者的缴费水平很低，而这些参保者是墨西哥社会保障局养老金制度的主要受益人；二是从国际角度看，包括雇主和政府缴费在内的总体缴费水平也较低。

这一问题自DC型制度实施之日起，就限制和决定了制度实施的结果。我们对此提出的建议是，增加退休、年长劳动者失业和老龄养老金的强制缴费额，增幅为缴费工资基数的4.8%。这一增长将使墨西哥社会保障局的强制缴费额与公务员社会保险和服务局的缴费额相当，并且也会使墨西哥的缴费率朝着与该国经济发展水平相一致的方向发展。这就意味着，对一个收入是最低工资的3.5倍、缴费密度为58%的工人而言，他的缴费率将增加13.5%，这是根据阿尔博等人（Albo et al.，2007）的计算得出的。

建议一次性增加4.8个百分点的强制缴费额，因为这样可以让制度参保者有更多的时间利用DC型制度中的资本化机制。还有一个循序渐进的方法，可以减轻由缴费额增加给缴费者收入带来的短期不利影响，那就是每年增加0.5个百分点。但是，延长增加缴费额期限的方法也有风险，即改革有可能难以按原计划进行。

（三）增加DC型制度养老金的可转换额

在现行的法律制度下，如果没有自愿缴费，那么养老金筹资来源只包括退休、年长劳动者失业和老龄养老金子账户的资产积累，以及特殊情况下的来自住房子账户的资产（这是在劳动者没有用住房子账户资产向劳动者国民住房基金贷款的情况下发生的）。

我们之所以建议增加养老金可转换额，主要是考虑应当尊重制度参保者的个人选择，以及基于这样一种观点，即劳动者应当在个人账户中积累更多的资产来为其养老金筹资（劳动者的养老金资产是放在养老基金投资公司中的）。因此，我们建议，如果对自己更有利，劳动者应该可以将住房账户中的缴费和资产余额在退休之前转移到养老金资产中，这样他可以充分利用墨西哥社会保障局 DC 型制度中的资本化机制①，以及更高的投资回报率（我们预测养老基金投资公司的投资回报率高于劳动者国民住房基金）。这一措施尤其对已经拥有住房，或者不打算使用劳动者国民住房基金贷款的制度参保者更为有利。

（四）丰富养老基金投资公司的风险回报选择

要巩固近期在增加养老基金投资公司投资体系灵活性方面取得的重大进步，一个可行的方法是，增加养老基金投资公司可投资资产的种类。我们的建议是，应当引入新的投资工具，例如其他投资基金。通过这种方法，养老基金投资公司可以投资于特别基金，例如私人资本、共同基金、基础设施和商品②。此外，现有的股票指数清单，应当将新兴市场国家的股票指数列进来，这些股票指数有高经济增长潜力并且将来可以引导股票投资的方向。

我们所提的建议，会让养老基金投资公司更直接、更有针对性地参与到多个处于发展阶段的市场和部门。这包括有高投资回报率的新兴经济体，例如中国、印度和巴西，以及有高回报率的部门，如与健康和旅游相关的部门。同时，正如《退休储蓄制度法》所描述的，养老基金投资公司在国内市场使用的众多投资工具，也会促进新兴金融工具和市场的发展。例如，养老基金投资公司可以将流动资产投资于专门做基础设施建设的证券或债券市场。但是，在这种情况下，投资原则必须规定，养老基金投资公司在参与这些市场时评价投资项目的唯一标准就是投资回报率和风险，而不能考虑其他任何产业政策因素。这是为了保证劳动者的利益最大化，因为他们是资产的最终所有人，应当获得回报。

到了下一个阶段，就需要作出变动来使养老基金投资公司的投资组合多样化。我们的建议是，增加甚至取消对国外投资（包括定息债券和

---

① 资本化机制，在这里指的是养老金资产通过养老基金投资公司投资而产生投资收益的机制。——译者注

② 需要指出的是，在 2009 年 8 月 10 日，"墨西哥股票交易所"（Mexican Stock Exchange）引入了一种新的"股票市场信托凭证"，可以用来作为在基础设施、房地产、私募股票基金中投资的投资工具。见 BMV（2009）。

股票）不超过20%的限制，因为这一限制阻碍了全球投资组合策略的制定，而全球投资组合策略为养老基金提供了更好地利用风险回报的机会。从技术角度看，这一建议比国家偏好标准（country-bias criterion）能更有效地管理风险，因为风险可以通过风险价值指标、投资组合的灵敏度范围或者损失范围等控制。

将来，养老基金投资公司的投资组合会有更多的资产，从而更加多样化，这将为开发不对称风险金融产品开辟一条新路，这些金融产品的风险更低但是回报率更高。这就是说，养老基金投资公司可以利用新一代被称做"全回报基金"的基金，其目的是使总投资回报率超过无风险资产的回报率，达到最大，但是要在投资管理上极为谨慎。

（五）有效利用社会缴费

自从个人账户制度在墨西哥实施以后，联邦政府通过社会缴费进行的缴费，已经成为DC型养老金制度参保者的一个重大收益。对于收入最低的制度参保者而言，尤其如此，因为社会缴费成为低收入参保者收入的一部分，这对低收入群体而言是有积极作用的。

因为社会缴费对低收入人群的缴费产生了积极的、多方面的作用，所以我们认为，我们应当更好地发挥福利资助对低收入人群所起的作用。当然，改革后的养老金制度由于改革带来了巨额财政成本，因此，政府对低收入人群的福利资助应当尽可能少地花费财政支出。

阿尔博等人（Albo et al., 2007）最早提出了一个可行方案，他们认为联邦政府应当分两个收入段来为制度参保者支付社会缴费：为收入不超过最低工资3倍的参保者缴纳联邦地区最低工资的11%（而不是现在的5.5%）；对收入在最低工资3倍以上的参保者，不支付缴费。这样一来，为增加对低收入者的社会缴费而产生的财政成本，将由因取消较高收入者的社会缴费而节省的财政支出来抵消。

在这一方面，值得指出的是，2009年5月26日国会通过的《联邦行政法》（Federal Executive Law）提供的福利资助范围更广，虽然财政成本不是很多，但是改革也涉及财政成本问题。改革增加了对收入水平在整个收入阶梯中排前1/5的人的社会缴费，并取消了对收入水平高于这一水平的人的社会缴费[1]。

（六）在DC型计划中增加福利支柱

很多加入墨西哥社会保障局DC型养老金制度的人，都不能达到领

---

[1] 见2009年《社会保险法》。

取保障型养老金所必需的1 250个缴费周的要求,严格地说是因为这些人的缴费密度很低,因此,这极有可能使他们陷入老年贫困。

我们提出解决这一问题的办法是,放宽保障型养老金的领取资格,但是同时也要注意,这不会成为阻碍大多数制度参保者缴费的因素。具体而言,我们的想法是,从900个缴费周开始,缴费满900周的制度参保者可以领取保障型养老金的50%,每多缴50周可以多领取7个百分点的保障型养老金,如此缴费满1 250周就能领到保障型养老金的100%,和现行法律规定相符。这一措施能够使很多在现行制度下不能领取养老金的人,在年老之后也有收入保障。此外,它还保留了缴费激励,这是因为它没有改变缴费越多的人得到的养老金越多这一原则。

(七)建立国家共同融资机制

一个国家,比如墨西哥,如果公共政策没有考虑将独立和非正规劳动者纳入养老金制度中,那么它就不能实现其社会保障目标,也不能保护该国的老龄人口。有两组数据足以说明这一问题:劳动人口的64%没有被社会保障服务覆盖;57%的劳动人口在非正规部门工作。

为了扩大DC型制度对独立和非正规劳动者的覆盖范围,我们提出的建议是,在退休储蓄制度(Retirement Savings System)中建立国家共同融资机制,国家融资的目的是为了激励独立劳动者在个人账户中进行自愿储蓄。我们所建议的机制为,独立劳动者每自愿缴费30比索,国家每月都向其个人账户的长期储蓄子账户缴费,遵循以下累退原则:劳动者缴纳第一个30比索时,国家将缴纳90比索;劳动者缴纳第二个30比索时,国家再缴纳额外的30比索;劳动者的下一个30比索对应的是国家的10比索;此后,劳动者每多缴纳一个30比索,国家都多缴纳5比索,这一过程一直持续到劳动者每月缴纳750比索为止。此后,国家不再进行缴费。国家缴费的机制设计表明,随着劳动者缴费的增加,国家缴费开始减少。这是出于两个原因而进行的设计:一是向低收入的独立或者非正规劳动者提供更多资助;二是激励中等收入人群加入墨西哥社会保障局的DC型养老金制度并获得更多收益。

根据阿尔博等人(Albo et al.,2007)的测算,共同融资机制的建立所带来的财政成本现值,仅占社会缴费(为墨西哥社会保障局养老金制度参保者缴纳)成本的不到一半。但是,除了考虑成本因素外,激励独立或者非正规劳动者自愿缴费,将在扩大墨西哥社会保障覆盖面的目标上取得重大进步。同时,更多的人能拥有自己的个人账户,也为促进经济正规化作出贡献。

（八）提高非正规劳动者的生产能力并在全国普及养老金知识

虽然，提出如何实现持续经济增长以及如何促进更多人正规就业的具体对策建议，不在我们的研究范围之内。但是，我们认为经济改革，应当将提高非正规劳动者的生产能力，作为改革措施之一提上日程。这是因为，现有的信息告诉我们，劳动者在墨西哥的非正规部门就业的主要原因之一是，他们缺少进入正规部门就业的机会，这与他们的人力资本投资水平低和生产力水平低有着紧密联系。

此外，更多的金融知识和养老金知识将极大地促进养老金制度的运行。这些知识，将使人们更好地利用墨西哥社会保障局与公务员社会保险和服务局所引入的 DC 型养老金制度带来的好处，主要包括新的权利、义务以及服务等；不仅如此，有了这些知识，人们就能更好地了解退休储蓄制度，该制度终将给人们带来更好的养老金收入。

（九）配套使用各项对策建议

根据本研究提出的对策建议来完善墨西哥社会保障局的 DC 型养老金制度，能给制度参保者带来重大福利收益。阿尔博等人（Albo et al.，2007）的模拟操作显示，如果在 DB 型计划中有更高的缴费，社会缴费更好地针对低收入人群，投资规则更加灵活从而至少能够使投资回报增加一个百分点，那么墨西哥社会保障局的新养老金制度就有能力向其参保者提供更好的待遇，并使墨西哥在预测期末的收入替代率与该国的经济发展水平相匹配。此外，在一个良好的经济环境中，国家可以扫除积累物质资本和人力资本的障碍，这就意味着该国的养老金制度更加完善、更能提供与未来高经济发展水平相匹配的福利待遇。

第六节 结 论

由于多方面的原因，墨西哥社会保障局新养老金制度（DC 型的、有保障型养老金的制度）的实施，在公共部门提供养老金制度方面取得了重大进步。以下列出了其中的部分原因：

- 养老金制度参保者，在墨西哥的社会保障史上第一次拥有了养老金资产所有权。
- 养老金资产是属于个人所有的，并且制度参保者的个人账户得到了法律保障。

● 政府通过社会缴费给予的资助主要面向低收入群体,除此之外,政府提供的资助还包括保障型养老金。

● 在 DC 型计划中,建立了一套有关长期储蓄的有效而透明的机制。

● 养老金制度在改革时充分尊重了现有养老金领取者的已有权利,并且也为新参保者提供了一个可行的、持续的筹资渠道。

● 为了经济稳定和国家整体利益,减轻了墨西哥社会保障局养老金制度和公共财政的压力。

● 建立了一个专门管理养老金资产、给付养老金待遇的新行业。

DC 型制度经过 13 年的运行,其结果是值得肯定的,这不仅体现在参保者数量方面也体现在资产管理方面。同时,由于监管者的严格管理和养老基金管理公司行业的激烈竞争,养老金资产的分配更加有效,制度参保者也有了更多的风险回报选择和更低的成本支付。

墨西哥社会保障局的养老金制度改革以及更近期的公务员社会保险和服务局的养老金制度改革,都实行了 DC 型制度设计并建立了保障型养老金,这标志着墨西哥在建立一个完善的社会保障体系、尤其是在建立经济上可持续的养老金制度方面迈出了重要一步。公务员社会保险和服务局建立 DC 型制度的重要性之所以值得肯定,还在于改革成果得到了巩固并为建立国民养老金制度奠定了基础,该制度允许参保者待遇进行转移。鉴于此,中长期内参保者的待遇有可能在墨西哥社会保障局与公务员社会保险和服务局间进行转移,这会促进劳动力的进一步流动、有利于完善经济资源配置和促进经济的潜在增长。

然而,我们不应该忘记,DC 型养老金制度始终是一个将现在的收入转移到未来的融资机制,并且养老金制度的结果与缴费额和频率密切相关。从这一点出发,我们对养老金制度进行评价时,应当始终考虑制度目标间的统一和制度运行的人口和经济环境。因此,在宏观经济稳定、市场存在高度竞争的情况下,制度的高效运行就有了相应的基础;而且,如果出现了新的金融服务和金融工具的话,就有了更好的机制来对缴费进行投资和增加参保者的待遇。相反,如果现实环境导致低缴费额和低缴费密度,那么制度所提供的待遇水平就会受到限制。

对墨西哥社会保障局 DC 型制度的预测显示,制度将在 21 世纪的第一阶段覆盖墨西哥的大部分劳动力人口,而且,制度提供的待遇是有区别的,缴费越多的人得到的待遇就越多。但是,墨西哥的经济状况,例如存在大量非正规就业者和劳动者缺乏正规工作,将会导致大量参保者的缴费密度很低，进而导致这些人的养老金水平很低。不仅如此，他们中的很多人因不能达到领取保障型养老金的最低缴费水平，极有可能陷入老年贫困。

因此，我们的上述分析就向经济政策制定者提出了两个主要问题。第一，终止实施 DB 型养老金制度是一项非常迫切的任务。该制度建立在现收现付基础之上，在多数公共机构中都出现了赤字。完成这一任务需要财政进一步给予支持。第二，必须完善新的 DC 型制度运行的经济环境，这样它才能提供更高的待遇水平。

从上期来看，墨西哥养老金制度的历史表明，DC 型制度为即将推进的养老金制度改革提供了一个可行选择，并且同时也为政府处理其他重要社会问题（如健康、教育和基础设施建设）节约了资源，这些社会问题的解决反过来会促进物质资本和人力资本的积累。物质资本和人力资本的积累又会反过来完善养老金制度，因为充裕的物质资本和人类资本是劳动者寻找正规、稳定、待遇高的工作时所需要的，而劳动者只有找到这样的工作才能在 DC 型制度中获得更高的待遇。

完善养老金制度需要采取一些养老金制度之外的政策措施。但是，在详细分析墨西哥社会保障局的案例后，我们发现，通过加强制度现有支柱、在制度设计中引入新支柱，制度完全有能力向其参保者提供更好的保障。我们的建议主要从以下几个不同角度来完善制度：①让转移养老金权利更加容易；②扩大制度覆盖面；③提高养老金替代水平和替代率使之达到国际标准；④为低收入者提供更好的资助。根据阿尔博等人（Albo et al., 2007）的研究，以上措施是可行的，并且只要同时实施这些措施，其所带来的财政成本比现在预测的要低。因此我们认为，这一研究中所提出的政策建议，为立刻解决经济政策制定者遇到的财政问题和社会问题提供了解决途径，也为增加制度参保者的福利待遇提供了解决方法。

第七节　附　　录

1. 平均养老金，按性别和参保者类型分类[①]

[①] 1997 年《社会保障法》中的平均养老金不考虑使用住房基金子账户资产的可能。

未被指派账户的男性参保者（单位：比索，按照 2004 年不变价格）

	2010	2015	2020	2025	2030	2035	2040	2045	2050
A1	1 676	1 831	1 998	2 182	2 385	2 607	913	1 110	1 299
A2	3 335	3 629	3 949	4 299	4 684	5 097	1 402	1 731	2 051
A3	10 708	11 644	12 668	13 776	14 970	16 259	3 622	4 183	4 761
B1	1 660	1 817	1 979	2 157	2 353	2 568	764	946	1 114
B2	2 980	3 209	3 508	3 906	4 252	4 703	1 170	1 468	1 762
B3	8 478	9 421	10 601	11 912	13 157	14 743	3 015	3 572	4 154
C1	1 653	1 798	1 951	2 118	2 301	2 501	493	618	745
C2	2 208	2 360	2 525	2 833	3 129	3 432	757	960	1 176
C3	4 606	5 535	6 380	7 326	8 592	9 787	1 974	2 380	2 826
D1	15	34	54	79	109	146	189	238	295
D2	22	50	79	118	167	227	299	379	471
D3	65	158	248	357	487	632	786	953	1 154
E1									774
E2									1 244
E3									3 147
加权平均值	3 734	4 968	5 981	6 889	7 728	8 489	1 821	1 784	1 714

资料来源：BBVA Bancomer。

未被指派账户的女性参保者（单位：比索，按照 2004 年不变价格）

	2010	2015	2020	2025	2030	2035	2040	2045	2050
A1	1 678	1 834	2 001	2 185	2 387	2 610	937	1 146	1 366
A2	3 338	3 632	3 952	4 302	4 687	5 104	1 450	1 801	2 160
A3	10 610	11 538	12 557	13 660	14 844	16 124	3 706	4 275	4 908
B1	1 660	1 818	1 980	2 157	2 353	2 569	786	985	1 172
B2	2 981	3 212	3 511	3 909	4 256	4 710	1 223	1 544	1 858
B3	8 403	9 335	10 505	11 800	13 037	14 623	3 112	3 666	4 275
C1	1 654	1 799	1 952	2 120	2 303	2 506	520	657	792
C2	2 210	2 364	2 529	2 838	3 135	3 441	807	1 024	1 250
C3	4 571	5 490	6 327	7 264	8 526	9 721	2 067	2 458	2 918
D1	18	36	55	80	111	153	203	255	314
D2	28	58	87	126	177	244	324	406	500

续表

	2010	2015	2020	2025	2030	2035	2040	2045	2050
D3	85	180	272	390	541	703	840	988	1 191
E1									818
E2									1 316
E3									3 247
加权平均值	3 686	4 688	5 628	6 284	6 647	6 993	1 574	1 572	1 584

资料来源：BBVA Bancomer。

指派账户的男性参保者（单位：比索，按照 2004 年不变价格）

	2010	2015	2020	2025	2030	2035	2040	2045	2050
A1	1 667	1 818	1 983	2 164	2 363	2 582	824	1 023	1 232
A2	3 319	3 609	3 923	4 269	4 617	5 003	1 264	1 592	1 944
A3	10 486	11 388	12 376	13 452	14 621	15 890	3 183	3 837	4 522
B1	1 654	1 803	1 962	2 136	2 328	2 540	662	843	1 042
B2	2 940	3 152	3 441	3 831	4 166	4 605	1 017	1 312	1 649
B3	8 293	9 178	10 330	11 613	12 832	14 397	2 637	3 269	3 948
C1	1 650	1 791	1 942	2 107	2 288	2 486	436	559	695
C2	2 173	2 278	2 471	2 773	3 010	3 353	672	872	1 101
C3	4 433	5 159	6 147	7 071	8 108	9 489	1 744	2 182	2 667
D1	8	20	34	53	77	107	144	188	241
D2	12	30	52	81	119	168	227	299	387
D3	26	78	140	222	325	450	597	766	963
E1									425
E2									685
E3									1 754
加权平均值	1 007	1 153	1 345	1 543	1 770	2 023	523	584	673

资料来源：BBVA Bancomer。

指派账户的女性参保者（单位：比索，按照 2004 年不变价格）

	2010	2015	2020	2025	2030	2035	2040	2045	2050
A1	1 668	1 821	1 986	2 167	2 367	2 588	854	1 064	1 298
A2	3 322	3 612	3 927	4 274	4 623	5 013	1 318	1 667	2 051
A3	10 387	11 283	12 266	13 336	14 496	15 756	3 259	3 941	4 671
B1	1 654	1 804	1 964	2 139	2 332	2 545	691	885	1 099
B2	2 941	3 154	3 445	3 836	4 173	4 615	1 070	1 385	1 742
B3	8 214	9 094	10 237	11 510	12 720	14 275	2 707	3 365	4 077
C1	1 651	1 792	1 944	2 109	2 291	2 490	461	593	738
C2	2 173	2 281	2 475	2 778	3 016	3 362	715	927	1 167
C3	4 393	5 113	6 094	7 010	8 040	9 414	1 802	2 250	2 754
D1	9	21	36	55	80	113	153	200	256
D2	14	34	56	86	126	179	244	319	410
D3	32	85	149	234	343	474	620	790	993
E1									450
E2									725
E3									1 809
加权平均值	1 076	1 151	1 283	1 360	1 484	1 649	466	532	640

资料来源：BBVA Bancomer。

2. 过去 10 年的收入替代率（占终生工资水平的比例），按年龄和参保者类型分类①

未被指派账户的男性参保者（单位：比索，按照 2004 年不变价格）

	2010	2015	2020	2025	2030	2035	2040	2045	2050
A1	117%	119%	121%	122%	124%	126%	41%	46%	50%
A2	117%	118%	119%	120%	122%	123%	31%	36%	40%
A3	113%	114%	115%	116%	117%	118%	24%	26%	28%
B1	116%	118%	119%	121%	122%	124%	34%	39%	43%
B2	104%	104%	106%	109%	110%	113%	26%	31%	34%
B3	89%	92%	96%	100%	103%	107%	20%	22%	24%

① 1997 年《社会保障法》中的平均养老金不考虑使用住房基金子账户资产的可能。

续表

	2010	2015	2020	2025	2030	2035	2040	2045	2050
C1	116%	117%	118%	119%	120%	121%	22%	26%	29%
C2	77%	77%	76%	79%	81%	83%	17%	20%	23%
C3	48%	54%	58%	62%	67%	71%	13%	15%	16%
D1	1%	2%	3%	4%	6%	7%	8%	10%	11%
D2	1%	2%	2%	3%	4%	5%	7%	8%	9%
D3	1%	2%	2%	3%	4%	5%	5%	6%	7%
E1									30%
E2									24%
E3									18%
加权平均值	76%	81%	83%	85%	87%	88%	20%	22%	24%

资料来源：BBVA Bancomer。

未被指派账户的女性参保者（单位：比索，按照2004年不变价格）

	2010	2015	2020	2025	2030	2035	2040	2045	2050
A1	117%	119%	121%	122%	124%	126%	42%	48%	53%
A2	117%	118%	119%	120%	122%	123%	32%	37%	42%
A3	113%	114%	115%	116%	117%	118%	25%	27%	29%
B1	116%	118%	119%	121%	122%	124%	35%	41%	45%
B2	104%	104%	106%	109%	111%	114%	27%	32%	36%
B3	89%	92%	96%	100%	103%	107%	21%	23%	25%
C1	116%	117%	118%	119%	120%	121%	23%	27%	31%
C2	77%	77%	76%	79%	81%	83%	18%	21%	24%
C3	49%	54%	58%	62%	67%	71%	14%	16%	17%
D1	1%	2%	3%	4%	6%	7%	9%	11%	12%
D2	1%	2%	3%	4%	5%	6%	7%	8%	10%
D3	1%	2%	2%	3%	4%	5%	6%	6%	7%
E1									32%
E2									25%
E3									19%
加权平均值	84%	87%	89%	89%	87%	84%	20%	22%	26%

资料来源：BBVA Bancomer。

指派账户的男性参保者（单位：比索，按照2004年不变价格）

	2010	2015	2020	2025	2030	2035	2040	2045	2050
A1	117%	118%	120%	121%	123%	125%	37%	43%	48%
A2	116%	117%	118%	120%	120%	121%	28%	33%	38%
A3	110%	111%	112%	113%	114%	115%	21%	24%	26%
B1	116%	117%	118%	120%	121%	123%	30%	35%	40%
B2	103%	102%	104%	107%	108%	111%	23%	27%	32%
B3	87%	90%	94%	98%	100%	104%	18%	20%	23%
C1	116%	116%	117%	118%	119%	120%	20%	23%	27%
C2	76%	74%	75%	78%	78%	81%	15%	18%	21%
C3	47%	50%	56%	59%	63%	69%	12%	14%	15%
D1	1%	1%	2%	3%	4%	5%	6%	8%	9%
D2	0%	1%	2%	2%	3%	4%	5%	6%	7%
D3	0%	1%	1%	2%	3%	3%	4%	5%	6%
E1									16%
E2									13%
E3									10%
加权平均值	42%	40%	39%	38%	39%	40%	11%	13%	16%

资料来源：BBVA Bancomer。

指派账户的女性参保者（单位：比索，按照2004年不变价格）

	2010	2015	2020	2025	2030	2035	2040	2045	2050
A1	117%	118%	120%	121%	123%	125%	38%	44%	50%
A2	116%	117%	118%	120%	120%	121%	30%	35%	40%
A3	110%	111%	112%	113%	114%	115%	22%	25%	27%
B1	116%	117%	118%	120%	121%	123%	31%	37%	42%
B2	103%	102%	104%	107%	108%	111%	24%	29%	34%
B3	87%	90%	94%	98%	100%	105%	18%	21%	24%
C1	116%	116%	117%	118%	119%	120%	21%	25%	28%
C2	76%	74%	75%	78%	78%	81%	16%	19%	23%
C3	47%	50%	56%	60%	63%	69%	12%	14%	16%
D1	1%	1%	2%	3%	4%	5%	7%	8%	10%
D2	0%	1%	2%	2%	3%	4%	5%	7%	8%

续表

	2010	2015	2020	2025	2030	2035	2040	2045	2050
D3	0%	1%	1%	2%	3%	3%	4%	5%	6%
E1									17%
E2									14%
E3									11%
加权平均值	51%	47%	45%	43%	41%	39%	11%	13%	16%

资料来源：BBVA Bancomer。

第五章 坚信未来：改善哥伦比亚养老金制度之建议

玛丽亚·克劳迪娅·利亚纳斯（María Claudia Llanes）
哈维尔·阿隆索（Javier Alonso）

第一节 引 言

在养老金制度结构式改革 15 年后，哥伦比亚需要评估已取得的进展，并为未来挑战做好准备。特别是养老金制度的某些方面，亟须由政府、私人部门和哥伦比亚大众等进行分析和评价，以促使养老金制度进一步完善。

如同其他拉美国家那样，在哥伦比亚所进行的改革致力于实现至少以下 5 个目标：纠正财务可持续性问题；建立就业市场和储蓄市场恰当的激励机制；妥善引导储蓄流向宏观经济领域，从而促进长期收入增长；建立居民收入、缴费率和养老金待遇之间的适当联系；扩大养老金制度覆盖面，将目前那些由于市场失灵致使其社会经济状况无法参加养老金制度的人群纳入到制度中。

尽管推行的改革切中要害，但我们的分析却表明，改革所采取的措施距上述目标的实现仍相差甚远。为了量化这些问题并提出中肯建议，我们已设计出一个基于宏观经济和精算特征的模型，用以预测2050年前养老金制度主要变量的变化，并以收入、性别和缴费密度等对不同的社会经济群体加以区分。这种模型便于识别制度对不同群体影响的差异，这也是本研究的主要优势与贡献之一。

除引言之外，本章还包括另六节内容。第二节交代了哥伦比亚养老金制度的背景。第三节简要说明了哥伦比亚养老金制度的演变情况，并对20世纪90年代早期养老金制度改革的特征以及过去15年制度所取得的成绩进行了分析。第四节描述了哥伦比亚养老金制度的结构。第五节介绍了哥伦比亚养老金制度运行的环境和中期预测的方法，对养老金制度的中期判断也忝列于本处。第六节提出了改进养老金制度的一系列建议。而最后一节，作为总结，则对哥伦比亚养老金制度的未来进行了分析。

第二节 背 景

哥伦比亚社会保障制度是以碎片化的方式逐渐发展起来的。工会和政治权力较大的职业人群最先被制度覆盖并得到了最优厚的待遇。20世纪40年代"全国社会保障基金"（National Social Protection Fund, CAJANAL）和"哥伦比亚社会保障局"（Colombian Social Security Institute, ICSS）的建立，是这一时期社会保障制度扩张与整合最具决定性的尝试和努力。全国社会保障基金与一些规模较小的地方基金一起，通过老年、残障、遗属保险覆盖占劳动力人口比重不断下降的公共部门雇员。1967年，私人部门雇员也开始成为哥伦比亚社会保障局成员，并能够得到一些待遇保障，从而规避老年、残障、遗属等风险。哥伦比亚社会保障局作为一个公共实体组织，于1977年更名为"社会保障局"（Social Security Institute, ISS），后又被"哥伦比亚养老金管理局"（Administradora Colombiana de Pensiones, Colpensiones——译者注）所替代（针对社会保障制度的养老金问题）。

自养老金制度建立之初，私人部门和公共部门的雇员在养老金制度缴费和待遇结构上即存在差异。尽管不同养老金制度缴费要求和享受待遇条件有别，公共部门雇员主要适用1985年第33号法案（*ACT 33*）的条款：满足最低工作年限20年，达到退休年龄（男性为55岁，女性

50岁）的雇员，即可获得退休前一年平均"缴费收入基数"（Base Contribution Income，IBC）75%的养老金。对于私人部门雇员则要求退休年龄达到男性60岁、女性55岁，并以雇员退休前2年的平均收入作为待遇计发的基数，养老金替代率在45%～90%之间。此外，私人部门和公共部门雇员的缴费率差别较大，隶属于社会保障局的私人部门雇员，缴费率高达6.5%；而公共部门雇员的缴费率则很低，甚至不用缴费。社会保障体系的异质性，不仅有违公平性原则，更给国家财政预算带来巨大负担。这是因为社保制度给付的待遇，并没有通过缴费得以补偿，也与本国的精算环境不相符。20世纪80年代末，各种体制下的养老金支出总和几乎占本国GDP的4%，超过了基本社会支出的拨款额。平均而言，政府在医疗、教育和工作安全上的支出约占GDP的7%。在社会保障局受益人比各种基金（全国社会保障基金和一些地方基金）多出近40%的情况下（Ayala，1992），各种基金的养老金支出仍远大于社会保障局；而且所有养老金支出的转移支付总额也大于在教育上的支出（见表5.1）。

表5.1　国家雇员和社会保障局成员的医疗保险、教育和养老金支出（占GDP的百分比）

年份	基本社会支出				职业保障					
					国家养老基金		社会保障局			
	教育	公共医疗	其他	小计	养老金	在职医疗	养老金	在职医疗	小计	总计
1987	2.1%	0.7%	0.3%	3.1%	1.8%	0.4%	0.7%	1.1%	3.9%	6.9%
1988	2.0%	0.7%	0.4%	3.1%	1.6%	0.4%	0.7%	0.9%	3.7%	6.7%
1989	2.1%	0.7%	0.5%	3.2%	1.8%	0.4%	0.8%	1.0%	3.9%	7.1%
1990	1.9%	0.7%	0.4%	3.0%	1.9%	0.4%	0.8%	1.0%	4.0%	7.0%
1991	1.9%	0.7%	0.5%	3.1%	1.9%	0.4%	0.8%	1.0%	4.1%	7.2%

资料来源：Delgado and Cárdenas（1993）。

为了更好地理解养老金负担的严重性，我们可以1992年为例加以说明。1992年按同年不变价格计算，社会保障局的养老金承诺现值（以5%的实际贴现率计算）有4.7万亿比索之巨。而此时，养老金累积储备仅为0.4万亿比索，公共部门养老金债务总额却高达5.1万亿比索，相当于1992年GDP的30.7%。同样，如果考虑到养老金制度的低覆盖率，在这样一个去积累阶段中（disaccumulation phase），不断通过一部分国家预算来向养老金制度提供融资将严重有失公平。就社会保障局而言，1973年其成员只占经济活动人口的17.9%，1990年也仅增加至26.1%。另外，由于取得养老金资格的缴费结构和规则所限，养老金制度设计将非正规部门和农业部门从业者排除在外（1990年，在这两个部门就业的人数占国内就业人口总数的40%）。

尤为值得注意的是，由于人口变化，养老金制度开始面临新的挑战。在21世纪初，人口负担系数（dependency rate）① 已达21%；但在1980年却仅为2%。

显而易见，在20世纪90年代早期，养老金制度无论在财务可持续方面还是在覆盖面上都面临严重挑战。因此，当时的改革提议主要有3个目标，即稳定财务，扩大覆盖面和增进公平性。而此时，养老金制度改革浪潮也正席卷拉丁美洲各个国家和地区，大多数国家都效仿1981年智利模式，实施制度资本化或个人储蓄制度。

第三节 1993年养老金改革及后续改革

哥伦比亚新型养老金制度实行的是双规并行制，包括具有"缴费确定型"（Defined Contribution，以下简称DC型）特征的"平均保费计划"（Average Premium Regime，RPM）和有团结支柱的"个人储蓄账户制度"（Régimen de Ahorro Individual con Solidaridad，RAIS——译者注），二者相互作用，共同抵御由年老、残障和死亡带来的风险。平均保费计划包含全部有偿付能力的公共实体，诸如社会保障局、全国社会保障基金、地方储蓄银行以及特殊制度基金等；个人储蓄账户制度则主要是由私人养老基金管理公司组成。

新制度实施伊始，1993年第100号法案也开始生效，该法案规定在1994年4月1日至少满足下列条件之一者，继续由旧制度和过渡制度所覆盖：女性在35岁以上；男性在40岁以上；或个人缴费至少15年。但该法案的条款仅适用于军队、国家警察和教育部国家社会福利基

---

① 人口负担系数，亦指人口抚养比，即指总人口中非劳动年龄人口数与劳动年龄人口数之比。通常用百分比表示。说明每100名劳动年龄人口大致要负担多少名非劳动年龄人口。根据劳动年龄人口的两种不同定义（15~59岁人口或15~64岁人口），计算也有两种方式。——译者注

金成员。而且，1993年第100号法案第61条将法案生效前已残疾的退休者、55岁以上男性和50岁以上的女性（除缴费500周及以上）排除在个人储蓄账户制度之外。

同时，新制度允许雇员在其在职工作期间在平均保费计划和个人储蓄账户制度之间多次转换，但前提是雇员必须参加某一养老金制度并达到预定的最低期限。

此外，1993年第100号法案一方面为这两个制度规定了新的管理机构和养老金制度参数，如缴费率、退休年龄、取得最低养老金的条件等，并为保护参保者抵御残障和死亡风险设计出一系列保险产品；另一方面，该法案将最低养老金与现行的"法定最低工资"（Legal Minimum Wage，SMLV）挂钩，使最低养老金随国家每年调整的法定最低工资增长而不断增加。

一、后续改革：2003年第797号和第860号法案，以及2005年第1号立法法案

显然，在初步改革10年之后，养老金制度的某些方面已与预设目标之间存在较大差距（如扩大制度覆盖面和改善制度的财务结构）。面对这一现实，哥伦比亚国会通过了一个新法案，旨在对制度的某些方面进行纠正和完善。

2002年，退休年龄以上的人口中仅有20%被养老金制度所覆盖。据估计，对于平均保费计划而言，有42%~72%的养老金支出需要政府财政补贴，20世纪90年代末期，这一国家补贴成本大约为GDP的2%，预计2019年这一比重会增至5.5%。

平均保费计划的缴费率也被认为是累退的。因为那些收入较低、工作缺乏稳定性的雇员，通常无法达到领取养老金的要求，其缴费就被用来支付那些收入较高、工作稳定性较好的雇员的养老金，甚至也包括旧制度下养老金的支出。

包括帕拉（Parra，2001）在内的诸多研究，按2000年价格计算养老金赤字现值为GDP的190%~200%。因此，承担起如此庞大的养老金负债而使一小部分人口获益是有违可持续性的。这就需要对养老金制度作出新的、必要的调整以确保其财务稳定性的实现。

新立法最主要的变化包括：强制自由职业者参加养老金制度；延长不同养老金制度之间转换的最短期限，即由3年增至5年，并规定最后

一次转换的时间距退休年龄不得少于 10 年。其具体内容也在 2003 年第 797 号和第 860 号法案中得到体现。

2003 年第 797 号和第 860 号法案都力图通过为个人储蓄账户制度建立"最低养老保障基金"（Minimum Pension Guaranty Fund，MPGF）来加强团结支柱的作用，从而有助于补充私人养老金制度的最低养老金部分，并重建早在 1993 年第 100 号法案下就已设立的"团结养老基金"（Solidarity Pension Fund，SPF）。团结养老基金又可划分为两个子账户，一个账户用于临时补充贫困参保群体的养老金缴费，另一个账户则用于资助在 1993 年既已陷入贫困的老年人口。

在这一系列改革中，调整养老金制度财务结构扮演了重要的角色，缴费率在 2003—2008 年间逐步上升；养老金替代率却下降到 55% ~ 80% 的水平，低于 1993 年第 100 号法案的规定，从而降低了平均保费计划的待遇。同时，自 2014 年开始平均保费计划将要提高退休年龄。然而，宪法法庭 C-754-04 号裁决认为 2003 年第 860 号法案中关于调整过渡制度的某些条款违宪，使国家预算调整的进程出现了倒退。

1993 年第 100 号法案以及 2003 年第 797 号和第 860 号法案所作出的调整均有助于减轻国家养老金赤字的压力，但与医疗保险和教育等其他基本支出领域相比，养老金的支出仍显庞大。2004 年哥伦比亚国家预算显示，仅用于养老金的支出为 9.1 万亿比索（不包括残障和遗属待遇），而用于教育和医疗保险的支出分别为 9 万亿和 6.7 万亿比索。由于养老金制度财务严重失衡，2004 年社会保障局养老金储备消耗殆尽，国家不得不承担起平均保费计划的全部支出，2005 年第 1 号立法法案也再一次重申了公共养老金制度财务限制的问题（历次改革对养老金赤字的影响见表 5.2）。

表 5.2　　　　　　　　养老金赤字（占 GDP 的百分比）

在其之后	净现值/2007 年 GDP
第 100 号法案（1993）	191
第 797 号法案（2003）	166
第 1 号立法法案（2005）	148

资料来源：社会保障部。

此次改革希望借助改变专门的养老金制度，如教师、军队和共和国总统，以及集体协商下养老金谈判的局限性等，来提高制度的财务效率。对于平均保费计划而言，养老金最高额为法定最低工资的 25 倍；

立法也逐渐取消了发放14个月津贴的规定，由此，自2011年7月31日开始领取养老金者，将不再享有这一待遇。

对于那些缺乏收入来源、不能满足领取养老金条件的人们来说，立法法案也便于识别他们低于最低工资水平的"周期性经济福利"（periodic economic benefits，BEPs），这在巩固养老金制度的进程中向前迈出了重要的一步。

扩大覆盖面、增进公平性、提高制度效率以及实现财务可持续，是自20世纪90年代上半期以来历次养老金制度改革建议都力求实现的目标。尽管制度已有改变，但在中短期内仍面临许多挑战，需要认真加以解决。

二、2009年第1328号法案

2009年第1328号法案为个人储蓄账户制度建立了"多基金机制"（multi-fund system），允许参保者依其风险偏好对养老金资产进行投资，参保者之间的投资组合可以是千差万别的。这一体制目前正处于调整过程中，其运行形式在2010年7月颁布的第2373号法令中予以明确规定。该制度在积累阶段必须有3种类型的基金：低风险基金、中风险基金和高风险基金，以及为去积累阶段准备的计划退休基金。在积累阶段，参保者可以从3种基金中自由选择。因此，参保者有可能只持有1种基金，但是在参保者50岁（女性）或57岁（男性）及以上时，他们必须将一部分养老资产以低风险基金的方式持有，剩余部分可以按个人偏好自由选择。在50岁（女性）或55岁（男性）时，参保者个人账户余额的20%要投资于低风险基金，这一比重将随着其年龄增长而逐渐提高，直至在参保者54岁（女性）或59岁（男性）时达到100%。上述收敛于低风险基金的情形降低了即将退休者所要承担的风险；同时，为了避免短视行为，不同类型基金之间的转换每6个月方能进行一次。第2373号法令包含缺省分配原则：对那些不进行选择的参保者，适用平衡准则，管理者可将其养老金资产分配于中等风险基金。制度其他超前的方面，诸如投资机制、最低收益的决定方式以及业绩佣金等，目前正处于讨论的过程中。

此外，第1328号法案第87条为周期性经济福利确立了指导方针，标志着在周期性经济福利的管理上有了较大进步。

第四节　哥伦比亚养老金制度的结构

哥伦比亚养老金制度结构庞杂，可以分为3个主要部分：第一是积累阶段或者是活跃阶段；第二是去积累阶段或者是非活跃阶段；第三是制度的团结支柱部分。在制度各组成部分中，养老金领取者与参保者的一些利益相互交织在一起，且取决于参加平均保费计划或个人储蓄账户制度。

一、活跃阶段

活跃阶段是指向"综合养老金制度"（General Pension System，SGP）缴费的时期。参保者初次被养老金制度覆盖时，可以选择他们愿意参加的养老金制度类型。依据2007年第4982号法令，养老金制度的缴费为缴费收入基数（IBC）的16%，但缴费部分用于养老金储蓄的比例因养老金制度类型不同而有所区别。在个人储蓄账户制度下，缴费收入基数的11.5%进入个人账户；而在平均保费计划下，缴费收入基数的13%存入共同基金，用于养老金的支出。个人储蓄账户制度和平均保费计划余下缴费部分（分别为4.5%和3%）则用于支付管理成本、个人储蓄账户制度的保费和最低养老保障基金缴费，以及平均保费计划下残障和遗属待遇支出。需要注意的是，雇员向制度的缴费是雇佣双方承担的，雇主和雇员分摊比例为3∶1；而自由职业者对制度的缴费则完全由个人承担。

（一）覆盖面

自双轨型养老金制度实施以来，参保人数的动态趋势即发生了显著变化。分析制度参保人数占经济活动人口比重的变化可以看出，1993年第100号法案部分实现了扩面目标。尽管2009年制度覆盖水平远好于1993年改革之前，但与拉美地区和本国养老金制度改革趋势相同、社会保障结构和制度相似的国家相比，覆盖率仍偏低。2009年12月31日，哥伦比亚个人储蓄账户制度的参保人数略高于870万人，平均保费计划的参保人数将近640万人，二者共占经济活动人口的70%，低于墨西哥和智利（80%以上）。

如以更为严格的覆盖面标准测量,即一些文献中所说的制度有效覆盖率,那么哥伦比亚养老金制度进步甚微。如图5.1所示,1997年制度覆盖率(占经济活动人口的27%)与2009年(占经济活动人口的28%)相差无几。图5.1也表明,尽管总覆盖率增幅较小,对个人储蓄账户制度定期缴费的人数却有一个不断变化的再分配过程。

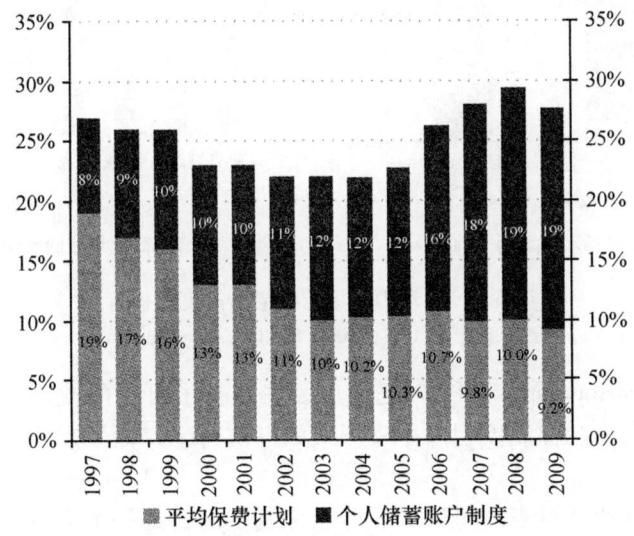

图5.1 经济活动人口覆盖率(缴费者/15~64岁经济活动人口)

注:缴费者被界定为统计前1个月内对制度缴费的参保者。

资料来源:Financial Superintendency of Colombia and CELADE。

哥伦比亚养老金制度覆盖率较低可能有以下几点原因:与智利养老金制度相比,哥伦比亚养老金制度尚显年轻;存在一些深受就业市场结构和比重较大的非正规就业人员影响的社会经济因素等。

据2009年哥伦比亚国家统计局(National Administrative Department of Statistics, DANE)实施的"综合性住户统计调查"(Comprehensive Household Survey, GEIH)显示,哥伦比亚有超过58%的雇员在非正规部门工作,他们之中参加养老金制度者的比重却不足20%。就业市场上如此高的非正规性成为雇员参保的重要障碍。此外,家政服务人员以及雇主养老金制度参与率也较低(参见图5.2)。

另一个造成哥伦比亚养老金制度覆盖率低的原因可能与国家养老金缴费的收集和管理有关,也与制度实施中涉及大量繁琐的官僚文书相关。近年来,"综合缴费结算表"(Comprehensive Payroll for the Settle-

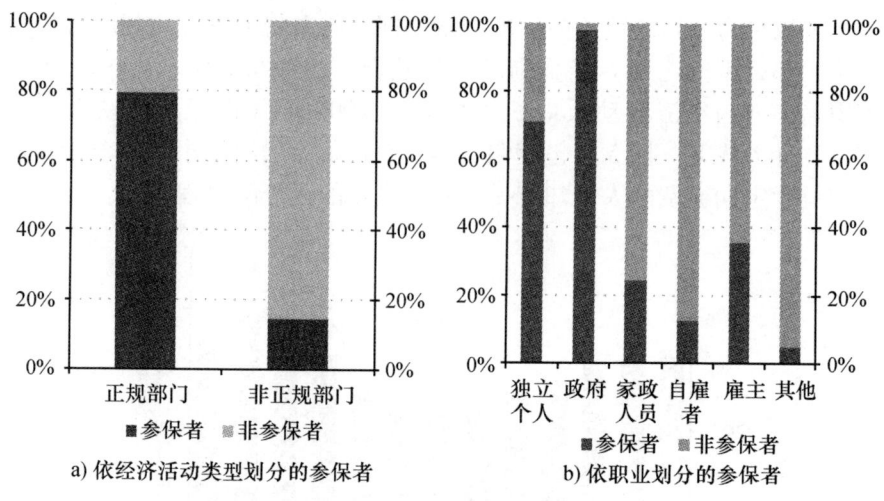

图 5.2 劳动力市场与养老金制度参保者

资料来源：a、b 图均来自于 ECH（2006）/ BBVA's own calculations。

ment of Contributions，PILA）已使这一情况有了可喜的改观，因为综合缴费结算表为社保制度引入单一形式的一次付款，而无须再从工资中缴费。

综合缴费结算表对哥伦比亚养老金制度而言是一个大的进步，因为它减少了计算上的失误，确保雇主切实为雇员缴纳费用，也有助于建设高质量的雇佣记录体系。

以综合缴费结算表进行缴费逐步得以推广，2008 年 7 月 1 日，自由职业者也被强制加入其中。2007 年 1 月以这种方式缴纳保费的人数在 350 万人，但截至 2009 年 12 月，这一数量已增至 570 万人（参见图 5.3）。

（二）基金积累

自制度实施以来，在私人养老基金管理公司的管理下，以团结基金制度为补充，个人储蓄账户制度的私人强制性养老基金总额得到迅速增长。目前，基金总额将近占 GDP 的 19%[①]（参见图 5.4）。

不断增加的养老基金，对养老金制度参保者和制度财务体系的发展而言都是有益的。有关养老基金与储蓄、经济增长和资本市场发展等因素的良好互动关系，已在许多专著中被广泛讨论。但是，这些良性互动

[①] 这一比例是以 1994 年 GDP 为基数计算的。如以 2005 年 GDP 为基数，这一比例则为 16% 左右。

第五章 坚信未来：改善哥伦比亚养老金制度之建议
拉美养老金改革：面临的平衡与挑战

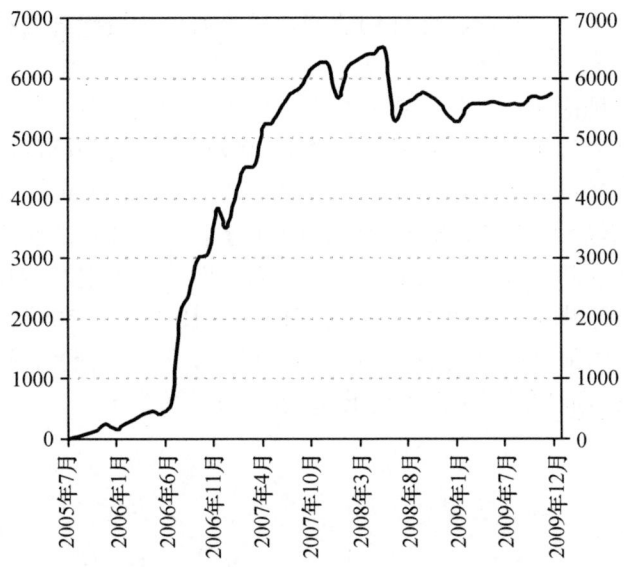

图 5.3 通过综合缴费结算表进行社会保障缴费的人数（千人）
资料来源：Ministry of Social Protection。

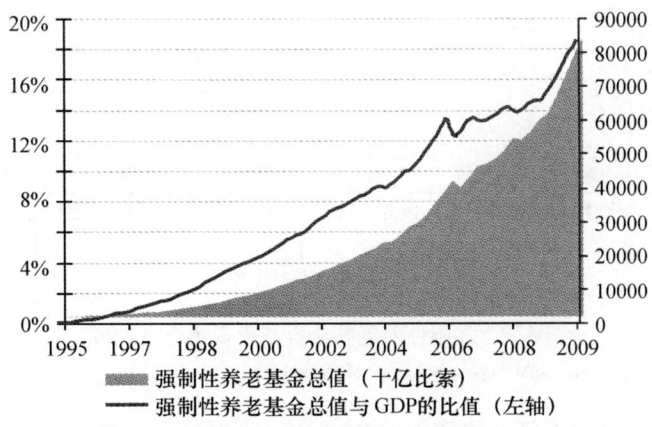

图 5.4 1995—2009 年强制性养老基金总值变化情况
注：1. 图中区域部分是强制性养老基金总值（十亿比索）；曲线部分代表强制性养老基金总值与 GDP 的比值（左轴）。
2. GDP 是以 1994 年为基准计算的现值；2008 年 12 月的 GDP 数值是基于西班牙对外银行（BBVA）哥伦比亚研究中心的预测。
资料来源：Financial Superintendency of Colombia。

179

不是凭空而来的，只能在允许构建养老基金有效投资组合的投资机制中实现。

显然，哥伦比亚构建有效的基金投资组合面临着较大的挑战。尽管本文并没有专门研究目前养老基金建立有效投资组合面临的限制，但穆尼奥斯等（Muñoz et al.，2009）、勒维斯等（Reveiz et al.，2008）和贾拉（Jara，2006）等以哥伦比亚为案例进行了深入细致的研究。这些研究在分析养老基金投资结构上达成了共识，即认为养老基金投资过度集中于国债。近些年，养老基金投资于国债的比重约为50%，接近于允许此类投资的最高限额（参见图5.5）。然而，这一比重已呈下滑趋势，投资国内发行股票的份额开始不断增加（参见图5.5）。

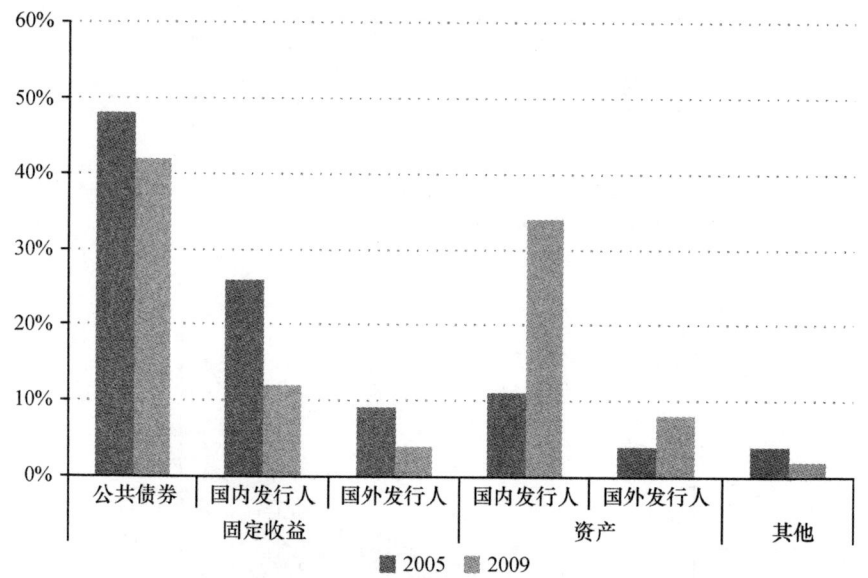

图5.5 强制性养老基金资产投资组合的构成

资料来源：Financial Superintendency of Colombia。

针对历史上国债在投资组合中占比较高的问题，哥伦比亚政府已采取多种措施力促投资体制更具灵活性。这些措施包括：自2008年年初开始，提高投资于国外债券的上限（达到了40%）；2009年第1328号法案引入多基金机制（multi-fund system）等。

二、非活跃阶段

非活跃阶段是指领取养老金、残障津贴或者遗属待遇的时期。养老金制度的特点是由其参数决定的，而这些参数取决于雇员参加平均保费计划、个人储蓄账户制度还是到 2014 年将被取消的过渡养老金制度。在个人储蓄账户制度下，养老金待遇的计算是以雇员工作时期对制度的缴费为基础，此外还包括积累阶段基金的收益和养老金债券。个人储蓄账户制度中参保者有随时退休权利，但条件是其个人账户资金足够充裕，满足月待遇给付不低于月最低工资的110%时，即可随时退休（最低工资于 1993 年确立，每年随通胀进行调整）。平均保费计划和个人储蓄账户制度都可为达到一定年龄和缴费条件的参保者提供最低保障养老金。

在个人储蓄账户制度下，参保者一旦要开始领取养老金，就要面临 3 种选择：立即转化为终身年金；"计划退休金"（programmed retirement）；以及有延期终身年金的计划退休金。

（一）终身年金

终身年金由保险公司负责管理。保险公司负责为参保者每月支付养老金直至其死亡；同时也为其受益人支付法定期限内的遗属待遇。识别被保险方及其受益人，并对决定养老金待遇支付的精算路径加以确认，对计算养老金而言至关重要。在哥伦比亚，用来调整养老金待遇的预期实际贴现率始终固定在 4%。

（二）计划退休金

计划退休金是私人养老基金管理公司继续管理退休人员资产的一种养老金形式。养老金待遇依据参保者及其受益人年龄所适用的终身年金费率和个人账户余额每年进行调整。因此，养老金待遇数额每年依据上一年度个人账户绩效重新计算。

（三）有延期终身年金的计划退休金

最后，第三种形式的养老金是有延期终身年金的计划退休金，这是上述两种养老金形式的混合物。在这种养老金形式下，部分资金存放于个人账户中，养老金受益人通过计划退休金的形式每月领取养老金，经过一定时期后，计划退休金转化成与某一保险公司签约的终身年金。

（四）DC 型养老金

平均保费计划的养老金待遇由"给付收入基数"（Base Settlement

第五章　坚信未来：改善哥伦比亚养老金制度之建议
拉美养老金改革：面临的平衡与挑战

Income，BSI）的待遇函数决定，给付收入基数是过去10年缴费所依据的平均工资。在达到缴费期限要求后，每周额外缴费都会增加参保者的养老金待遇。如果参保者达到了领取养老金的年龄，但其缴费期限未能符合要求，且不能继续缴费，那么他只能领取替代补偿金。

除了对平均保费计划养老金及储备基金和个人储蓄账户制度的个人账户缴费之外，养老金制度还要求对残障和遗属保险缴费。以个人储蓄账户制度为例，缴费收入基数的3%用于支付管理成本、"国家保障基金"（National Guaranty Fund，FOGAFIN）的缴费以及残障和遗属保险的供款。在平均保费计划下，缴费收入基数的3%也被用于支付残障和遗属待遇及其他。至于保费缴纳上存在的风险，个人储蓄账户制度是由保险公司自行承担；而平均保费计划的风险则由共同基金承担，国家作为制度的管理者起最后兜底的作用。

在某一保险事故发生时，如果满足最低缴费期限的要求，向参保者发放的待遇将由养老金法规确定。若没有达到要求，法律规定：个人储蓄账户制度下，如果参保者出现残障情形，账户余额返还其个人（1993年第100号法案第72条款），如其死亡，账户余额返还其受益人（1993年第100号法案第78条款）；在平均保费计划下，则发放替代补偿金（1993年第100号法案第45、49条款）。

在老年人口覆盖面上养老金制度进步较小。如考虑到哥伦比亚养老金制度改革时间太短，改革带来的好处也并非有立竿见影之效，或许这样的结果也就在意料之中了。我们现在能够观察到的情形是，旧制度以及过渡制度的参保者在养老金进程中有了很大变化。公共和私人养老金制度中领取养老金者的人数不足64岁以上人口的25%，且绝大多数集中于平均保费计划（参见图5.6）。2009年12月，两种养老金制度共有近90万名领取退休金的老人，但隶属于个人储蓄账户制度的比重却不足1%。

与拉美其他地区相比，哥伦比亚老年人口领取养老金的比重较低，落后于同期进行养老金制度改革的墨西哥和秘鲁等国，智利则成为未来哥伦比亚老年人口领取养老金的绩效基准（2008年，智利老年人口领取养老金比重为44%）。

目前，平均保费计划所有领取待遇的人数中，领取养老金者超过70%，领取遗属待遇者超过20%，领取残障津贴者的比重不足5%（参见图5.7a）。至于个人储蓄账户制度，如前所述，还没有出现大量领取养老金的情形，残障和遗属待遇成为该制度最主要的部分。

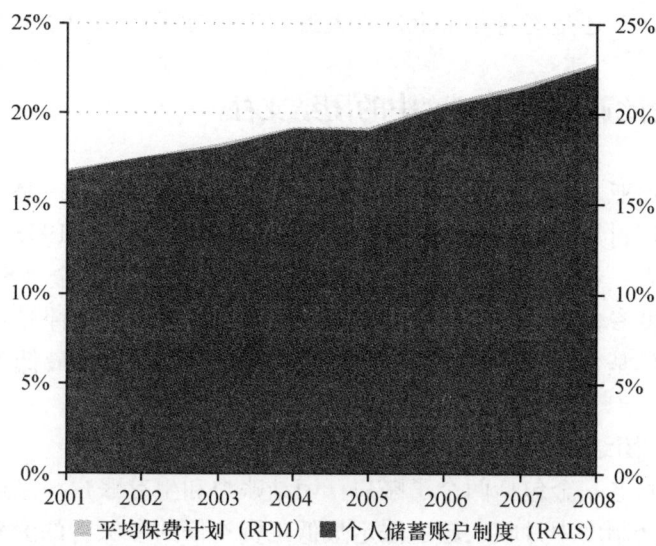

图 5.6 老年人口覆盖率的变化（老年养老金领取者与 64 岁以上人口比重）

资料来源：ASOFONDOS，CELADE and Financial Superintendency of Colombia。

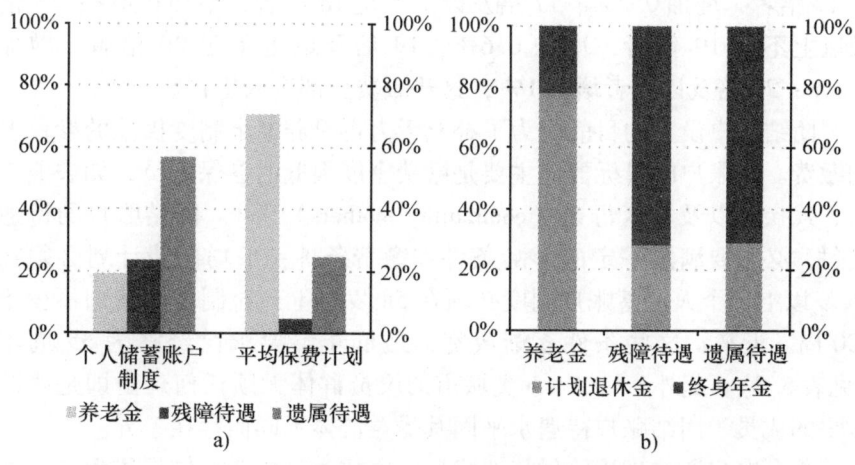

图 5.7 养老金和残障、遗属待遇领取者在平均保费计划和个人储蓄账户制度中的分布；以及个人储蓄账户制度中不同的待遇形式在养老金领取人之间的分布

资料来源：Financial Superintendency of Colombia。

个人储蓄账户制度领取养老金者比重较小，绝大多数选择了计划退休金而非终身年金；至于领取残障待遇者和领取遗属待遇者，二者在选择计划退休金还是终身年金上比重大致相当（参见图5.7b）。

三、哥伦比亚养老金制度中的团结支柱

哥伦比亚养老金制度的团结支柱主要由3部分组成：一是平均保费计划现收现付制所具有的一些代际内团结成分；二是由1993年第100号法案建立、经2003年第797号法案修改的团结养老基金（SPF），主要用于制度参保者待遇给付和70岁以上生活贫困老人的津贴；三是最低养老保障基金（MPGF），用来补充个人储蓄账户制度最低养老金的支付。

（一）团结养老基金

团结养老基金包括两个子账户：团结账户和生存账户。基金来源于两种养老金制度中月收入超过法定最低工资4倍的参保者的缴费。法律规定这一群体在法定缴费之外，还要向养老金制度额外缴纳1%的保费。缴费收入在法定最低工资16倍以上者，在前述额外缴纳1%保费的基础上，还要以下方式增加缴费：法定最低工资16倍及以上但小于17倍者，增加0.2%；17倍及以上不足18倍者，增加0.4%；18倍及以上不足19倍者，增加0.6%；19倍及以上不足20倍者，增加0.8%；20倍及以上者增加1%，这些缴费全部进入生存账户中。

团结账户设立的目的是为了补充无力再对养老金制度供款的参保者的缴费。该账户的目标群体主要是缴费密度很低的参保人员，如农业工人、残疾人以及社区母亲（community mothers）等[①]。团结账户的待遇给付，必须要满足一定的年龄条件和缴费条件：平均保费计划必须在55岁以上，个人储蓄账户制度必须在58岁以上；对制度缴费均不少于500周。近来，这些条件逐渐放宽，最低年龄要求已经降为35周岁（见表5.3）。此外，4、5、6类城市的议员群体无须任何理由即是团结账户的成员。团结账户待遇水平因其受益群体不同而存在差异。

生存账户通过直接给付待遇津贴的方式为最弱势群体提供保护。如图5.8所示，自生存账户实施以来，其受益人数呈不断上升趋势；团结账户尽管最近已放宽其享受条件，但受益人数仍然变化不大。

---

① 社区母亲是指在某个社区内向生育子女的家庭提供母婴照料支持的工作人员。这些工作人员一般属于非专业人士，且以有过生育经历的妇女志愿者为主，在一些国家这是儿童发展计划的一部分，因此带有一定的社会福利性质。——译者注

第五章 坚信未来：改善哥伦比亚养老金制度之建议

表 5.3　　获得团结养老基金的要求

人群	条件		待遇	
	年龄（周岁）	已缴费周数	获得补贴的周数	占津贴总数百分比
城市和农村的自由职业者	35 < RPM < 55	250	650	75%
	35 < RAIS < 58			
	RPM > 55	500	500	75%
	RAIS > 58			
4、5、6类城市议员	35 < RPM < 55	250	650	75%
	35 < RAIS < 58			
	RPM > 55	500	500	75%
	RAIS > 58			
残疾工人	不要求	500	750	95%
社区母亲	不要求	不要求	750	80%
失业人员	RPM > 55	500	650	70%
	RAIS > 58			

注：RPM——平均保费计划；RAIS——个人储蓄账户制度。
资料来源：National Planning Department CONPES 3605, September 2009。

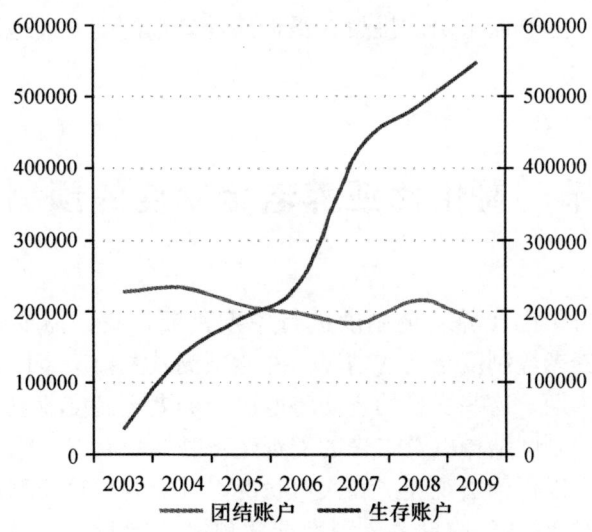

图 5.8　团结养老基金受益人数变化
资料来源：National Planning Department，CONPES Social 105（2007）。

(二) 最低养老保障基金

最低养老保障基金是个人储蓄账户制度团结支柱的组成部分之一，只有个人储蓄账户制度的参保者才能向该基金缴费并从中获得待遇。该基金为那些个人账户资金不足，没有资格领取最低养老金者提供补充养老金。领取最低养老保障基金者必须达到一定的年龄条件，对制度缴费也不得少于1 150周。因此，一旦个人储蓄账户基金耗尽，在征得哥伦比亚政府信用和财政部（Ministry of Finance and Public Credit）养老金债券局（Office of Pension Bonds，OBP）的批准后，即可从基金中领取待遇。

最低养老保障基金由个人储蓄账户制度所有参保人员月收入1.5%的缴费组成，缴费不仅来源于有资格领取基金者，那些没有资格者或者账户资金以及领取养老金过多或超过一定标准者，也要为制度缴费。考虑到个人储蓄账户制度参保者的退休趋势，目前领取最低养老保障基金人员的比重显得过低。2008年9月末，养老金债券办公室只批准了128位参保者有资格享有该基金。

本节我们通过对养老金制度历史沿革和近来绩效的介绍发现，哥伦比亚已作出多次立法努力来完善本国的养老金制度，养老金制度在过去15年间也取得了非常显著的进步。然而下一节的分析显示，养老金制度仍面临着一些悬而未决的挑战，最近的养老金制度发展也支持了这一观点。

第五节 哥伦比亚养老金制度的预测结果

为了对哥伦比亚养老金制度进行中期判断，我们需要建立一个模型，以评价养老金制度当前的情况，并能预测其主要决定因素的未来演化路径。在中期，这些变量的走向将取决于养老金制度业已存在的历史特点、现行的制度结构以及未来的宏观经济和人口状况。沿着这些变量发展趋势，可以得到宏观经济和人口状况以及宏观精算模型所支持的假设，来支撑对2050年前养老金制度绩效预测的判断。模型设计包括人口状况、社会经济方面、人口参与制度的方式以及有关就业、生产力和宏观经济表现等相关变量，并辅以精算分析。

一、精算模型

哥伦比亚双轨型养老金制度有着复杂的动态特征，这主要是因为：①每个养老金制度的特点有别；②两种养老金制度相互影响，因为制度允许活跃阶段参保者在两种养老金制度间多次转换。因此，这里设计出两种模型来分析养老金制度的前景：一种模型用于分析个人储蓄账户制度，另一种模型来分析平均保费计划，这就为分析制度覆盖率、缴费密度、养老金、残障和遗属待遇水平、制度间转换的可能性以及团结养老基金和最低养老保障基金的绩效提供了可行性。模型间的交互作用便于将整个养老金制度涵盖进来，并且也考虑到了参保者在制度间的转换以及在经济正规部门和非正规部门间的流动性。

下文将要提及的人口变化趋势和宏观经济变量预测，是模型的决定性因素，也便于确定中期养老基金数额、进入养老金制度的雇员数量以及缴费模式。

（一）预测的基准方案

1. 人口状况

21世纪初，哥伦比亚已跨越了人口转型中级阶段，尽管年轻人口仍占绝对优势，但人口老龄化进程也已启动，人口转型向高级阶段迈进（Flórez，2000）。有两个指标可用于证明人口转型的这种发展变化，即人口负担指数（dependency index）和老龄化指数（aging index）。人口负担指数是指不及15岁和65岁以上人口与15~64岁人口的比率。1950年，哥伦比亚人口负担指数将近84%，2000年为60%，2025年预计为47%，2050年又出现回升，最终接近56%的水平。老龄化指数是指65岁以上人口与15岁以下人口的比率。过去30年，人口变化趋势主要体现在老龄化指数的日益提高上。老龄化指数的上升可以从人口城市化水平的提高、劳动力市场中妇女参与率的增加、妇女人均生育子女数量不断下降以及家庭规模小型化等方面来解释。1950年，老龄化指数为7%，2000年为14%，2025年可能增加至44%，在2050年，将达到101%。

考虑到哥伦比亚养老金法律规定平均保费计划的退休年龄为男性60岁，女性55岁，且2014年后男女退休年龄将分别延长至62岁和57岁（2003年第797号法案），因而计算60岁以上人口的人口负担指数和老龄化指数意义重大。从这一考虑出发，人口负担指数和老龄化指数都出现了较大增幅:到2050年,人口负担指数为71%,老龄化指数也将达到135%(参见图5.9)。

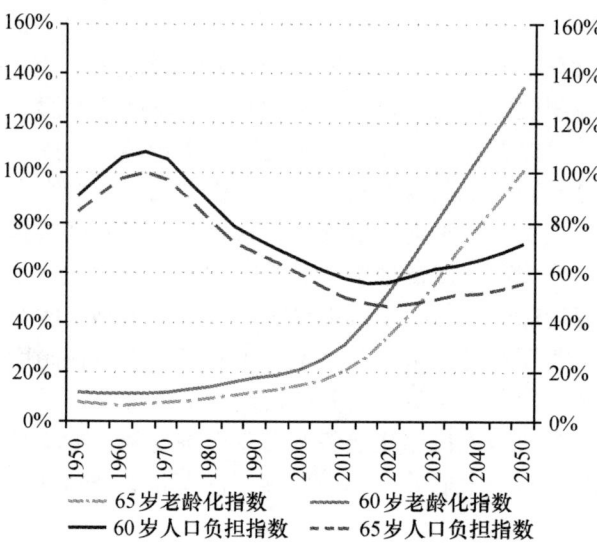

图5.9 哥伦比亚人口负担指数指数和老龄化指数变化

注:65岁人口负担指数=(小于15岁人口+大于64岁人口)/(15~64岁的人口)×100;

60岁人口负担指数=(小于15岁人口+大于59岁人口)/(15~59岁的人口)×100;

65岁老龄化指数=64岁以上人口/小于15岁人口;60岁老龄化指数=59岁以上人口/小于15岁人口。

资料来源:ELADE。

2. 就业状况

劳动力人口,也即经济活动人口,是由愿意积极参与劳动力市场的人员组成,而与就业与否无关。影响劳动力人口变化的因素主要有两个:人口转型和城市化进程。当不同年龄组人群不能以相同的速度增长时,就会出现人口转型;在人口转型中期,处于生产阶段的15~59岁年龄组人群增长最为明显,这也是经济活动人口增长率大于总人口增长率以及经济增长强劲的原因所在(参见图5.10)。

人口转型的另一个影响是产生了所谓的人口红利(demographic bond):存在大量工作年龄人口,同时需要抚养的儿童和赡养的老人很少。这意味着,对健康保障制度、初级教育和社会福利的需求较少,在这些两类群体上社会成本支出较小。

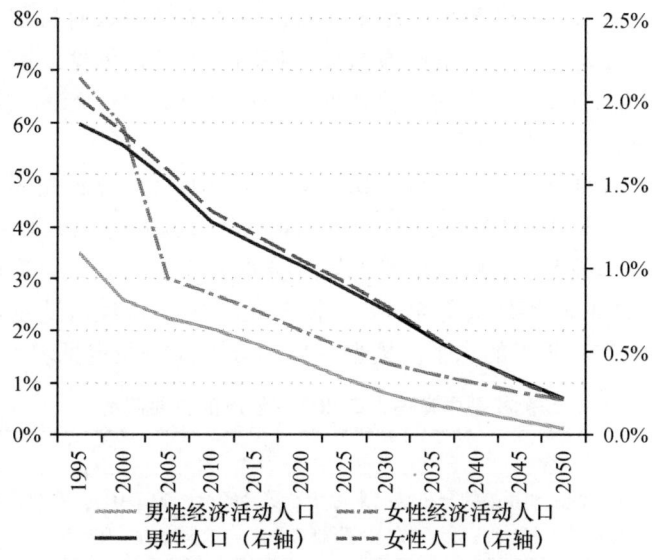

图 5.10 哥伦比亚人口指数（年增长）
资料来源：CELADE。

农村人口不断向城市转移的过程使哥伦比亚等国城市化水平较高，并导致农村经济活动人口不断下降，城市经济活动人口不断增加。随着妇女生育率下降和教育水平提高，妇女的机会成本增加，参与就业市场的动力增强，最终导致妇女就业参与率提高，也使城市经济活动人口不断上升。这些变化为生产力总体水平带来了积极影响，因为城市劳动者经济活动产生的生产力相对而言大于农村劳动者，能够创造更多的收入，增加储蓄以及促进对养老金制度的参与。但是，基于养老金制度的设计（如存在较高国家补贴部分），城市劳动者可能最终会对养老金制度产生财务压力并影响其可持续性。

3. 宏观经济状况

为了预测宏观经济变量的长期趋势，进而对哥伦比亚养老金制度的中期远景进行评估，需要建立一个基于外生增长的模型。在预测期间，这一模型力图阐明一系列宏观经济变量的演进过程，并支持下文将要述及的精算模型。特别是，该模型可以测度经济增长和全要素生产力（TFP）的变化趋势，揭示它们的重要性以及与实际工资增长、就业市场状况、养老基金预期绩效等之间的相互关系。

这里建立的长期宏观经济模型参考了索洛外生增长模型（1957）；以柯布—道格拉斯生产函数为建模起点，生产力的提高直接体现在劳动力因素上,并以人均受教育年限来修正。采用生产函数时特别规定,随着生产力的提高,人均产量和人均资本将同比增长。依据此前诸如洛伦特(Lorente,2002)等人对哥伦比亚研究的估计,该生产函数假定产出对资本的弹性系数为0.42。

我们采用西班牙对外银行(BBVA)哥伦比亚经济研究部的中期预测方案来设定未来的GDP变化:假定2020年以前哥伦比亚GDP平均增长率为4%;2020年以后,随着正规经济水平逐步上升,年均增长率调整至4.2%,2030年后又降至4%。同时也假定正规经济适度增长,在中期趋向维持在60%的水平。模型主要的宏观经济假定见表5.4。

表5.4　预测模型中有关人口和宏观经济的主要假定

变量	假设
人口	性别和年龄的分布状况来源于拉美经委会(ECLAC)。在整个预测期内,人口一直增加,但增幅呈下降趋势,平均增长率为1.0%
经济活动人口	性别和年龄的分布状况来源于拉美经委会。初始增长率将近2.5%,在整个预测期内为2.0%
正规就业率	初始水平为占经济活动人口的42.0%;此后逐步上升,在整个预测期内增长18%,2050年达到占经济活动人口60%的水平
GDP增长率	2020年之前为4.0%;2020—2030年为4.2%;2030年以后为4.0%
工资增长率	每年增长2.0%(等于生产力平均增速)
失业率	预测期内的平均失业率为7.42%,起始失业率近12%,在中期为5.5%
收益率	5.0%
领取养老金阶段的利率	4.0%

资料来源:BBVA。

(二)模型

参保者在预测起点所具有的特征对建模结果至关重要,模型必须据此来构建。就这一点来说,为了确定预测内新参保者的行为特征,有必要了解在基准方案下制度参保者的缴费模式。该模型的基准方案是以2005年12月个人储蓄账户制度和平均保费计划的有关数据为基础。在得到更多的个人储蓄账户制度参保者信息后,就可以依据年龄、性别和收入等这些决定缴费、个人账户平均余额和缴费密度的因素对参保者进行分类。需要强调的是,有关这两种制度参保者数据的采集日期相同。

关于个人储蓄账户制度的预测模型,在所选择的基准方案中,已依据参保者的收入水平、缴费密度、年龄、性别以及是否有领取养老金债券的资格进行了分类,每一群体也被配置了与数据库信息相一致的平均个人账户余额。养老金债券的估值,来源于财政部提供的有关养老金债券发行与结算的数据。

借助于这些基准信息,我们将不同类别成员的性别、年龄范围、工资水平和缴费密度紧密地联系起来,分别对他们进行评估。然后,把经过评估后的各类成员合并成一个成员矩阵,并根据性别和年龄范围将其分开。最后,再以缴费密度(每5个百分点作为一段)和工资变化范围将参保者分组。对个人账户平均余额和养老金债券价值也按此方法进行分类。同时,根据是否有资格领取养老金债券,模型也对参保者做了明确区分。

这样,一方面用缴费密度将参保者进行区分①,意味着向制度缴费的月数可以与分析所用基准前3年的情况相比较;另一方面,通过缴费收入基数(IBC)也将参保者进行了分类②。养老金制度的缴费频率和工资水平,都是能够分析不同群体未来养老金收入的相关标准。以缴费密度划分的4类群体和以收入水平划分的3类群体相组合,可以得到12个群体分类。如图5.11a显示,在预测期的第一年,40%的参保者属于低缴费密度群体(C1)和低收入群体(D1)。从个人账户基金占个人储蓄账户制度强制性养老基金总值的比重看,高缴费密度和高收入的群体(A3)以不到参保人数5%的比例,占据了强制性养老基金总值15%的份额(参见图5.11b)。

在参保者年龄方面,从近几年个人储蓄账户制度的表现看,我们继续坚持认为新参加养老金制度者进入到个人储蓄账户制度的数量仍将大于平均保费计划(参见图5.12)。

为了建立平均保费计划的预测模型,在分析基准方案时将参保者依性别、缴费收入和年龄进行了分类。基于可得数据,假定所有平均保费计划的参保者与个人储蓄账户制度成员分布相似,进而来区分不同缴费密度人群。与个人储蓄账户制度相同,缴费收入基数也将平均保费计划参保者分为3类群体。

---

① A组群体缴费密度为96.1%,即该群体几乎每月都向养老金制度缴费;B组群体缴费密度为70.8%;C组群体为27.3%;D组群体仅为3.7%。

② 1组群体为缴费收入基数等于法定最低工资者;2组群体为大于法定最低工资,但不足最低工资2倍者;3组群体为最低工资2倍及以上者。在基准群体成员中,月缴费收入低于法定最低工资者约占86%,且月收入不足法定最低工资者比例高达64%。

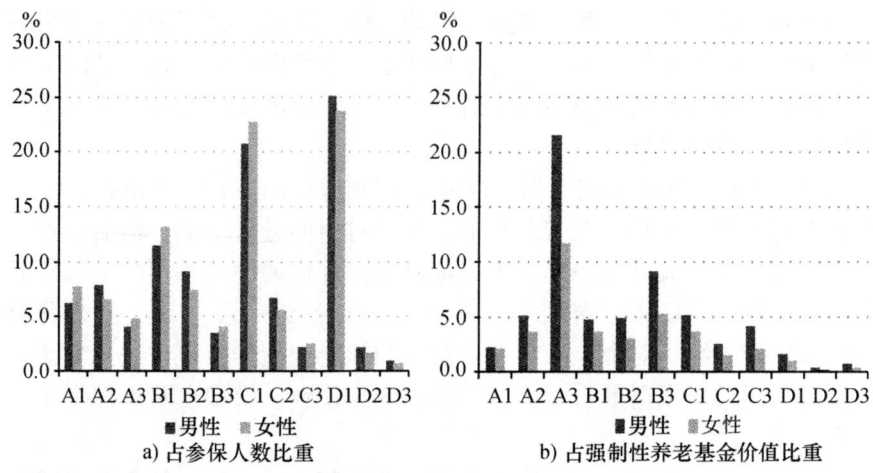

图 5.11　依缴费密度和工资范围划分的参保者以及
个人储蓄账户制度个人账户余额分布

资料来源：BBVA's own calculations。

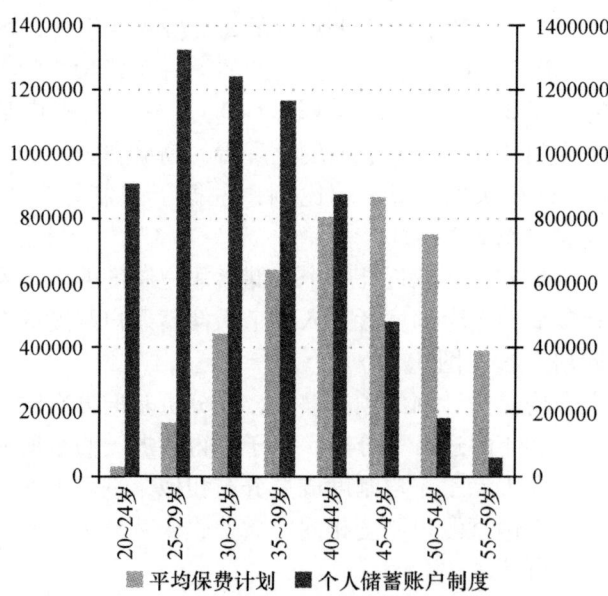

图 5.12　按年龄范围划分的参保者人数分布

资料来源：Financial Superintendency of Colombia。

在上述参保者人数假定的基础上，以 5 年为一时间段对个人储蓄账户制度和平均保费计划的绩效进行预测，直至 2050 年。每一阶段的预测,我们都可以确定参保人员数量,包括这一时期新参加制度者、残障者以及死亡者。在死亡发生的情形下,模型可以让我们分析其遗属是否被"残障和遗属待遇保险"(Pension Insurance for Disability and Survival, SIS)所覆盖以及其享有待遇水平的高低。

基于不同人群的缴费密度和设定的工资范围,就有可能确定缴费人员的数量以及他们对养老金制度的缴费密度。个人储蓄账户制度主要监测5年期内个人账户余额,也即5年内缴费收入和制度收益的乘积;平均保费计划的缴费可以视为对同期养老金支出的储蓄。

另一方面,在非活跃阶段,这些模型可以让我们对不同参保人群逐个分析,以确定其是否有资格领取养老金待遇,以及在有资格的情况下其养老金数额是多少。在个人储蓄账户制度中,可以为每个人群计算终身年金,这就为确定养老金替代率以及预期养老金水平提供了可能。至于平均保费计划,则可以评估是否满足领取养老金的标准,以及按照法律规定的待遇给付公式确定养老金数额。

1. 人口方面

● 预测时所用的死亡率是依据拉丁美洲人口统计中心(CELADE)对哥伦比亚2050年之前死亡率的预测。模型中的伤残率来自伤残密度表DT 85(Density Tables)。

● 决定领取者(老年、遗属和残障)待遇的生命表来自于确定养老金和遗属待遇的GAM 83表(美国经验)。哥伦比亚目前采用的生命表是社会保障协会(ISS)颁布的ISS 80-89表,其修订版本正在研究制订中。尽管GAM 83表预期寿命略高于法定年限,但与拉美地区其他修订表,如智利RV 2004表相比,并没有超出很多。残障待遇领取者适用MI 85表(智利经验),此表目前已由法律确认在哥伦比亚实施。

2. 制度方面

(1)划分不同参保群体的初始缴费密度为:A组群体为90%以上;B组群体介于51%~90%之间;C组群体为11%~50%;D组群体为低于11%;E组群体是制度缴费密度的均值。B组和C组群体的缴费密度每5年分别增长1%和2%,以便使既定宏观经济环境下的预期就业人数与缴费人数相吻合。A组群体缴费密度最终确定为96.1%,并假定这一水平已经足够接近最大缴费密度,这一群体在其就业期间几乎每周缴费,再增加缴费密度显得无关紧要。

(2)养老金制度货币参数的预测以实际值为准,不考虑通胀的影响。在对国家潜在经济增长作出宏观分析后,我们假定工资增长率与生产率相同，即每年增长 2%，这一增长率也同样适用于最低工资。作为宏观经济分析的结果，也为了与制度近些年运行经验相一致，假定个人账户资本额每年实际收益率为 5%。为养老金、遗属和残障待遇确定的利率是 4%，这一利率目前已由法律规定实施，也是为了与个人账户资本的收益率相符。

（3）对综合养老金制度（SGP）的缴费为所得工资的 16%。在私人养老金制度下，对个人账户制度的缴费为工资的 11.5%；在公共养老金制度下，对共同基金的缴费则为 13%。这些缴费比例是由现行哥伦比亚养老金法律规定。同时，个人储蓄账户制度中还需要缴纳相当于平均缴费基数 1.6% 的佣金，主要是用于管理费的支出（对账户余额不再收佣金）。

（4）至于家庭结构的确定，我们假定所有制度参保者都为已婚但无子女，女性年龄都比其配偶小 3 岁。这一假定简化了测算，并试图（至少在理论上）通过填补无配偶的受益人来增加部分参保者数量，使建立的假设更为合理。

3. 结果

此处分析尝试说明哥伦比亚养老金制度先前采取的措施，并深入探究诸如参保者缴费密度、不同养老金制度间的转换、残障和遗属待遇以及团结支柱结构等相关内容。

除评估制度覆盖面和养老金数额等目标外，风险发生时的保险结构、团结支柱的演进、从平均保费计划角度来看的财务情况以及影响养老金制度的结构性因素等，都在此得到了深入的分析。

二、覆盖面

（一）劳动力覆盖面

关于综合养老金制度的劳动力覆盖面，预测假定在 2015 年其覆盖率达到 75%，到 2050 年进一步增加至 85%（参见图 5.13）。

覆盖率变化路径反映出了经济增长、劳动力市场改善以及非正规就业下降等趋势。在中期内经济增长和生产力增长趋势既定的情况下，哥伦比亚就业市场中非正规就业率 2050 年下滑至 40% 的水平是合乎情理的。但应该注意到尽管中期内覆盖率有了提高，但仍有较大比重的工作年龄人口没有被制度覆盖进来。

已有的研究文献指出了养老金制度覆盖面的一些决定因素。对哥伦

第五章 坚信未来：改善哥伦比亚养老金制度之建议

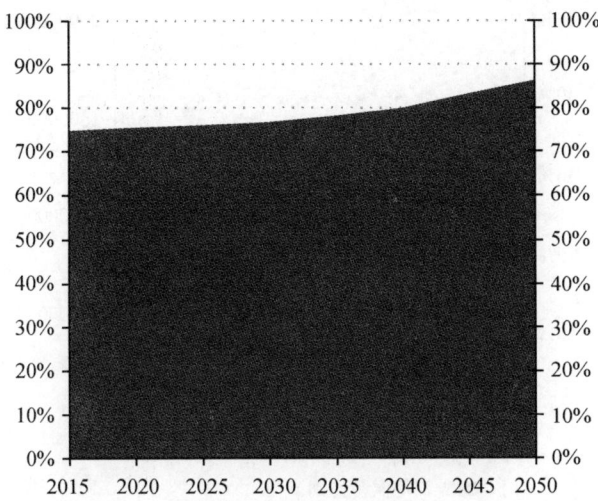

图 5.13　中期就业人口覆盖率预测（参保者/15～64 岁经济活动人口）

　　资料来源：BBVA's own calculations。

比亚而言，阿科斯塔和阿亚拉（Acosta and Ayala，2002）、阿科斯塔（Acosta，2005）、布斯塔曼特（Bustamante，2006）和罗夫曼等（Rofman et al.，2008）强调高失业率、高非正规性和较高的工资税是阻碍哥伦比亚养老金制度扩面的最主要因素。同时，他们还重点指出，政府在监管制度缴费、不同收入水平的自由职业者方面，缺乏权威性，监管能力也较为薄弱。从实际情况来看，哥伦比亚经济的高非正规性也是很明显的，从而形成了工资税、健康保障和养老金制度缴费上的动态特征。

（二）老年人口覆盖面

预测结果显示，老年人口覆盖面与我们用作基准人群的特征以及宏观经济、人口和就业市场的假设是一致的。尽管养老金领取者的数量显著增加，在 2050 年将超过 300 万人（参见图 5.14），但 64 岁以上人群覆盖率增长缓慢。究其原因，与人口老龄化进程加剧、缴费密度较低以及进出正规就业市场的流动性较高有很大关系。

由于个人储蓄账户制度较为年轻，还没有完全进入退休年龄阶段，而平均保费计划却相反，因此，中期内养老金领取者在两种养老金制度间分布的比例将发生明显变化。如上文所述，两种养老金制度参保者的平均年龄差别很大：个人储蓄账户制度的平均年龄不足 37 岁，而平均保费计划下的平均年龄接近退休年龄。由此我们预计，到 2050 年个人

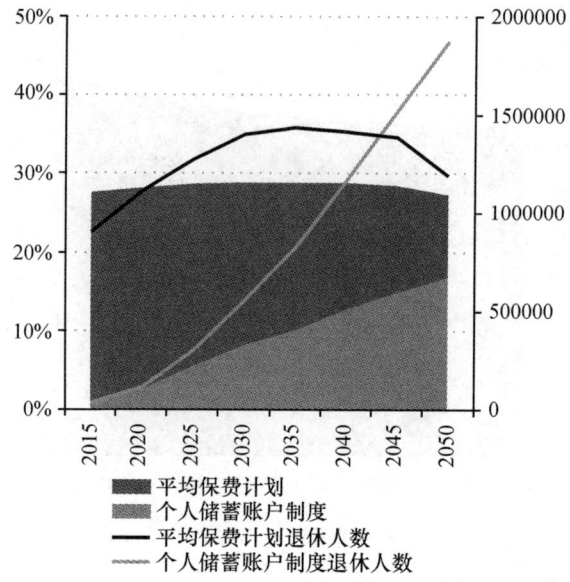

图 5.14　中期个人储蓄账户制度与平均保费
计划下老年人口覆盖率预测

资料来源：BBVA's own calculations。

储蓄账户制度养老金领取者占全部养老金领取人数的比重，将由目前的 1% 上升至近 60%。

三、替代方案：经济正规化程度提高

参与制度过程的预期模式和在养老金制度中的后续持久性，是养老金制度将劳动力覆盖进来的重要条件之一。如上所述，参与模式依赖于就业市场结构，特别是正规部门雇员的变化。在本部分，我们在替代方案中假定 2050 年劳动力市场非正规率为 30%，而非基准方案中所假定的 40%。这一劳动力市场变化的假定，以及按年龄范围划分的参保者分布和参保人数变化的趋势，仅以参保者职业生涯早期予以说明。模型假定，首次参加两种养老金制度的年龄分布为：个人储蓄账户制度为 20~30 岁，平均保费计划为 20~35 岁。很显然，在劳动力市场中正规部门雇员增加的情况下分析养老金制度的缴费结构，养老金制度的参保人数也会增加，这就对实现扩大劳动力和老年人口覆盖面的目标产生了积极影响（参见图 5.15）。

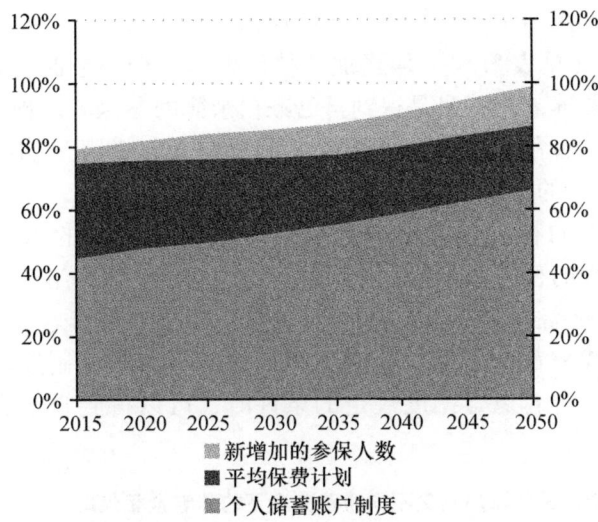

图 5.15　正规经济水平提高情况下中期就业人口覆盖率预测的模拟

注：假定长期内经济正规性逐步增加至接近经济活动人口 70% 的水平。

资料来源：BBVA's own calculations。

四、替代率水平

鉴于影响制度的参数不同，为了凸显每个制度的特点，本部分对个人储蓄账户制度和平均保费计划养老金的预测水平和替代率分别进行分析。

替代率以给付收入基数（BSI）检验。给付收入基数等同于退休前 10 年的平均工资，这是哥伦比亚养老金制度中计算养老金待遇时所参考的收入指标。从这点而言，所谓的替代率即是月养老金待遇与给付收入基数的比值。

此处分析体现了模型的一个主要优点：能够用收入范围和缴费密度将参保者区分开来，因此可以得到不同参保人群的信息。分析对象包括养老金制度全部参保者，甚至包括那些没有资格领取养老金者以及那些依照哥伦比亚相关法律、在某些条件下返还其缴费的参保者。

（一）个人储蓄账户制度养老金水平和替代率

对于养老基金总值和替代率的预测，在可行的情况下，制度的缴费、缴费资本总额以及养老金债券均被考虑在内。该预测可以确定个人储蓄账户制度养老金的加权平均替代率：对领取养老金者而言，其替代率不断上升，由 2015 年的 70% 增加至 2030 年的 74%，至 2050 年最终增长到 75%（见表 5.5）。但当加权替代率用于全部参保者时，因为包括了没有领取养老金、只是得到自己账户余额的参保者，预测结果有所下降。这样，替代率在 2015—2050 年间增幅近 30%，从初始水平 34% 增长到 2030 年的 42%，进而上升至 2050 年的 43%。

不同人群的替代率差异较大。A 组和 B 组群体的平均替代率近 70%，且男性的替代率一般高于女性。至于 C 组和 D 组群体，由于其缴费密度低，无法积累足够的资金使自己有资格获得养老金待遇，这两个群体的替代率都非常低，他们不能从这两个养老金制度中获得养老金，只有在符合养老金制度规定的条件时，可以得到自己缴费的部分（见表 5.5）。

表 5.5　个人储蓄账户制度不同缴费密度下的养老金替代率

群体	2015 年	2030 年	2050 年	2015 年	2030 年	2050 年
A	75.5%	75.9%	76.3%		平均替代率[1]	
B	68.0%	70.7%	72.9%	70.0%	73.5%	74.6%
C	12.6%	17.0%	21.3%			
D	2.6%	2.7%	3.7%			
平均替代率[2]	34.0%	41.6%	43.2%			

注：替代率以给付收入基数计算。
1. 即 A1、A2、A3、B1、B2 和 B3 群体的平均替代率，能够得到月养老金待遇。
2. 即整个平均保费计划的平均替代率。

资料来源：BBVA's own calculations。

据预测，中期个人储蓄账户制度领取养老金群体的预期养老金水平与 2015 年相比会有所上升（至 2030 年增长近 20%，2050 年增加 50%）。平均养老金替代率包括对个人账户有积累额的参保者的隐性补贴，这并不能使其达到领取最低养老金的要求，但可使他们具有领取最低养老保障基金的资格。

（二）平均保费计划养老金水平和替代率

平均保费计划的养老金水平由法律规定的待遇给付公式决定，制度参保者养老金替代率为给付收入基数的 55% ~ 80%。超过最低缴费期限后，增加缴费会得到额外待遇给付；但如前文提及，待遇给付函数与给付收入基数成反比。

表 5.6 说明了平均保费计划不同养老金替代率水平。从表中可以看

出，只有A、B组群体达到了领取养老金的缴费期限，可以获得养老金待遇。在整个预测期内领取养老金者的平均替代率都维持在近90%的水平。所有参保者（无论其是否得到养老金待遇）的平均替代率则由2015年占给付收入基数的47%提高到2050年的56%。

表5.6 平均保费计划不同缴费密度下的养老金替代率

群体	2015	2030	2050		2015	2030	2050
A	92.8%	94.0%	94.1%	➡	平均替代率[1]		
B	86.5%	87.3%	88.9%		89.7%	90.1%	90.9%
C	5.4%	7.7%	8.5%				
D	1.3%	1.6%	0.9%				
平均替代率[2]	46.5%	47.4%	55.6%				

注：1993年第100号法案第37条款规定的替代补偿等于平均周给付收入基数乘以缴费周数，缴费时所依据的加权平均比例适用于这一结果。替代率水平由给付收入基数计算所得。

1. 即A1、A2、A3、B1、B2和B3群体的平均替代率，能够得到月养老金待遇。
2. 即整个平均保费计划的平均替代率。

资料来源：BBVA's own calculations。

和个人储蓄账户制度的原因类似，在分析平均保费计划养老金替代率的预期趋势时也出现了向上偏差。然而，平均保费计划的养老金还存在额外补贴，使较高的替代率水平与制度缴费脱节。个人储蓄账户制度的补贴对象是接近最低养老金给付者，但平均保费计划范围扩大到对替代率很高、养老金数额很大者也予以补贴；同时应该看到，后者的补贴并没有像个人储蓄账户制度那样由私人缴费基金补偿，而是来源于共同基金或者由制度管理者即国家财政兜底。

这种情况下，中期内平均保费计划领取养老金群体的预期养老金水平，将在2015年的基础上，增幅分别为20%（2030年）和65%（2050年）。

五、团结支柱

（一）团结养老基金（SPF）

团结养老基金由两个子账户组成：生存账户和团结账户。近几年来生存账户不断发展，在2009年年末已覆盖老年人口的19%（65岁以上人口为290万人，覆盖人数为55万人）。与此同时，团结账户发展停滞，受益人数不断下降，这主要是由于受工作条件的限制，低收入人群不能达到领取团结账户基金的要求。

中期预测显示，目前的趋势将会持续到2050年，彼时生存账户将覆盖高达25%的老年人口；团结账户受益人数也有小幅上升（参见图5.16）。

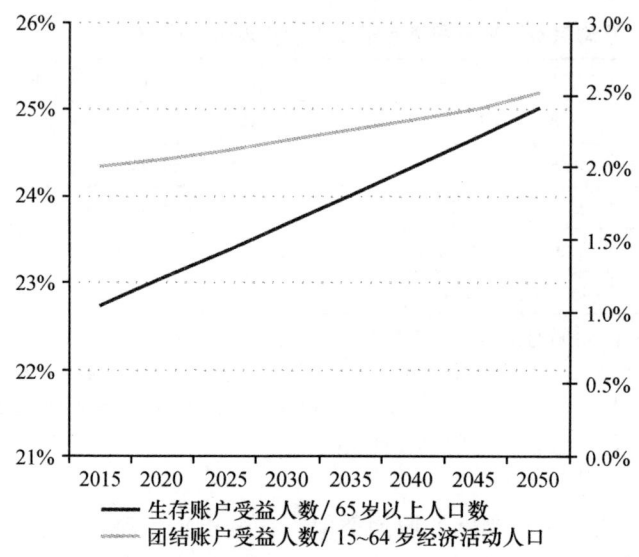

图5.16 团结养老基金受益人数预测

资料来源：BBVA's own calculations。

（二）最低养老保障基金

预测结果表明，最低养老保障基金受益人数将会逐渐增加，至2050年将近占64岁以上人口的10%。基金受益人数的增长是与个人储蓄账户制度参保者的平均年龄及其平均养老金水平相对应的（参见图5.17）。

随着受益人数的增加，其所享受的待遇由最低养老保障基金积累支付，而积累基金来源于个人储蓄账户制度所有参保者月收入1.5%的缴费。参保者在其活跃阶段结束后，符合领取最低养老保障基金的标准，但个人账户积累不足以得到最低养老金时，养老金就由最低养老保障基金提供。当然，也存在一部分参保者，既不符合领取最低养老金的条件，也不能享受最低养老保障基金的待遇或归还其对基金的缴费，这一人群将得到其个人储蓄账户余额的返还。

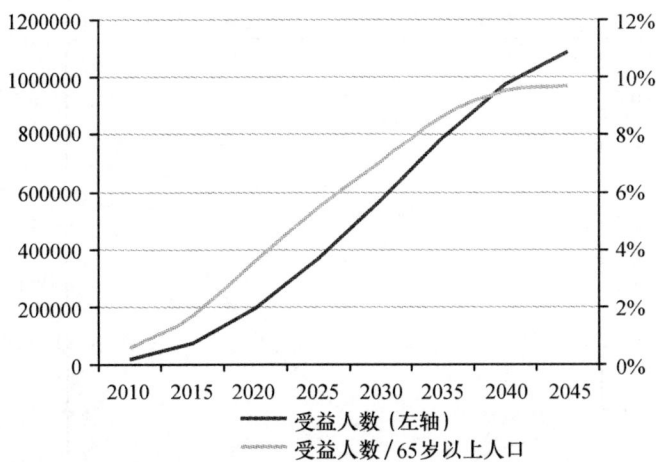

图 5.17　最低养老保障基金受益人数预测
资料来源：BBVA's own calculations。

六、财政成本

这一部分在考虑到相关财政支持的基础上，分析中期内平均保费计划的财务状况。制度基金评估的一个简单财会模拟显示，2015 年平均每位退休者的养老金支出至少需要 10 个参保者的缴费来弥补，到 2050 年，这一数量会更高。

从平均保费计划最近发展的情况来看，制度已出现了财务失衡，且财务失衡反过来也会影响到未来财政状况。自 2004 年开始，平均保费计划储备已经耗竭，国家政府不得不承担起供款的责任。通过这些分析，利用预测模型，我们可以得出这样的结论：弥补平均保费计划养老金赤字的财政成本将会不断增加，在 2025 年达到最高水平，占 GDP 的 3.5%；此后逐渐下降，2050 年为不足 GDP 的 1.3%（参见图 5.18）。以当前净值计算，2025 年和 2050 年赤字差额相当于 GDP 的 60%（2007 年比索）。依据哥伦比亚社会保障部（Ministry of Social Protection）最新数据，制度负债与全部平均保费养老金实体负债的赤字总额，几乎占 GDP 的 150%。

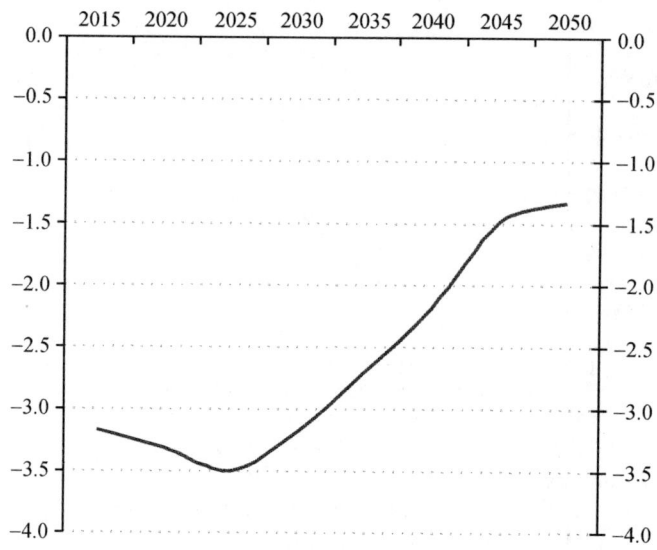

图 5.18　平均保费计划养老金赤字预测（占 GDP 的百分比）
资料来源：BBVA's own calculations。

七、哥伦比亚养老金制度的其他相关因素：抵御风险以及退休形式

（一）残障和遗属待遇保险

下文是从中期视角对残障和遗属待遇保险进行分析，着重于保险制度和养老金制度在结构、缴费规则和影响制度的保险因素等方面所面临的挑战。

残障和遗属待遇保险目前的形式是集体人寿保险，但它的一些特征并没有考虑到人寿保险公司已经认可的分级费率以及费用产生过程。在签订集体人寿保险时，通常需要了解被保险人的数量、年龄和性别分布、被保险人的受益人的性别与年龄、投保的待遇数额以及保费缴纳的频率和期限。但是在残障和遗属待遇保险下，保险人群是不确定的，是否被覆盖取决于参保者能否遵循法律规定的缴费频率要求，因而每月覆盖的参保人数经常变化。因此，依性别和年龄划分的群体分布只能用作参考：养老基金管理公司的参保者组合构成可以获得，但并非全部都被保险覆盖。只有满足法律要求的才是保险制度的成员。

因为法律规定保险待遇数额为保险事由发生前一段时期平均缴费工

资的一定比例,所以为了确定支付遗属或残障待遇的财务精算值,必须要收集所有受益人的个人信息。而且,如想了解保险公司承保的残障和遗属保险待遇总额,还需要获得两方面的信息:参保者个人账户的积累额以及在有资格的情况下取得养老金债券的价值,但这两个数额都随时间不断改变。另外,根据技术确定的保险公司所要承担的待遇总额也不等于通过个人账户积累额和养老金债券之和来确定的待遇总额。

此外,还有一个原因使残障和遗属待遇保险难以扩面:养老金制度缴费者每月为该制度缴费,但是缴费人数不确定,且远低于参保总人数;考虑到被保险制度覆盖需满足法定的缴费频率要求,缴费人数也低于有资格被保险制度覆盖的人数。目前,保险公司在收集制度保费时,对缴费收入基数适用单一费率,而没有依据性别或年龄区分。

通过残障和遗属待遇保险将残障者和遗属覆盖进来,成为一个具有团结因素的"待遇确定型"(Defined Benefit, DB)的子制度,对 DC 型的个人账户制度(用于获得养老金)起到了补充作用。因此,残障和遗属待遇保险通过现收现付制(PAYG)起到了社会保护的作用。尽管保险待遇目的明晰,但由于保险成本分配不公日趋明显,使残障和遗属待遇保险在中期内危机重重。

基于这一点,区分群体显得非常重要。因为随着年龄的增长,残障和死亡等风险发生率都会逐渐上升;同时,女性的死亡率也要低于男性。

然而有一个因素导致了保险制度极度不公平性,即缴费密度和与之相关的保险事由发生后的待遇。现行法律允许在某些特定时期可以不用缴费,但仍享有被残障和遗属待遇保险覆盖的权利。这些例外之一如,在过去的 3 年中,参保者向制度缴费在 50 周以上(即过去 3 年的 1/3 时间);另一个例外情形是,从参保者 20 岁开始算起,其向制度缴费不少于 20% 的时间,这意味着参保者仅需在各自职业生涯 1/5 的时间缴费。

1993 年第 100 号法案第 19 条款规定,任何情况下缴费基数都不能低于月法定最低工资;另一方面,老年、残障和遗属待遇也必须高于最低工资。但问题是,85% 的参保者缴费基数不足最低工资的 2 倍。在大多数情况下,参保者缴费基数仅仅略高于保险事故发生时给付的待遇,这也成为参保者保险索赔的诱因,因为此时对应的待遇与他们工作时的工资水平相差无几①。

同时也应该看到,自个人储蓄账户制度实施以来,缴费人数的增加远落后于参保人数的增长。因此,鉴于所有参保者在私人养老基金管理公司注册之初都会向制度缴费,且目前养老金法律规定缴费密度至少为33%才能被制度覆盖,我们可以推断被覆盖人数也会落后于参保人数的增长,但是可能快于缴费人数的增加。这样的发展使制度陷入被保险人数增长快于缴费人数增长的境地,这也意味着残障和遗属待遇保险的事故发生率不断增加。

据哥伦比亚金融监管局(Colombian Financial Superintendency, SFC)提供的2005年12月的资料显示,64%的参保者以最低工资缴费,12%以不足最低工资1.5倍缴费,另有10%缴费为最低工资的1.5~2倍。这表明缴费群体高度集中(86%)于相对低的工资水平。在残障和死亡风险发生时,待遇计发为依据通胀调整的平均工资的相应比例(取决于风险事故种类)。但法律规定待遇不能低于最低工资,因此对于绝大多数参保者而言,无论其是每月缴费还是仅缴费一定时期以满足被制度覆盖的条件,取得的待遇补偿几乎都等于他们的工资收入。另一方面,以低工资缴费必然导致个人储蓄账户积累额较少,而个人账户余额在保险事故发生时要用于终身年金或计划退休金的全部支出。在这种保险模式下,残障和遗属待遇与工资相近,与缴费时间和个人账户较低的积累额没有对应关系,致使制度事故发生率不断上升。

解决上述所有问题需要对残障和遗属待遇保险有一个根本性变革,以确保制度具有可持续性和技术操作性。这些变革包括:改革保费的收缴机制;依据缴费频率、年龄和待遇期限重新界定和调整覆盖人群等。

(二)终身年金

终身年金的计算受许多不确定因素的影响,在哥伦比亚尤为如此。这些不确定性也阻碍了国内终身年金市场的发展。终身年金市场发展不足的原因,即可从这一角度解释:终身年金保险定价受诸多不确定性因素的影响,这又反过来影响保险公司将要面临的风险。

(三)生物风险或寿命风险

生物风险源于固定收入缴费数额可能大于保险公司的估值,也可能来自被保险人存活率高于计算业务准备金时所适用的生命表。目前,政

---

① 缴费密度和缴费基数对残障和遗属养老保险综合影响的详细内容,参见穆尼奥斯等(Muñoz et al., 2009),第130页。

府当局已经认识到了领取年金者死亡表滞后产生的问题,并在研发新的生命表。因为现行的生命表是依据20世纪80年代的人口结构制定的,已经落后于当前的人口变化。

(四)财务风险

依据1994年第610号决议,哥伦比亚终身年金流的实际贴现值固定在4%。与其确定时的真实利率(12%~15%)相比,4%的利率显得较为保守。所有提供老年、残障和遗属保险的综合养老金制度(SGP)管理实体都有责任以4%的技术利率计算准备金。有终身年金项目的保险公司必须为精算准备金补充必要的基金,以满足合同签订时承诺的待遇给付,同时借助能够在风险与回报间适当调整的金融工具收益,足够支付未来预期待遇。为终身年金保险的精算准备金设定一个固定的技术利率补偿,如目前的4%,会使保险公司与实际金融市场脱节。解决这一问题的一个方法是设立一个定期调整的基准,以反映金融市场的变化。

(五)最低养老金和通胀风险

1993年第100号法案第14条款规定:综合养老金制度的任何一种养老金形式,每年1月都要依据哥伦比亚国家统计局(DANE)确认的上一年度消费者物价指数(CPI),对退休、残障和遗属待遇进行调整。因此,保险公司的投资收益必须能够弥补通胀风险带来的基金损失。然而提供的通胀指数工具并不足以完全涵盖终身年金运行的技术规定。

此外,现有超过70%的终身年金不足最低工资的2倍,这需要将其依据通胀指数或最低工资增长率的较大值每年调整。如果是以最低工资增长率调整,那么调整过程包括一个附加风险(政治风险——译者注),其产生与否已非经济领域所能左右。

(六)法律风险

在签订终身年金合同时,参保者必须向保险公司提供有关自己和其受益人的具体信息,以便保险公司计算出正确的保费。养老金待遇数额将取决于参保者及其受益人的性别和年龄。但在终身年金保单持续期间,被保险人家庭成员组成可能会有变化。在受益人改变的情况下,被保险一方有义务向保险公司提供新的信息,以重新确定养老金待遇。依据哥伦比亚金融监管局(SFC)1996年第007号对外通报(External Circular 007 of 1996)确立、后又被2002年第052号对外通报(External Circular 052 of 2002)所修订的条款,受益人确定后,又出现其他符合领取遗属待遇者时,如新受益人被认可,那么待遇必须基于保险公司管理的精算准备金重新计算。

受益人年龄越小，遗属待遇保费越高。在新的受益人年龄较小时，重新计算待遇会使养老金降低。如果养老金降低到最低工资水平之下，保险公司将会提高参保者的保费，因为保险公司有责任使养老金待遇不低于最低工资水平。

第六节 建 议

（一）实施低于最低养老金的经济待遇，允许就业期不足1个月者对制度缴费

在这一方面，哥伦比亚政府已经出台许多法律规定，但仍存在阻碍法律实施的一些重要因素。尽管2005年第1号立法法案使周期性经济福利（BEPs）项目得以存在[1]，2009年第1328号法案第87条款也对该项目做了指导性的规定[2]，但并没有足够的法律切实保障项目的实施。对这些项目和某些方面的定义仍有必要进一步厘清，对周期性经济福利（BEPs）的数量和期限而言也是如此。此外在激励问题上，必须考虑到项目对其他缴费制度可信度的影响。非法人雇员工作时间不足1个日历月[3]以及在社会项目潜在受益人识别系统（Sisbén）中处于第1和第2水平者，第1151号法案第40条款提供了一个新选择：可以向一个长期计划储蓄账户制度合并缴费，由雇主代缴，甚至可以基于"法定最低日工资"（Minimum Legal Daily Wage，SMLD）以天为单位缴费。对其缴费是强制性的，且完全由雇主承担。2009年第1800号法令规定，计划储蓄账户基金只有积累结束后或者在严重的、意料之外的事件发生时才能提取以获得周期性经济福利。2009年第1328号法案重申周期性经济

---

[1] 法案规定："在一些情况下，法律可以决定对不能满足领取养老金条件的贫困者，支付低于最低工资标准的定期经济待遇"。

[2] 这些指导性规定包括获得津贴的要求，如：一是通过政府规定的方式或机构定期或分散缴费和储蓄；二是达到了普遍养老金制度平均保费养老金规定的领取养老金的年龄；三是基金积累、强制缴费价值、强制养老基金的自愿缴费以及政府出于同一目的而授权的其他基金之和，不足以获得最低养老基金；四是每年的储蓄总额低于普遍养老金制度每年的最低缴费。

[3] 此后，这一群体扩大到法人、自雇者等以及在社会项目潜在受益人识别系统（Sisbén）中处于第3水平者。社会保障部第2020和2249号决议。

福利的对象是"通过政府规定的方式或机构定期或分散缴费和储蓄且基金不足者",包括在第1151号法案下建立计划储蓄账户者。从这点可以理解,除计划退休账户外,还有其他储蓄机制可以获得周期性经济待遇,然而,其如何运行仍不是很清晰。第1328号法案也同样包括鼓励加大缴费密度,诸如固定收益取决于个人储蓄、提高成员对制度的忠诚度和储蓄额等机制。同时,该法案还考虑在储蓄者或其家庭成员生活出现意外事件时,账户基金可以作为贷款的担保。第1328号法案为了提高对制度的忠实度,将保险覆盖到残障和遗属风险上,基金来源于"职业风险基金"(Professional Risks Fund);法案也规定,周期性经济待遇基金以及对不同时期储蓄者独立和(或)随机激励的基金,都来自于团结养老基金,且不能超过储蓄者在制度中积累基金的50%。

(二)优化养老金缴费控制和财务监管过程

依据模型预测,现在和未来都会存在较大比重的雇员,尽管有缴费的法律义务却不对养老金制度缴费。为了促使这一群体向制度缴费,必须向他们提供一定的激励以使其明白缴费对养老金储蓄和未来待遇的益处。这种激励可以通过多种方式实现,但尤为重要的是应该使年轻人群意识到在不同阶段存在的老龄化和收入风险。第1328号法案标志着在促进成员金融意识上有了重要进步。该法案确立了"金融消费服务体系"(Financial Consumer Service System, FCSS),其最基本的内容之一即是"培养消费者在不同交易、服务、市场和实体监督活动类型等方面的金融意识,尊重保护自身权利的不同机制"。

在提供适当激励之外,还必须优化养老金制度缴费控制和财务监管的过程。尽管正规部门和非正规部门雇员都有缴费的义务,他们中仍有许多人没有定期向制度缴费。哥伦比亚这一规定在拉美地区虽属较为先进的立法,但由于控制和财务监管等方面的原因并没有得以完全实施。为了减少这种现象,几年前哥伦比亚开始实施综合缴费结算表(PILA),在解决这一问题上有了正确的前进方向,也已初见成效。截至2009年12月,将近600万人通过综合缴费结算表进行社会保障缴费。然而,如果制度能够确保参与者提供收入信息的有效性,综合缴费结算表会有更强的功效。从这一角度看,通过相互参照国家掌握的其他信息资源,在优化养老金制度缴费控制和财务监管上仍存在较大的提升空间。随着一些缴费例外条款的失效,综合缴费结算表在养老金覆盖面上有望进一步扩大。这样的缴费例外条款之一,如第1250号法案规定:低收入群体可以仅向医疗保障制度缴费3年。

（三）消除最低养老金与最低工资增长之间的关联

最低养老金与最低工资增长之间的关联造成了养老金制度财务的困难。在哥伦比亚，最低工资每年增长率取决于一系列参数，不仅包括通胀预期，还包括生产率以及不同部门间政治谈判等因素。在劳工政策上，这种关联会产生镜像效应[1]阻碍决策过程，因为每次讨论增加最低工资时，都必须分析对养老金支出产生的影响（见图5.10）。

对此，高等教育与发展基金会（Fedesarrollo，2010）指出，或许1993年第100号法案的最高预算支出责任是保证最低养老金与最低工资持平[2]。依据该文章作者的观点，对于解决保证该"持平"所带来问题，承认一些养老金低于最低工资水平应该不失为一项"技术"措施。然而2005年修宪时却重申养老金水平不能低于最低工资。

在个人储蓄账户制度下，这一持平阻碍了终身年金市场的发展，因为提供终身年金产品的保险人会面临未来最低工资水平不确定性的风险。此外在平均保费计划下，"持平"会影响到来源于公共基金的养老金支出水平（参见图5.19）。

（四）调节平均保费计划的替代率，以与参保者工作期间的缴费模式相适应

分析得知，平均保费计划平均养老金给付包括一个较高的津贴，津贴反过来又取决于养老金平均数额。特别是养老金水平越高，津贴也越高，致使参保者工作期的缴费不能弥补退休后依法获得的养老金数额。

就此，我们建议逐渐降低制度养老金的替代率，使养老金水平与活跃期缴费相一致，并且不再包含公共财政支付的国家津贴。基本替代率（不包含津贴——译者注）由65%减少到2025年的50%。同时替代率下降应是一个渐进的过程，自2015年后每5年调整一次待遇（见表5.7）。

建议虽要求降低替代率，但在最低缴费期以外的继续缴费仍能得到额外的待遇给付。这一建议除能促进平均保费计划养老金给付更具公平和效率外，也能缓解对公共财政的压力，减少养老金赤字。以占GDP比重来衡量，2050年后国家养老金负担将会下降到每年占GDP的1%

---

[1] 镜像效应（mirror effect）主要用于社会学领域，其基本含义是：在自我意识心理学中，人们把由于别人对自己的态度犹如一面镜子能照出自己的形象，并由此而形成自我概念的印象，这种现象称为镜像效应。这一效应来源于库利的"镜中我"理论。——译者注

[2] 高等教育与发展基金会（Fedesarrollo，2009），第77页。

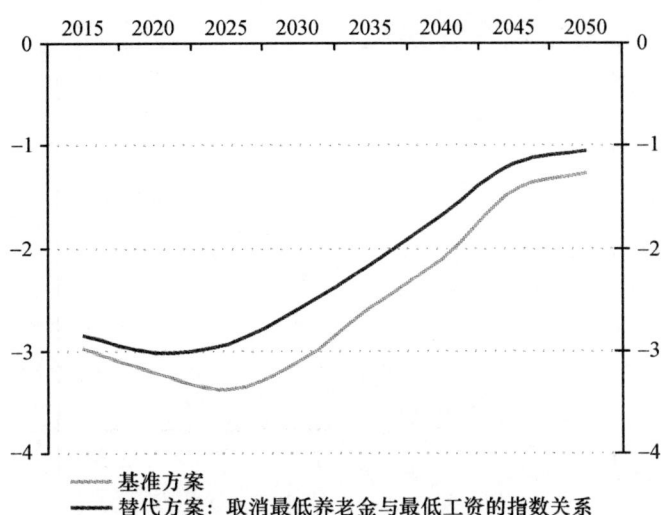

图 5.19　平均保费计划最低养老金低于最低工资时养老金赤字减少的预测

注：假定最低养老金等于最低工资的 70%。

资料来源：BBVA's own calculations。

左右（参见图 5.20）。

表 5.7　　　　　平均保费计划待遇给付公式的变化

年份	待遇给付公式
2015	$r = 60.5 - 0.5 * s$
2020	$r = 55.5 - 0.5 * s$
2025	$r = 50.5 - 0.5 * s$

注：s——缴费收入基数即为最低工资数；
　　r——给付收入基数的一定比例。

资料来源：BBVA's own calculations。

（五）调整退休年龄以适应人口趋势的变化

中期内养老金制度评估的预测以及支持其预测的人口趋势使我们得到这样的结论：哥伦比亚人口趋势，特别是老龄化模式将对下一代的养老金和财务承诺结果产生影响。与国际经验相吻合的人口趋势并没有在哥伦比亚现行法律中得以体现，养老金待遇仍按照较低的预期寿命计

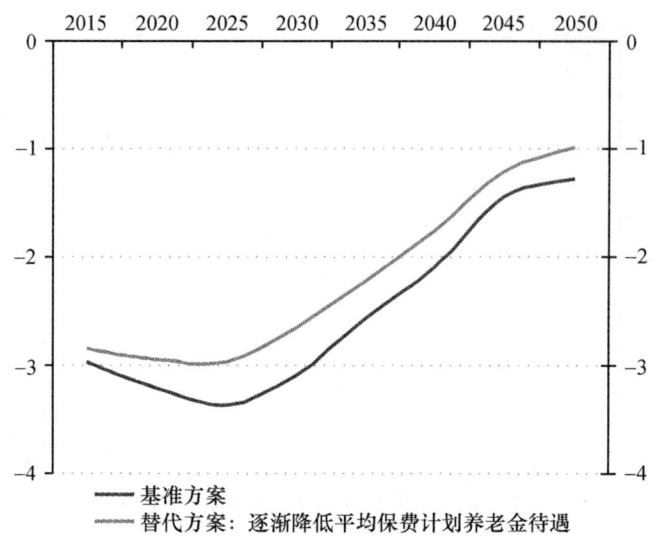

图 5.20　平均保费计划降低待遇给付下
对减少养老金赤字的模拟

资料来源：BBVA's own calculations。

算，这会对决定退休金计划过程和水平的精算分析产生不利影响①。

在这方面，我们建议改进制度精算平衡，使参保者活跃期的缴费能够支付整个退休期的养老金待遇。因此，应该提高男性和女性的退休年龄以适应哥伦比亚新的人口模式。支撑本研究的宏观精算模型模拟显示，延长男性和女性退休年龄，能够增加他们的养老金数额。图 5.21 所做的模拟表明，将所有群体的退休年龄增加至 65 岁，评估期内养老金水平提高了 15%。这一举措也对缓解平均保费计划的财务压力带来积极影响，因为延长退休年龄意味着活跃阶段有更长的缴费期限来支付非活跃阶段的养老金待遇，有利于实现制度精算平衡。

（六）逐渐限制参保者在不同养老金制度间的转换

基于养老金制度的中期展望和现行制度的特点，我们可以断定平均保费计划的高额津贴（主要是对养老金水平高的群体）会造成严重的财政负担。在中期内，平均保费计划补贴的人数将会增加，这些新增人口主要来自综合养老金制度中那些工作期最后仍继续缴费，以期获得现行法律规定的隐性补贴的群体。这类群体的转换会对财政造成很大影

---

① 如前述及，政府当局正在制定新的生命表。

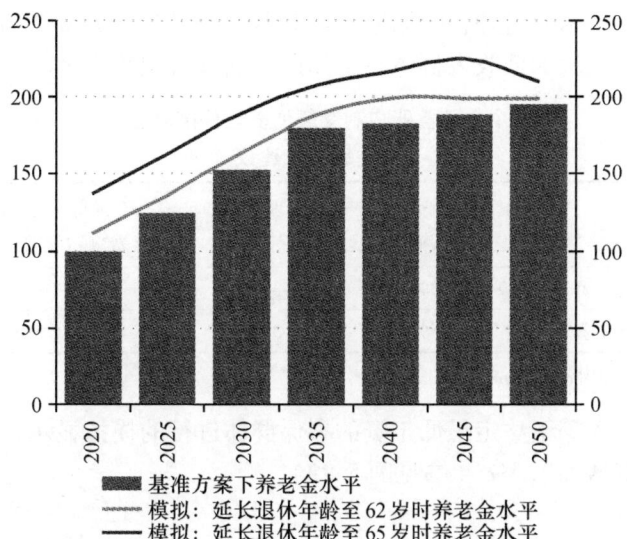

图 5.21 延长退休年龄下养老金水平变化的预测
（2010 年平均老年养老金 = 100）
注：假定 A、B 组群体平均养老金一年支付 12 个月。
资料来源：BBVA's own calculations。

响，并最终导致更大比重的公共基金用于支付养老金。因此我们建议设立新规定，取消参保者在不同养老金制度间的转换，以便使参保者未来行为和此后的养老金财务负担更具可测性。在过去几年中，个人储蓄账户制度和平均保费计划之间转换的参保者人数有了显著增加。自2009年1—9月，从个人储蓄账户制度转换到平均保费计划的人数就达到了30万人，而同期由后者转移到前者的人数仅有5.7万人（Fedesarrollo, 2010）。

（七）改变最低养老保障基金的缴费结构

对 2050 年前的预测表明，个人储蓄账户制度中一部分低收入参保者达不到领取最低养老金或最低养老保障基金的要求。这部分人将会获得个人账户缴费的积累额连同利息收入，但是对最低养老保障基金的缴费将不再返还。这样，经济条件略好能够获得保障基金者的待遇，将由条件较差群体的缴费来补充支付，而后者只能依靠自己被返还的个人账户缴费。

考虑到最低养老保障基金的特点和对低收入群体的预测，我们建议效仿团结养老基金缴费结构，对基金的缴费结构进行改革，使低收入人群不必再对该基金付费,将原来对最低养老保障基金的缴费部分分配到个人账户中,增加低收入群体在工作期的储蓄(见表5.8)。

表5.8 个人储蓄账户制度最低养老保障基金缴费率改革建议

工资范围	对个人账户的缴费 (占缴费收入的百分比)	管理费用和保险费用	对最低养老保障基金的缴费(占缴费总数百分比)
等于最低法定工资	13.0%	3.0%	—
大于最低法定工资	11.5%	3.0%	1.5%

资料来源:BBVA's own calculations。

对月收入等于法定最低工资的参保群体进行的模拟显示,中期内其基金积累将增加1.5%(参见图5.22)。

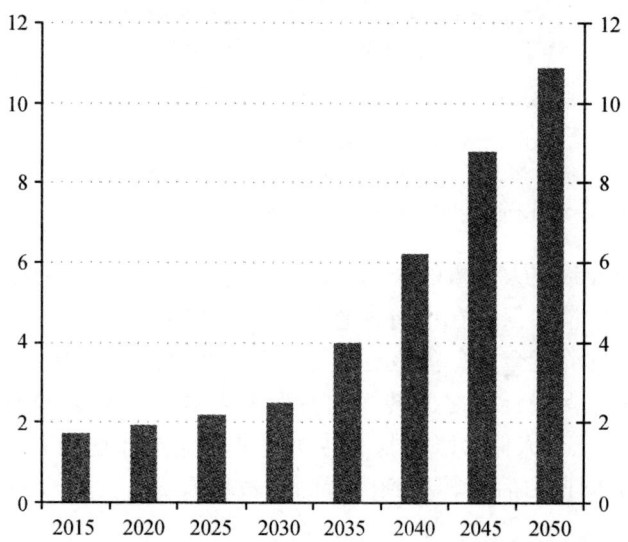

图5.22 以最低工资缴费的参保者在取消对最低养老保障基金缴费时养老金水平变化的模拟

注:A1、B1、C1和D1群体的平均养老金水平也被计算在内。
资料来源:BBVA's own calculations。

基准方案下,低收入群体在现有待遇的基础上申请最低养老保障基金;但在改革后的方案中,个人账户储蓄水平增加,能够改善其申请条件。依据所做的预测,对最低养老保障基金总额的影响可以通过财务假定得到。

(八)修改领取团结养老基金的要求

在上一节提及，通过非活跃阶段生存账户获得资金支持的无保护群体不断增多；与此同时，从团结账户中得到待遇的群体却增长缓慢。这是因为获得团结养老基金团结账户的要求较为苛刻，对应该成为团结账户补充缴费的目标人群——低收入群体而言申请条件要求过高。我们建议放宽申请前对缴费周数的要求，以便较为容易得到团结账户待遇。团结账户目标群体包括最低缴费密度的群体（"群体一"，D1；"群体二"，D2）。放宽标准后的模拟显示，这一措施会改善就业人口的覆盖率，在2050年能增加近10%的经济活动人口（见图5.23）。

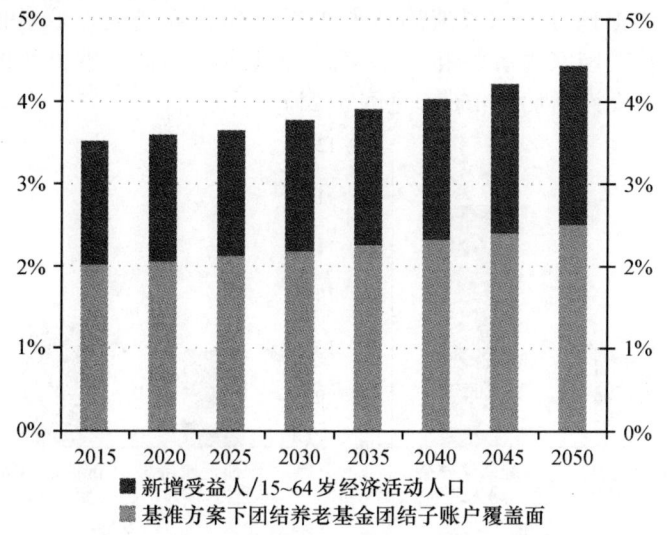

图5.23 放宽资格条件对扩大团结养老基金团结子账户覆盖面的模拟（受益人数/15~64岁经济活动人口）

注：假定D1、D2人群中新进入的受益人增加了15%。

资料来源：BBVA's own calculations。

应该指出，2009年哥伦比亚国家经济社会政策委员会（Consejo Nacional de Política Económica y Social，CONPES——译者注）第3605号法令已放宽了领取补贴的要求：对自由职业者而言，最低年龄为35岁、缴费期限为250周；至于最高年龄要求，平均保费计划为54岁，个人储蓄账户制度为57岁，两种制度缴费期限均为650周。条件的放宽并没有使获得津贴者在取得养老金可能性上显著增加，那些不再向制度缴费的年轻人尤为如此。灵活性政策必须对所有覆盖人员清晰、透明和公平。但该法令违反这一原则，规定4、5、6类城市的议员群体无须任何理由即是团结账户的成员。

（九）逐渐修订遗属待遇参数

与其他拉美国家相比，在养老金领取人死亡的情况下，从哥伦比亚养老金制度取得遗属待遇的条件非常严格。在哥伦比亚，遗属待遇受益人的待遇等于养老金领取者待遇的100%。从理念上讲，为遗属待遇维持相同的水平并不恰当。个人储蓄账户制度中，这会对领取养老金者的养老金收入流造成了不利的影响。第三方将承担起遗属待遇带来的后果：减少养老金领取者的养老金数额以及增加对养老金储蓄。在平均保费计划下，这一待遇也会影响到相关的财务承诺。

模型模拟预计，如果遗属待遇水平下降到养老金领取者的50%，即和其他拉美国家的水平相一致，那么领取养老金的已婚男性将会增加15%，已婚女性增加约4%（见图5.24）。

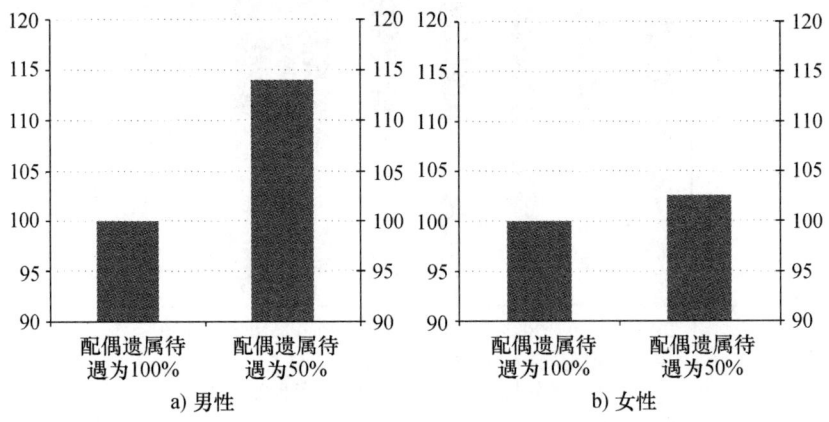

图5.24　遗属待遇降低50%的情况下对提高养老金水平的模拟（遗属待遇为100%养老金=100）

注：假定就业初始就业年龄为20岁，缴费率为11.5%，生产率为2%，缴费密度为50%，收益率为5%，配偶年龄都较之于对方小3岁，贴现率为4%，养老金和遗属待遇的确定都依据GAM 83表。

资料来源：BBVA's own calculations.

（十）调整残障和遗属待遇的参数

上述分析让我们得出结论，为了实现对个人储蓄账户制度参保者残障和遗属风险准确而有效的覆盖，需要基于正确的激励，对现行保费收缴机制进行参数式改革，诸如导致残障的事故日期的技术界定、待遇给付期的终止、覆盖人口的年龄限制等。

保费缴纳应该基于个人账户余额，目的是避免出现劝阻缴费者用较高保费弥补较低缴费密度的现象。从个人账户余额中收集保费将会对改善残障和遗属待遇保险运行带来一系列好处，包括：由于覆盖人数增加，缴费人群增多而降低个人缴费水平；保费缴纳不会拖延，事故发生后会立即停止缴费；简化获取待遇的要求；鼓励缴费储蓄等。

此外，我们建议正在讨论的事故日期确定为宣布残障日，以便参保者由于临时残疾不再领取工资或津贴后能够立即享受到残障养老金。

（十一）加强终身年金市场建设

迄今为止，哥伦比亚终身年金市场发展缓慢；依据预测中期内也不会有所改变。在这样的背景下我们建议设立准确的信号，使该年金市场正常运行并改善结构参数的监管。同时，必须采取技术标准以准确界定领取待遇的被保险方，这也是为了优化积极参与基金积累和相应保费缴纳之间的关联。此外，应该依据社会经济、人口和生物特征以及调整待遇支出预期贴现率的财务标准来计算存活概率。

因此，这一领域养老金改革的主要挑战需要对雇员及其家人面临广泛的、多样的环境和意外进行技术上的考虑，这样才能有恰当建议为年金市场提供正确的经济激励，有效满足目前的需要。特别是应该允许存在随市场变动的灵活利率、不断调整生命表以适应人口变化以及改变终身年金与最低养老金的关联等，这将对养老金改革不无裨益。

（十二）加强管理，提升个人储蓄账户制度投资基金管理的有效性

个人储蓄账户制度个人账户基金管理的有效性是养老金制度改革的目标之一，这也是实现未来参保者个人资金最大化的需要。为了使私人养老基金管理公司管理更有效率，穆尼奥斯等（Muñoz et al., 2009）建议应该允许私人养老基金管理公司提供不同种类的基金，让参保者依据年龄和风险规避程度进行选择。上文已经提到，2009 年第 1328 号法案已经颁布了新的多基金制度（multi-fund system）运行法令，这一建议已经得到了实施。

第七节　结　　论

为了有助于改善哥伦比亚养老金制度，本章描绘了一个宏观精算模型的总体特征和最终生成，该模型能够让我们对哥伦比亚养老金制度进行中期分析检验，并能对养老金制度主要的决定因素和不同人群的未来路径作出预测。我们已经看到，这些变量遵循的轨迹将取决于养老金制

度的历史特征、现行结构以及宏观经济和人口状况。

据此,在分析信息时我们首先得出的结论之一即是不同群体社会经济条件的比较。正如我们看到,这一事实直接与经济的结构化因素相对应,主要包括低收入水平、贫困水平、劳动力市场以及生产结构的高度非正规性。

哥伦比亚经济结构状况影响养老金制度的进入机制和绩效,也最终对经济活动人口和养老金的覆盖水平以及制度结构的财务可持续性产生影响。就第一点而言,我们发现,在现有状况和宏观经济假定下,制度中期内就业人口的覆盖水平会上升。这一变化背后最主要的决定因素是经济产出的长期增长和预期缴费状况的改善,后者的根本原因在于经济非正规性的下降。然而挑战依然存在,特别是仍有较大比重的雇员没有被制度覆盖。本章的模拟也表明正规就业的增加如何对劳动力覆盖产生积极影响。

有关养老金覆盖面的某些方面仍然难以令人满意。依据假设和模型预测,将养老金制度作为整体分析发现,64岁以上人口覆盖水平将难有显著改善。这是哥伦比亚劳动力市场的特点:低收入水平和高非正规性的结果。

同样,模型假定和养老金制度的结构让我们得知制度中不同群体在获得养老金方面存在明显差异。本章根据缴费密度和缴费收入基数对群体做了区分,正如所预料的那样,被制度覆盖的老年人口主要集中在对制度缴费密度高的群体。在两种养老金制度中,能够获得养老金的人口在整个工作期内对养老金制度忠实度较高。缴费收入基数水平也很重要,高收入者中,缴费密度较高或者中等的群体将能得到养老金而不必寻求最低养老保障基金的帮助;而缴费密度高但收入低的群体则可能需要领取最低养老保障基金。

在养老金数额上,中期内整个制度中领取养老金者的养老金水平上升了近40%,这对领取养老金的群体意味着有了较大改善。至于替代率,依据上述的缴费密度和收入模式,对养老金制度整体而言,从制度中领取养老金者的替代率将超过给付收入基数的70%。尽管如此,如果将所有群体纳入进来,整个制度的替代率(原文是缴费率,疑为笔误——译者注)为给付收入基数的45%。这一结果需要引起特别注意,在两种养老金制度下都存在替代率很低的群体,他们不能获得养老金,依据他们所属制度的一些规定可以将其缴费返还,但是这些返还的缴费并不足以补偿他们在非活跃阶段收入的损失。

当分析不同养老金制度时，我们发现由于制度结构和法律都有利于平均保费计划的参保者，造成了两种养老金制度之间的差别。整个研究中都提及平均保费计划存在隐性补贴，其较高的替代率会对制度的财务结构带来消极影响。此外必须指出，两种制度下低缴费密度群体将不能获得养老金和最低养老保障基金，但他们会得到相应养老金制度下的替代补偿金。

正如我们前面提到，如果分析时没有正确地考虑到去积累阶段、终身年金市场应该发挥的作用以及残障和遗属待遇（这是雇员及其家人面临诸多风险的一部分），那么对养老金制度的分析将是不完整的。由于最低工资和最低养老金的关联，对这一领域带来扭曲作用；同时法律规定的模糊不清也使制度严重变形。

随着未来几年养老金改革趋于成熟，与平均保费计划相比，预计个人储蓄账户制度领取养老金的参保人数将会不断增加，这就为发展退休金形式，特别是贯穿整个研究的终身年金制度，带来了巨大挑战。

在财务水平上，研究发现平均保费计划素来就存在财务失衡的问题，这将对未来财政产生影响。自2004年以来，平均保费计划基金储备面临枯竭，哥伦比亚政府不得不承担起弥补养老金缺口的责任。据此我们得出结论：在预测模型下弥补平均保费计划养老金赤字的财政成本将会不断增加，在2025年达到相当于GDP的3.5%最高水平，此后逐渐降低，在2050年下降到GDP的1.3%水平。这些数字与拉美地区和世界其他地区相比偏高，且不包含制度其他额外的支付。

虽然制度财务可持续性有所进步，但在养老金制度可持续性引出的财务脆弱性问题上仍有许多工作要做。现在乃至未来，养老金制度需要的财政措施主要是通过大规模的项目促进制度扩面，这些项目应该侧重于对养老金制度的激励以及国家发展的基础项目，如中等和高等教育、健康保障和基础设施工程的发展。如果实施适当，这些举措会对养老金覆盖面产生积极作用。

养老金制度面临的挑战是多种多样的，其中有些已经超出了制度结构和制度参数方面。与复杂的哥伦比亚劳动力市场和其高度的非正规性相关的变量是养老金制度绩效的决定因素。对它们进行深入研究是另一个悬而未决的任务，并将贯穿于讨论养老金制度面临挑战的始末。

本研究的改革建议努力提升哥伦比亚养老金制度的覆盖水平，提高参保者的积极性和对制度的忠诚度，改善养老金制度的结构设计。因此，这些建议寻求建立一个更具包容性和公平性的养老金制度，使更多的雇员在其退休阶段得到足够的收入。

研究结果表明，哥伦比亚养老金制度面对的核心挑战是覆盖面问题。中期内老年人口覆盖面进展甚微，使很大比重的雇员在其到达退休年龄时不能得到养老金。这就需要有能够扩大制度覆盖面的机制。我们也已看到，养老金制度对哥伦比亚经济和就业市场有清晰的反映。

在这方面，改善就业市场条件的努力在中期内将会对养老金制度的老年人覆盖率和养老金水平带来积极的影响。哥伦比亚正规部门雇员的低参与率、高失业率以及正规就业期短等问题都会影响养老金制度的参保人数和对制度的忠诚度。总体而言，这些措施和力求增强养老金相关问题意识的进程，都会有助于确保哥伦比亚人民了解养老金制度的重要性。

本章为解决中期内哥伦比亚养老金制度面临的挑战提出了一系列建议，包括扩面计划、改变参数以调整某些待遇、修改收入要求和制度结构等。

在覆盖面上，除了已经提及的宏观经济和养老金问题之外，我们建议简化实施周期性经济福利（BEPs）和就业期不足1个月者的缴费。该建议由穆尼奥斯等（Muñoz et al.，2009）提出，相关条例已由政府颁布，但迄今为止仍未实施。这一建议满足了养老金制度与哥伦比亚就业状况相适应的要求。同样，至于规定受雇者和自由职业者有缴费义务并要由统一的电子系统来实施，尽管这在法律上的显著进步是一个不争的事实，但在实施过程中仍存在大量的逃费漏费行为。基于此，我们建议优化养老金缴费控制和财务监管过程。

如报告所示，养老金制度中最低养老金制度和最低工资制度的关联对非活跃阶段的不同养老金形式产生了不良影响，并给老年人覆盖面和终身年金的发展带来了许多问题。因此，我们建议取消这一关联以期对养老金制度有积极作用。

养老金制度之间的财务可持续性与不公平性等问题导致平均保费计划替代率非常高，在退休年龄上也滞后于人口变化。基于此，我们建议逐步降低平均保费计划的替代率，调整退休年龄以与本国人口特征的变化相适应。为了确保未来财务的稳定性，逐渐严格限制两种制度间的转换也显得尤为重要。

至于团结支柱，我们建议改变最低养老保障基金的缴费结构，缴费收入低的群体可以不对其缴费，同时采取技术标准修改获得团结养老基金的要求。这样，可以增强养老金制度的公平性，使更多的哥伦比亚人民获得团结养老基金。

在保护意外风险上,与养老金相同的遗属待遇水平应该逐步下调。这样,个人储蓄账户制度的参保者将会增加,平均保费计划下共同基金的负担也会得到一定程度缓解,尽管这意味着国家责任的降低。在这一方面,残障和遗属待遇保险保费收集和覆盖面的参数也需要有所调整。

鉴于退休形式和预计未来几年个人储蓄账户制度养老金领取者不断增加,采取措施加强终身年金市场建设显得非常重要。最后我们建议强化管理以提高个人储蓄账户制度投资基金管理的有效性。第1328号法案引入的多基金制度标志着在这一方面取得了重要进展。

本文提出的改革措施口径不一,很难对其进行归并整合。而且,这些措施实施起来也将会遭遇新的挑战。另外,尽管在分析和建议结构上都毫无疑问地考量了该研究所涵盖的主题,但仍存在些尚待解决的任务。我们希望继续以这种方式进行研究,以期对哥伦比亚养老金制度近期出现的讨论有所裨益。

第六章 秘鲁养老金改革

亚斯米娜·别莱蒂奇（Jasmina Bjeletic）
戴维·图埃斯塔（David Tuesta）

第一节 引　　言

　　20世纪90年代初，秘鲁的养老金制度由政府机构——"秘鲁社会保障局"（Peruvian Social Security Institute，IPSS）按照现收现付制原则进行管理。因在职参保人的缴费不足以负担退休人员的养老金，该制度面临财务风险；更有甚者，经保险精算预计这个缺口有增大趋势，意味着公共基金未来将承受更大风险。因此，在90年代初结构式改革的大背景下，1993年另一种与现收现付制并行的养老金制度开始实施。新制度中，缴费存放到私营机构管理的个人资本账户（Individual Capitalization Accounts）中，待遇水平与雇员工作期间的缴费相关。作为一个私人养老保险制度，它减少了政府可能所须承担的养老金义务，为政府在中期内增强国民养老金的可持续性赢得了空间。

　　自该制度开始实施后的17年里，私人养老金制度和国民养老金制度共存，并实现了一些重大进步。比如，私人养老金制度的建立是对旧养老金制度最有效的结构式改革，维护了养老金制度的可持续性和长期稳定性；此外，私人养老金制度的个人储蓄部分属于积累储蓄，为资本市场发展和投资增长奠定了基础，从而有利于宏观经济。而国民养老金制度能通过参量式重大改革来稳定养老金赤字，尽管这项改革是在特定政治背景下进行的长期过程，但最终获得了重大成功。2004年，第20530号法令废止了旧养老制度，可视为改革的里程碑。这种通过修订法律进行的实质性改革降低了制度在短期和长期中的财政负担和不平衡。

尽管目前这种并行的制度具备一些优点，但并未能实现足够的覆盖，使秘鲁落后于一些拉丁美洲国家或其他同等人均收入国家。事实上，数据显示该并行制度仅覆盖了26%的劳动力，况且其中并非所有阶层群体都能获得充足的养老金。究其原因，有可能是自雇人员缺乏缴费的合理动机或义务；又有可能是劳动力市场的某些缺陷阻碍了人们获得持续收入，而这些缺陷或归因于市场现有职业类型，或仅归因于个人失业。

为深入分析秘鲁养老金制度结构，评估其优势，发现其缺陷并提出建议以便改进，伯纳尔（Bernal，2008）等人在经济研究部（Economic Research Department）和西班牙对外银行养老金与保险公司（BBVA Group's Pensions and Insurance Company）资助下开展了一项研究。此项研究目的是为起草一些建议给在不损害公共财政稳定的前提下，找出逐步提高养老金待遇和扩大制度覆盖面的指导方针的研究。

本章主要概述了伯纳尔（Bernal）等人的研究成果，以及此后国民和私人养老金制度的改革内容，比如为扩大微型企业雇员覆盖面而建立社会基金制度（Social Fund System）。2010年7月政府终于宣布将为75岁以上无养老金且生活极度贫困的老人每月转移支付100"新索尔"（PEN，大约35美元）的津贴。

第二节 背景和制度框架

一、背景

1933年宪法建立了秘鲁第一个公共养老制度，但直到1936年，第8433号法律（Law No. 8433）才确立强制性社会保险，它由国民社会保障基金（National Social Security Fund）管理，涵盖疾病、生育、残疾、年老和死亡险。

第六章 秘鲁养老金改革

之后，1961年第13640号法律（Law No. 13640）创立了工人退休基金（Worker's Retirement Fund），并规定雇员和雇主各自按照雇员工资的2%向该基金缴费。

针对雇员，1961年第13724号法律（Law No. 13724）通过建立一个生育及伤病基金（Maternity/Illness Fund）和一个养老基金统一了雇员社会保险体系（Employee Social Insurance Program）。一些重要的养老金制度在同一时期也都开始实施①。

梅沙·拉戈（Mesa-Lago，1985）认为，直到19世纪60年代末秘鲁社会保障都呈现一种碎片化状态，存在大量的法律规定，及众多的按各自制度框架、筹资和待遇标准运行的基金。

1970年，政府对国家工人社会保险（National Workers' Social Insurance）和雇员社会保险基金（Employee Social Insurance Funds）进行整合（第18421号法令，Decree Law No. 18421）。1973年，第19990号法令（Decree Law No. 19990）将存在的各种不同养老金制度②整合为"国民养老金制度"（National Pension System，SNP）。通过该法令，政府希望消除之前制度间待遇的不平等并为自雇人员提供参加养老保险的权利。

1974年，政府创建了一个新的养老金制度，将19990号法令未涉及的公务员纳入覆盖（第20530号法令，DL No. 20530，下简称20530计划)③。必须指出的是，从2004年起，根据位于哥斯达黎加首都圣何塞的泛美国家人权法庭（Inter-American Court on Human Rights）的裁定，20530计划或Cédula Viva（生计法养老金制度，living-decree pension regime）不再接收任何新参保人④。

---

① The Caja de Beneficios Sociales de Pescador, the Caja de Protección y Asistencia Social, the Fondo del Retiro del Chofer Profesional Independiente, the Fondo de Asistencia y Previsión Social, the Sistema Asistencial de los Estibadores, the Fondo de Previsión Social de los Servidores del Jockey club del Perú and the Fondo de Jubilación de los Empleados Particulares.

② 分别为国民社会保险养老基金（National Social Insurance Pension Fund）、雇员社会保险养老基金（Employee Social Insurance Pension Fund）和自雇人员特殊退休基金（Private Employee Special Retirement Fund）。

③ 与国民养老金制度不同，20530计划并未采用现收现付制，而是基于退休。换言之，该计划不要求退休年龄和最低缴费年限，仅要求服务年限（男性15年，女性12.5年）且与最低退休年龄无关。

④ 另外，人权委员会的裁定肯定了2004年秘鲁法制改革程序的有效性。在当时改革中，为20530计划养老金设置了最高限额，目前限额为7 000新索尔（约2 500美元）。

得益于第 19990 号法令对于早前养老金制度的整合以及单一行政主体的管理，政府能在社会保障制度建立初期顺利开展并保持其良好运行。然而在 20 世纪 70 年代中期，由于通货膨胀扩大，实际工资降低，失业率升高以及非正规经济存在，制度问题层出不穷。而由于秘鲁社会保障局①的疏于管理，国民养老金制度财务状况恶化及大部分政府自身问题（如逃避责任等），令这种局势变得愈加复杂。此外还有一个让制度未来更加复杂的因素是由人口老龄化引起的人口结构变动。

由国家运营的单一制度经历了近 20 年，国民养老金制度显现出财务不稳定性不断加剧等不良现象，这导致 1992 年 11 月通过第 25897 号法令（Decree Law No. 25897）建立了另一个制度，即"私人养老金制度"（Private Pension System，SPP）。

经过此次改革，秘鲁养老金制度主要有两种并行的制度组成：国民养老金制度和私人养老金制度。国民养老金制度实行现收现付制，由"国民养老金局"（National Pension Office，ONP）管理；1993 年 7 月私人养老金制度在个人资本计划指导下开始实施，由"私人养老基金管理公司"（Private Pension Fund Administrators，AFPs）管理，该类公司受"银行业、保险业及养老基金监管局"（Superintendency of Banking, Insurance and Pension Fund Administrators，SBS，以下简称监管局）监督。

为完善养老金制度，政府近期进行了如下一项新改革。因大量非正规部门的存在，为扩大低收入群体的覆盖面，2008 年 6 月第 1086 号立法法令（Legislative Decree No. 1086）获批，该法令规定微型②或小型③企业雇员可参保国民养老金制度或私人养老金制度。此外，该法令还建立了一个极为照顾微型企业雇员的社会养老金制度（见表 6.1）。

二、国民养老金制度

上面提到过，国民养老金制度覆盖了私人商业部门雇员、公职人员及 19990 号计划涉及的公务员，实行现收现付制度，自 1994 年起由国

---

① 该机构于 1980 年设立，负责管理养老金和医保制度。
② 1086 计划规定，微型企业须满足如下要求：有 1～10 名员工，且年销售额最高不超过 150 个可征税单位（2010 年，每单位相当于 3 600 新索尔）。
③ 1086 计划规定，小型企业须满足如下要求：有 1～100 名员工，且年销售额最高不超过 1 700 个可征税单位（2010 年，每单位相当于 3 600 新索尔）。

拉美养老金改革：面临的平衡与挑战

表 6.1　　　　　　　　　养老金制度发展

年份	立法	事项	目的
1936 年 8 月	第 8433 号法律	建立工人社会保险	提供养老金，保护雇员健康、生育，强制性
1961 年 4 月	第 13640 号法律	建立工人养老金基金	提供雇员养老金
1961 年 11 月	第 13724 号法律	整合雇员社会保险（第一步）	覆盖雇员及公务员
1962 年 7 月	第 13724 号法律	整合雇员社会保险（第二步）	覆盖雇员及公务员
1968 年 11 月	第 17262 号法律	自雇人员特殊退休基金	覆盖自雇人员
1973 年 4 月	第 19990 号法令	建立国民养老金制度	统一国家养老金制度
1980 年 7 月	第 23161 号法令	建立秘鲁社会保障局	给予秘鲁社会保障局经济、财务、预算及会计事务上的自治
1991 年 11 月	第 724 号立法法令	建立私人养老金制度	改革养老金制度
1992 年 12 月	第 25897 号法令	建立私人养老基金管理公司	改革养老金制度
2008 年 6 月	第 1086 号立法法令	微型企业雇员养老金制度	扩大微型及小型企业雇员覆盖面

资料来源：Instituto de Estudios Peruanos（1997）and Digital Archive of Laws of the Congress of the Republic。

民养老金局（ONP）管理①。

参保人缴纳 13% 的工资作为保费，退休时（满 65 岁并至少缴费 20 年）领取固定金额的待遇，待遇区间为 415 新索尔（约 139 美元）至 857 新索尔（约 286 美元）。待遇为缴费基数的一个固定比例，而缴费基数为过去 60 次收入的平均值；待遇每年给付 14 次。该制度有一个显著特点，由于规定了退休金的上下限，低收入雇员能获得比个人储蓄更高的收益，而高收入雇员恰恰相反。

关于提前退休的规定，当女性满 50 岁并至少缴费 25 年，或男性满 55 岁并至少缴费 30 年方可申请，但须从其养老金中扣除提前退休年限

---

① 前身为 1994 年第 25967 号法律建立的养老金标准办公室（Pensions Standards Office），经 1996 年 6 月 2 日第 26323 法律修改后，确定其主要任务为集中管理国民养老金制度，以及 19990 计划和其他国家养老金计划的养老基金。

对应的部分。国民养老金制度还为残疾、鳏寡、孤儿和遗属提供津贴，金额为一定比例的养老金或缴费基数。作为一种完全缴费型的制度，通过对缴费、制度参数（如缴费率、退休年龄、缴费最低年限和替代率）以及雇主额外缴费的管理，在运营中一般不会出现重大问题。然而，由于没有及时适应人口结构、劳动力和经济变动，及缺乏保险精算研究和实质性待遇增长（指不与缴费增加对应的增长），让制度在财务和保险精算方面存在不稳定。

以上构成了国民养老金制度的主要问题。负责分析养老金制度现状的委员会认为："创立于1973年（第19990号法令）和1974年（第20530号法令）的现收现付制，是根据当时特殊环境设计的，定位于当时的实际情况。然而，缺乏对人口结构变动和其他因素应有的适应和调整，让制度面临赤字甚至崩溃。"如果再加上20世纪80年代对公共基金投资缺乏管理（当时基金收益率为-37%[①]），如果政府继续使用该基金作为筹资渠道，那么国民养老金制度的恶化将不可避免地引起赤字不断扩大，让制度更加依赖于新参保人增加，耗尽制度兑现长期承诺的储备资金，最终使国家承受财政负担。

（一）财务状况

2009年12月，参保人数达210万，养老金受益人数达47.4万。来自110万名缴费人员的总征缴收入为14.97亿新索尔。

需要注意的是，缴费人数近年来明显增加。2009年，国民养老金制度缴费人数增长37.2%（前一年为17.1%），超过了私人养老金制度的12.8%。近年来，参保人数及缴费人数的增加主要源于月收入低于800新索尔的雇员参保和退出私人养老金制度的5.2万名雇员的参保：即私人养老金制度参保人转移回国民养老金制度。

2009年，养老金债务增加到35.83亿新索尔，其中大部分由政府转移支付弥补，较少由制度收入负担，表明制度存在着失衡：现有参保雇员的缴费不足以支付退休人员养老金债务。

图6.1表明，在1996—2009年期间，制度支出以年均11.6%速度增长，而收入以年均6.4%速度增长。该图还表明，收入在2006年以前一直保持在1995年的水平上；然而由于参保人数和缴费人数的增加，近年来收入增长明显。支出方面，2009年比1995年高出了4倍多。尽管2002—2005年期间，收支缺口明显扩大，但由于参保雇员缴费的巨

[①] 另外由于秘鲁经济严重的通货膨胀，养老金及养老基金实际价值大幅下跌。

大增长，缺口自 2006 年后收缩。然而，如图 6.2 所示，国民养老金制度仍存在巨额赤字，每年需要国家财政补贴。2008 年，财政补贴达到了当年支出的 63%，相当于当年 GDP 的 0.5%。

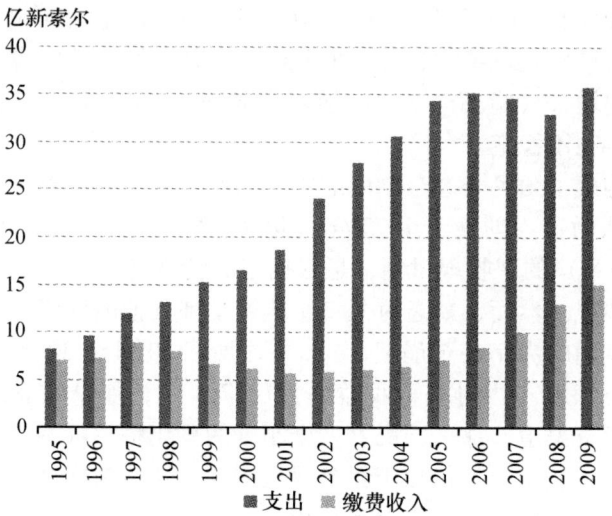

图 6.1　国民养老金缴费收入及支出

资料来源：国民养老金局。

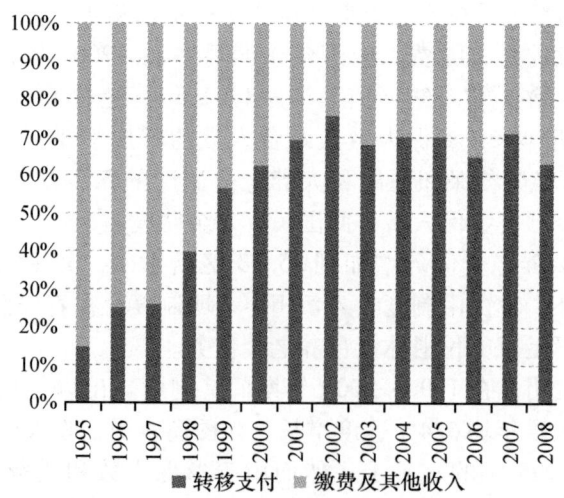

图 6.2　国民养老金制度的财政转移支付
（占养老金支出的百分比）

资料来源：国民养老金局。

据国民养老金局统计，养老金赤字的现值为 322.64 亿美元（见表 6.2），大致相当于 GDP 的 24.5%，其中包含两部分：（1）退休雇员养老金给付；（2）现在职参保雇员未来的养老金给付①。

表 6.2　　　　国民养老金赤字预测（2009 年精算现值）

	受益人数	债务（亿美元）	缴费（亿美元）	总计（亿美元）
退休雇员	460 797	132.52		-132.52
在职雇员	2 151 786	307.47	133.98	-173.49
总计		439.99	133.98	-306.01
总计（含法定及行政意外性开支）				-322.64

资料来源：国民养老金局。

第一部分存在 132.53 亿美元赤字，相当于即将支付给现有 460 797 名退休雇员的养老金精算现值。第二部分存在 173.49 亿美元赤字，是现有在职参保雇员未来养老金待遇现值与其缴费现值的差额，其原因就在于在职雇员的缴费低于其所应得的养老金待遇。

2009 年，养老金赤字比往年更高。2006 年、2007 年及 2008 年养老金支出可以分别估算为 262.43 亿美元、278.83 亿美元及 322.64 亿美元。赤字增长的主要原因是越来越多在职雇员认为参保国民养老金制度比私人养老金制度更能获益而不断转移，造成赤字在 2006 年（99.58 亿美元）到 2009 年（173.49 亿美元）期间几乎翻倍。

在财务可持续性方面，政府最关心的是如何解决赤字问题，尽管采取各种制度改革，但对国民养老金制度的补贴依旧很巨大。也就是说，即使实施了调整，制度财务状况仍将严峻；并将继续遭受滞后进行参数式改革的影响，以及未来人口结构变化（例如人均寿命的延长）所带来养老金支出压力。

三、1992 年改革及私人养老金制度

由于国民养老金制度在财务、经济及精算上存在失衡，1992 年便开始尝试建立另一个以自我筹资为基础的养老金制度，用于个人积累缴费所获收益。于是，当年 11 月，私人养老金制度便应运而生。

该制度是一种将雇员缴费存入自身账户的个人资本计划，该账户被

---

① 国民办公室预测（关于 19990 计划中储备养老金的经济研究概要）。

称为"个人资本账户"（Individual Capitalization Account，CIC），用来积累储蓄来为其养老金融资。因此，养老金水平直接取决于雇员工作期间的缴费。

该制度的实施被证实能在中期内提高国民养老金待遇水平。制度建立的主要目的之一就是要建立一种高效的养老金制度，来为雇员提供可观的养老金，即确保雇员退休后能获得与工作期间相近的稳定收入；另一个目的是健全资本市场和提高国内储蓄的利用效率，从而加大高利润项目的投资，让缴费增值。

这种制度要求必须有充足的财力和技术能力来引导资本进入国内经济中的高利润投资中。第三个目的是通过将国家管理转变为个人账户管理，从而建立高效管理制度，避免国家管理制度潜在的政治风险。另外作为一项社会策略，对于恢复参保人对养老金的信心也极为重要。值得注意的是，养老金改革是20世纪90年代政府一系列调整措施中的一部分。

经过17年的运营，私人养老金制度成绩斐然，相当大一部分人获得参保资格并获得充足的养老金，以下是制度创立后的一些重大成就：（1）参保人数达450万；（2）私人养老基金管理公司管理的资产相当于GDP的18%；（3）基金的实际平均收益率同比增长8.5%；（4）超过4.5万人领取养老金，由于满足领取条件的人数增加，该数字还将显著增大。然而，尽管取得了以上成就，制度仍面临一系列重大挑战，将在下面章节中讨论。

（一）立法机制和运营

私人养老金制度由私人养老基金管理公司负责运营，该类公司由私人组建，主要负责管理参保人工作期间按时缴费，目标是确保进行缴费的参保人退休时获取养老金。作为私人养老基金管理公司的独立资产，基金不能转作他用，仅能用作退休、伤残及遗属的待遇发放。

关于养老金转移方面，参保人可依个人意愿转移到其他私人养老基金管理公司。由于参保人更青睐于资金最安全、收益率最高或服务最好的基金管理公司、这样能激励私人养老基金管理公司之间相互竞争。按盈利标准要求，私人养老基金管理公司必须要达到一个最低的收益率。然而，由于市场存在不确定性，基金管理公司不可能一直都获得正收益。于是这个标准被修改为，让基金资金在最安全的情况下尽可能获得最大收益，以保障养老金权利。为了保证投资安全，监管局对投资方向进行了规定并实施监管。

最后，关于缴费（可缴费收入的10%）和待遇方面，私人养老金制度建立了多缴多得的机制，参保人缴费越多，个人资本账户积累越多，从而养老金待遇越高。这与国民养老金制度有别，国民养老金制度采用现收现付制，养老金与缴费没有精算关系。另外值得关注的是，私人养老金制度中建立了自愿缴费制度，允许参保人自愿缴费。自愿缴费可用于积累更多养老金待遇，也可存放到自愿储蓄型个人资本账户（CIC）中。无论以何种方式，这些缴费能使参保人的养老金更充实。此后于2003年，第004-98EF号最高法令要求在自愿缴费的个人资本账户中必须增加一个副账户，用于区分积累养老金待遇的自愿缴费。

（二）参保人数与缴费人数

在用于分析私人养老金制度发展的指标中，最主要的是制度覆盖面和缴费率，覆盖面由参保率（参保人数与经济活动人口的比例）衡量。制度建立后，参保人数平稳增长。2010年6月，四大私人养老基金管理公司中参保人数接近450万（参见图6.3）。

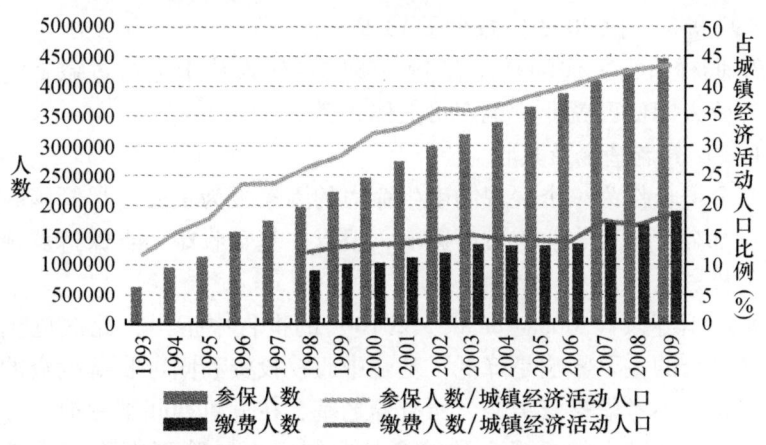

图6.3　参保人数及缴费人数变化

资料来源：银行业、保险业及养老基金监管局、国家信息统计局、劳动就业部。

制度初期，参保人数迅猛增长，之后增速放缓。初期的快速增长是由于实施了一系列的具体措施：（1）1995年7月，缴费率从10%降低到8%；（2）取消了社会保障局收取的1%的缴费；（3）返还对管理费和保费所征收的营业税；（4）国民养老金制度的缴费率从9%提高到11%，之后又提高到13%；（5）对参加私人养老金制度的参保人，工资上涨3%。这些措施平衡了两种制度并让私人养老金制度更具吸引力。

之后的年份里,参保人数仍不断增长,城镇人口(指城镇经济活动人口)参保率达45%,与制度初期的10%相比有明显提高。然而相比之下,仍有超过半数的城镇人口参保国民养老金制度。

缴费人数变动显示出相似的过程。2009年11月,城镇缴费人数为190万,约占城镇人口的20%;而缴费人数占总经济活动人口[①]的比例为13.3%,远低于地区平均值27.6%。

私人养老金制度的低参保率和低覆盖率主要反映出秘鲁非正规经济占比过高。其他相关因素还有缴费缺乏激励,储蓄养老的传统、不健全的信息及对制度缺乏信心。下面的几个指标显示出更多关于私人养老金制度覆盖面的问题:

1. 2009年,99.1%的参保人为合同工;自由职业参保人过少,令扩大此类人群覆盖面的问题更加严峻。尤其在2006年,自由职业参保人在全部新参保人中所占比例为22.1%,与前一年相比有很大降幅。

2. 在2009年,缴费人数环比增长12.8%[②]。然而同期,新参保人数为197 053,比2008年减少了13.9%。

3. 同样值得关注的是,有19.4%的参保人从未进行过缴费;而另有一部分人即使已就业,也有可能停止缴费。

(三)养老基金及其收益

基金增长作为一个展现制度生命力的因素极为重要。尽管国际金融危机对基金价值和收益有负面影响,但以往基金收益一直保持盈余且远超其他投资选择。

阿朗索等人(Alonso et al.,2010)的报告中指出,此次危机对私人养老基金的主要影响是降低了基金中股权投资和固定收益投资的金融资产价格。不考虑投资结构,所有养老基金在危机期间都亏损。

私人养老基金包含了3种符合基金制度而风险程度不同的基金类型[③]。每种类型都包含固定收益投资和权益投资,只是投资的比例各不相同。例如,第3类基金(进取型基金,Aggressive Fund)设定权益投

[①] 发布于养老基金监管机构国际协会(AIOS,International Association of Pension Fund Supervision Bodies)2009年6月的半年报告中。

[②] 与2008年相比,缴费人数的增加引起了缴费总额的增加。缴费人数占经济活动人口的比例从2008年12月的39.1%上升到2009年12月的42.5%。

[③] 基于智利2002年实施的多种基金制度的经验。

资最高限度为投资组合的80%①，而在第2类基金（平衡型基金，Balanced Fund）中降低为45%，在第1类基金（保守型基金，Conservative Fund）中进一步降低为10%。与其他投资方式相比，养老基金在金融危机期间受到的冲击更大。从2008年4月到2009年7月期间，3类基金收益与去年同期相比都出现负增长，其中第3类基金由于权益投资过度而使资金收缩最严重。2008年10月，第3类基金收益比2007年同期下降43.4%，而第2类和第1类基金收益比2007年同期分别下降31.5%和13.7%。

但自2009年9月起，3类基金收益恢复正增长。这清晰地表明了此前的损失都是由金融危机引发的短暂性变动。而在长期中，从3类基金自建立起不断积累的收益来看，基金将保持稳定增长。第2类基金自1993年起在建立的16年里，收益增长8.8%；而第1类和第3类基金自2005年12月起在建立的4年里，收益分别增长6.2%和21.8%。若在分析中缩短采用数据的时期并剔除受金融危机影响的时期，上述数据会剧增。

近年来，受世界经济复苏的不确定性和欧洲部分国家的债务危机不断升级的影响，这3类基金的收益均有所减少（参见图6.4、图6.5、图6.6）。

但是除去一些危机所造成的波动，养老基金收益历来都是盈余的。为证明这个结论，阿朗索等人对每种类型的基金收益做了一个长达50年的模拟研究，对其中固定收益投资和权益投资的回报率进行了预测，结论证明在长期内基金可实现持续增长。预测结果显示，2050年第1类基金收益率为6.2%，第2类为8.8%，第3类为21.8%。从这种意义上说，尽管受股票市场内在的不稳定性影响，更宽泛来说，还受固定收益投资风险等可能引起的基金波动因素的影响，基金收益短期内会变动，但在长期内是稳定增长的。

养老基金积累的资产在经历了金融危机期间的贬值后逐渐复原。2008年10月，私人养老基金资产价值为450亿新索尔，占GDP的12%。随着利马股票交易所（Lima Stock Exchange，BVL）的恢复及政府债券的升值②，基金资产实现了逆转，于2010年4月达到700亿新索

---

① 目前银行业、保险业及养老基金监管局提议将这个比例降低到70%，以避免由于资金高度集中、非流动性及股价偏离造成的风险。

② 私人养老基金管理公司所管理资产的大约20%投资于政府债券。

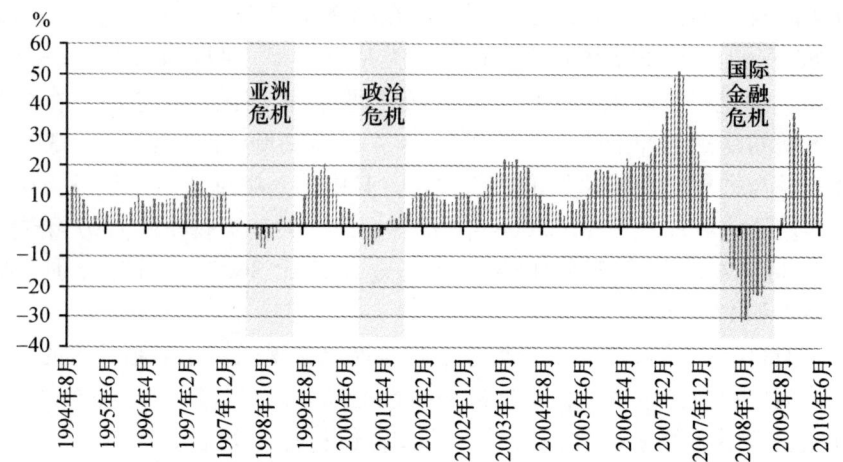

图 6.4　第 2 类基金实际收益（12 个月期）

资料来源：银行业、保险业及养老基金监管局。

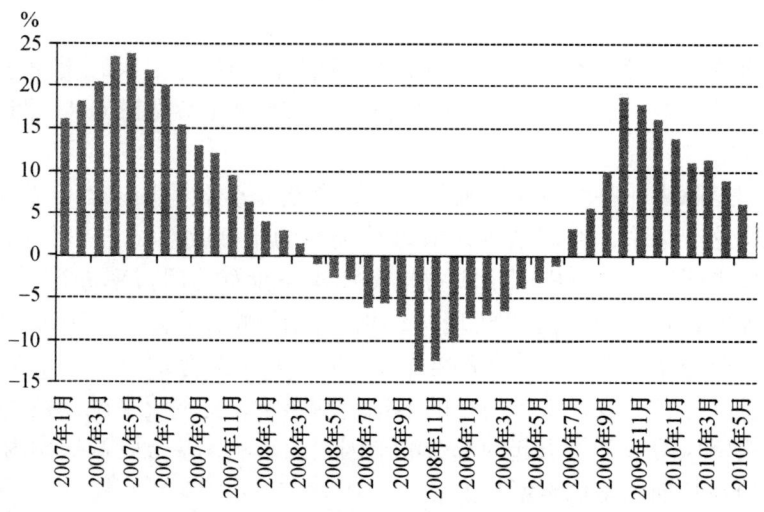

图 6.5　第 1 类基金实际收益（12 个月期）

资料来源：银行业、保险业及养老基金监管局。

尔，占 GDP 的 18.8%。

（四）养老金

私人养老金待遇类别包含 3 种：（1）退休；（2）伤残；（3）遗属。主要通过 3 种发放方式：（1）计划退休金（Programmed Retirement）；（2）家庭终身收入（Family Life-long Income）；（3）递延终身收入的临

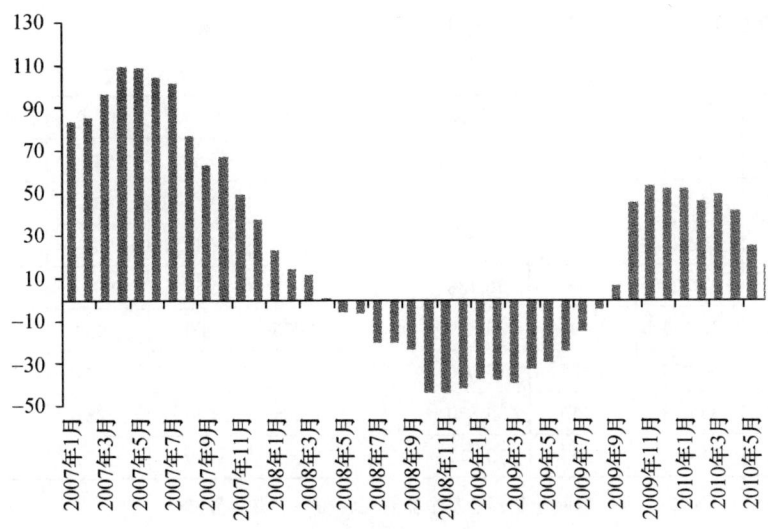

图 6.6　第 3 类基金实际收益（12 个月期）
资料来源：银行业、保险业及养老基金监管局。

时收入（Temporary Income With Deferred Life-long Income）。选取哪种形式，依雇员偏好而定，可选择为其自身及家庭领取终身养老金，也可不必按照年金形式而按定期支取的形式领取稍高一些的养老金。

到目前为止，由于制度处于初期，养老金受益人在参保人中占比很小。2009 年 11 月，私人养老金受益人数为 41 463 人，不足国民养老金受益人数的 10%。待遇发放方面，退休养老金平均约为 800 新索尔（约 270 美元）；伤残养老金为 1 075 新索尔（约 360 美元）；遗属养老金为 377 新索尔（约 125 美元）（见表 6.3）。

由于制度尚处于初期，在短期内"认可债券"（Recognition Bond）[①]是决定私人养老金待遇的关键因素；在中长期内，收益是主要因素，而缴费密度和收入水平是影响养老金待遇的基本因素。对于某些雇员尤其是年长者来说，私人养老金待遇不如国民养老金待遇，其根本原因是：尽管年长雇员缴费年限过短，但国民养老金制度对养老金替代率有所要求，而私人养老金制度却没有。为此自 2000 年起，私人养老金制度为参保人提供"补充债券"（Complementary Bonds）和退保两种方式。补

---

① 认可债券是国民养老金局代表国家对曾对国民养老金制度进行过缴费的雇员的承诺。这种债券避免了欲参加私人养老金制度的国民养老金制度参保人损失已有缴费，使其继续积累退休基金。

表 6.3　　　　　　不同类型养老金受益人数及平均待遇

A. 养老金受益人数				B. 平均待遇（新索尔）			
年份	退休	伤残	遗属	年份	退休	伤残	遗属
2002	10 022	1 720	20 107	2002	860	943	286
2003	14 612	2 303	22 952	2003	972	934	295
2004	19 927	2 944	24 758	2004	982	942	313
2005	27 229	3 200	26 188	2005	956	989	340
2006	32 179	3 694	29 829	2006	900	1 050	356
2007	36 223	4 385	33 066	2007	841	1 029	360
2008	39 018	5 116	35 830	2008	826	1 281	377
2009	41 463	5 554	38 377	2009	799	1 075	377

资料来源：银行业、保险业及养老基金监管局，秘鲁中央储备银行。

充债券用来补足与国民养老金待遇差额部分，使两种制度待遇统一；退保手段则允许参保人转移回国民养老金制度。

2007 年，第 28991 号法律（Law No. 28991）对退保进行了法律约束，对雇员转移回国民养老金制度的条件和要求进行了规定。制定过程合法透明，维护了雇员享受养老金的权利。以下是对于参保人退保条件的规定：

• 1995 年以前一直参加国民养老金制度，不限年龄，在退出私人养老金制度时，具备获得国民养老金资格。

• 若在参加私人养老金制度时，已具备获得国民养老金的资格。

• 若从事对生命和健康有害的工作，并同时具备获得国民养老金的资格。

• 另外，2009 年 5 月宪法法院（Constitutional Court）规定了私人养老基金管理公司必须在雇员参保时提供可能会影响其退保的各类信息。也就是说因受到虚假信息影响而参加私人养老金制度的参保人可要求转移回国民养老金制度。

2009 年 11 月，有 44% 的待遇（含退休、伤残及遗属）以美元给付，明显高于 2001 年的 12%。待遇给付美元化趋势源于 2003 年，当时伤残及遗属的终身收益养老金被批准以新索尔①和美元两种方式给付。而退休终身收益养老金中，以美元给付的比例近十年一直保持在 96%

---

① 持续购买力（Constant Purchasing Power）。

左右。

这种高比例美元化给付趋势凸显出两个问题：一是若本币升值，养老金价值下降，受益人利益就会受损；二是会进一步加强美元化趋势。例如，在2003—2009年期间，由于新索尔升值造成以美元给付的养老金贬值了18%，如若将同时期的通货膨胀也计算在内，则养老金贬值达30%（Central Reserve Bank of Peru，2010）。

此外，在私人养老基金管理公司所提供的养老金类型中，计划退休金和递延终身收入的临时收入必须以新索尔给付，注定这类养老金会在通货膨胀中贬值。

而终身收入养老金在最高法令104-2010-EF（Supreme Decree No. 104-2010-EF）实施前，仅能以随通货膨胀调整的新索尔或不进行调整的美元现金给付。结果，以这种新索尔给付的养老金能抵御通货膨胀，而以这种美元给付的养老金面临新索尔升值及通货膨胀的双重风险。

为给受益人在选择养老金给付方式时提供更多的选项并加强他们的选择权，最高法令104-2010-EF实施了两种调整措施：一种是针对以新索尔给付养老金的调整方法，即受益人可选择养老金以某一固定利率增长；另一种是以美元给付的养老金，也被准许以同样的固定利率增长，以抵消物价上涨及本币升值的部分甚至全部风险。

还有一种以新索尔给付养老金的新方式是由保险公司保证养老金随通货膨胀调整，但是基本没有任何有效的投资手段能实现此方式。因此，目前无论以新索尔还是美元给付的养老金都随相同参数调整，二者唯一区别就在于汇率。

（五）费用及成本

私人养老金制度参保人需要缴纳两类费用：（1）缴纳给私人养老基金管理公司等的各种佣金或保费；（2）伤残和遗属保险的佣金。雇员缴费由雇主代为强制扣除并缴纳给私人养老基金管理公司；而自由职业参保人则须与私人养老基金管理公司达成协议后，由自己直接缴费。参保人须缴纳工资的12.91%，其中10%的部分为强制缴费，1.95%用作私人养老基金管理公司管理养老基金的管理费，剩下的0.96%作为保险公司的保费。

费用支出是制度中最有争议的话题之一。自制度创建以来，保险成本下降了57.3%，而管理费始终未变。2008年12月，私人养老基金管理公司平均管理费为工资的1.87%；之后在四大私人养老基金管理公司中一家的带领下，2009年9月管理费上升到1.95%（参见图6.7）。

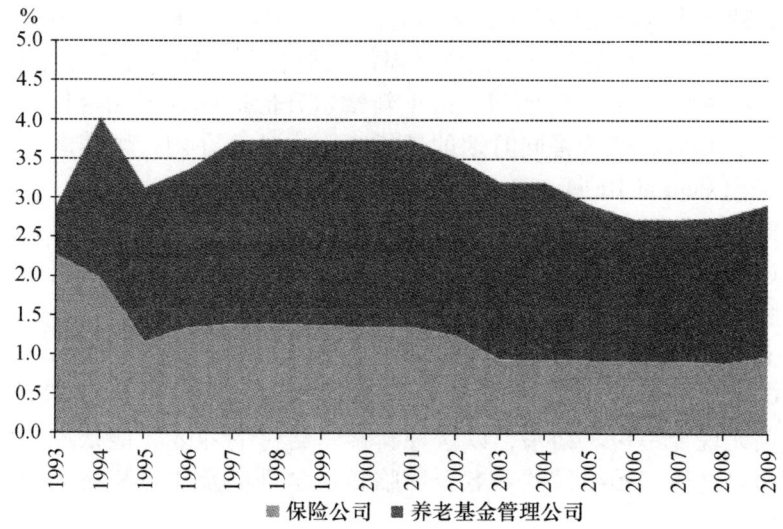

图6.7　私人养老金制度管理费改革（占收入比例）
资料来源：银行业、保险业及养老基金监管局。

此外，由于养老基金受到金融危机的冲击，管理费问题愈发突出。2008年年底至2009年年初期间，监管局计划实施另一种管理费收取制度。经对各种可能方案评估后，采用了一种混合费用制。该方案将管理费分为两部分：一部分按报酬收取，另一部分按业绩或资金收支状况收取。这种部分按业绩收费的方式能增加制度管理和监管的透明度。然而，由于并没有落实相关改革，私人养老基金管理公司仍旧依照原制度从月收入中收取管理费。

最终于2007年11月，在非用于积累养老金待遇的自愿缴费中，一部分私人养老基金管理公司开始按新制度收取管理费。到2008年8月，由于自愿储蓄基金规模的扩大引起管理成本的增加，四大私人养老基金管理公司都开始参照新制度收费。费用根据该基金的资金收支状况收取，目前每年费率设定为基金的0.722%~3.042%之间。根据不同的基金管理公司、不同的基金类型（管理费随基金风险增大而同比例增加，即第1类基金费率较低）以及参保人是否缴费给同一基金管理公司，费率有所不同。同时向一家基金管理公司缴纳强制性和自愿性保费的参保人会得到优待。仅有一家基金管理公司对用于积累养老金待遇的自愿缴费收取管理费。

四、社会养老金制度

2008年6月,第1086号立法法令实施,目的是鼓励微型、小型企业①加强竞争,实现企业正规化和促进自身发展,进而扩大国内外市场份额。通过此过程来促进就业、社会参与及经济正规化,拓宽受尊重、高待遇工作的就业渠道。

该法令的目标之一是通过鼓励众多微型、小型企业雇员参加养老金制度,来扩大制度在该领域的覆盖面。

法令中所涉及的微型企业的雇员及雇主可选择参加19990计划中任一种养老金制度,以及国民养老金制度或私人养老金制度。此外,制度为从未参加任何养老金制度的微型企业雇员及雇主建立了自愿性社会养老金制度。但小型企业的雇员须强制参加国民养老金制度或私人养老金制度。

这种社会养老金制度在创建时要求参保人每年缴费12次,月缴费最高限额为最低工资②的4%。参保人若想超过此限额,可追加自愿缴费。此外,政府每年会筹集与雇员月最低缴费总额相应的资金③。因此由政府和参保人共同出资(各50%)的筹资方式令制度覆盖率几近翻倍。按照"经济财政部"(Ministry of Economy and Finance,MEF)技术委员会,银行业、保险业及养老基金监管局以及国民养老金局(ONP,2007)的统计,潜在的受益人中微型企业雇员及雇主(55岁以下)将会扩大到约180万人(见表6.4)。

表6.4 社会养老金制度潜在受益人

微型企业规模	18~55岁
2~5人	1 306 119
6~10人	519 152
总计	1 825 271

资料来源:国民家计调查(National Household Survey),2006。

社会养老基金倾向于让某一私人养老基金管理公司、保险公司或银

---

① 根据2006年国家统计信息局(National Institute of Statistics and Informatics,INEI)进行的国民家计调查,62.1%的国民经济活动人口(不包含自雇人员)受雇于微型、小型企业。
② 2008年1月1日,最低收入为550新索尔(约185美元)。
③ 国家缴费将按照财政预算及该法案中规定的情形进行支付。

行管理，该机构须满足法律规定的要求和条件并具备资产管理能力。为简化管理及确保雇员拥有一个能获得政府津贴的私人账户，经济财政部（MEF）加快了法律实施进度，但整个实施过程尚未开始。

该法律中另外规定，参保人年满 65 岁并至少缴费 300 次方可享受退休养老金。养老金总额由以下参数计算得出：

- 参保人个人资本账户的累积资本；
- 政府筹资部分及其收益。

若参保人缴费总量已超出最低限额，法律执行细则中设计了用于计算养老金总额的公式。

第三节 养老金制度的预期成效

此前的章节通过对一些变量和参数的研究，分析了秘鲁养老金制度的发展和现状。这一节主要讨论宏观精算模型（Macro-actuarial model）的评测结果，这有助于理解到 2050 年养老金关键变量的变化和趋势及伯纳尔（Bernal）等人报告中的结论。其中极为重要的变量为养老金制度在评估期内的覆盖率和退休雇员养老金待遇水平。此前提到过，这两个变量的改进是养老金制度的根本目标之一。

一、宏观精算模型

对养老金制度（国民和私人）现状的分析不足以决定是否需要改善现有制度业绩以实现制度目标。而事实上，在现有条件不变情况下，首先需要弄清的是养老金制度在未来时期的业绩，用于预测制度关键指标的宏观精算模型便应运而生；另外一种经济增长模型则用来预测长期人均 GDP 和劳动生产力（以及实际收入）。

（一）基准方案

宏观精算模型需要的基本信息为国民养老金制度和私人养老金制度参保人的个人信息，所采用的变量主要有工资、养老金待遇、参保人分类、年龄、性别等。这些数据如下：

1. 国民养老金制度

2006 年 12 月 31 日，国民养老金局所统计的参保人和受益人按照年龄段、性别、婚姻状况、平均养老金和平均收入进行分组，然后对每一组进行模拟。共有 46 万人领取不同类别的养老金，其中 69.7% 为退休养老金，23.5% 为鳏寡养老金，其余的为伤残、孤儿以及遗亲养老金（参见图 6.8）。

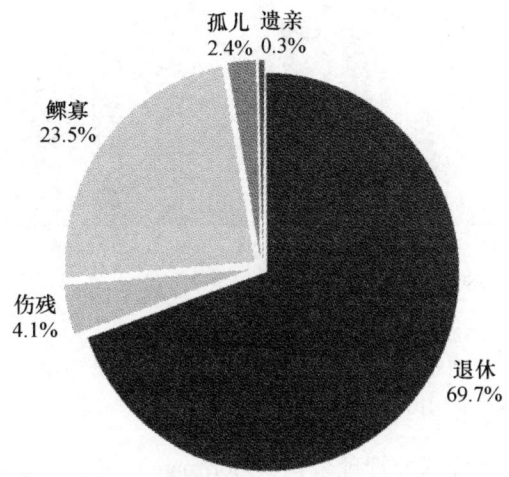

图 6.8　私人养老金制度中不同类型养老金待遇
资料来源：国民养老金局。

不同待遇类别受益人继续按年龄段、性别和婚姻状况进行再次分组后，可以观察到人数最多的组是老年受益人，平均年龄为男 73 岁，女 71 岁；月平均养老金为男 572 新索尔，女 442 新索尔。

国民养老金制度有 130 万名参保人，其中 64% 为男性，平均年龄为 41 岁（参见图 6.9）。并非所有参保人都积极进行缴费，2005 年进行过缴费的人数只有 60 万。在收入方面，80% 的参保人收入不足 800 新索尔，因此不太可能产生再分配效应。

2. 私人养老金制度

假设每家私人养老基金管理公司中参保人的分类代表了整个私人养老金制度参保人的分类，则可使用"奥里藏特基金管理公司"（Horizonte）所提供的截至 2005 年 12 月 31 日的信息作为测算的基础数据[①]，并将该公司的参保人依收入水平，缴费密度，年龄段，性别和养老金债券权利进行分组。

---

① 2005 年 12 月，奥里藏特基金管理公司拥有私人养老金制度参保人数中 26.3% 的份额，是当时五家私人养老基金管理公司中最多的一家。

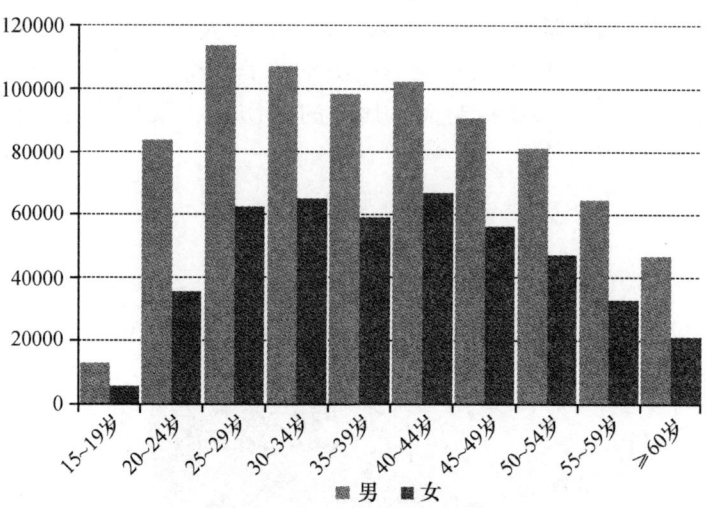

图 6.9　国民养老金制度参保人年龄分布
资料来源：国民养老金局。

通过对奥里藏特基金管理公司（Horizonte）参保人资料推算，2005 年 12 月私人养老金制度有 240 万名男性和 130 万名女性参保人。参保人结构较年轻，平均年龄为 36 岁（比国民养老金制度小 5 岁）（参见图 6.10）。从认可债券上来看，有 20 万名男性拥有此债券，而女性却只有 10 万名。

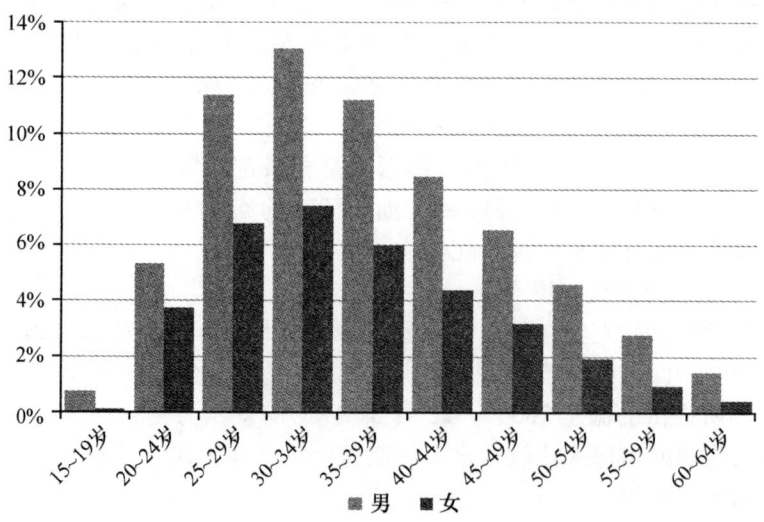

图 6.10　私人养老金制度参保人年龄分布
资料来源：西班牙对外银行（BBVA）。

按缴费密度分为 4 类（A 为 90%~100%；B 为 50%~90%；C 为 10%~50%；D 为 0%~10%）；按收入水平分为 3 类（1 为低于 500 新索尔；2 为 500~800 新索尔；3 为高于 800 新索尔）。综合上述两种分类方法，则可建立 12 种分类。同样，如果再加以区别对养老金债券的权利，将会形成 24 个分类。

（二）模型假设

各种模型假设可以归结为人口形势、经济状况和制度内部关系 3 大类。

1. 人口形势

分析人口形势需考虑以下几个方面：

（1）模型中使用的死亡率是基于拉丁美洲及加勒比海人口中心（CELADE）预测到 2050 年的数据。

（2）模型中伤残率来自 2004 年墨西哥公共健康协会（Mexican Institute of Public Health，IMSS）的历史数据，不含预测成分。

（3）假定男性中，20~24 岁年龄组参保率为 30%，25~29 岁为 45%；女性中，两个年龄组参保率分别为 25% 和 30%。

（4）20~24 岁参保人按照最初分配分属 A1 到 D3 类；25~29 岁参保人被分到新类别 E 中，该类成员在收入上不同，但缴费密度都参照制度平均值。

（5）计算养老金待遇（退休、遗属和伤残养老金）所使用的人口统计表中数据合法有效，这些表都基于智利退休人员的历史数据：①RV 2004 表是关于每年不提高待遇的养老金；②B 85 表是关于遗属养老金受益人；③MI 85 表是关于伤残退休人员。

2. 制度方面

（1）在已有参保人分类中增加缴费密度变量。当前宏观经济形势下，为缩小劳动人口与缴费人数的差距，假定 B 类和 C 类参保人缴费密度每 5 年分别增长 1% 和 2%。假设 A 类参保人参保期间，缴费密度已接近 100%，不需再增加，始终保持在 98.7%。

（2）个人资本账户的缴费率设定为 10%，与当前制度缴费率一致。对一些管理支出也进行了设定：①管理费为 1.5%；②从资金中提取年费为 0%（私人养老基金管理公司是从工资中扣费）。

（3）家庭成员结构设定中，假设所有参保人都为已婚未育，并且所有女性都比其配偶小 3 岁。这个假设简化了模型计算，而且尽可能（至少理论上）抵消儿童或单亲父母受益人存在的影响。

3. 经济方面

(1) 根据宏观经济分析,设定年工资增长率为3%。

(2) 同样根据宏观经济分析及制度往年的运行经验,设定个人资本副账户的年收益率为6%。

(3) 设定用于计算退休、遗属及伤残待遇的贴现率为4%,该利率遵循现行立法,并符合个人资本账户收益率的假设。

(4) 受益人获取养老金的成本计算中包含3%的额外保费。

(5) 货币参数的预测都使用实际值。

表6.5列出了以上及其他与宏观精算模型中相关的假设。

表6.5 宏观精算模型预测假设条件

变量	国民养老金制度	私人养老金制度
GDP增长率	2006—2008年:5.50% 2009—2029年:5.18% 2030年之后:逐年减少直到3%	
人口	按国家信息统计局及拉丁美洲人口中心预测(长期内,覆盖率大于1%),人口增长和分布按年龄和性别进行分组	
非正规比例	随经济增长而降低,从2006年的60%到2035年的45%	
收入增长率	每年3.0%(平均生产力增长率)	
失业率	平均为6.2%,但在长期内最低为5.0%	
新参保人年龄	20~29岁	20~29岁
缴费率	13%	10%
退休年龄	65岁	65岁
替代率	从50%逐步降低到2038年的30% 缴费满20年,每增加一年缴费以高2个百分点	预测结果
预测初期缴费密度 (统计数据)	A:99% B:71%	A:99% B:71%
预测初期缴费密度 (统计数据)	C:33% D:1%	C:28% D:1%
	新参保人按平均缴费密度	新参保人按平均缴费密度
新参保人	保持2%的自然增长率	大多数参保私人养老金制度
收益率	4%	6%

续表

变量	国民养老金制度	私人养老金制度
贴现率	4%	4%
配偶年龄差距	3年	3年
养老金更新	3%	3%
死亡率表	RV 2004	RV 2004

（三）结论

为了预测到2050年养老金制度主要变量，伯纳尔（Bernal）等人对覆盖面、养老金购买力和养老金财政支出进行了分析。首先要弄清国民及私人养老金制度的指标，并通过合理的假设，使用宏观精算模型来预测未来指标。

二、覆盖面

查卡尔塔纳（Chacaltana，2002）、经济金融部（2004）、奥利弗那·李（Li Olivera，2005）、罗夫曼和卢克迪（Rofman and Luccheti，2006）的报告中都明确提到养老金的低覆盖率问题：

- 失业率上升及自由职业者的覆盖不足所引起的低覆盖率。
- 绝大部分小企业雇员没有被覆盖。
- 与该地区的大多数国家不同，秘鲁公共部门雇员的覆盖率低于80%，说明该部门群体对制度缺乏认同感。
- 低收入雇员没有被覆盖，这种情况在农村地区更为严重。

养老金制度的低覆盖可用两个指标揭示：（1）老年覆盖率（Old-age Coverage），用于衡量养老金受益人数占64岁以上人口的比例。（2）劳动覆盖率（Labor Coverage），定义为参保人在14～64岁人口中所占的比例。

使用宏观精算模型推算出，老年覆盖率和劳动覆盖率都将明显提高（参见图6.11和图6.12）。到2050年老年覆盖率将提高到42%，尽管同期在64岁以上人口中仍有58%未被覆盖。由于经济持续增长，就业结构完善，非正规经济减少以及年轻人和妇女劳动参与增多等原因，2050年劳动覆盖率将扩大到58%，然而仍有42%的劳动人口没有被覆盖。

在对国民养老金制度和私人养老金制度进行推算时，可以得到如下重要结论：

第六章 秘鲁养老金改革

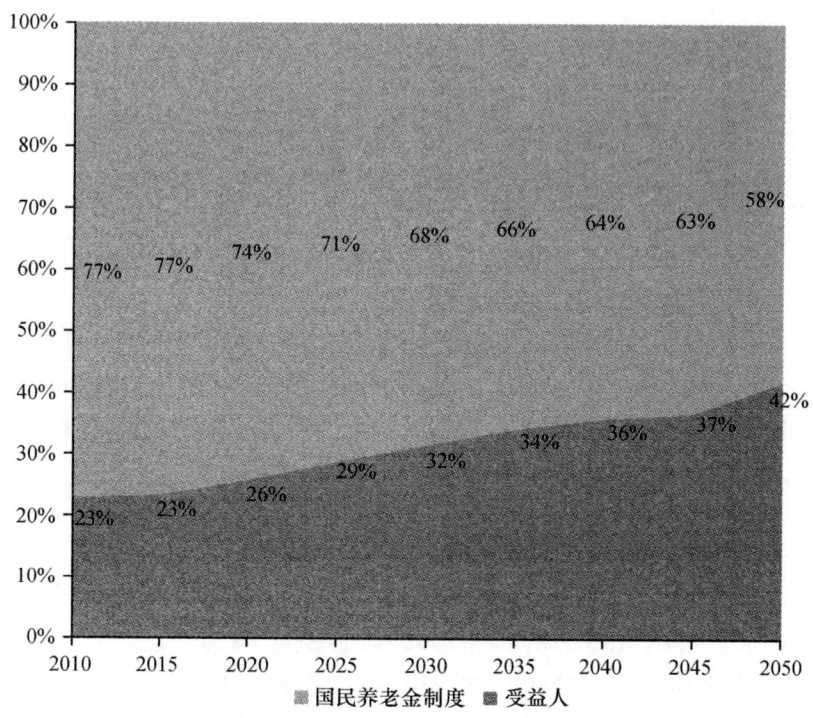

图 6.11 老年覆盖率

资料来源：银行业、保险业及养老基金监管局，国民养老金局，西班牙对外银行（BBVA）。

- 在国民养老金制度中，老年覆盖率从 2010 年的 18% 下降到 2050 年的 7%，这是因为假设随着私人养老金制度的成熟，会吸引更多雇员离开国民养老金制度。此外，劳动覆盖率到 2050 年会一直保持在现有 10% 的水平。
- 在私人养老金制度中，老年覆盖率将会从 2010 年的 5% 上升到 2050 年的 35%；同样，劳动覆盖率也会从 2010 年的 26% 上升到 2050 年的 48%。

两种制度发展趋势迥异主要源自两个方面的原因。首先是雇员尤其年轻群体对私人养老金制度的偏好。其次是私人养老金制度为参保人提供了激励机制，例如若雇员开始工作 10 天内未选择参保制度（国民或私人），则默认为参加私人养老金制度。

然而，尽管两种制度的覆盖率有所扩大，但宏观精算模型的结果显示，2050 年仍有超过半数人口未被制度覆盖。因此，秘鲁养老金制度

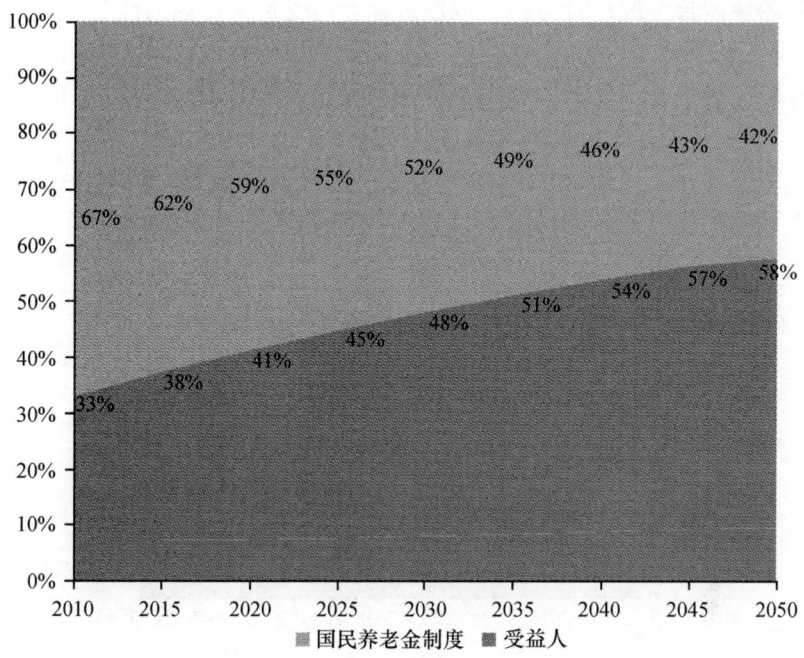

图 6.12 劳动覆盖率

资料来源：银行业、保险业及养老基金监管局，国民养老金局，西班牙对外银行（BBVA）。

的真实现状仍是覆盖率远低于同地区的其他国家。例如，法弗雷等人（Favre，2006）的报告表明，在 2008 年改革前对智利养老金制度进行相似的预测，结果其老年覆盖率和劳动覆盖率在 2050 年分别上升到 84% 和 76%；在墨西哥这两项指标的预测结果分别为 69% 和 74%。

三、养老金

另一项评估养老金制度成效的关键指标为养老金购买力，所发放待遇即使无法实现全面保障，但仍须达到适度的保障，即养老金必须超过最低购买力水平。

相关专著中提到，养老金改革的根本目标就是让制度提供适度保障，也就是说制度提供的养老金要能帮助人们摆脱贫困，并同时提供适度的收入替代（Holzmann and Hinz，2005）。

评估待遇水平指标时，选取 2010 年数据为起点，对模型预测期内的养老金增长情况进行分析,以便解释普通受益人待遇的改善程度。然而,若想了解待遇是否充足,就需要用该指标与雇员收入和支出水平进行对比分析。基于此方面考虑,替代率被当做第二指标,用雇员养老金对平均收入(过去10年)的比率来衡量。

根据预测,得益于经济增长、生产力提高和增长,2050年国民及私人养老金制度的平均待遇将会是2010年的2倍(参见图6.13)。

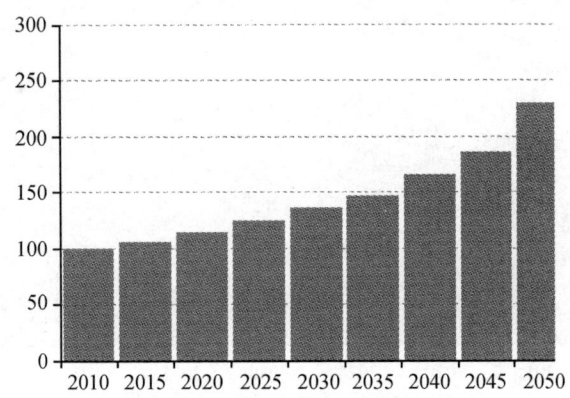

图6.13 养老金待遇改善(设2010年平均养老金为100)
资料来源:西班牙对外银行(BBVA)。

而替代率在整个预测期内显示出稳步下降的趋势,这反映了两个因素:一是国民养老金制度替代率下降,让制度保障更切合实际;二是假设终身工资年增长率为3%(伴随经济增长及生产力提高),私人养老金制度中养老金和收入的关系(参见图6.14)。

以上分析了整个养老金制度的待遇水平和替代率,但没有考虑到国民养老金制度和私人养老金制度参保人具有不同特点,尤其在收入水平和年龄分布方面,以及两种制度中决定待遇的参数也不同。为了更精确地评估退休后的状况,下面分别对两种制度进行分析。

(一)国民养老金制度

在国民养老金制度中,预测期内的平均养老金将会反映出自上个年代开始,为改善养老金实际待遇和降低制度财务不可持续性,所采取的各种措施的成效。可以通过两类主要因素来了解养老金未来的待遇水平:(1)计算养老金所用的各种参数;(2)所进行的参数式改革,尤其是与降低替代率相关的。

首先,国民养老金制度作为一种现收现付制,使用既定的参数及公式来计算养老金。养老金待遇为一个固定比例的平均收入,介于最低标

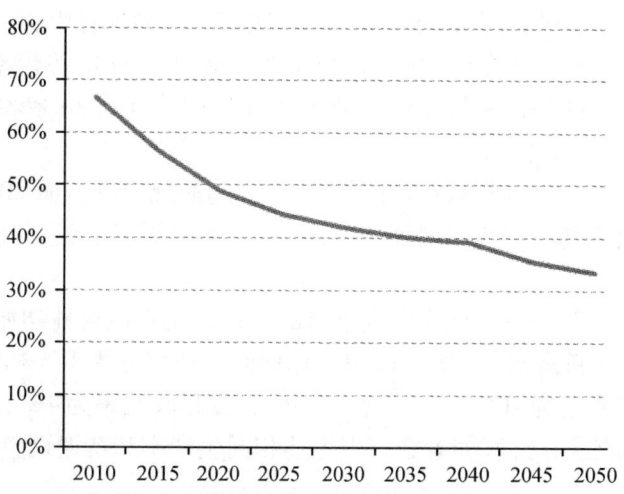

图 6.14 替代率
资料来源：西班牙对外银行（BBVA）。

准（同比例的最低收入）与最高标准（同比例的最高收入）之间。这个比例被称做替代率，表示支付给参保人的待遇占其工资的比例。常见的退休制度公式简述如下：

$$P_{SNP} = (TRB + TRM * (APT - APB)) * RR$$

式中　P_{SNP}——国民养老金制度养老金。目前，它被界定在如下区间：415 新索尔≤P≤857 新索尔。

　　　TRB——基本替代率，目前正在从 50%（临近退休参保人）下降到 30%（年轻参保人）。

　　　TRM——参保满 20 年后，每增加一年参保年限的边际替代率，目前保持在 2%。

　　　APT——职业生涯总缴费年限。

　　　APB——制度要求最低缴费年限，目前为 20 年。

　　　RR——参考收入，目前为过去 5 年的平均工资。

从公式中得出，替代率（包括基本替代率和边际替代率）与养老金待遇正相关，即养老金会随替代率降低或升高同方向变动。另外，未来的养老金将会受到过去 15 年期间改革尤其是参数式改革的影响。

以下内容详细分析了基本替代率从 50% 逐步下降到 30%，边际替

第六章 秘鲁养老金改革

拉美养老金改革：面临的平衡与挑战

代率从4%下降到2%的改革。基本替代率改革①的内容中有一项为，对2002年满55岁（现今已60岁）以上的参保人，维持替代率在50%；而年轻参保人的替代率每5年降低5个百分点，直到30岁参保人的替代率降到30%那时为止。

边际替代率改革则从4%下降到2%。起初规定缴费满20年后，每增加一年缴费基本替代率增加4个百分点。在改革后，这一比率更改为2个百分点。

表6.6是对某一男性参保人进行的模拟，设定该男性初始工资为最低收入（550新索尔），18~64岁工作期间生产率分为1.5%和3%两种情况，缴费密度为70%，缴费率为13%，实际收益率为4%，使用过去5年的平均收入，鳏寡养老金根据上述相同生产率和待遇调整。

表6.6　　　不同年龄参保人每年积累的替代率模拟结果
（TRB为50%，TRM为4%）

年龄	每年积累的替代率（生产率为1.5%）	每年积累的替代率（生产率为3.0%）
18	1.89%	0.84%
25	1.59%	0.78%
35	1.25%	0.71%
45	0.98%	0.65%
55	0.77%	0.59%
64	0.62%	0.54%

注：TRB为基本替代率；TRM为边际替代率。
资料来源：国民养老金局、西班牙对外银行。

表中数据表明雇员每年缴费所获的实际替代率绝不可能超过制度承诺的替代率（指每年积累2.5%的基本替代率或4%的边际替代率）。例如在第一栏中，假设雇员在最低参保年龄即18岁时开始缴费，则每年最高可积累1.89%的替代率。而在25岁时，因缴费获益的年限减少，参保人每年只能积累略低的替代率（1.59%）。在第二栏中，当生产率提高为3%，则所有年龄群体所积累的收入替代更少，这是因养老金待遇随工资增长而提高，从而增加了所需筹集的资本；因此，即使增加缴费也只能获得更少的收入替代，缴费仍然不足。

---

① 为使国民养老金制度更加灵活，实施了以下调整措施：2002年按年龄降低替代率；及缴费率从10%增加到13%（1997）。

也即是说，无论雇员多早参保，缴费都不能提高替代率。为了保持缴费与待遇间的精算平衡以及制度的长期可持续性，降低替代率的改革也在情理之中。

据该模型预测，到2050年平均养老金几乎达到2010年的3倍。但随着替代率逐步降低，令养老金调整到更加可持续的水平，而防止出现低于最低待遇水平的情况（参见图6.15）。

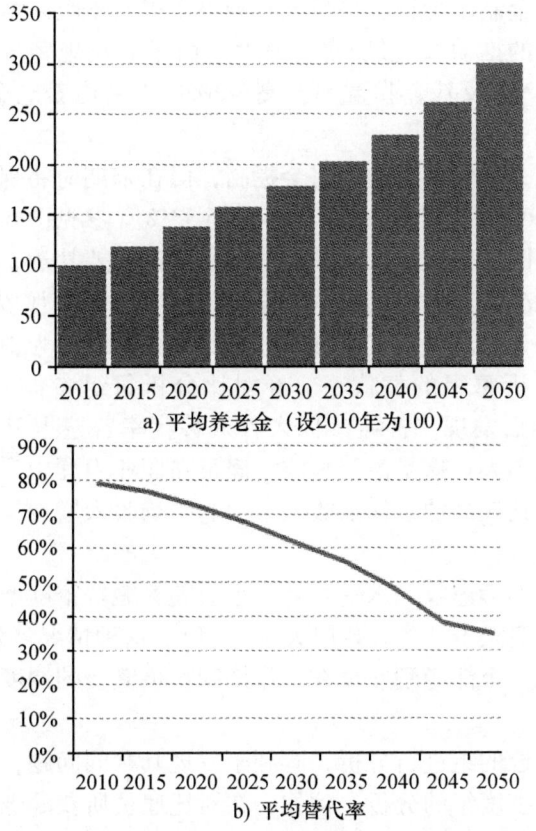

图6.15　国民养老金制度待遇改善及替代率

资料来源：DS N 099-2002，国民养老金局，西班牙对外银行（BBVA）。

由于受边际替代率影响，平均替代率应在基本替代率①之上。比

---

① 年轻雇员的替代率会继续从50%稳步降低，直到30岁雇员的替代率降为30%之日为止。

如，预测期的首年，高替代率（接近80%）是由于当时退休人员能获得最初的基本替代率（50%）以及此后每年3%的边际替代率。然而在预测期末，平均替代率下降是由于当时退休人员只能获得改革后更低的基本替代率（30%），因而，即使仍有2%的边际替代率，也无法达到当年的替代率。

（二）私人养老金制度

私人养老金制度待遇水平呈上升趋势，得益于收入增加（经济增长与生产力进步的推动），缴费密度增大（由于非正规经济的减少和工作环境的改善），以及基金收益率提高。2050年平均养老金在2010年的现值（参见图6.16）。

预测显示，替代率在初期将会提高，但在末期时将保持稳定。2010年替代率为19%，预计到2050年将升至33%（参见图6.16）。

但由于不同参保人收入水平与缴费密度都相差甚远，因此，在分析其各自退休状况时需考虑到这些因素。先让参保人按照收入水平（2为中等收入，或3为高收入）和缴费密度（C为低；B为中；A为高）进行分组后，分析每组的替代率。经对比分析每组参保人在2010年与2050年的数据后发现，各组参保人收入替代率普遍上升，只是在高收入雇员中涨幅不大。这是由于高收入雇员在职业生涯中为追求更高工资而不断跳槽，其较高的退休前收入会引起平均收入增加，令所计算的替代率有所降低。

然而，若不考虑收入水平，替代率会随着缴费密度增加而上升（因此，A组替代率大于B组，B组大于C组）。这种情况伴随着储蓄增加，并表明了建立一个能激励雇员在工作期间积极缴费的制度的重要性（参见图6.17）。

对特征相近的组进行分析，有利于发现其共同问题，尤其是对低收入组和低缴费密度组的分析。例如，在对比雇员所获养老金与法定最低养老金时，中等收入雇员的待遇备受关注。对2050年的预测显示，中等收入雇员的平均养老金仅大致相当于该年最低养老金的2/3（参见图6.18）。

同样，在分析缴费密度时，假设参保人收入水平固定，则参保人缴费越积极，越能在退休时获得更高的养老金。因此，年缴费10次以上的雇员（A组缴费密度在90%~100%之间）比年缴费6次以上的雇员（B组缴费密度在50%~90%之间）和年缴费1次以上的雇员（C组缴费密度在10%~50%之间）退休时能获取更多养老金。此外，预测显

第六章 秘鲁养老金改革

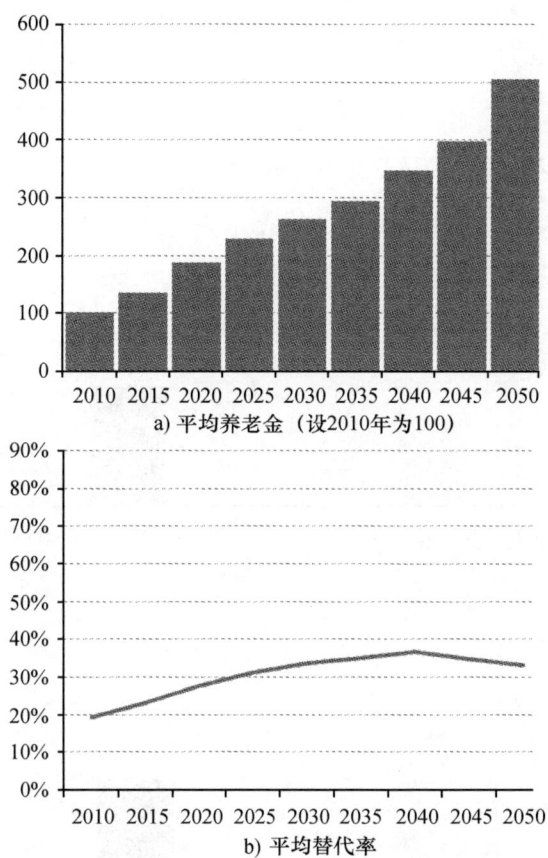

图 6.16 私人养老金制度待遇改善及替代率
资料来源：西班牙对外银行（BBVA）。

示 C 组雇员仅能获得低于最低养老金的待遇（参见图 6.18）。

由上可知，拥有高收入和高缴费密度的雇员会比中等收入和低缴费密度的雇员获得更高的养老金待遇。预测表明，高收入雇员所获平均待遇都高于最低养老金，那么对具有不同缴费密度的中等收入雇员的分析极为重要。从某种意义上说，这组成员获益最少，因此有必要对其养老金购买力进行评估。

若中等收入雇员能保持一定的按时缴费程度（缴费密度超过50%），则其在预测期的大部分时间内所获养老金都能满足其基本生活

拉美养老金改革：面临的平衡与挑战

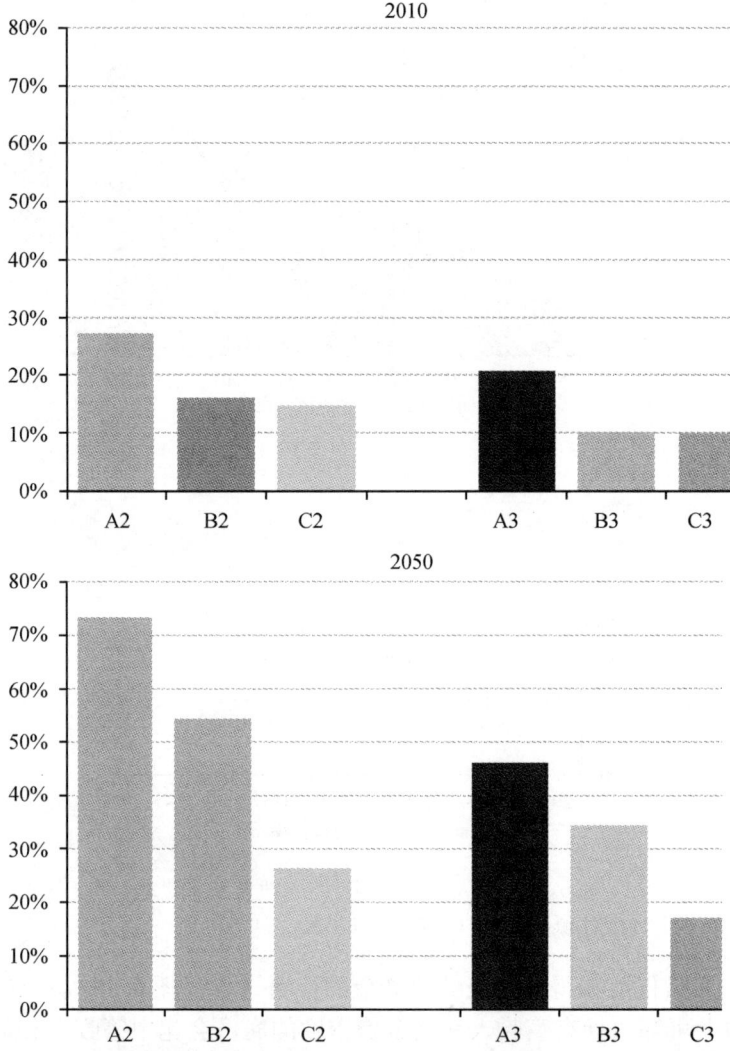

图 6.17　私人养老金制度中不同收入及缴费密度的雇员替代率

注：1：收入低于 500 新索尔。

2：收入介于 500~800 新索尔之间。

3：收入超过 800 新索尔。

C：缴费密度介于 10%~50% 之间。

B：介于 50%~90% 之间。

A：介于 90%~100% 之间。

资料来源：西班牙对外银行（BBVA）。

第六章　秘鲁养老金改革

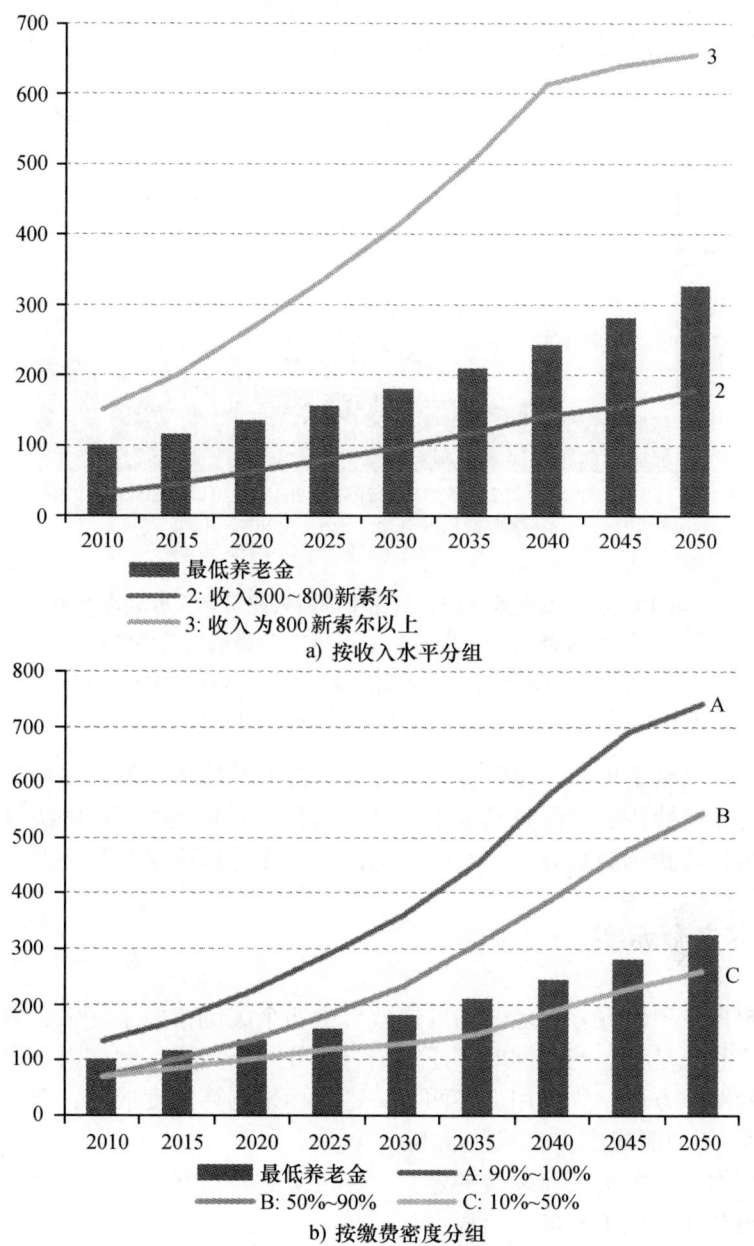

图 6.18　私人养老金与最低养老金对比（设 2010 年最低养老金为 100）
资料来源：西班牙对外银行（BBVA）。

需要①；反之，若不积极进行缴费（缴费密度在10%~50%之间），其须到2050年方能获取满足其基本生活需要的养老金（参见图6.19）。

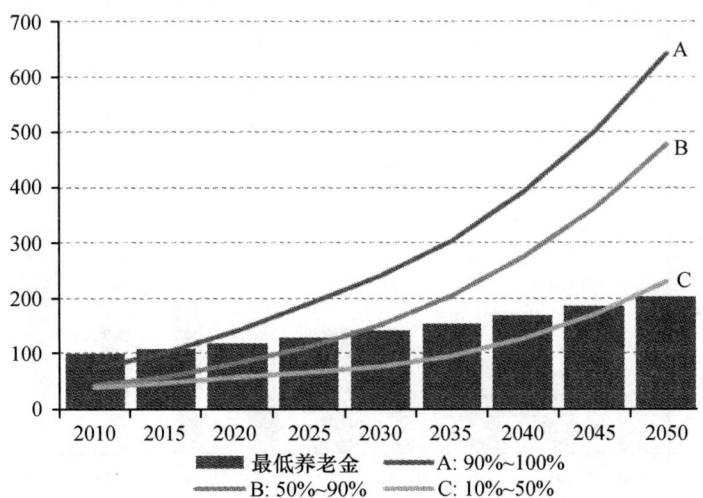

图6.19 按缴费密度分组，对比中等收入雇员私人养老金水平与最低生活保障水平（设2010年最低生活保障水平为100，中等收入者收入介于500~800新索尔之间）

资料来源：国家信息统计局、西班牙对外银行（BBVA）。

从以上结论可知，尽管养老金待遇保持上升趋势，但大多雇员仍无法获得充足的待遇以保障其未来的最低消费。因此须研究出解决该问题的对策，寻找到激励雇员进行缴费的措施，才能最终提高其待遇。

四、养老金赤字

根据本项研究，养老金制度成效可由两个关键指标来评估：养老金覆盖率和充足率。与此同时，还需结合另外一个指标：制度财务可持续性。针对此方面，须使用上述两个关键指标来测算制度成本，并对比分析2050年预测成本与改革前成本。

根据文献中关于养老金的定义，在改革和转型背景下，秘鲁养老金赤字被认为由以下几部分组成。

1. 国民养老金制度运营赤字，指收入（缴费）减去支出（养老金）

---

① 最低生活保障通过评估一个家庭所消费的商品及服务来测算该家庭状况。由国家统计信息局收集信息。

的差额。

2. 20530 计划的赤字,与 19990 计划类似,不同的是前者已停止(行政命令)接受新参保人。

3. 认可债券的给付,包括政府对曾对原有养老金制度进行过缴费的雇员的给付。

4. 最低养老金补贴(Minimum Pension subsidies)、补充债券以及私人养老金制度退保现象。最低养老金补贴指国家转移支付给私人养老金制度的基金,用来资助那些自力无法获得最低养老金的雇员。补充债券指国家转移支付的补贴,用来补助临近退休才参保私人养老金制度的雇员,使其养老金达到同等水平。最后一个因素指因私人养老金制度退保人增多,造成国民养老金制度参保人增多,从而加重了国民养老金制度的赤字(第 27617 号和 28991 号法律规定的情形)[①]。

计算赤字的方法有两种:一是按精算现值,二是按年度值。第一种方法,精算现值是指在一定时期内,所有年度的赤字按 4% 的折旧率折现到某一时点的现值之和。使用精算概念是由于所处理的数据并不是在一定时间内稳定的现金流,而是建立在伤残和死亡发生几率上的随机资金流。第二种方法,年度赤字就是指仅某一年度收入与支出的差额。

通过该模型发现,预测期内总赤字将呈现下降趋势,这基于清除了 20530 计划的债务,收回认可债券及补充债券,以及承诺最低养老金保障和颁布退保的法律。

第一个事件中,20530 计划中大多数参保人都已开始领取养老金,并从 2004 年开始不再接受新参保人。第二个事件是关于在私人养老金制度中,停止给符合条件的参保人支付认可债券和补充债券补贴,因此,享受补贴的人数会逐步减少。最后是关于参保人退保和最低养老金,由于受益人数有限,在一定时期内所制造的成本有限。受益人只能是在 1995 年前参加过国民养老金制度的私人养老金制度参保人,因为只有这样才可不被认定为新参保人。然而,尽管在 2035 年前后债务会明显降低,但因受先前 19990 计划赤字的影响,赤字不会完全消失。到 2050 年前后,19990 计划每年运营赤字预计会从 GDP 的 0.8% 降低到 0.5%(见图 6.20)。

赤字的现值为 2006 年 GDP 的 57.9%(见表 6.7),这个比例相对于宏观经济指标(比如负债与 GDP 比率)偏高,但与改革前相比、与

---

① 在模拟中,假定退保的成本中包含私人养老金制度最低养老金给付所造成的成本。

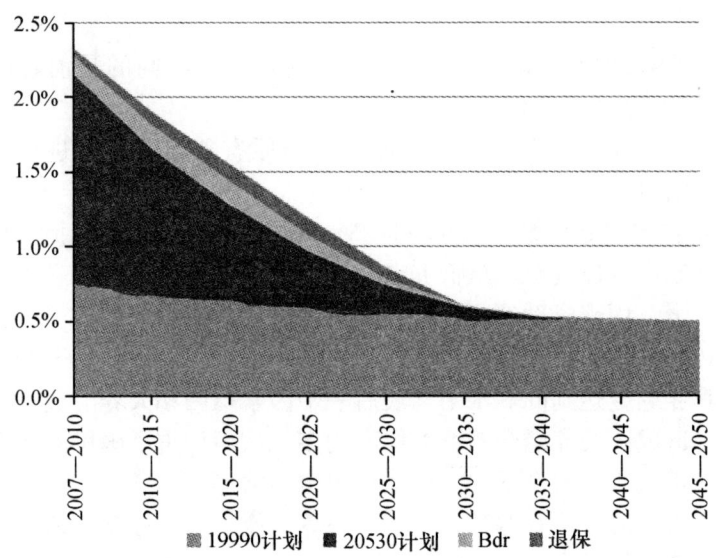

图 6.20 养老金制度赤字（占 GDP 比例）

其他国家如哥伦比亚和墨西哥所面临债务相比并不算太高。此外，仅有秘鲁和智利的制度成本呈现下降趋势。

表 6.7　　2006—2050 年精算现值（占 2006 年 GDP 比例）

	占 GDP 比例
国民养老金制度	52.1%
19990 计划	31.2%
20530 计划	20.9%
转移支付	5.8%
认可债券	3.3%
退保	2.5%
制度债务	57.9%

资料来源：国民养老金局（ONP），经济财政部（MEF），银行业、保险业及养老基金监管局（SBS），西班牙对外银行（BBVA）。

五、结构因素

在预测期内所观察到的覆盖率和待遇水平可用来协助诊断未来养老金制度状况，发现不足并予以完善。然而，须注意养老金制度设计仅仅是实现合理覆盖率和待遇的一个方面，此外制度成效还依赖于经济形势或经济结构因素。

一个国家宏观经济的稳定性（适当的财政可持续性和货币政策实施的连续性）是保证养老金购买力水平的必要条件。确保资本市场良性运转能使养老基金的高效管理成为可能。

此外，经济发展水平同样也是决定养老金水平的条件之一。秘鲁经济的高贫困率让任何养老金制度在短期内发挥重大作用变得异常困难。2009年，秘鲁的农村贫困率达到了60.3%，城市为21.1%[1]。

最后，非正规经济是另外一个限制养老金制度发挥作用的因素。秘鲁非正规经济水平（使用未受社会保障覆盖人群的比例衡量）大约为65%。

为合理评估养老金制度运行成效，必须考虑到制度所在环境的结构因素。一般来说，需要对任何能增大社会保障制度效用的建议按其对国家发展的重要性程度进行分类。

第四节　改　革　提　议

低覆盖率仍是秘鲁现有养老金制度的一个根本缺陷。存在的问题主要是，大多进行过缴费的参保人在退休时无法获得合理的待遇，甚至很多情况下，不具备获取养老金的资格。

因此，很有必要设计出适当的手段来激励更多雇员参保养老金制度并尽可能让更多人获取充足的养老金。其中第一步是先要弄清目标人群，大体包含以下群体：起初未被制度覆盖的雇员和已被制度覆盖、但无法获得足够养老金或无资格获取养老金的雇员。

在实施计划的准备工作中，必须对计划所造成的财务影响进行评估，以保证计划的长期生存力和持久性。

以伯纳尔等人（Bernal，2008）的改革提议为起点，本节可以分为：目标人群分析；针对目标人群的提议及改进，包括扩大覆盖面和提高养老金待遇的措施；以及此类提议实施的影响和所造成的财务成本。

---

[1] 国家统计信息局网站，http://www1.inei.gob.pe/web/NotaPrensa/Attach/10685.pdf。

第六章 秘鲁养老金改革

一、目标人群

提高覆盖率的目标人群是 20~64 岁之间的经济活动人口。在 1 290 万经济活动人口中,仅有 470 万人被国民或私人养老金制度覆盖[①]。因此,该提议的目标人群定位于剩余的 820 万人口。从这 820 万未覆盖人群的年龄分布上看,主要集中在年轻人群(小于 34 岁)和中年人群(35~44 岁);因此,提高覆盖率的措施主要针对此类人群。

同样,提高养老金待遇的目标人群分属两部分:一部分是私人养老金制度,另一部分是国民养老金制度。首先,私人养老金制度中的中等收入雇员,即使按时缴费,也只能获得低水平的养老金。其次,国民养老金制度中未达到最低缴费年限的雇员没有资格获得最低养老金[②]。

二、提议介绍

(一)扩大覆盖面的提议

伯纳尔等人(Bernal,2008)提出了两个提议:(1)"新索尔养老金方案一和方案二缴费计划"(PEN 1 pension and PEN 2 pension plans);(2)强制正规部门自由职业者参保。

1. 新索尔养老金方案一和方案二缴费计划

第一个提议由两个方案组成:新索尔养老金方案一(P1,下简称方案一)和新索尔养老金方案二(P2,下简称方案二)。方案一保障了低收入雇员获取养老金,雇员须日缴费 1 新索尔或月缴费 30 新索尔。方案二保障收入超过 500 新索尔的雇员,雇员必须至少日缴费 2 新索尔或月缴费 50 新索尔。这两个方案都尝试让缴费额接近 10% 的缴费率。

这些方案的价值在于,基于参保人缴费年限,给予其一定比例的最低养老金;最低缴费年限是 15 年。因此,在方案一中,若雇员缴费 15 年,可获得 45% 的最低养老金;若缴费 20 年,该比例将上升到 60%。在方案二中,由于雇员缴费相对较高,则可在缴费 15 年后获得 72% 的最低养老金,而在缴费 20 年后获得 100%。

[①] 国家统计信息局、劳动就业部、银行业、保险业及养老基金监管局、国民养老金局及经济财政部 2005 年的数据。

[②] 国民养老金制度要求参保人至少缴费 20 年才能获得养老金。

另外通过考察每增加一年缴费,不同收入水平雇员所获得的补贴发现,低收入雇员会比高收入雇员获得更多的补贴。

2. 强制正规部门自由职业者参保

扩大覆盖面的第二个提议是强制自由职业者参保。实施该提议等同于给予缴费人一个与缴费率相同比例的折扣,另外对年收入超过7个应税单位的人员,再采取"预扣所得税",这相当于每月2 500新索尔(约830美元)。

根据私人养老基金管理公司联合会(AFPs Association)的最新数据,大约有700万名自由职业者和非正规部门雇员未被覆盖,其中22%为自由职业者。这类雇员没有稳定的收入或缺乏缴费意识,大多数情况下并不关心私人养老金制度的运营状况并认为该制度不能满足其需要。以上因素降低了该类人群参保养老金制度的积极性。

为确保措施顺利实施,必须拥有适当的管控机构,并设计出完美的机制来说服更多的自由职业者参保养老金制度。

四大私人养老基金管理公司都为自由职业者提供了强制缴费的选择,采用与固定职业参保人相同的模式运营:缴费率为收入的10%。考虑到该类人群收入的复杂性,缴费以最低收入为基数。

自国民养老金局批准个人自愿参保后,自由职业者也可参保国民养老金制度。月最低缴费率为最低收入(71.5新索尔)的13%,可随雇员收入增长上调。参保人仅需提供身份证并填写一份申请表。

(二)提高和保证养老金待遇的提议

为实现该目标,伯纳尔等人(Bernal,2008)建议采用以下措施:扩大私人养老金制度最低养老金保障范围和缴费15年后有权获得一定比例的最低养老金。

1. 扩大私人养老金制度最低养老金保障范围

有人提议为全部私人养老金制度参保人提供最低养老金保障,因为目前该待遇仅适用于一部分群体,如老年参保人(在转型期)和1995年以前的参保人,而忽略了年轻的参保人。为此建议扩大最低养老金保障范围尤其对中低收入的年轻雇员,因为其中大部分人所获待遇都需提高。该计划通过补充债券筹资[①]。

---

① 目前,只有的国民养老金制度参保人及30岁以上私人养老金制度参保人有权享受最低养老金,并须满足如下条件:(1)年满65岁;(2)至少缴费20年;(3)缴费总是参照最低基数。

2. 缴费15年后有权获得一定比例的最低养老金

也有人建议根据秘鲁劳动力市场现状，对于获取最低养老金制定一些规定。该提议建议，养老金制度（国民和私人）参保人达到最低缴费15年的要求，就有权获得一定比例的最低养老金，该比例依缴费年限来计算。这项措施用来弥补养老金制度的一些缺陷，例如在私人养老金制度中的中等收入雇员即便正常缴费，也只能获得较低待遇；在国民养老金制度中雇员无法获得养老金待遇。该措施让最低养老金保障更加灵活，从而让两种制度的参保人都能获取一定比例的最低养老金。

正如之前提到的，低收入和低缴费密度的雇员只能获得低待遇的养老金，待遇显示为消费水平或最低购买力。更为严峻的事实是，国民养老金制度中有一部分人因未达到最低20年的缴费年限而无法获得任何养老金。因此须评估当存在缴费激励时，制度是否有能力改善低收入雇员的状况。

尽管这项提议让目前20年的最低要求变得更加灵活，但它主要适用于低收入参保人而且基于缴费年限。因此，该措施可能会重点关注于一类目标人群，可能会提高老年收入的再分配，但不大会对缴费产生明显的负激励。可能通过补充债券进行筹资。

世界银行关于非正规部门的研究"非正规：退出和排除"（Informality: Exit and Exclusion，2007）也显示出从非正规角度来研究社会保障制度潜在变化的需要，因而退休不再紧密建立在雇佣关系上。该项研究认为需要实施更加关注贫困的多支柱制度，提议应实现待遇在不同工作中的便携转移，并认为需要分析部分雇员达到最低缴费年限的难度。然而，它也强调了实现生产力发展、激励就业和鼓励缴费，以及制度的财务可持续性和经济持续增长这些目标的重要性。

考虑到秘鲁劳动力市场的现状（没有受过良好培训的雇员难以保全自己的岗位，令他们迅速进入非正规经济谋生，从而停止缴费），雇员能获得一定比例的最低养老金是极为必要的。因此，在雇员职业生涯中，变动工作后的雇主不一定会为其提供社会保障，则有必要制定一些帮助其获取养老金的措施。

根据以上内容可知，最低养老金保障计划与方案二（缴费15年后获得一定比例的最低养老金）类似，但该计划是针对已参保制度（国民和私人）而因某些原因无法完成20年缴费年限的参保人。

从收入水平角度看，最低养老金保障计划与方案二的目标人群一致：收入超过500新索尔的雇员。但是雇员要选择最适合自身情况的制度。如果雇员收入不稳定或其雇主未提供社保福利，则他可以以个人身份参保，并根据自身收入水平选择适合的制度。另一方面，如果雇员期望一个更好的雇佣条件（如福利待遇和延长受雇时间）但收入不高，可按个人意愿参保，通过灵活缴费（收入的10%）来获取基于缴费年限的一定比例的最低养老金。

该项计划可让雇员从养老金组合中获取待遇最大化，组合中一方面是自身筹资或储蓄的养老金，另一方面是以往缴费所获的制度养老金。例如，若收入为500新索尔的雇员缴费20年，所积累的基金可资助其获取一份约332新索尔的养老金，但却可让其获得一份484新索尔的制度养老金；也就是说，他们参保制度能获取比自筹方式多46%的养老金。

为获得制度保障，雇员须在退休时满足以下条件：（1）是参保人；（2）至少缴费15年；（3）至少达到65岁；（4）月收入在550~800新索尔之间。

该计划的实施会引起国民养老金制度养老金赤字略有上升，但不会改变其下降的总趋势，并造福了大约13万名受益人。而这个群体经先前预测，即使正常缴费（15年）也无法获取任何养老金。

根据上述对国民养老金制度成效的分析，针对人口变动的背景和对反技术标准的软弱回应，表明要避免对制度未来的副作用，需要树立3个清晰的目标：（1）不损害财务可持续性；（2）实现公平和再分配目的；（3）提高养老金时，重点关注有需要的人群。本项提议定位于最后一个目标。

同样值得注意的是，应对获取养老金的最低参保年限（目前为15年）进行定期的再评估，以便对普通雇员的雇佣情况变动及时作出反应。比如，人口趋势显示未来雇员期望延长工作年限，了解该趋势会让制度运行更符合实际。此外，掌握趋势对劳动立法也有帮助，可激励企业保留老员工或让雇员进行补充性缴费以获取更高的待遇。

3. 重视及不损害国民养老金制度财务状况的提议

根据以上对国民养老金制度成效的评估发现，尽管制度成本增加了，但大都认为以上提议（缴费15年获得一定比例最低养老金）是必要的，尤其是对低收入群体来说；而且只要加快现行规定的替代率降低的进度，就可以通过减少支出来减缓成本的增加。该提议将会使替代率以每年3个百分点的速度迅速降低，直到2013年的30%为止。这项措施保持了逐步推进的传统，并减少了养老金支出。

此项提议的目的是加快 2002 年立法的应用，并避免损害国民养老金制度的养老金成本（指实施缴费 15 年获得最低养老金的措施所产生的成本）。根据参数式改革相关政策（养老金与自身缴费水平和侧重低收入雇员的补贴相关度增强），两项措施的同时实施会带来比原有制度更好的福利，这是因为可以在财务成本不变情况下，让更多人享有养老金从而降低他们的贫困。此外，成本会继续降低，用来弥补替代率的补贴也会下降。另外一个降低成本的做法就是在计算国民养老金参考收入时不要太严格。

第五节　改革效果评估

一、覆盖率

根据预测，由于上节所提措施的实施，2050 年老年覆盖率会从 24% 提高到 61%，劳动覆盖率会从 37% 提高到 67%。

随着老年覆盖率的提高，享受养老金待遇的老年人数从 280 万人（64 岁以上人口的 42%）增加到 2050 年的 400 万人（64 岁以上人口的 60%）。根据预测，上节所提措施的实施会令老年覆盖率从 2005—2010 年期间的 28% 提高到 2050 年的 60%，劳动覆盖率则从 26% 提高到 64%。

在劳动覆盖率方面所倡导的激励机制以及强制参保（自由职业者），能够增加参保人数，令 2050 年覆盖率提高 9 个百分点。也就是说制度参保人数将从 1 630 万人（14~64 岁人口的 58%）增长到 2050 年的 1 880 万人（14~64 岁人口 67%）。

二、养老金

提议实施的效果可细分为 3 类：（1）对新覆盖人群的效果（低或中等收入雇员）；（2）对正常缴费 15 年以上的国民和私人养老金制度参保人的效果（收入介于 500 新索尔和 800 新索尔之间的雇员）；（3）对高收入雇员的效果（高收入参保人和新参加强制保险的自由职业

者)。

预测表明,在未进行改革的情况下,制度平均养老金呈现上升趋势,并于2050年前后达到2010年的1.6倍。而在2050年,改革后养老金将比改革前高12%。

制度总体效果表明,改革后的平均养老金与改革前基本相似,只是最后几年有显著增长。但是,需要考虑到改革对不同收入水平参保人以及对不同制度的效果,这些详细分析都包含在伯纳尔等人(Bernal,2008)的报告中。

三、养老金赤字

上述提议的改革改善了养老金覆盖率和待遇。但是这些提议的实施增加了新养老金给付,需要额外的财政支持。

增加的部分首先主要是由扩大覆盖率措施(方案一和方案二提议)的实施而增发的养老金。其次,扩大私人养老金制度最低养老金覆盖范围的提议也增加了财政成本。最后,缴费15年后有机会获得一定比例的最低养老金的提议同样增加了财政支出。两个制度分开来看,国民养老金制度成本可能会增加,因为制度目前尚未预测到改革中受益雇员的养老金成本;而私人养老金制度的成本用来补足一个差额,即雇员缴费15年所获养老金与制度所保障的一定比例的最低养老金之间的差额。

尽管这些措施会加大养老金成本,但加速替代率调整的计划可能会减缓赤字的增加,并加强对弱势群体的财政支持。因而,经过对这些措施效果进行预测发现,养老金赤字的现值将从GDP的58%(改革前)升至68%,上升9.8个百分点。其中,扩大覆盖率的改革措施增加了8.8个百分点的债务;待遇改善的改革措施增加了3.3个百分点的债务。而在此期间,降低替代率的措施减少了2.3个百分点的制度支出(见表6.8)。

总之,尽管这些措施的实施会增加养老金成本的现值,但平均下来对每年所造成的影响并不显著,并且在2020—2025年期间将会有政府转移支付补贴。基于以上考虑,提议被设计的既能避免造成严重的财政负债,同时又能扩大目标人群覆盖和提高待遇。具体来说,加速替代率调整的提议可以让基金自由分配给未覆盖人群、待遇低或无待遇的参保人。以上措施通过补充债券筹资,能跨期延缓成本和实施与养老金相适应的公共财政计划。

第六章　秘鲁养老金改革

表6.8　养老金制度赤字现值（2007—2050年赤字现值占2006年GDP比例）

	占GDP比例
国民养老金制度	52%
19990计划	31%
20530计划	21%
转移支付	6%
认可债券	3%
退保	3%
改革前	58%
新改革	10%
替代率降低	−2%
养老金待遇改革	3%
覆盖率改革	9%
养老金债务	68%

资料来源：国民养老金局，经济财政部，银行业、保险业及养老基金监管局，西班牙对外银行（BBVA）。

第六节　总　　结

按当前运营条件，秘鲁养老金制度中期内的主要指标有所改善。然而，这些进步并不足以为老年人提供充足的保障。

第一点，尽管到2050年工作适龄人口和老年人口的覆盖率都有所提高，但上述结论表明仍有很大比例的人口暴露在制度覆盖外。2050年，工作适龄人口中未覆盖人数将上升到42%，退休年龄人口中未覆盖人数将上升到58%。非正规经济的存在从一定程度上解释了约一半人口暴露在覆盖外的原因；然而，制度依然缺乏激励来吸引各类未参保人群及缺乏必要的措施鼓励有能力的人进行缴费。基于以上原因，提议实施了方案一和方案二计划，其各自目标人群分别为低收入和中等收入的正规部门与非正规部门雇员。这两个计划为该类人群提供了基于缴费年限的养老金保障制度。因此，缴费超过15年的雇员，可按个人情况获得一定比例的最低养老金,该比例随缴费年限增加而提高。依据设计,参保人缴费 20 年后即有权获得 60% 或 100% 的最低养老金。此举目的是通过缴费返还的方式,为超出最低缴费年限仍继续进行缴费的雇员提供更高的养老金保障。另一个提议是强制正规部门自由职业者参保,该提议是为收入超过 800 新索尔的高收入自由职业者提供与正规部门雇员同等的权利和义务。

第二点,制度目前具备提高平均养老金待遇的条件,但经过对收入水平和缴费频率分组分析后发现,国民养老金制度中存在一部分雇员因未达到 20 年最低缴费年限,而无法获得最低养老金保障;同时发现,私人养老金制度中低收入和低缴费频率雇员仅能获得较低的养老金,甚至无法解决其基本生活成本。此外,私人养老金制度中年轻参保人不具有获得最低养老金的资格。为解决这类雇员所面临的困难,提议扩大私人养老金制度最低养老金的覆盖范围,对目前未能享受此待遇的年轻参保人给予保障。同时提议,对获取养老金的要求调整得更为灵活,能让参保人(国民和私人养老金制度)缴费 15 年后获取一定比例的最低养老金。调整时需适应就业形势的要求,及保持有效的制度保障,以便让正规部门中等收入雇员获取最低养老金,对其参保有直接激励作用。

第三点,通过预测未来养老金财政需求,来分析所造成的制度负担。2050 年养老金成本的现值为 GDP 的 57.9%。值得注意的是,由于先前改革(20530 计划的终止,认可债券的收回,19990 计划的参数式改革及其他)所形成的成本,将会作为负债中一个明显的组成部分持续存在到 2030 年。尽管实施了改革,但在整个预测期内 19990 计划运营期间仍会产生赤字。因此,需要加速降低国民养老金制度养老金的替代率,从而调整国民养老金制度所发放的补贴,避免损害其财务可持续性。此项措施将会取消对高收入雇员的补贴,并最终加强养老金待遇与雇员个人筹资之间的关联。此外,养老金的赤字可能会减少。

上述结论表明了尽快实施改革措施来改善养老金制度成效的必要性。基于宏观精算模型的预测实验显示了上述改革可能会产生的影响如下:

1. 覆盖率水平:制度覆盖外人口比例会明显降低。64 岁以上老年未覆盖人口所占比例会从 2010 年的 77% 下降到 2050 年的 39%。14~64 岁之间雇员未覆盖人口所占比例也会从 2010 年的 67% 下降到 2050 年的 33%。

2. 待遇水平:平均养老金会比改革前有大幅提高,对于低收入雇员尤为明显。相比改革前，收入低于 800 新索尔的参保人养老金平均增长 98%。

3. 养老金赤字：尽管这些措施的实施会令养老金成本的现值增长 9.8 个百分点（占 GDP 比例），但平均到每年仅为 GDP 的 0.4%~0.5% 之间。需要注意的是，2020—2025 年期间，政府会通过转移支付来发放认可债券和 20530 计划相关的养老金。

这些预测表明，为使养老金制度可持续发展，改革措施必不可少。需要强调的是，一个包含某些制度外手段的综合方案是改善制度绩效的关键。例如，降低经济非正规程度和提高劳动生产率的政策对改善覆盖率和待遇水平有积极作用。同样，完善劳动力市场运行机制、提高教育水平和人力资本都有助于改善养老金制度长期成效。

养老金制度仍面临一些重大挑战。尽管之前提到的负面影响会在中期才显现出来，但必须尽快实施相应措施来为退休雇员提供充分的保护，尤其是对工作期间收入低的雇员。延缓制度改革会对社会造成更大负担，并会产生对未来几代人更大的转移支付成本。

第七章 发展"团结支柱"面临的挑战[①]

安赫尔·梅尔吉索（Angel Melguizo）
安赫尔·穆尼奥斯（Angel Muñoz）
大卫·图埃斯塔（David Tuesta）
华金·比亚尔（Juaquín Vial）

第一节 改革动机

1994年出版的世界银行报告《防止老龄化危机：保护老人和促进增长的政策》，为养老金制度改革，尤其是为拉丁美洲养老金制度改革[②]确定了议事日程。人口年龄结构的快速转型、非正规保护网络的弱化以及目前和预期的财务负担，说明必须建立公共部门和私人部门互为补充的多支柱养老金制度。

[①] 此前，本章已经被西班牙对外银行研究部作为工作报告《养老金改革和财政政策：来自智利的教训》出版。

[②] 秘鲁（1993年）、哥伦比亚（1994年）、阿根廷（1994年，2008年再次改革）、乌拉圭（1996年）、墨西哥和玻利维亚（1997年）、萨尔瓦多（1998年）、哥斯达黎加和尼加拉瓜（2000年）以及多米尼加共和国（2003年）都借鉴了智利（1981年）的经验，引入私人部门管理的强制性个人资本账户。

第七章 发展"团结支柱"面临的挑战

拉美养老金改革：面临的平衡与挑战

同时，"结构式养老金改革"（可理解为引入私人部门管理的强制性个人资本账户）也有望产生各种正面的宏观经济效应，即促进国内储蓄和投资的增长、正规就业的增加、国内资本和金融市场的发展以及更高的潜在增长率。在这方面，可以参见世界银行（World Bank，1994）与林德贝克和佩尔松（Lindbeck and Persson，2003）关于这种改革有利于经济增长的观点，也可参见巴尔（Barr 2000）、奥尔扎格和斯蒂格利茨（Orszag and Stiglitz，2001）与巴尔和戴蒙德（Barr and Diamond，2006）的批判性评论。

当然，支持这些宏观经济效应的证据也是存在争议的，可以参见吉尔等人（Gill et al.，2005）对拉丁美洲情况的考察。尽管改革时间不长（目前这一地区养老金改革的平均历时才15年左右，而且包含了较长的过渡期），现在下结论还为时尚早，但是，改革对人们加入正规部门并向新制度缴费的激励，以及对潜在增长率的预期提高，似乎并没有预想的那么好。尽管如此，对于进行了改革的经济体而言，其长期财政状况明显更为稳健，却是普遍共识。而且，养老金财务负担已经降低（至少与未来养老金领取者有关的那部分），而绝大部分隐性成本已经显露出来，因而从整体上提高了制度的透明度。可以说，这一进展来之不易。因为在一些乃至全部缴费者转移到新制度的同时，养老金领取者却仍然按照旧规定获得待遇，所以实施改革的国家要面对大量提前到来的财政成本。另外，所有私人管理的养老金制度都需要保留团结支柱。

智利养老金改革提供了一个有益的研究案例。该制度已经运行了近30年，并得到了广泛的政治和社会支持。此外，一些前述的宏观经济效应也在智利经济中显现出来。按照科波和施密特—黑贝尔（Corbo and Schmidt-Hebbel，2003）的估计，养老金改革（对储蓄、投资、劳动和全要素生产率）的总效应几乎可以解释智利2001年之前经济增长的1/10。该国具有良好的财政状况，并且正进入因转型而产生的财政义务开始慢慢变小的阶段。最后，按照2008年制定的法律而正在进行的改革，从结构和规模上大大加强了团结支柱。因此，本文将以智利为例来分析结构式养老金改革的财政效应。

概括地说，本文的结论是：转型成本和团结支柱的财政效应是显著而持久的，这正如麦萨—拉戈（Mesa-Lago，2004）所述。但是，从长期来看，它要远远小于没有改革的制度的财政效应。此外，因为"转型成本"具有显著的多样性，特别是从国际视角看（旧制度运行赤字、认可债券和最低养老金）更是如此，也应该把改革后制度财政效应的构成考虑进去。我们的分析得出一些经济政策建议：只要有效整合市场和公共机构，促进金融市场逐步完善，在改革之前进行财政整顿，且精心设计养老金与劳动法规，从而为改革提供支持，那么，改革后财政就会处于更为有利的状况。

本文的组织结构如下：在下一节，我们概述养老金改革在财政方面的"承诺"，并指出它对智利产生的主要效果。第三节对正在进行的改革进行初步评价，其中重点关注最低养老金支柱。在第四节，我们扩大了地域范围，强调哥伦比亚、墨西哥和秘鲁的团结支柱的财政约束和一些主要特征。最后，第五节作为结论，我们提出了评估智利模式改革可输出性的一些条件。

第二节 养老金改革的承诺与结果：财政效应

正如霍尔茨曼和欣茨（Holzmann and Hinz, 2005）所指出的，养老金改革的主要目标是提供"充足、可承受、可持续且耐用的养老金，而同时又有助于经济发展"。智利的改革十分重视财政可持续性[①]。

回溯到20世纪80年代，智利是一个非常年轻的国家。按照联合国的统计数据，1980年，年龄超过65岁的人口只占工作年龄人口的10%。与此相比，OECD国家的平均水平是20%（参见图7.1）。尽管如此，在1981年改革之时，人们已经十分担心原有制度下养老金权益的财政可持续性。职工很年轻就退休，而且，由于不同退休制度之间的不平等，养老金制度的合理性已被争论了超过20年。"智利预算办公室"（Budget Office）在70年代末的评估预测，如果不进行改革，由于某些制度下养老金待遇过高，财政负担将急剧增加，会加剧人口老龄化的压力。世界银行对不改革的情形进行了评估，认为制度的隐性养老金债务在2001年会占到GDP的130%左右，在该地区将仅次于乌拉圭（Zviniene and Packard, 2004）。

回顾过去，智利的经历表明，养老金改革的代价并不小，但如果能

---

① 对改革背景和内容的描述，参见养老基金管理公司监管局（Superintendencia de Administradoras de Fondos de Pensiones, 2003）、阿里纳斯等（Arenas et al., 2006）和更近期的伊格莱西亚斯（Iglesias, 2009）。

第七章 发展"团结支柱"面临的挑战

拉美养老金改革：面临的平衡与挑战

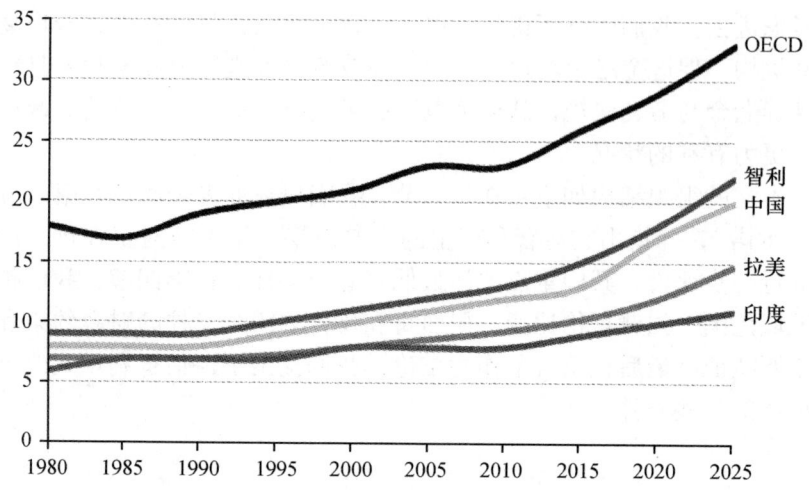

图 7.1　1980—2025 年老年人赡养比（65 岁及以上人口数/15～64 岁人口数）

注：拉美的数据是哥伦比亚、墨西哥和秘鲁数据的简单平均数。

资料来源：United Nations, *World Population Prospects: The 2006 Revision*。

够坚守财政纪律，那么改革代价也不难承受。当一个国家用以个人资本账户为基础的新制度取代传统的"待遇确定型"（Defined Benefit，DB）现收现付制度时，主要问题之一是转型的"净"财政成本。首先，随着成员转移至新制度（在智利，对改革之前已进入劳动力市场者而言，转移是自愿的，而对新进入者却是强制的），他们会把自己的缴费从一个制度转移至另一个制度，原有制度便产生了一个财务缺口（即"运行赤字"）。如果改革发生在人口年龄结构转型的后期阶段，老年人赡养率便处于上升通道，这个缺口就会扩大。在智利，该类支出占 GDP 的百分比在 1984 年处于顶点，达到 4.7 个百分点，如图 7.2 所示。

如同巴尔德斯（Valdés，2006）所指出的，因为在原有制度下由社会保障机构支付的养老金中，有很大一部分一直是用于原有制度退休者的最低养老金，而且目前这种状况还在继续，最低养老金的水平取决于政治决策（而不是技术决策，也不是与转型有关的决策），因此分析起来就更为复杂。除此之外，基于现收现付养老金制度具有社会隐性契约的特征，当职工从原有制度转向新制度时，政府可能要对他们在原有制度下的缴费作出补偿。在智利，这一点是通过发行政府债券实现的，该债券对每一个曾向原有制度缴费的成员提供 4% 的年度实际回报率。该"认可债券"的大小取决于向原有制度缴费的年数与金额。该债券在法定退休年龄（男性 65 岁，女性 60 岁）到期。因此，在智利的案例中，

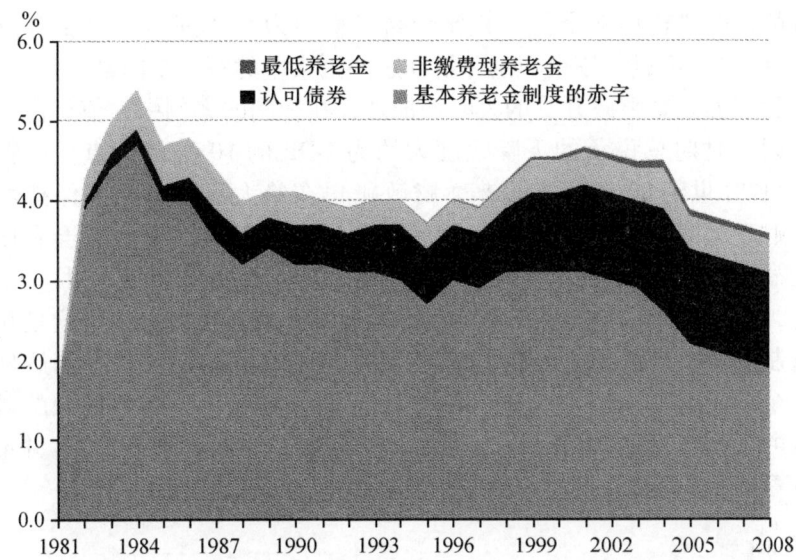

图 7.2 智利国内养老金制度的转型赤字（占 GDP 的百分比）

注：军人制度将使转型赤字占 GDP 的比重平均提高 1.5 个百分点。

资料来源：Chilean Budget Office, Arenas and Gana (2005), and own elaboration。

这些财政成本来得比较晚，并且会比较高，正如智利的经历所示，可以参见来自班纳特和施密特—黑贝尔（Bennet and Schmidt-Hebbel, 2001)、阿里纳斯和加纳（Arenas and Gana, 2005）以及巴尔德斯（Valdés, 2006）的图表。按照官方统计，"认可债券"[①] 的开支一直在持续上升，到 2008 年达到 GDP 的 1.2%。

最后，财政压力的另一个来源是团结支柱的开支，它会跟前两项支出同时发生，但与制度本身转型无关。在智利，该支柱由最低保障养老金（MPG，缴费至少 20 年的人享有的一种权益）与为年老和残疾的低收入人口提供的非缴费型养老金（PASIS）构成。总之，2008 年团结支柱的开支将"转型赤字"占 GDP 的比例永久性地提高了大约 0.5 个百分点。

总而言之，我们的评价是，尽管智利在人口老龄化的初期阶段进行

---

① 正如维亚尔（Vial, 2008）所报告的，智利经历的反面教训是对认可债券的管理很差，因为，即使是现在，也没有准确的职工历史数据，并且缺乏可靠的统计资料，从而无法为恰当的预测提供基础。

第七章　发展"团结支柱"面临的挑战
拉美养老金改革：面临的平衡与挑战

了改革，但"转型赤字"一直比较高（大约为 GDP 的 4.0 个百分点），并且持久①。不过，逐个识别并解释这些因素中的每一个因素才是关键。

除了养老金财政开支的大幅增加外，在智利的案例中，值得注意的是在同一时期总税负的下降幅度大约为 GDP 的 10 个百分点。尽管如此，自 20 世纪 80 年代末以来，财政账户在绝大部分时间都保持着盈余。财政巩固过程开始于 70 年代中期，并且到 70 年代末预计会有比较多的盈余（见图 7.3）②。梅尔吉索和维亚尔（Melguizo and Vial, 2009）认为，当局决定用这些资源资助养老金改革并减轻税负。尽管这是在军队管制形势下进行的，但在 1990 年转向民主制度后财政状况仍然是保持盈余。库埃瓦斯等人（Cuevas et al., 2008）认为，这种健全的财政政策可能有助于信用风险评级，因为金融市场，特别是评级机构，并不是十分看重隐性债务，而是重视显性公共债务，如图 7.3 所示。

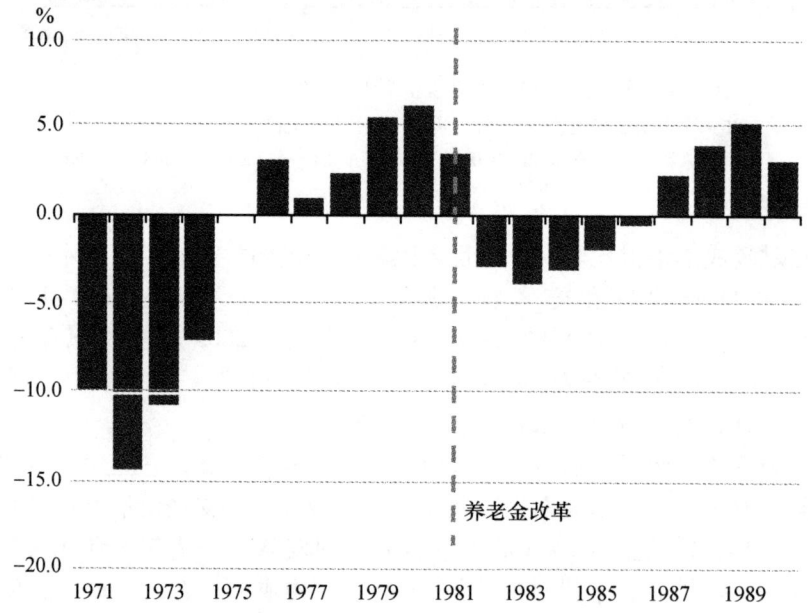

图 7.3　智利中央政府净借贷（现金，占 GDP 的百分比）

资料来源：Melguizo and Vial, 2009。

---

① 另外，军人制度的养老金赤字通常被包含于"转型成本"之中，它占 GDP 的比例自 1980 年以来平均为 1.5 个百分点。参见附录中的表 A1。

② 1981 年以后财政账户的恶化是周期性的，由 1982—1983 年的经济危机推动，而这个时期 GDP 实际下降了 17%。

诸如班纳特和施密特—黑贝尔（Bennet and Schmidt-Hebbel，2001）或法弗雷等（Favre et al.，2006），以及世界银行对隐性养老金债务未来变化的预测等，几乎所有的预测都显示以新制度取代原有制度对财政账户的长期影响一直是正面的。另外，兹维涅尼和帕卡德（Zviniene and Packard，2004）以及吉尔等人（Gill et al.，2005）在使用"养老金改革选项模拟数据包"（Pension Reform Options Simulation Toolkit，PROST）进行预测后发现，智利的隐性债务降低了：如果不改革，2050年隐性债务将达到GDP的211%，而改革后则为零。这些成效即使是在短期和中期内也是很明显的。按照同样的预测，如果没有结构式改革，2010年养老金隐性债务就会是智利GDP的1.5倍（而改革之后为25%），如图7.4所示。

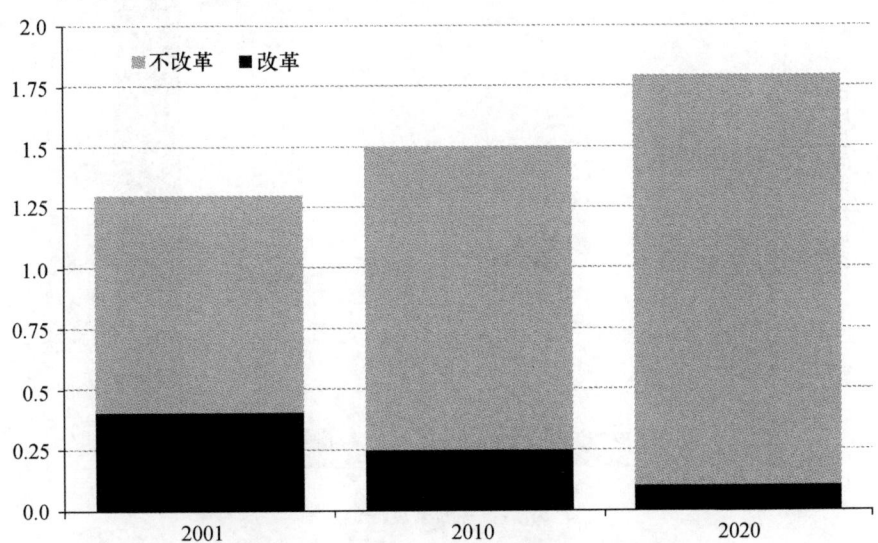

图7.4　智利隐性养老金债务（改革情形与不改革情形对比，占GDP的百分比）

资料来源：Zviniene and Packard，2004。

尽管改革显著降低了智利养老金制度的不公平性，并改进了其长期财政状况，但它并没有解决完全覆盖所有职工这一长期问题，这就是智利在2008年改革之前所处的状态。一方面，女性的预期寿命比男性更长（而法定退休年龄则更低），以及传统上她们的劳动参与率和工薪水平都比较低，因此，女性的养老金替代率原本就非常低。另一方面，尽管规模较小，但智利的新兴经济中还是存在一种普遍趋势：劳动力队伍中的许多成员在劳动力市场的活动十分不稳定,在正规部门、非正规部门和失业之间频繁流动。如图7.5所示,大约34%参加私人管理养老金制度的男性的平均缴费密度低于20%(也就是说,他们每年向养老基金管理机构缴费少于3个月),而女性这个数据会升至53%。这意味着,在劳动力队伍中有超过1/3的人到老年时将无法从强制性养老金制度中获得适当的收入保障。由于最低保障养老金被设计为向缴费至少20年(大约50%的缴费密度)的贫困职工提供收入保障,这也就意味着这些职工几乎没有希望领取政府资助的养老金。

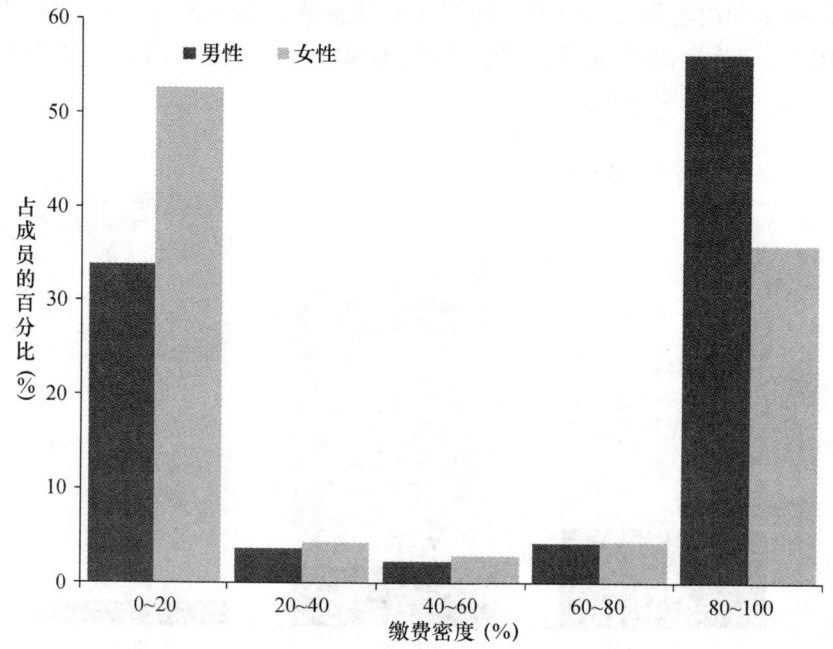

图 7.5　2004—2006 年智利按性别划分的缴费密度
资料来源:2006 Social Protection Survey。

不是所有那些不定期缴费的人都需要财政支持,留意这一点是很重要的:一些自雇者一直选择不缴费,而是投资于小企业从而为其老年时期提供收入保障,以代替向社会保障制度缴费(直到最近的改革开始之前,智利个体劳动者的缴费是自愿的)。然而,毫无疑问的是,制度将不足以覆盖所有人,特别是当他们从正规劳动力市场流入非正规劳动力市场的时候。

从一般意义上讲,很明显的是,尽管"缴费确定型"(Defined Contribution，以下简称 DC 型）养老金计划带来了更好的劳动激励（以缴费与收益完全相关为基础），但养老金改革并不会取代恰当的社会、劳动和宏观经济制度。

以一个有关智利养老金制度的宏观精算模型为基础①，结合联合国人口统计预测和公共财政，法弗雷等（Favre et al.，2006）预测，到 2025 年，超过 40% 的成员在退休年龄所积累的养老金权益低于缴费型最低（保障）养老金（参见图 7.6）。在他们中间，只有 20%～30% 的人在缴费 20 年后可能会有资格获得缴费型最低（保障）养老金。对于女性来说，未被覆盖的问题会恶化，她们占需要但没有资格获得该缴费型养老金的成员的 3/4。这项预测在公共和私人部门的分析者中得到广泛认同，如可以参见福克纳—麦克多纳（Faulkner-Macdonagh，2005）和阿里纳斯等（Arenas et al.，2008）的研究。在基准情形中，来自智利监管机构的伯恩斯坦等（Berstein et al.，2005），预计 55% 的成员的养老金权益将会低于最低标准，而他们中间只有 1/10 的人有资格获得最低保障养老金。

与此同时，可获得的预测结果显示，2020 年以后财政负担将大幅降低。如图 7.7（相关数据参见附录中的表 A4）所示，由于认可债券全部被兑现，基本养老金制度（Instituto de Normalización Previsional, INP）的运营赤字（即"纯"转型成本）逐渐减少，总转型赤字在 2020 年将会下降至 2.3%，并在 2025 年下降到 1.5%。智利财政部的官方预测（Arenas and Gana，2005）和（Arenas et al.，2008）甚至更令人鼓舞，转型赤字在 2020 年会被削减至 1.8%，而 2025 年会被削减到 1.3%。

因此，在旧的法规下，那些需要最低养老金的人却没有资格获得，而那些有资格获得的人实际上却不需要最低养老金。所以，运用世界银行的标准，智利社会保护网络在财务上是可以承受的，也是可持续的，但既不充足，也不具有社会可持续性（socially sustainable）。

---

① 该模型整合了 19 个群体（养老金领取者、成员和未来成员），按照 4 组缴费密度（参见附录中的图 A1）、性别、工资进行分解分析。从养老金水平、替代率、覆盖率和财政成本来看，养老金制度的预测结果取决于半官方的人口和宏观经济预测，该预测是基于 2004 年 12 月的制度环境作出的。表 A2 和表 A3 中节选了一些预测结果并加以总结。

第七章 发展"团结支柱"面临的挑战

拉美养老金改革：面临的平衡与挑战

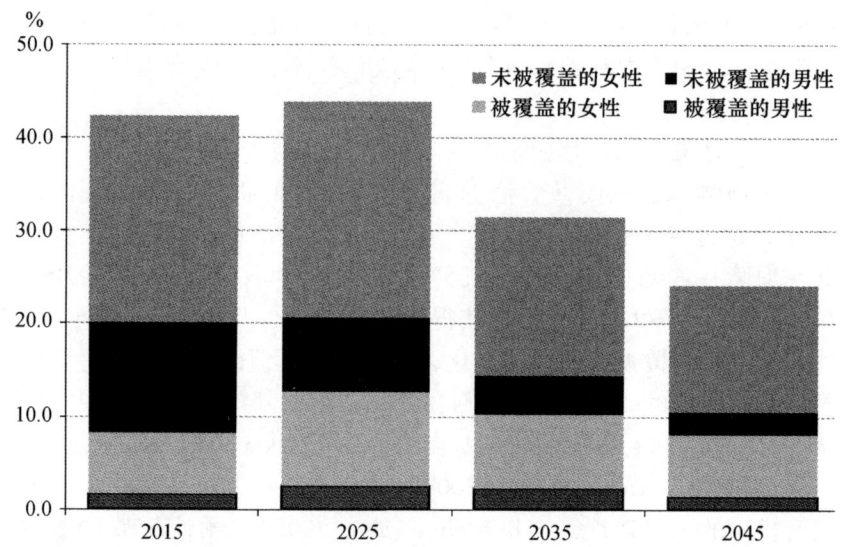

图 7.6 智利最低养老金受益人预测（不改革的情形，占养老金领取者的百分比）

资料来源：Favre et al.，2006。

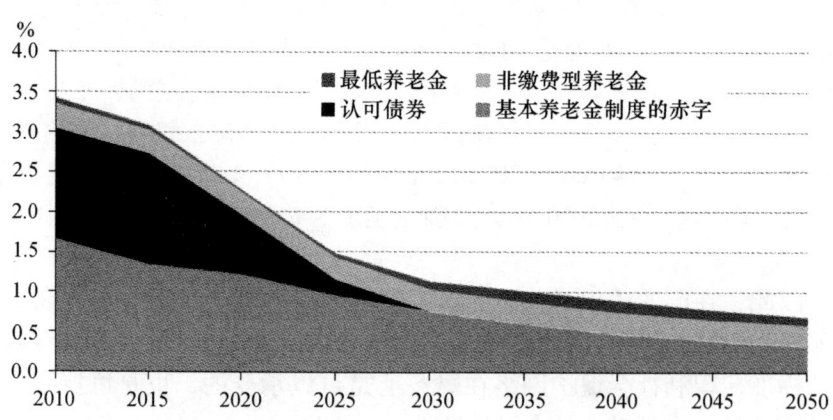

图 7.7 智利国民养老金制度转型赤字预测（不改革的情形，占 GDP 的百分比）

资料来源：Favre et al.，2006。

第三节　正在进行的改革：强化再分配制度

在新制度运行超过 25 年之后，这时，强制养老金账户所积累的储蓄已经达到 GDP 的 60%，而转入新制度的职工刚好还没有开始达到退休年龄，智利出现了有关需要进行额外政策调整的激烈讨论。

制度转型的设计允许短期内出现一定的偏差，因为，它包含了很强的激励以促使年轻职工从现收现付制转入新制度，而中老年人仍然留在原有制度中（新制度养老金领取者所占的比例仍然比较低，而且他们中的绝大部分属于高收入的提前退休者）。此外，关于私人资本化账户的管理成本以及是否需要引入更多的竞争以降低费用，也长期存在着争议。最后，引起争议的第三个催化剂是对修订投资限制的产业需求。

2006 年上台执政的智利政府任命了一个全国委员会（养老金改革总统咨询委员会，Consejo Asesor Presidencial Para la Reforma Previsonal）①，以分析并拟定养老金改革议程，但要保留养老金制度的核心组成部分。这个委员会在组成上是多元化的，其成员全是广受赞誉的人，而且都有很强的学术背景。它由马里奥·马塞尔（Mario Marcel）领导，他是一个非常受尊敬的经济学家，而且具有过硬的财务资格证明（fiscal credentials）。在 5 周之内，委员会举行了一次各界广泛参与的听证会，与会者包括所有主要的工人组织和企业组织、研究人员、国际专家等。此后，委员会向政府提交了一份综合性报告，它高度合法，并得到了很强的技术支持，成为智利政府 2006 年年底递交国会的那份法律草案的基本内容，该法律在 2008 年年初获得通过。这个过程的一个主要优点是从技术上和政治上为新的改革提供了合法性。

表 7.1 列出了养老金改革总统咨询委员会和分析家们用以诊断养老金制度的共同要素与 2008 年 3 月颁布的 20.255 号法律，主要结论是：养老金制度是合理的，并且运行良好，但需要改进。正如该委员会的报告所述，"个人资本化制度作为融资机制从来没有失败过。更重要的是，对于那些有正式工作而且在工作期间正常缴费的人来讲，它提供的养老

---

① 参见 www.consejoreformaprevisonal.cl。

金替代率接近 100%"①。该委员会还得出结论：从经济增长和金融市场发展的角度看，养老金制度已经使国家受益。

表 7.1　　　　　智利养老金制度——诊断和改革

诊断	20.255 号法律（2008 年 3 月）
老年贫困风险（覆盖面）	新的再分配支柱（团结养老金制度）
自雇者低缴费密度	逐步强制缴费； 财政优惠（与被赡养人一样）
女性低预期替代率	怀孕情况下的公共缴费
低水平竞争	对新成员（以佣金为基础），实行拍卖； 对遗属和残疾保险，参加竞标

不过，他们强调，在大量从原有制度转入新制度的人达到退休年龄之前需要及时采取行动。按照该委员会的观点，需要解决的最紧迫的问题是强化第一支柱（最低养老金），提高制度的覆盖率和缴费密度，增进两性平等，促进竞争和降低成本，创造更好的投资条件以及其他几个更为常规的条件（更好的金融教育或扩大自愿性养老金储蓄）②。

第一个挑战（"强化第一支柱"）被认为应该优先考虑，而且，政府想要进行一场极有雄心壮志的改革，建立一个新的再分配支柱，团结养老金制度（Systema de Pensiones Solidarias，SPS）③。在 2008—2012 年之间，这个支柱将逐渐被落实，资金来源于政府预算的一般收入。为了实现这个目标，一个储备基金被创立，并且每 3 年被评估一次。团结养老金制度的主要目标是覆盖符合以下条件的每一个养老金领取者（年龄 65 岁以上者和残疾者）：其收入按照人口普查属于最低 60% 之列（在

---

① Consejo Asesor Presidencial Para la Reforma Previsional（2006），vol.1，chapter Ⅱ，p.31. 我们进行了翻译。这个数字与 OECD 的标准相一致；按照经合组织的标准，对于一般工人，理论替代率是 57%。参见附录中的图 A2。
② 诺夫曼等（Rofman et al.，2009），在这本书中，强调了阿根廷的制度与智利的制度所面临的挑战的并行性，以及相对应的政治路径，因此，结果与预期效应将会有所不同。
③ 法弗雷等（Favre et al.，2006）得出的结论是，覆盖率的问题可归因于低缴费密度和太严格的最低保障养老金资格条件。为了提高缴费密度，新的法律对个体劳动者缴费实行逐渐强制。他们还改进了对这些职工的缴费激励（相似的税收待遇，其他社会保障津贴的延期），并调动税收系统作为改进征收工作的一个工具。至于第二个问题，几个分析家和养老基金管理协会建议，对获得小部分最低保障养老金的必要条件进行分级。模拟分析表明，这么做足以覆盖绝大部分未被保护的职工，而那些确实没有被置于该计划之下的人，一旦耗尽自己的储蓄，仍然能够适用并获得非缴费型养老金（PASIS）。这项改革的影响要深远得多。

2008年开始时是40%)。团结养老金制度根本不要求养老金领取者向养老金制度缴纳任何费用,并且到2023年将完全代替现行的非缴费型养老金和最低保障养老金。

退休者可获得社会津贴(social benefit)的最小值由法律设定(在2009年为每月75 000智利比索,大约100欧元),这就是所谓的基本团结养老金(Pensión Básica Solidaria,PBS),提供给那些没有向养老金制度缴费的人。如图7.8所示,津贴随着自我融资的养老金数额的上升而逐渐下降,在自我融资的养老金数额达到最高补助上限(2012年为255 000智利比索,相当于每月340欧元)时为0①。在这种二择其一的情况下,该津贴被称为补充团结养老金(Aporte Previsional Solidario,APS),因为它是公共补充津贴。为了继续激励职工向制度缴费,养老金"参考值"(参见图7.8中的黑实线)随累积缴费额水平而上升。与此相对照,由于残疾养老金领取者被认为不可能有这种策略性行为,所以,他们中间所有自我融资的养老金数额低于基本团结养老金的人都将刚好获得该差额(参见图7.9)。

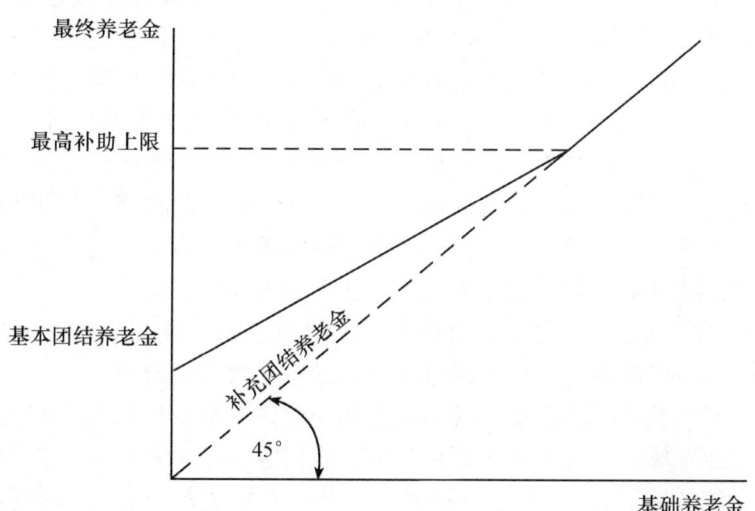

图7.8 智利改革后的老年养老金制度

---

① 为了比较,2008年12月缴费型最低保障养老金的平均数额大约为每月115 000比索(比150欧元稍多),而非缴费型最低保障养老金的数额大约为55 000比索(75欧元)。智利平均月工资大约为350 000比索(470欧元),最低工资为159 000比索(210欧元)。

第七章 发展"团结支柱"面临的挑战

拉美养老金改革：面临的平衡与挑战

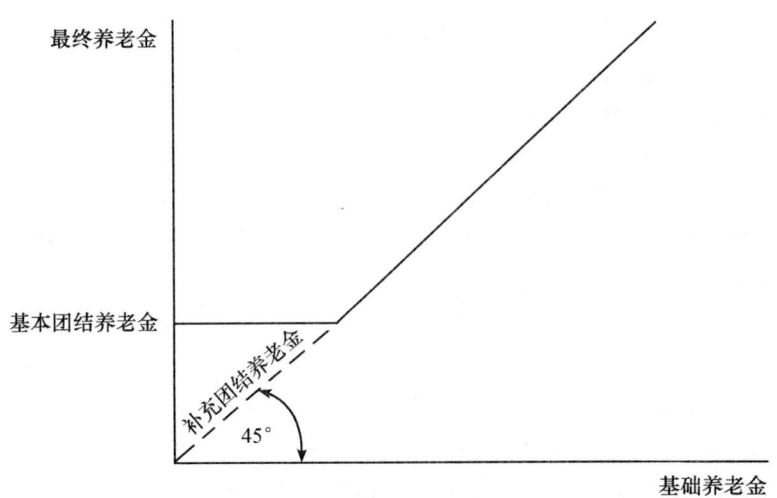

图7.9 智利改革后的残疾人养老金制度

如我们在前一节所强调的，政策调整的时机从财政上讲是最恰当的。与养老金有关的财政支出在上一个10年一直保持在接近GDP的5%的水平，只是构成在不断变化：就占GDP的比例而言，对原有制度中养老金领取者的责任所带来的开支一直在不断下降；但由于那些转入新制度的人正达到退休年龄，认可债券赎回额一直在快速上升。因此，智利正接近退休津贴支出的高峰期，而在下一个10年这种支出应该会快速下降。这就为智利的政策调整提供了一个独特的机遇，它得到了以下事实的进一步支持：由于实行严格的财政政策，智利政府在过去的一些年里已经积累了较多的盈余。如果逐步引入新的团结支柱，并且按照保守的方法设定其参数（主要是基本团结养老金和最高补助上限），政府也许能够在保持当前税负的情况下资助这项改进性政策。

为了初步评估这个新支柱在短期和中期内对财政的影响，我们以公开的信息为基础进行了一次简单演练。我们定义了两种情形，一种遵循历史趋势（情形A），而另一种加入了当前危机的负面效应（情形B）。按照监管机构（Superintendencia de Administradoras de Fondos de Pensiones，SAFP）颁布的2008年6月的相关公开信息，成员被划分为常规缴费者或非常规缴费者。常规缴费者的缴费密度在情形A中为100%，在情形B中为90%；但非常规缴费者在情形A中有20%的时间缴费，在情形 B 中有 10% 的时间缴费①。该数据集还允许确认个人资本账户中的性别、年龄、薪水和所积累的储蓄。死亡率按照联合国人口预测变化，而残疾率被确定为死亡率的一个固定百分比（10%）。有关认可债券的数据（是计算补充团结养老金数额的关键），来自养老基金管理者在为残疾和遗属保险投标的过程中提供的信息（考察期为 2002 年 6 月至 2008 年 6 月）。所有残疾津贴按基本团结养老金计算。情形 A 中的实际 GDP 增长率来自阿里纳斯等人的研究（Arenas et al., 2008），在 2009 年和 2010 年为 2.5%，从 2011 年开始为 3.8%；而情形 B 在短期内以西班牙对外银行经济研究部（BBVA Economic Research Department）的最新预测为基础，从 2009 年 5 月开始（在 2009 年为 -1.2%，在 2010 年 2.1%）。养老金投资组合的年度实际回报率在情形 A 和情形 B 中分别为 5% 和 3%，实际工资在情形 A 和情形 B 中每年分别增长 2% 和 1%，而在两种情形中通货膨胀率在整个期间内均为 3%（中央银行的目标）。年金的计算使用了 RV 2004 死亡率表格，并且在情形 A 和情形 B 中分别使用了 4% 和 2.8% 的技术性实际利率。

按照这套方法，团结支柱的年度公共开支在 2010 年将达到 GDP 的 0.8% ~ 0.9%（分别为情形 A 和情形 B 中的值），2016 年达到峰值 1.0%，2022 年又逐渐下降至 0.7% ~ 0.8%（参见图 7.10）②。这意味着，相对于此前的团结支柱（最低养老金保证计划和非缴费型养老金计划之和），开支会有持久性的增长，每年大约增长 GDP 的 0.7% ~ 0.8%。

该项预测主要受到以下几个因素的影响：私人计划养老金领取者人数增加和比重上升（与那些仍然留在标准养老金制度中的人相比），成员人数增加和缴费密度上升（由于人均收入提高和强制自雇者缴费）。这种趋势被描述在图 7.11 中，在两种情形下都是相同的③。团结支柱的受益人将从 2010 年的 100 万人上升到 2022 年的超过 180 万人，同时那些获得老年补充团结养老金的人的比例也在上升。与此相对照，法弗雷

---

① 在整个期间内，情形 A 中的总缴费密度是 60.4%。根据阿里纳斯等（Arenas et al., 2008），由于强制个体劳动者缴费，到 2025 年缴费密度将达到 66.8%，比 2006 年的 54.8% 提高 12 个百分点。在情形 B 中，缴费密度低于报告中的当前水平（大约 50%）。

② 预测期（到 2022 年）受到限制，是因为缺乏更早年份的对成员按性别和年龄分解的数据。

③ 尽管按假设两种情形中补充团结养老金受益人是一致的，但情形 A 中所积累的缴费更多，因此由政府出资的养老金所占的百分比更低。

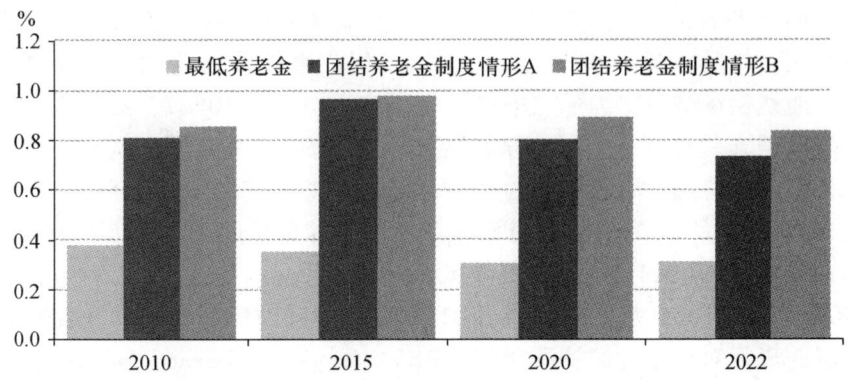

图 7.10 智利团结支柱开支预测（改革情形与不改革情形，占 GDP 的百分比）

资料来源：Favre et al.（2006）and own elaboration。

等（Favre et al.，2006）预计老年团结支柱的受益人将在 45 万~60 万人之间，其中绝大部分将获得非缴费型养老金。

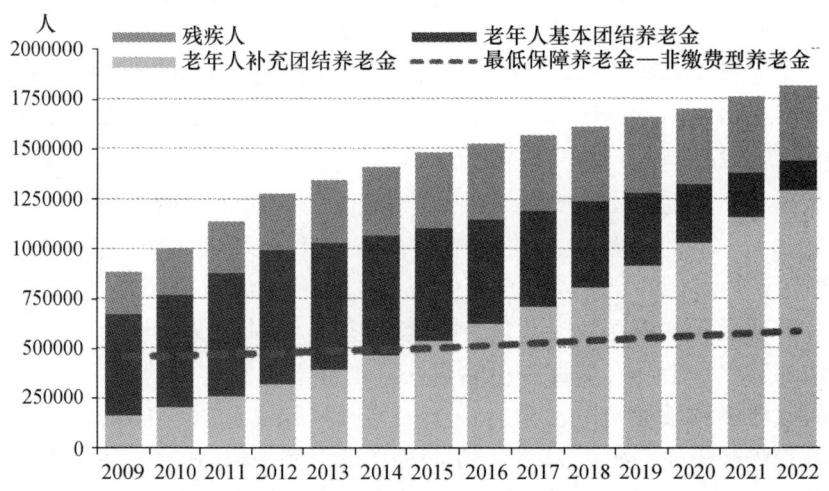

图 7.11 智利新团结支柱受益人预测

资料来源：Favre et al.（2006）and own elaboratin。

官方数据在短期内更低一些，而在长期内却更高一些。然而，由于缺乏有关核心假设（例如，补充团结养老金和基本团结养老金在老年养老金领取者中的分布，或养老金回报率）的出版资料，精确对比是不可能的。阿里纳斯等（Arenas et al.，2008），根据来自智利预算办公室的信息，估计在整个预测内开支将会增加，到 2025 年将（从 2009 年 GDP

的0.5%）上升至 GDP 的1.2%，持久性增加额为产出的1.0%。按照这些作者的观点，如果把对年轻职工、儿童债券（child bond）的补贴，对公务员与独立人士（independents）残疾和遗属保险的缴费加在一起，养老金改革对财政的总影响甚至会更大（自2015年开始额外增加0.2%）。

总的来说，改革极大地改进了智利的社会保护网，实现了对收入中下等职工的全覆盖。尽管财政成本并非微不足道，而且该支柱对政治压力比较敏感，但从社会和财务可持续性的角度看，智利的改革是一个切合实际的进步。

第四节　哥伦比亚、秘鲁和墨西哥的改革：进行中的工作

哥伦比亚和秘鲁的养老金制度改革发生在20世纪90年代中期。在这两个案例中，所设计的方案都允许职工在公共现收现付计划与私人计划之间选择，在这两者之间形成某种竞争，特别是对新职工而言。如果原有现收现付计划的成员决定转入私人计划，公共部门会以债券的形式认可他们的缴费；当他们领取养老金时，该债券会被兑现。与此相比，在墨西哥的案例中，1997年的改革对新职工"关闭"了现收现付计划，为了获得养老金，他们不得不向他们的个人私人资本化账户缴费。然而，那些属于旧现收现付计划并且决定转入私人计划的人保留了在原有现收现付规定下退休的权利，这就要慷慨得多了。因此，墨西哥政府决定不采用认可债券并选择那条道路，而是让现收现付制实际上仍在继续运行。

另一个需要考虑的要点是，这些国家的政府如何下决心去面对其公共制度的隐性债务。根据他们各自的制度框架，其中一些国家实行了强有力的参数（strong parametric）改革以减轻其财政负担，而其他国家则实行了温和的变革。因此，要想使养老金的覆盖范围更为广泛，并像智利那样建立一个不错的团结支柱，每个国家的养老金制度都面临不同的财政和社会经济约束。接下来，我们将强调其中一些约束的影响，特别

第七章 发展"团结支柱"面临的挑战

拉美养老金改革：面临的平衡与挑战

是参照最低养老金支柱所面临的约束①。

一、哥伦比亚

在1993—1994年间，哥伦比亚推行了它目前的双支柱制度（dual system）。现行现收现付制，被称为"平均保费计划"（用西班牙语表述是Régimen de Prima Media，RPM），包含了所有的各种独立计划，如原有社会保障制度（Instituto de Seguridad Social）、全国社会保障基金（National Social Protection Fund，CAJANAL）和其他小型养老金计划。与之平行，一个个人养老金计划被引入，被称为个人团结储蓄计划（Régimen de Ahorro Individual con Solidaridad，RAIS），有8家养老基金公司参加。自1994年开始，哥伦比亚对平均保费计划进行了重要的参数调整，从而把隐性债务从GDP的191%削减为148%。然而，就私人计划而言一直存在着显著差异，这体现了哥伦比亚养老金制度最重要的复杂性之一。

哥伦比亚劳动力市场特征与这种财政负担的结合，显然限制了哥伦比亚实施改善低收入家庭状况和扩大制度覆盖面的政策。按照《连续住户统计调查》（Encuesta Continua de Hogares，哥伦比亚家庭调查），在全部劳动人口中，超过50%的人属于非正规部门；在所有成员中，超过70%的人宣称其收入低于最低工资的2倍；而且，在所有成员中，超过50%的人缴费密度低于30%。然而，要获得最低养老金津贴，就需要向私人计划缴费23年，或者向公共计划缴费22~23年。另外，在私人计划中，女性成员必须年满57岁，男性必须年满62岁；在公共计划中，女性必须年满55岁，男性必须年满60岁。

上述因素结合在一起，使得哥伦比亚最低养老金的覆盖范围非常有限。如图7.12所示，穆尼奥斯等（Muňoz et al.，2009）预计，在2015年，能够获取团结养老金的退休者（把公共支柱和私人支柱的受益人加在一起）将不到8.0%。与此相对照，将近70%的养老金领取者在退休时所积累的养老金储蓄低于最低养老金，但却没有资格获得最低养老金（由图中的灰色区域表示；剩下的将近20%的退休者将会积累"足够"

---

① 如果想更深入地了解养老金制度监管及其主要挑战方面的探讨，墨西哥的情况参见阿尔伯等（Albo et al.，2007）；秘鲁的情况参见贝尔纳尔等（Bernal et al.，2008），而哥伦比亚的情况参见穆尼奥斯等（Muňoz et al.，2009）。

的养老金权益。）按照这项研究中所做的假设（特别是就潜在增长率和生产率、非正规程度和长寿而言），如果将来不进行改革，该项津贴的领取者所占的比例将稍微上升至不到10%，因此，"未覆盖率"将保持在70%左右。换句话说，在由于退休时储蓄不足而需要该项津贴的哥伦比亚退休者中，实际上只有1/10的人得到了它（而在智利是1/5）。

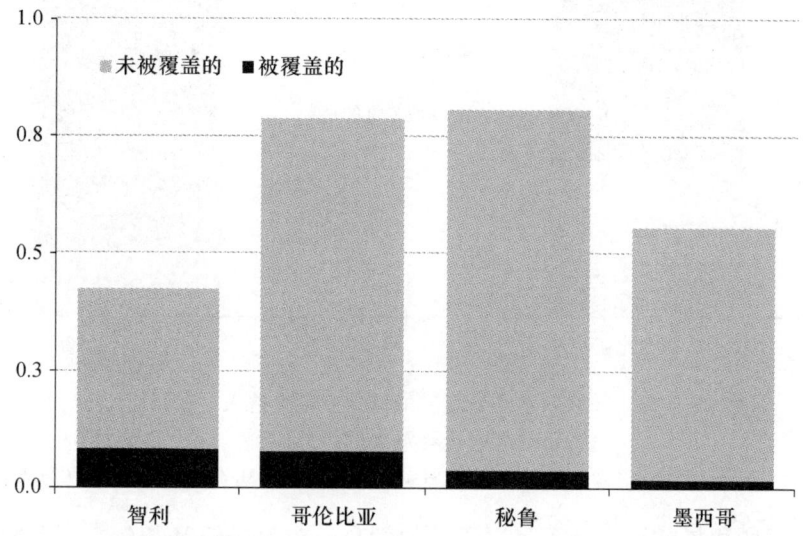

图 7.12　拉美最低养老金受益人预测（养老金领取者的百分比，除墨西哥是 2035 年外，其他国家均是 2015 年）

资料来源：作者本人绘制，以（Favre et al.，2006）、（Albo et al.，2007）、（Bernal et al.，2008）和（Muňoz et al.，2009）为基础。

对该津贴的领取者进行分析的另一个有意义的视角，是观察最低养老金津贴受益人按收入分组的百分比。从数据中明显可以看出，低收入者（同时也往往是缴费密度低的成员）发现要获得这种津贴十分困难。图 7.13 描述的是 2015 年哥伦比亚和秘鲁的最低养老金领取者按照收入水平的预期分布状况。只有 1/3 的哥伦比亚受益人是真正的低收入者（被界定为那些收入低于最低工资的人），但是，有将近 50% 的受益人收入大约为最低工资的 2 倍，有 20% 的受益人平均收入甚至是最低工资的 3 倍。

这些局限性使得历届政府考虑建立某种团结计划。私人制度有一个专项基金，称做最低养老保障基金（Fondo de Garantía de Pensión Mínima），用于帮助一些人获得最低养老金，这些人虽然缴费达到 1 150

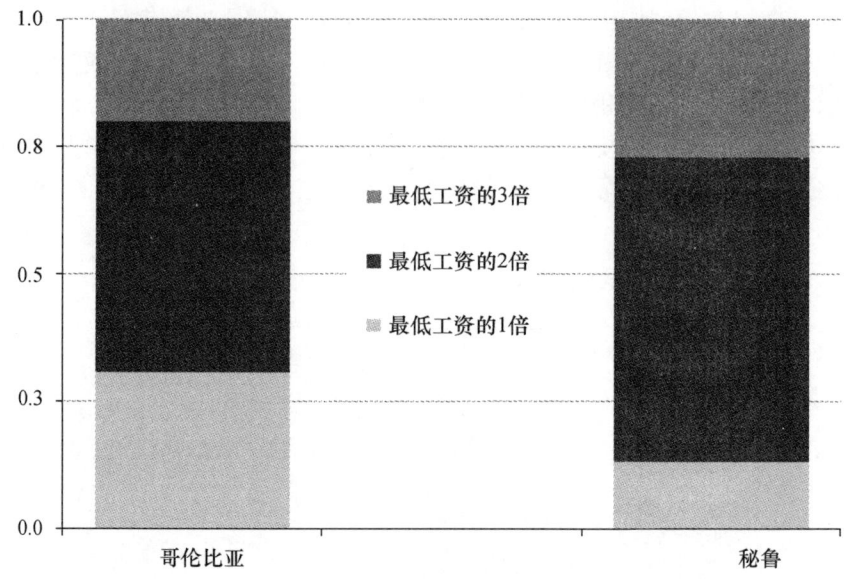

图 7.13　按收入水平分组的最低养老金受益人（2015 年，全部最低养老金受益人的百分比）

资料来源：作者本人绘制，以（Bernal et al., 2008）和（Muñoz et al., 2009）为基础。

周，但所积累的资本还不足以资助他们自己获得最低养老金。私人制度的成员每次向养老金计划缴费时都要向该基金缴费。然而，很有可能这个计划是累退的，因为那些低收入者通常由于缴费密度太低而无法获得最低养老金津贴，而他们在缴费时向该基金缴纳的费用（contribution fees）将被用于资助向其他成员发放最低养老金，那些成员的工作更稳定且收入可能更高。

此外，还有一个非常小的计划叫团结养老金基金（Fondo de Solidaridad Pensional），它是一个由收入在最低工资 4 倍以上的缴费者资助的养老金计划。这个基金有两个子账户：团结子账户（Subcuenta de Solidaridad, Solidarity sub account）为一些来自农村和城市地区的低收入职工缴费。遗憾的是，为了获得这种收益，需要缴费 500 周，这被看做是一个高要求的规定。此外，数据显示，它正在失去受益人，因此所积累的资源可能没有实现其目标。另一个子账户是最低生活需要子账户（Subcuenta de Subsistencia, Subsistance sub account），它主要是向年龄在 70 岁以上的穷人分配货币转移支付或服务。

二、秘鲁

在1992—1994年养老金改革之后,秘鲁养老金制度通过两个并行的制度实现了一体化。一方面,国民养老金制度(Sistema Nacional de Pensiones,SNP)由公共部门管理,在现收现付财务制度下运行;另一方面,私人养老金制度(Sistema Privado de Pensiones,SPP)由私人专业机构管理,在个人资本化财务制度下运行,每个成员直接向个人账户缴费直到退休。

国民养老金制度处于赤字之中,而且,在最近几年,为弥补缺口,就必须不断增加公共财政转移支付。把国民养老金制度中的"运行赤字"(缴费收入减去与养老金有关的支出的差额)、20.530号特殊制度法(类似于公共制度,但按照宪政制度已经被终止了)中的赤字、认可债券、最低养老金补贴、补充债券和因一些成员退出私人养老金制度而产生的有关费用(disaffiliation to SPP)加在一起,赤字在2006年达到GDP的58%(Bernal et al.,2008)。尽管这个数字确实相当大,但也比改革之前的数字低很多(如果要保持现收现付制,财政成本将会接近GDP的100%),而哥伦比亚和墨西哥的债务也是这样。

目前,私人养老金制度也呈现出一些方面会得到改善的趋势。指标显示,当前私人养老金制度对劳动力队伍的覆盖率稍低于30%,即使是与更年轻的制度相比,也属于拉美最低的水平之一。同时,数据显示,有很多职工没有正常缴费。秘鲁经济中的3个结构性问题有助于解释扩大制度覆盖面的难度:庞大的非正规部门、高度贫困化和财富分配极其不均。秘鲁60%的经济活动是非正规的,而40%的劳动力属于非正规的小公司中的自雇者(然而,即使把那些为大公司工作的雇员计算在内,也只有20%的劳动者向正式养老金计划缴费)。秘鲁农村地区的贫困率(2006年接近70%)远远高于城市地区(稍高于30%),这种情况与养老金制度覆盖率的城乡差异相一致,农村地区的覆盖率要比城市地区低很多(2006年,农村地区为3%,而城市地区为20%)。最后,尽管收入不平等程度已经明显减轻,但仍然反映了一种不公平分配,秘鲁主要的家庭调查《全国住户统计调查》(Encuesta Nacional de Hogares-ENAHO)显示,基尼系数在2006年为0.43,而1997年为0.46。

领取最低养老金津贴一直受到非常严格的限制。贝尔纳尔等(Bernal et al.，2008）指出，即使把公共制度和私人制度的成员都考虑进去，在 2015 年也只有不到 4% 的养老金领取者将会获得最低养老金（见图 7.12）。与此相对照，接近 80% 的养老金领取者需要最低养老金，但却没有资格得到它（即 30 个人中只有 1 个人能获得）。低缴费密度与特别严格的资格标准一起造成了这种糟糕的结果。为了获得最低养老金，成员必须曾经向制度缴费至少 20 年，而且年龄至少达到 65 岁。即使以比较乐观的社会经济趋势为基础，预计到 2050 年之前这种状况也不会有显著改变。

此外，与哥伦比亚一样，秘鲁的低收入群体也难以获得这种津贴。如图 7.13 所示，不到 15% 的最低养老金受益人收入低于最低工资，而 60% 的人收入为最低工资的 2 倍，几乎有 1/4 的人收入为最低工资的 3 倍。因此，看来如果不进行改革，最低养老金支柱最终会变成向中等收入群体提供社会津贴，而不是为低收入群体服务。

尽管是这种状况，秘鲁仍然没有正式进行团结支柱改革。不过，28015 号法令（2008 年实施）会促进微型和小型企业发展并使其正规化，向这些企业的职工提供社会保障和养老金。根据这个新法律，小企业的职工可以获得公共补贴，以弥补 50% 的养老金和健康成本。考虑到秘鲁微型和小型企业代表了 54% 的 GDP 和 62% 的劳动力，这项改革会成为解决秘鲁低覆盖率问题的一个重要的窗口性机会。

三、墨西哥

1997 年，一个 DC 型养老金计划在墨西哥社会保障局（Mexican Social Security Institute，Instituto Mexicano de Seguroded Social，IMSS）建立起来，该计划通过"关闭"现收现付计划使墨西哥退休安排的制度设计实现转型。职工向个人养老金账户储蓄，并同时得到政府和雇主的支持（该制度被称为退休储蓄制度，Sistema de Ahorro para el Retiro，SAR），但它的特殊规定具有许多含义。第一，职工、政府和雇主对个人账户的总缴费率大约为 8%，所以资本化计划所提供的养老金对于许多成员而言不是太多。第二，制度允许私人资本化制度中的职工在 1997 年之前拥有选择权，可以在该计划下获得养老金，也可以按照"以前的"现收现付计划下最慷慨的规定获得养老金，因而产生了收支不平衡，需要由墨西哥国家财政来负担。

实际上，要想使更多的墨西哥人从养老金制度获得收益，这种财政负担就成为必须解决的主要问题之一。养老金赤字还取决于不同的养老金制度在其发展历史中所具有的特征。按照阿尔伯等（Albo et al., 2007），净转型成本意味着 GDP 的 56% 的隐性债务。在这个数字上加上其他财政负担，包括公共部门职工养老金计划（被称为国家工作人员社会保障制度，Instituto de Seguridad y Servicios Sociales de los Trabajadores del Estado，简称 ISSTE）和政府对个体劳动者账户的缴费，墨西哥养老金制度的隐性债务达到 GDP 的 92%。

除了这种财政问题，进一步说明墨西哥劳动力市场面临的困难是很重要的。尽管按照法律在私人部门从事有底薪工作的人应该加入墨西哥社会保障局的养老金制度，但实际上大量成员并没有按要求缴费以获得制度的保护。迄今为止的证据表明，退休储蓄制度成员的缴费密度并不一致，同时，在退休储蓄制度登记的所有个人账户中，有相当高比例的个人账户由于没有获得缴费而成为"死账（inactive）"（例如，临时工和那些工作位置频繁变动的人的情况就是如此，他们不停地在受雇、失业或个体劳动者之间变换）。

对那些属于新的私人计划且在 2035 年之后退休的职工，墨西哥养老金制度提供最低养老金津贴（在那一年之前退休的人，将获得原有现收现付计划的养老金，它要比新计划下慷慨得多），但要得到该津贴，成员必须曾向制度缴费至少 1 250 个星期。在他们的基线情形（baseline scenario）中，阿尔伯等（Albo et al., 2007）预计，在 2035 年只有不到 2% 的养老金领取者会获得最低养老金津贴（参见图 7.12）。同时，超过一半的养老金领取者所积累的养老金权益低于这一水平，但由于缴费密度低，而没有资格获得最低养老金津贴。尽管在假设生产率和正规程度都会提高的前提下，可以预计这一比例在接下来的几十年里会得到显著提高，但有相当大一部分养老金领取者仍然不会被覆盖。

为了方便低收入群体加入该支柱，墨西哥养老金计划考虑由联邦政府每月针对每个工作日向成员个人账户缴费。这种被称为社会配额（social quota）的缴费对所有账户一视同仁，而不考虑成员的收入水平，而且，其实际价值始终保持不变。确切地讲，该计划在 2009 年 5 月得到了加强，当时国会赞成政府有关改革《社会保障法》（*Social Security Law*）以强化其再分配作用的动议。按照该新法规，通过社会配额，公共支出将会增加 5%，并且这种支出将被从高收入者重新分配给中、低收入者。收入水平高于最低工资 15 倍的职工将不再获得社会配额。同时，剩下的职工所获得的社会配额与他们的收入水平成反比：

- 对于收入水平在最低工资的 1~4 倍的人，为 15%。
- 对于收入水平在最低工资的 4~7 倍的人，为 10%。
- 对于收入水平在最低工资的 10 倍的人，为 5%。
- 对于收入水平在最低工资的 10~15 倍的人，为 0~5%。

第五节　结论：智利模式的可输出性

按照定义，经济制度与改革过程是单次冲击（one-time shocks）。如巴尔和戴蒙德（Barr and Diamond，2006）所述，在一个充满市场不完全的世界里，在最优框架下制定养老金政策是不可取的。因此，如诺夫曼等（Rofman et al.，2009）所强调的，由于政治经济结构和制度不同，将智利经验向该地区其他国家或海外输出是比较困难的。尽管如此，智利的改革不仅对许多新兴经济（特别是在拉美地区）而言已经成为一个范例，而且在工业化国家（例如美国）也已经成为争论的核心。促进或抑制智利养老金改革成果的一些关键要素能够得到确认，因此，无论什么地方的当地政策制定者都能够对其作出评价，并相应地采取行动[①]。

一、市场和公共制度

以个人退休账户为基础的制度能够取得成功的一个关键要素是市场制度运行良好，特别是金融市场。对于养老基金而言，对财产权和小股东的保护至关重要，因为养老基金必须广泛投资于上市公司的债务工具和股份。如果资本市场发展不充分，养老基金将不得不投资于银行存款，因而健全且监管良好的银行系统是取得成功的另一个关键要素。

在智利的案例中，私人产权在宪法中得到了强有力的支持，并且已经被立法传统所强化。即使与 OECD 国家相比，有关市场和公共制度质量的国际指数也往往给予智利很高的评级（参见图 7.14）。对新制度的最大的挑战产生得非常早，当时，因为一次严重的经济危机，许多重要

---

① 这一部分严重依赖于梅尔吉索和维亚尔（Melguizo and Vial，2009）。有关该问题的经济理论导向的研究方法，也可参见巴尔和戴蒙德（barr and Diamond，2006）。

银行及其他金融中介机构在1983—1984年破产了，政府选择保护存款，使得养老基金能够保值，制度才得以幸存（尽管付出了巨额的财政成本）。

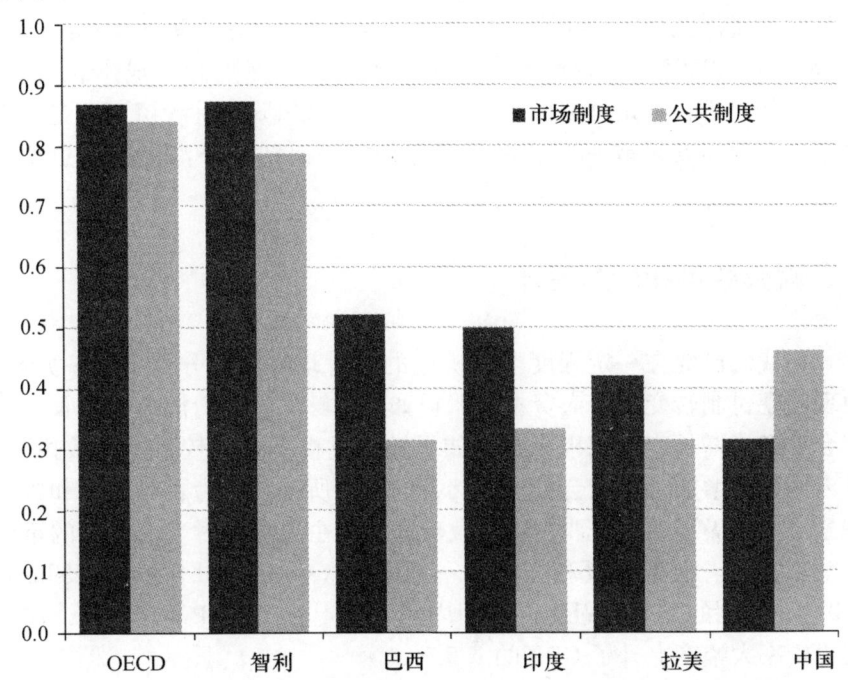

图7.14 市场和公共制度评级（2009年的商业活动，2007年的治理状况，最高标准=1.0）

注：拉美的数据是哥伦比亚、墨西哥和秘鲁的数据的简单平均数。
资料来源：世界银行（World Bank）和作者本人的精心绘制。

二、金融市场的逐步发展

智利的经验表明，启动制度并不需要所有的监管条件和金融工具都已经准备就绪，而是有一个边干边学（learning by doing）的过程，包括养老基金管理者、监管者、中央银行和政策制定者都是如此。由于一个"可能的政治经济学"（political economy of the possible）方法，一些作者已经强调了智利监管制度中所蕴含的务实思想的好处，特别是在养老金市场，把它作为其主要的制度性财富（institutional assets）之一（Santiso，2006）。

如果在开始进行养老金改革时金融市场发育不好,可能就应该建立一个保守的监管制度,但要逐渐推进改革,以引入更大的灵活性。然而,一开始就太保守,有一定的风险,例如对投资选择限制太多,以及强制过多地投资于政府债券。如伯恩斯坦和丘马西罗(Berstein and Chumacero,2005)就智利的情况所指出的,过度限制的成本相当高。因此,如果不存在足够好的国内投资选项,低风险国际投资可能是一个好选择,但需要采取一些宏观经济保护措施以防止外汇汇率的过度波动。

三、财政政策和转型设计

如我们已经在一定程度上分析过的,财政政策十分重要。一方面,由现收现付制转变为个人资本化账户如果能够促进国内储蓄净增长,就将会对经济增长产生积极影响。如果转型过程需要比较多的财政拨款,私人储蓄的增加也可能会被政府储蓄的减少所抵消。为了对储蓄和资本积累产生积极影响,需要进行财政巩固,这主要通过对当前支出的重新分配来实现。根据科波和施密特—黑贝尔(Corbo and Schmidt-Hebbel,2003),智利的财政巩固使得其国内储蓄率上升了 GDP 的 2.9%,使得其投资率大幅度上升了 GDP 的 1.5%。

另一方面,财政政策会影响养老基金投资组合所面临的风险。因为政府能够向国民征税,所以公债传统上被认为是最安全的资产。然而,政府也能够通过通货膨胀甚至拖欠而逃避债务。在许多发展中国家,特别是在拉丁美洲,政府已经发现,采用通货膨胀的方法而不是增税或削减开支,从政治上看更为有利。数据显示,与该地区其他改革者相比,智利是个例外:养老基金往往持有更低份额的政府债券,而持有外国资产的比例却要高得多。考虑到那些已经拖欠或稀释公共债务国家的养老基金经历,在评估养老基金投资安全性时重视财政可持续性看来是很重要的。这种观点得到以下事实的进一步支持:在健全财政状况下,改革者们的财务信用风险会更低。

四、非正规劳动力市场和团结支柱

拉丁美洲的经验表明,劳动力市场的非正规性严重限制了养老金制度的覆盖范围,即使是在个人资本化账户的情况下也是如此,尽管在这种情况下对缴费的激励从理论上讲是最大的。如果在改革开始时劳动力市场弥漫着非正规性，看来就难免要建立一个大型的团结支柱。令人遗憾的是，对基本养老金所要承担的大量财政义务，不是由缴费决定的，会对劳动力市场的正规化产生严重的负面影响，因此相关制度设计必须非常周密。

如图7.15所示，智利的非正规程度在拉丁美洲是最低的，甚至低于该地区的样板（regional pattern）。智利曾有一种非缴费性收入调查型养老金（PASIS），目标是每月向穷人提供面值接近80欧元的津贴，覆盖了超过40万名退休者，但似乎没有对劳动力市场的非正规程度产生重大影响。由于所提供基本养老金的水平要高得多，新的保护计划会产生在收入水平低时缴费减少的风险，尽管"参考养老金（reference pension）"的不断提高可能会弥补相关损失。至于其他国家，并不需要刚一开始就强化第一支柱，因为任何这类变革都需要有一个过渡期——尽管这个过渡期需要承受很高的财政成本——在这个过渡期内，那些加入新制度的人在他们的账户中积累资产，从而在他们开始退休之前做好准

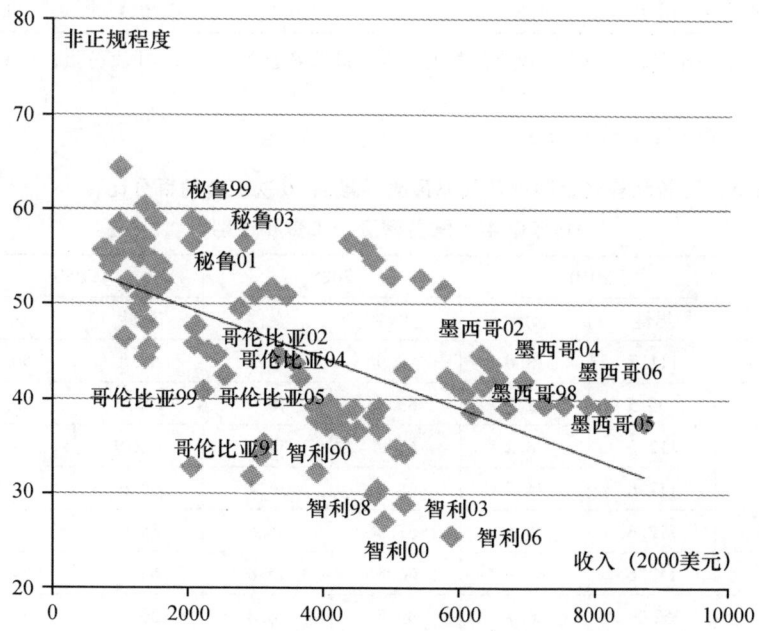

图7.15 拉美和加勒比地区的非正规程度和人均GDP
（1990—2007年，占城镇职工的百分比）

资料来源：拉丁美洲和加勒比经济委员会（ECLAC）。

备。因此，只有在过渡期之后，才有必要建立保护机制。

附　　录

表 A1　　智利养老金的财政开支（占 GDP 的百分比）

年份	原有制度的赤字		认可债券	最低养老金	PASIS（不缴费）	合计
	平民	军人				
1981	1.6	2.0	0.0	0.0	0.2	3.8
1984	4.7	2.2	0.2	0.0	0.5	7.6
1990	3.2	1.3	0.5	0.0	0.4	5.4
1995	2.7	1.2	0.7	0.0	0.3	4.9
2000	3.1	1.3	1.1	0.1	0.4	6.0
2005	2.2	1.3	1.2	0.1	0.4	5.2
2008	1.9	1.3	1.2	0.1	0.4	4.9

注：有关原有制度中平民赤字的数据包含了最低养老金中的 0.3 个百分点，（Valdés，2006）。

资料来源：国家预算办公室。

表 A2　智利养老金制度替代率预测（最后 10 次工资的百分比，按年龄组、缴费密度、工资和性别）

	2010		2025		2050	
	男性	女性	男性	女性	男性	女性
A	111.7	78.0	69.9	36.5	67.8	50.3
A1	106.5	72.2	89.6	46.9	128.5	79.8
A2	112.6	78.2	62.7	35.3	102.9	67.5
A3	112.6	74.7	68.9	36.4	67.6	44.7
A4	112.6	76.5	67.3	35.5	66.4	44.4
A5	112.6	82.9	66.8	35.8	63.1	44.4
B	52.7	36.7	39.5	16.4	39.3	23.6
C	46.3	30.0	25.7	9.0	29.2	17.8
D	4.8	3.4	15.5	5.2	12.1	7.0
E1					69.4	42.8

续表

	2010		2025		2050	
	男性	女性	男性	女性	男性	女性
E2					59.6	38.9
E3					40.0	26.5
E4					39.0	26.2
E5					37.5	26.2
F					32.7	17.0
平均值	54.9	38.6	45.8	17.9	44.3	26.7
总平均值		44.9		29.0		33.8

资料来源：Favre et al.，2006。

表 A3　智利养老金水平预测（每月养老金，2004 年智利比索）

	2010		2025		2050	
	男性	女性	男性	女性	男性	女性
A1	1 107	750	930	487	1 336	829
A2	768	515	652	337	1 070	701
A3	365	250	323	176	588	401
A4	210	143	182	96	333	222
A5	121	79	104	50	182	114
B	198	140	214	91	408	245
C	173	115	140	50	303	185
D	18	13	84	29	126	73
E1					721	445
E2					619	404
E3					348	238
E4					196	131
E5					108	67
F					339	176
平均值	206	146	244	83	320	204
总平均值		77		94		121

资料来源：Favre et al.，2006。

表 A4　　智利国民养老金的财政开支预测
（不改革情形，占 GDP 的百分比）

年份	原有制度赤字	认可债券	最低养老金	PASIS（不缴费）	合计
2010	1.7	1.4	0.1	0.3	3.4
2015	1.3	1.4	0.1	0.3	3.1
2020	1.2	0.7	0.0	0.3	2.3
2025	1.0	0.2	0.1	0.3	1.5
2030	0.8	—	0.1	0.3	1.1
2035	0.6	—	0.1	0.3	1.0
2040	0.5	—	0.1	0.3	0.9
2045	0.4	—	0.1	0.3	0.8
2050	0.3	—	0.1	0.3	0.7

资料来源：Favre et al.，2006。

表 A5a　　智利国民养老金的财政开支预测
（改革情形 A，占 GDP 的百分比）

年份	原有制度赤字	认可债券	团结养老金制度总额	老年人基本团结养老金	老年人补充团结养老金	残疾人	合计
2010	1.7	1.4	0.8	0.5	0.1	0.2	3.9
2011	1.6	1.4	0.9	0.5	0.1	0.2	3.9
2012	1.5	1.4	1.0	0.6	0.2	0.2	3.9
2013	1.5	1.4	1.0	0.5	0.2	0.3	3.9
2014	1.4	1.4	1.0	0.5	0.2	0.3	3.8
2015	1.3	1.4	1.0	0.4	0.3	0.3	3.7
2016	1.3	1.3	0.9	0.4	0.3	0.3	3.5
2017	1.3	1.1	0.9	0.3	0.3	0.3	3.3
2018	1.3	1.0	0.9	0.3	0.3	0.2	3.2
2019	1.2	0.9	0.8	0.2	0.4	0.2	3.0
2020	1.2	0.7	0.8	0.2	0.4	0.2	2.8
2021	1.2	0.6	0.8	0.1	0.4	0.2	2.6
2022	1.1	0.5	0.7	0.1	0.4	0.2	2.4

资料来源：Favre et al. (2006) and own elaboration。

第七章 发展"团结支柱"面临的挑战

拉美养老金改革：面临的平衡与挑战

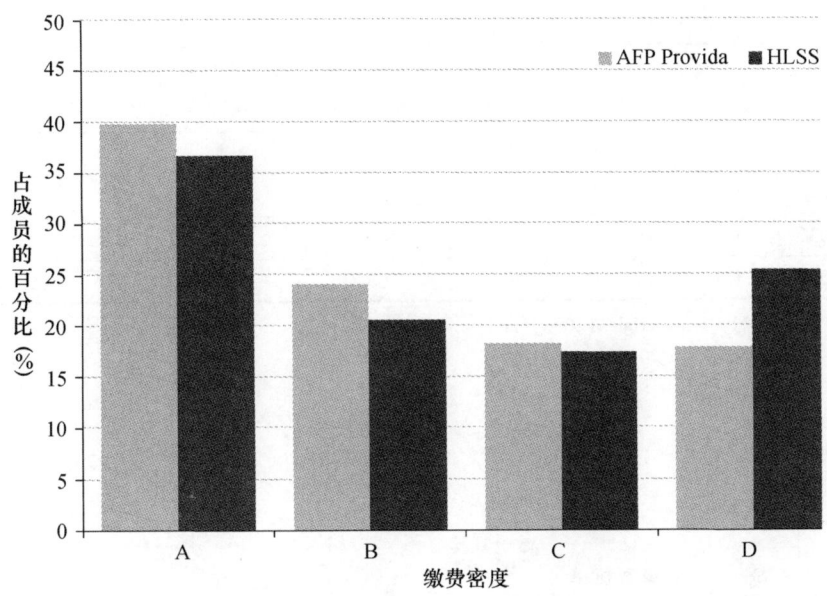

图 A1 智利以缴费密度为基础的成员分类

注：A 类成员在该时期内超过 80% 的时间都缴费了，B 类成员为 60%～80%，C 类成员为 40%～60%，D 类成员低于 40%。

资料来源：2002 Social Protection Survey and AFP Provida（时间截至 2004 年）。

表 A5b 智利国民养老金的财政开支预测
（改革情形 B，占 GDP 的百分比）

年份	原有制度赤字	认可债券	团结养老金制度总额	老年人基本团结养老金	老年人补充团结养老金	残疾人	合计
2010	1.7	1.4	0.9	0.5	0.1	0.2	3.9
2011	1.6	1.4	0.9	0.6	0.2	0.2	3.9
2012	1.5	1.4	1.0	0.6	0.2	0.2	4.0
2013	1.5	1.4	1.0	0.5	0.2	0.3	3.9
2014	1.4	1.4	1.0	0.5	0.3	0.3	3.8
2015	1.3	1.4	1.0	0.4	0.3	0.3	3.8
2016	1.3	1.3	1.0	0.4	0.3	0.3	3.6
2017	1.3	1.1	1.0	0.3	0.4	0.3	3.4
2018	1.3	1.0	0.9	0.3	0.4	0.3	3.2

拉美养老金改革：面临的平衡与挑战

续表

年份	原有制度赤字	认可债券	团结养老金制度总额	老年人基本团结养老金	老年人补充团结养老金	残疾人	合计
2019	1.2	0.9	0.9	0.2	0.4	0.3	3.0
2020	1.2	0.7	0.9	0.2	0.5	0.2	2.9
2021	1.2	0.6	0.9	0.1	0.5	0.2	2.7
2022	1.1	0.5	0.8	0.1	0.6	0.2	2.5

资料来源：Favre et al. （2006） and own elabration。

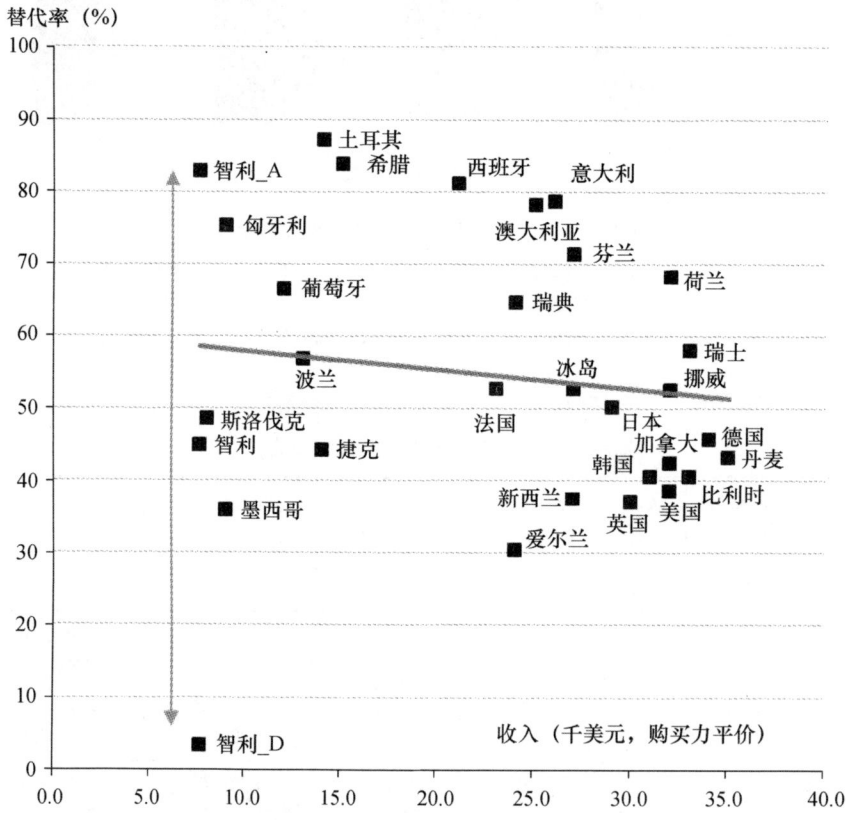

图A2　智利和经合组织国家的替代率和人均GDP
（占退休前总收入的百分比）

资料来源：经合组织（OECD）和Favre et al., 2006。

表 A6　　　　　　　新团结支柱受益人预测（人）

年份	老年人		残疾人	合计
	补充团结养老金	基本团结养老金		
2009	160 676	510 474	211 769	882 919
2010	208 737	562 142	232 909	1 003 789
2011	263 102	617 292	256 380	1 136 773
2012	323 876	671 926	282 470	1 278 272
2013	391 562	639 614	311 509	1 342 685
2014	463 523	603 027	343 873	1 410 422
2015	540 616	561 307	379 990	1 481 913
2016	621 676	524 169	379 994	1 525 839
2017	706 550	483 218	379 997	1 569 765
2018	807 783	425 907	380 000	1 613 691
2019	917 376	360 237	380 004	1 657 617
2020	1 032 257	289 278	380 007	1 701 543
2021	1 155 115	225 093	380 011	1 760 219
2022	1 289 472	149 409	380 014	1 818 896

资料来源：Favre et al.（2006）and own elabration。

第八章　未来可吸取的教训

何塞·路易斯·埃斯克里瓦（José Luis Escrivá）
爱德华多·富恩特斯（Eduardo Fuentes）
艾丽西亚·加西亚—埃雷罗（Alicia García-Herrero）

拉丁美洲养老金制度改革对其目前的繁荣发展发挥了至关重要的作用；其结构式和参数式的改革范围十分广泛：他们开历史先河，对缴费者的养老金资源赋予了其财产所有权；养老金资源得以个人化，个人账户为其提供了法律保障；国家保障体系建设较为理想，包括保障型养老金；通过"缴费确定型"（Defined Contribution，以下简称 DC 型）养老计划的确立，建立起高效和透明的长期储蓄机制；从改革那一刻起，养老金领取者的权利就充分得到尊重，新成员的加入也获得了可行和可持续的资金融通；政府预算和公共财政的压力得以削减，国家经济趋于稳定；随着私人部门的加入，新的专门退休基金和养老服务产业得以建立。

在促进储蓄和投资的同时，目前的各项经济活动可专注于结构性因素（宏观经济和微观经济、企业、劳动力市场和非正规经济等），以推进经济体制的改革。新的养老金制度和金融市场之间的互动和反馈还改善了发展前景，例如，通过新的投资条例可采取"多基金"养老金计划，这在未来可使养老金的投资回报、风险管理、稳定性等方面都得到较大改善。

但是，未来仍然面临挑战。由于各国的现状结构不同，只有首先识别并解决养老金制度中的薄弱环节，才能保证财政、政治和社会的可持续性。

提高目前养老金制度的效率，改善其效果，其目的是为了加强 DC 型养老金计划。实现这个目的的手段包括：在劳动力市场和储蓄市场建立适当的激励机制，引导储蓄流转向宏观经济结构，确保人们的收入、缴费率和养老金之间的正确比例关系，鼓励弱势群体参加养老金制度。

目前，各国面临的问题具有相当的共性：养老金的覆盖面、就业的非正规性、为低缴费密度群体和低收入群体建立最低养老金（覆盖面问题是进一步巩固养老金制度的主要障碍）。所有这些问题，不同程度地影响着智利、哥伦比亚、墨西哥和秘鲁，这是因为，各国养老金模式和激励机制存在差异，所以，非正规就业者或独立劳动者融入 DC 型养老金制度的程度也就不同。

如同前述各章所分析的，为低缴费密度群体和低收入群体建立最低养老金的各项措施将有赖于各国的社会和经济现状。要避免破坏财政平衡，重点关注那些缴费不足以获取一个体面的退休金或没有资格领取任何其他养老金的个人支出效率。

有一些建议认为，养老基金应引入新的投资选择，拓宽投资资产的类型，以提高劳动者储蓄的回报。对于这些建议，我们应给予特别关注。这些建议与明确的投资监管合在一起，将会明显改善现有的养老金制度，有助于提高职工的利益。

本章对现行养老金制度的一些关键问题进行了总结。对各国情况的分析表明，养老金覆盖面问题也许是各国面临的核心挑战。本书提出的建议是扩大覆盖面，以此作为鼓励和挽留养老金缴费者与提高制度设计水平的一个办法，我们对本书的这些改革建议进行了全面总结。提出这些建议的目的，是为了建立更加包容、更加公平的养老金制度，使更多的劳动者能够在退休期间获得适当收入；随后，对提出的为低收入群体或低缴费密度群体提供最低养老金的其他建议进行了比较；最后，我们对各国扩展投资领域遇到的挑战进行了研究。

第一节　关于政策建议的总结

由于各国的就业结构和经济结构存在差异，因此，所提政策建议的性质和范围也很可能不同。首先，我们集中研究旨在扩大养老金覆盖面

第八章 未来可吸取的教训
拉美养老金改革：面临的平衡与挑战

而采取的改善结构的建议，这是巩固养老金制度的一个重要步骤。

为了适应秘鲁的就业形势，我们提出的缴费计划，即方案一（P1）和方案二（P2）的目的，是为了鼓励低收入劳动者进行储蓄①。根据方案一，低收入劳动者每天只需缴纳1新索尔就可获得养老金，而方案二锁定的目标是收入超过500新索尔的劳动者，他们每月至少需要缴费50新索尔，或每天需要缴费2新索尔。根据劳动者的收入水平改变缴费额，养老金覆盖面便可扩大到目前还不在养老金制度覆盖范围之内的非正规就业部门。通过有针对性且适当的融资，可逐步将养老金制度作为把非缴费型国家养老金也纳入其中的一个基础。

还有建议认为，正规部门的独立劳动者也应实行强制性缴费。这个措施能否成功将取决于正确的控制，取决于尽可能多的独立劳动者为某一种养老金制度进行缴费。总体看来，到2050年，这些措施能使当前秘鲁养老金的覆盖面提高一倍（养老金覆盖率低是秘鲁养老金制度当前面临的主要问题）。

在扩大养老金覆盖面时，墨西哥也面临着同样的更大问题——碎片化的养老金制度。正如本书所描述的那样，要把诸如墨西哥社会保障局（IMSS）②、墨西哥公务员社会保险和服务局（ISSSTE）③，以及其他各种养老金子制度合并成单一的"全国养老金制度"，就必须把更多的独立劳动者纳入到养老金制度中来，整合社会保障制度的众多碎片，提高缴费密度即提高目前零星地向一个或多个子制度缴费的密度。减少墨西哥社会保障局和公共账户的财政压力，在这方面，墨西哥社会保障局的改革相当成功：在墨西哥社会保障历史上，它首次将养老资产的所有权委托出去。所有这些都表明，标准的DC型制度对扩大墨西哥养老金覆盖面是至关重要的。

---

① 西班牙对外银行在其为秘鲁提出的第一个建议中认为，应该设立两个方案，即"方案一"（P1），全称是："新索尔养老金方案一"（PEN 1 Pension plan）；"方案二"（P2），全称是"新索尔养老金方案二"（PEN 2 Pension plan）。方案一允许低收入劳动者每天缴费1新索尔，每月缴费30新索尔；方案二规定收入超过500新索尔的劳动者每月至少缴费50新索尔或每天2新索尔。两个方案规定的缴费数额都试图将其设定在劳动者收入的10%左右。新索尔为秘鲁货币，2011年8月1日与美元的汇率为2.71∶1。关于秘鲁的论述，详见本书第六章。——译者注

② Instituto Mexicano del Seguro Social（Mexican Social Security Institute），墨西哥社会保障局。

③ Instituto de Seguridad y Servicios Sociales de los Trabajadores del Estado（Institute for Civil Servant Social Insurance and Services），墨西哥公务员社会保险和服务局。

第八章 未来可吸取的教训

本文还提出了一个提高墨西哥养老金覆盖率的有效途径①,其主要思想包括为独立劳动者在"退休储蓄制度"(Sistema de Ahorro para el Retiro,SAR)里建立一个由国家共同融资的自愿型个人储蓄账户,每月为其长期储蓄的子账户进行缴费,当劳动者个人缴费增加时,国家缴费部分将逐渐减少。低收入的独立劳动者或非正规部门劳动者将得到更多的支持,而中等收入群体则更倾向于转向墨西哥社会保障局的 DC 型养老金制度,因为该制度可获得更具诱惑力的回报。

哥伦比亚的养老金覆盖面比智利或墨西哥还要低,这说明了一个结构性的问题,值得特别关注。第五章给出的精算模型预测表明,根据经济增长趋势的预测,就业状况将有所改善,非正规就业将有所减少,所以,养老金覆盖面将由 2015 年的 75% 提高到 2050 年的将近 85%。

尽管法律规定正规就业部门和非正规部门都必须为养老金制度缴费,但实际上,大量劳动者并没有缴费。因此,关于提高和改善哥伦比亚养老金覆盖面的建议主要是要求加强监督,完善养老金缴费制度,其办法包括使用"综合缴费结算表"(PILA),核查缴费者个人提供的收入信息的有效性,以期保持与其他的政府信息来源相一致。另一个建议是教育年轻人,让他们认识到人口老龄化及其导致的风险。在这个方面,第 1328 号法案是一个重大突破。制定该法案的目的在于普及消费者金融知识扫盲,据此建立起一个"金融消费服务体系"(FCSS),以期"培育消费者的交易、服务、市场和活动等方面的金融意识,尊重制度,服从监管,保护他们的权利。"

在智利,相当一部分劳动者终生经常改变其就业状态:时而就业,时而失业,时而不从事任何经济活动,时而从事非受薪活动,时而从事个体自雇活动,因此,仅靠一种措施来解决养老金覆盖面是不太可能的。如第三章所述,"养老金改革总统委员会"(PCPR)提出的诸项建议的目的,是试图把不同的就业现状纳入一个更加灵活的养老金缴费计划之中。

养老金改革总员员会设计的促进扩大养老金覆盖面的措施是强制性缴费,对非独立劳动者和独立劳动者不加区别,他们都必须缴费。其他建议还包括:把家庭补助金的权利延伸到所有养老金缴费的独立劳动者;对参加"互助会"(Cajas de Compensacion)的独立劳动者要开放,允许他们根据"工伤法"领取工伤保险金;对独立的养老金缴费人和

---

① 见第四章。

第八章 未来可吸取的教训

拉美养老金改革：面临的平衡与挑战

非独立的缴费人实行平等的税收待遇；独立劳动者可以享有养老金福利权（老年养老金、残疾人养老金、遗属养老金）；简化缴费的支付制度，降低交易费用，等等。对于非正规劳动者和独立劳动者而言，这些措施显然都是激励性的，他们参加养老金制度的成本要比非独立劳动者高出许多。待遇的标准化将有利于群体化的劳动者，尤其有利于整个职业生涯期间的每个人员，因为智利劳动力市场上相当一部分劳动者在受雇就业和自雇就业之间的转换是十分频繁的。

虽然这些进步都很有意义，与2006年西班牙对外银行（BBVA）发布的"法弗雷（Favre）研究报告"中提出的建议在很大程度上是不谋而合的，但当局应该注意的问题还是存在的。在这一方面，独立劳动者的强制性缴费也许还不足以把收入较低的非正规部门独立劳动者纳入到养老金制度之中，因为这部分群体没有参加养老金计划并积极储蓄的必要激励。考虑到这个问题给国家带来的挑战，有必要考虑提高养老金制度对就业的适应性问题，以便他们能够把获得经常性收入作为其储蓄的基础。

在第三章中，我们提到一个有趣的建议，这是由"劳动和公平委员会"（LEC）制订的一个计划，旨在推动"预正规化"计划，包括将非正部门劳动者逐步纳入到一套必须遵守的最低限度的规则之中，从而使他们能够走向正规化。这一举措针对的主要是处在生存边缘上的微型企业，因为这些企业的生产率低下。这些最低标准应该是渐进式的，应视为一个临时性框架，而非永久标准。为使这些措施更具有连贯性，加强与强制性养老金的关联性，还可对劳动者的缴费附加一份国家补贴，直接存入其个人账户。如果所有这些设计都是准确无误的，那么，通过"团结支柱"产生的未来义务就有可能大大简化。

表8.1对提高不同养老金制度覆盖面而建议采取的措施进行了总结①。

分析养老金制度时必须要考虑非积累阶段（支付阶段）。在分析4个国家为低缴费密度群体或低收入群体建立最低养老金制度时，人们发现，在这一阶段，仍有一段路要走。我们的建议是，要侧重于实现最低养老金水平的那些关键性因素。

这些因素包括：改变缴费率；改变最低缴费期限，以赋予劳动者享有最低养老金的权利；提高国家补贴的瞄准度，将最低养老金扩展到低

---

① 更多的信息，可详见本书的相关章节。

表 8.1 扩大覆盖面的政策建议

智利	哥伦比亚	墨西哥	秘鲁
（1）制定旨在提高个人生产率、进而提高就业能力的公共政策 （2）考虑建立一个最低的正规化标准的临时框架（暂时的、渐进的、有侧重的），把非正规部门劳动者逐步纳入到正规经济部门之中 （3）在达到基本要求的情况下，建立一个养老金补贴直接进入个人账户的制度，对最低标准框架的执行情况进行可行性评估	（1）加强对养老金缴费情况的监管 （2）推动使用"综合缴费结算表"（PILA） （3）根据政府信息来源，检查劳动者提供信息的有效性 （4）通过推进消费者金融知识扫盲，让年轻人意识到人口老龄化的影响，提高对不储蓄将严重影响未来收入的认识	（1）正如本书所描述的那样，把养老金的子制度即墨西哥社会保障局与公务员社会保险和服务局合并成单一的全国养老金制度，把更多的独立劳动者纳入养老金计划之中 （2）整合碎片化养老金制度，提高那些零星地向一个或多个子制度缴费的缴费密度和养老金水平 （3）为"退休储蓄制度"中那些独立劳动者自愿型储蓄账户引入国家共同融资的机制	（1）根据劳动者收入水平的变化来改变缴费水平，把养老金覆盖面扩大到目前还没有被养老金制度覆盖进来的非正规部门劳动者纳入进来 （2）正规部门独立劳动者的养老金缴费变成强制性的

资料来源：BBVA 研究部。

收入群体和低缴费密度群体。因此，尽管所分析的四国就业形势和经济结构各不相同，但其制定的所有措施都是为了实现确保瞄准度的、有效率的、最低限度的覆盖面，这对确保国家未来持续向最低养老金缴费是非常重要的，因为最低养老金的覆盖面与国家缴费是密切相关的。导致缴费密度较低的部分原因是许多非正规部门劳动者或独立劳动者没有参加缴费的激励机制，这就解释了为什么旨在建立最低养老金的措施与前述的扩大覆盖面并把他们纳入到缴费系统的措施密切相关。

为秘鲁提出这些建议的目的，是把最低养老金保障扩大到所有"私人养老金制度"的成员。这些措施针对的是中、低收入的年轻劳动者，因为他们获得的养老金较少，急需提高。为扩大覆盖面，延伸最低养老金保障范围的建议主要针对的是那些收入水平低于方案一和方案二的群体，对此，第六章已有描述。按照两个方案中建议提出的缴费率，在方案二情况下将为其缴费者确保提供一份最低养老金，在方案一情况下，缴费满 20 年之后将为其缴费者提供 60% 的最低养老金。我们可以得出这样的结论，即国家给予补贴的目的是确保提供一份最低养老金，其瞄准对象主要是方案二的缴费者或方案二中无法达到缴费要求的缴费者。

第八章 未来可吸取的教训

拉美养老金改革：面临的平衡与挑战

提出的另一项建议是将领取最低养老金的缴费年限从20年减少到15年。提出这个建议的目的是使缴费的要求更加灵活，因为秘鲁劳动力市场上有资质的劳动者数量较少，他们要想保持其工作岗位是非常困难的，从而不得不在非正规经济部门寻找工作，因此，他们没有能力再向养老金制度缴费。由于这个措施针对的是有可能被养老金缴费制度排斥在外的风险最高的劳动者，因此，不必冒险将养老金制度的平衡彻底摧毁。所有这些建议都表明，他们是把补贴资金指向风险更高的人群且鼓励排除在养老金保障制度之外的劳动者进行缴费的有效措施，这反过来又要求有一个强大的养老金制度，采取一套与这些劳动者就业现状相一致的措施。

在墨西哥，提出的建议是改变补贴的瞄准群体、缴费期限和缴费率。建议之一是在基础缴费工资之上将缴费率提高4.8%，这是因为劳动者的平均缴费水平所带来的替代率很低。建议还认为，DC型养老金将导致待遇给付资本化，应利用这个优势，尽快提高缴费率。然而，由于立即提高缴费率短期内会对劳动者的收入产生负面影响，因此，缴费率可以逐年提高0.5%。此项建议的目的是为了使墨西哥走向更加符合其国家发展水平的养老金缴费水平，为所有缴费者提供一个较高的养老金水平。另一项建议是减少领取最低养老金的1 250周的最低缴费要求，其中，缴费满900周的成员应享有50%的最低养老金的权利，此外，每多缴费50周，将额外再提高7%，其最终目的是避免把低缴费密度劳动者排除在最低养老金制度之外。不能实现前述最低缴费周数的人在年老时将不再面临贫困的前景，其他缴费者也将不再推迟缴费。

另一项建议是引导政府支出进一步瞄向低收入群体，具体办法是，对收入在最低工资3倍以内的劳动者来说，把政府缴费率从现在的5.5%提高到"联邦地区最低工资"（SMGVDF）的11%，对收入超过最低工资3倍以上的劳动者来说，则建立一个0%的国家缴费率。通过这一办法，为低收入劳动者增加的"社会定额"（cuota social，固定的政府缴费）的财政成本就可通过刮取高收入劳动者的福利而予以全部抵消。制定这些措施的目的，如同为独立劳动者和非正规部门劳动者建立的养老金储蓄共同融资政策那样，是一个有效性、支持性和包容性都有所提高的养老金制度。

在哥伦比亚，为低收入群体和低缴费密度群体提供最低养老金保障的政策建议是为了使"团结养老基金"框架下接受国家补贴更具灵活性，因为其缴费周数的要求比较严格，低缴费密度劳动者无法享有这些

第八章　未来可吸取的教训
拉美养老金改革：面临的平衡与挑战

补贴的好处。因此，提出这个建议只是为了降低这些要求，这样，到2050年，经济活动人口的养老金覆盖面就几乎能提高10%。这项措施仅限于低收入群体（"群体一"，D1）和低缴费密度群体（"群体二"，D2），以避免为其他劳动者的缴费密度带来负面影响。

另一项建议是引入一个低于最低养老金的福利项目，并允许就业期限不足一个月的群体可以为养老金制度缴费。这就为所有的低缴费密度群体（往往在非正规经济部门工作）在其年老时获得一份最低养老金提供了一个途径。这个福利项目称为"周期性经济福利"（BEPs）。周期性经济福利实际上是为达到退休年龄的群体（"综合养老金制度"中的"平均保费计划"）提供低于最低工资的一项支持。允许工作期限不足一个月的人进行缴费，等于打开了从非正规制度通向正规制度的一扇大门，最少保障的劳动者将从中受益，其结果将使自愿型储蓄制度正规化，这样，非正规经济部门群体便可获得某种形式的养老金。上述两个建议既为那些最有可能被排除在缴费制度之外的群体提供了一份最低养老金的保障，又为减少非正规部门就业和巩固养老金制度作出了贡献。

在智利，2008年养老金改革建立了一个新的"团结支柱"，这是一个重大突破，因为它为那些由于种种个人原因而从未进入养老金缴费制度的群体提供了一份最低养老金保障。这个团结支柱由两部分构成：一部分是基础的非缴费型团结养老金，受益对象是那些从未缴费的老年人和残疾人；另一部分是福利型养老金补贴，受益对象是那些曾经有过缴费但不足以获得一份体面养老金的老年人和残疾人，所以，这仅是一个补充而已。这个团结支柱的国家缴费与自筹养老金的数额反比例发生变动，当自筹的养老金达到最低养老金标准时，国家补贴就停止了。团结支柱的这两项措施针对的是65岁及以上的男性和女性老年人，他们均为收入最低的3个组别（在五等分中，合计达60%），其所提供的保障性和灵活性均符合智利为弱势群体提供最低养老金保障的目标，对于那些现有的缴费者继续向养老金制度缴费而言，还能避免为其带来负激励。

虽然上述措施与2006年西班牙对外银行（BBVA）发布的"法弗雷（Favre）研究报告"的分析十分一致，但我们仍然认为，有些研究仍然十分重要，这是因为，退休阶段应提供更多的保障，尤其应考虑长寿风险所带来的挑战。在这方面，第三章提出一项建议，这项建议仍需进一步研究，那就是，随着人口预期寿命的提高，退休年龄也应自动提高。提高退休年龄可使子孙后代有足够的准备来获得一份适应人口变化

第八章 未来可吸取的教训

拉美养老金改革:面临的平衡与挑战

的养老金。正如前几章看到的那样,在目前的退休制度设计中,退休人员承担着长寿风险,尤其是,基金失衡的速度越快于预期寿命提高的速度,这个退休制度受到的影响就越大。因此,依照我们的观点,有一项措施可以改善这种类型养老金制度的境遇,那就是通过递延型终身年金来促进临时性收入计划。当然还可考虑其他选择,例如,将长寿型团险或与继承权相关联的其他替代性办法引入到退休制度之中。最后,为应对系统性长寿风险,还可着重考虑发行长寿风险债券,吸取早在2009年就欲采取此类措施而留下的教训。

表8.2总结了为低收入群体和低缴费密度群体提供最低养老金的各项建议措施①。

表8.2 为低收入群体和低缴费密度群体确保提供一份最低养老金的政策建议

措施	智利	哥伦比亚	墨西哥	秘鲁
改变养老金缴费率	根据社会经济变化和人口结构变化,考虑调整中期内的缴费率	将最低养老金与提高最低工资标准二者分离开来	在缴费基础工资之上,立即提高4.8%,或逐年提高0.5%	缴费率为工资的10%
改变最低缴费期限	根据预期寿命的变化而自动调整	降低团结养老金基金的受益资格标准,将之瞄准为低收入群体(目前是最低年龄35岁的独立劳动者,缴费期限为250周)	缴费满900周后可领取50%的最低养老金。每多缴费50周即可多领7%的养老金,缴满1 250周就可领取全额养老金	领取最低养老金的资格从最低缴费年限20年减到15年

---

① 更多的信息,可详见本书的相关章节。

续表

措施	智利	哥伦比亚	墨西哥	秘鲁
国家对最低养老金给予补贴	用于最低标准的国家补贴在进入正规部门时，应与领取的最低养老金标准保持一致，这样，储蓄决策就不至于扭曲	提供低于最低养老金的待遇给付，允许就业不足1个月的劳动者为养老金缴费	国家补贴的基础是"联邦地区"最低工资标准的11%，而不是目前实施的相当于最低工资3倍以内收入的5.5%；对收入高于最低工资3倍的群体，国家补贴缴费率为0%。"社会定额"的成本仅用于低收入群体	补贴将依据收入水平而变化，以期对最低养老金进行全额补贴。低收入群体的补贴要高于高收入群体补贴
制定激励措施，将独立工人或非正规部门工人纳入进来	用于最低标准的国家补贴在进入正规部门时，应与领取的最低养老金标准保持一致，这样，储蓄决策就不至于扭曲	允许就业不足一个月的劳动者为养老金缴费 利用"职业风险基金"的资金，为残疾人和遗属的风险提供保险	对独立劳动者个人账户的自愿型储蓄，政府的补充缴费要等比例反向变动，劳动者的最高限额缴费为每月750比索。随着劳动者缴费的增加，政府的补充缴费将随之减少	最低养老金制度延伸到所有"私人养老金制度"的缴费者。正规部门独立劳动者的参保资格是强制性的。对非正规部门而言，养老金缴费率打折；对收入超过每年7个应税单位的人员，再采取"预扣所得税"，约相当于每月2 500新索尔（约830美元）

资料来源：BBVA 研究部。

提出所有这些建议的目的，都是为了提高公共支出的有效性和准确性，旨在将那些没有任何缴费的劳动者纳入到制度之中，其具体途径，或是通过正确设计的激励机制，或是对不同类型劳动者采取相同的税收待遇，或是对不同就业背景实施差别的缴费方案设计，或是对低收入劳动者的缴费采取"共同融资"的政策，或是对劳动者的缴费管理进行改进；其结果必将是一个更强大、更广泛、更高效的养老金制度。

最后，为了确保资产有效而正确的管理，要十分重视在扩大养老基金投资范围方面不断进步，注重在基金的监管方面更加有效。这些国家

第八章 未来可吸取的教训

拉美养老金改革：面临的平衡与挑战

在投资体制方面仍然悬而未决的一个方面是评估基金投资管理人业绩表现的形式问题。在这一方面，我们建议，一个最好的解决办法是开发出包括投资收益和投资风险在内的一套基准，并与养老金规模联系起来。只要提前设定一套基准，投资管理人的投资就会在这些参数的指导之下享有更大的余地，以期最大限度地减少"羊群效应"。

我们可以看出，对智利、哥伦比亚、墨西哥和秘鲁提出的建议大同小异，基本都与扩大投资范围有关。在智利，虽然选择基金早已成为一个事实，其选择的根据是不同基金的风险和收益，但是，养老金投资管理公司可供选择的投资选择仍需不断改进。因此，对智利提出的建议是境外投资的限制应该更灵活一些，尤其是境外的长期投资。需要改革的还包括最大限度地减少与退休时间相关的各种风险，这是基于对低风险基金进行投资的一个特殊考虑，因为基金的投资期限很可能与退休群体寿命预期变化的实际需要大相径庭。

在哥伦比亚，"多基金计划"早已实施，参保成员可根据其风险/收益偏好而自由选择不同的投资组合，这将使养老金投资管理人的投资更有效率，风险更小，不同类型基金的业绩更显著。虽然近来这项措施根据第1328号法律已经实施，但其执行力仍需加强。

在墨西哥，进一步改善养老金投资管理公司投资规则的一个办法是扩大其资产种类的投资范围，在具体建议中已提出一些新的投资工具，如同其他投资基金那样。此外，养老金投资管理公司还可投资于诸如私人资本、共同基金、基础设施和商品等这些特别基金。还有一项类似的建议，是将境外的投资比例提高20%，或中期内取消这个限制。

在秘鲁，养老金投资管理公司最初的最低要求是至少能带来正值的真实收益率。但是，市场波动的历史已清楚表明，永远获得正值收益是不可能的；于是，重新定义的概念表述是，养老金投资管理公司的养老资产投资必须是收益率的最大化，同时要确保安全性的最大化，以期在私人养老金制度框架下提供待遇给付。因此，秘鲁的养老金投资管理公司必须要有长期的投资策略、投资资产和投资工具的适当的多样化配置。秘鲁在这一领域的法规是正确的，养老金投资管理公司可以运用多样性的投资工具。目前，秘鲁的境外投资比例限制是30%，在未来，放宽境外投资的限制也许是个好主意。

我们已经意识到，无论在现有问题的分析上，还是在具体建议的制定上，仍有一些需要继续完成的任务。我们希望，这些想法将有助于加强和改善现行的养老金制度。

专有名词对照表

Administradora Colombiana de Pensiones, Colpensiones	哥伦比亚养老金管理局
Administradoras de Fondos de Pensiones, AFPs	养老基金管理公司
Afore	养老基金管理公司（墨西哥）
AFP Superintendency	养老基金管理公司监管局（智利）
Average Premium Regime, RPM	平均保费计划
Base Contribution Income, IBC	缴费收入基数（哥伦比亚）
Base Settlement Income, BSI	给付收入基数（哥伦比亚）
Basic Siefore, BS	基本型的养老基金投资公司基金（墨西哥）
Basic Siefore5, SB5	基本型的养老基金投资公司基金5（墨西哥）
Caja de Empleados Particulares, EMPART	私人部门雇员养老基金（智利）
Caja Nacional de Empleados Públicos y Periodistas, CANAEMPU	公共部门雇员和新闻工作者国家养老基金（智利）
Capital Appreciation Fund	资本增值基金
Capital Preservation Fund	资本保值基金
Care Program for Adults Aged 70 or Over	70岁及以上老年人照护计划（墨西哥）
Care Program for Elderly Adults in Rural Areas	农村老年人照护计划（墨西哥）

CELADE	拉丁美洲人口统计中心
Central Electricity and Energy Company, LFC	国家电力公司（墨西哥）
Child Bond	儿童债券
Chilean Inland Revenue Service	智利国内税收服务局
Colombian Financial Superintendency, SFC	哥伦比亚金融监管局
Colombian Social Security Institute, ICSS	哥伦比亚社会保障局
Complementary Bonds	补充债券
Comprehensive Household Survey, GEIH	综合性住户统计调查（哥伦比亚）
Comprehensive Payroll for the Settlement of Contributions, PILA	综合缴费结算表（哥伦比亚）
Consejo Nacional de Política Económica y Social, CONPES	哥伦比亚国家经济社会政策委员会
Defined Benefit, DB	待遇确定型，DB 型
Defined Contribution, DC	缴费确定型，DC 型
Dual System	双支柱制度
ECLAC	拉美经委会
Encuesta Continua de Hogares	连续住户统计调查
Encuesta Nacional de Hogares-ENAHO	全国住户统计调查
Equivalent Fee Indicator	同等收费指标（墨西哥）
Family Life-long Income	家庭终身收入
Federal Electricity Commission, CFE	联邦电力委员会（墨西哥）
Federal Law on Employment, LFT	《联邦雇佣法》（墨西哥）
Financial Consumer Service System, FCSS	金融消费服务体系（哥伦比亚）
First National Tax Convention	第一届全国税收会议（墨西哥）
Fiscal Credentials	财务资格证明
Fund for Compliance with Labor Obligations	遵守劳动义务基金（墨西哥）

Fundación para la Educación Superior y el Desarrollo, Fedesarrollo	高等教育与发展基金会（哥伦比亚）
General Law on Civil Pensions	《公务员养老金法通论》（墨西哥）
General Law on Health	《健康法通论》（墨西哥）
General Pension System, SGP	综合养老金制度（哥伦比亚）
Individual Capitalization Account, CIC	个人资本账户
Institute for Pension Normalization, INP	养老金标准化机构（智利）
institutional assets	制度性财富
IPSS	秘鲁社会保障局
ISSSTE	公务员社会保险和服务局（墨西哥）
ISSSTE Workers' Housing Fund, Fovissste	公务员社会保险和服务局劳动者住房基金（墨西哥）
Kiwisaver	几维储蓄
Labor and Equity Council, LEC	劳动和公平委员会（智利）
Law on Retirement Savings Systems, LSAR	《退休储蓄制度法》（墨西哥）
Law on the Institute for Civil Servant Social Security and Services, ISSSTE Law	《公务员社会保险和服务局法》（墨西哥）
Learning by Doing	边干边学
Legal Minimum Wage, SMLV	法定最低工资（哥伦比亚）
Mexican Pension Fund Administrators' Association, Amafore	墨西哥养老基金管理公司协会
Mexican Social Security Institute, IMSS	墨西哥社会保障局
Mexican Stock Exchange	墨西哥股票交易所
Minimum Legal Daily Wage, SMLD	法定最低日工资（哥伦比亚）
Minimum Pension Guaranty Fund, MPGF	最低养老保障基金（哥伦比亚）
Ministry of Finance and Public Credit	哥伦比亚政府信用和财政部

Ministry of Labor and Social Security	劳动和社会保障部（智利）
Ministry of Social Protection	社会保障部（哥伦比亚）
Mixed fund	混合基金
Multi-fund Plans	多基金计划
National Administrative Department of Statistics, DANE	哥伦比亚国家统计局
National Commission for the Retirement Savings System, Consar	退休储蓄制度国民委员会（墨西哥）
National Employment Savings Trust, NEST	国民就业储蓄信托
National Guaranty Fund, FOGAFIN	国家保障基金（哥伦比亚）
National Housing Fund for Workers, Infonavit	劳动者国民住房基金（墨西哥）
National Occupation and Employment Survey, ENOE	全国职业和就业调查（墨西哥）
National Pension Office, ONP	国民养老金局（秘鲁）
National Pension System, SNP	国民养老金制度
National Social Protection Fund, CAJANAL	哥伦比亚全国社会保障基金
National Workers' Housing Fund Institute	劳动者国民住房基金局（墨西哥）
Office of Pension Bonds, OBP	养老金债券局（哥伦比亚）
Office of Pension Standardization, ONP	养老金标准化办公室（秘鲁）
One-time Shocks	单次冲击
Opportunities to Combat Poverty Program	反贫困计划（墨西哥）
Ownership of Retirement Contributions	退休缴费主权
PCPR	养老金改革总统委员会（哥伦比亚）
PEN	新索尔（秘鲁货币）
Pension Insurance for Disability and Survival, SIS	残障和遗属待遇保险（哥伦比亚）

Pension Reform Options Simulation-Toolkit, PROST	养老金改革选项模拟数据包
Pension Superintendency	养老金监管局（智利）
Pensiones Asistenciales, PASIS	救助养老金（智利）
PensiónIssste	国家公务员养老基金（墨西哥）
Periodic Economic Benefits, BEPs	周期性经济福利
PILA	综合缴费结算表（哥伦比亚）
Popular Insurance scheme	普通保险计划（墨西哥）
Presidential Advisory Council for Pension Reform	养老金改革总统顾问委员会（智利）
Private Pension System, SPP	私人养老金制度（秘鲁）
Professional Risks Fund, PRF	职业风险基金（哥伦比亚）
Programmed Retirement Pension	计划退休金
Recognition Bond	认可债券
Reference Pension	参考养老金
Régimen de Ahorro Individual con Solidaridad, RAIS	哥伦比亚个人储蓄账户制度
Risk Rating Commission	风险评级委员会（智利）
Secretariat for Health and Assistance	健康援助秘书处（墨西哥）
Secretariat for Public Education	公共教育秘书处（墨西哥）
Secretariat of Health	健康秘书处（墨西哥）
Siefores	养老基金投资公司（墨西哥）
Sistema de Ahorro para el Retiro, SAR	退休储蓄制度（墨西哥）
Sistema de Selección de Beneficiarios Para Programas Sociales, Sisbén	社会项目潜在受益人识别系统（哥伦比亚）
SMGVDF	联邦地区最低工资（墨西哥）
SMGVDF	联邦地区最低工资（墨西哥）
Social Benefit	社会津贴
Social Contribution	社会缴费
Social Insurance Law	《社会保险法》（墨西哥）
Social Quota	社会配额
Social Security Institute for the Mexican Armed Forces, ISSFAM	墨西哥军人社会保障局（墨西哥）

Social Security Institute, ISS	社会保障局（哥伦比亚）
Social Security Law	《社会保障法》（墨西哥）
Social Security Service, SSS	社会保障制度（智利）
Socially Sustainable	社会可持续性
Socioeconomic Characterization, CAS	社会经济特征（智利）
Solidarity Pension Fund, SPF	团结养老基金
Solidarity Pillar	团结支柱
Subcuenta de Solidaridad; Solidarity sub account	团结子账户
Subcuenta de Subsistencia; Subsistance sub account	最低生活需要子账户
Sujtperintendency of Banking and Insurance	银行及保险监管局（秘鲁）
Supreme Court of Justice of the Nation, SCJN	国家最高法院（墨西哥）
System of Consultations and Offers of Pensions, SCOMP	养老金咨询和供应系统（智利）
Technical Investment Council, CTI	技术投资委员会（智利）
Temporary Income With Deferred Life-long Income	递延终身收入的临时收入
Tequila crisis	龙舌兰酒危机（墨西哥）
Voluntary Pension Saving, APV	自愿性储蓄养老金（智利）

参考文献

Acosta, O. (2005). Cómo financiar los programas del primer pilar? Protección del riesgo de vejez en Colombia. Borradores de Investigación, (79), Series of Documents, Universidad del Rosario, Facultad de Economía.

Acosta, O., & Ayala, U. (2001). Reformas pensionales y costos fiscales en Colombia, Serie Financiamiento del Desarrollo (116), ECLAC.

Acosta, O., & Ayala, U. (2002). Políticas para promover una ampliación de la cobertura del sistema de pensiones en Colombia, Serie Financiamiento del Desarrollo, (118), ECLAC.

Acosta, O., & Gamboa, F. (2005). Una aproximación de financiamiento de un sistema de protección social en Colombia. Research papers, (69), Universidad del Rosario.

Acosta, O., Pombo, C., & Guerra, J. (2004). Los jóvenes y el sistema pensional colombiano: inequidad intergeneracional. Programa presidencial Colombia Joven, CIJUS, Facultad de Derecho, Universidad de los Andes.

AIOS. AIOS (International Association of Pension Fund Supervision Bodies) Boletín Estadístico, No. 21-June 2009.

Albo, A., F. González, O. Hernández, C. Herrera and A. Muñoz (2007): Toward the strengthening of the pension systems in Mexico: Vision and reform proposals. BBVA. Mexico DF.

Albo, A., González, F., Hernández, O., Herrera, C., & Muñoz, A. (2007). Towards sounder pension systems in Mexico: a vision and proposals for reform BBVA Bancomer.

Alonso Javier, Bjeletic Jasmina, Herrera Carlos and Tuesta David (2010). "Return Simulations in the Private Pensions Industry in Peru". Working Paper 1019 BBVA Research.

ANIF (April 21, 2008). La reforma financiera, las AFP y la informalidad laboral. Informe Semanal, (925).

ANIF (June 25, 2007). Los fondos de pensiones y la financiación de la infraestructura. Informe Semanal, (886).

ANIF (September 17, 2007). Gestión y regulación de las administradoras de pensiones (AFP). Informe Semanal, (898).

Antolín, P. (2008). Pension fund performance. OECD Working Paper on Insurance and Private Pensions, (20), OECD Publishing, OECD. doi: 10. 1787/240401404057

Arango, L. , & Melo, L. (2006). Determinantes de la elección de administradoras de pensiones: primeras estimaciones a partir de agregados. Borradores de Economía, (383), Banco de la República.

Arango, L. , & Posada, C. (2002). La participación laboral en Colombia. Borradores de Economía, (217), Banco de la República.

Arango, L. , Charry, A. , & Posada, C. (2003). La participación laboral en Colombia según la nueva encuesta:¿ cambian sus determinantes? Borradores de Economía, (250), Banco de la República.

Arango, L. , García, A. , & Posada, C. (2006). La metodología de la EncuestaContinua de Hogares y el empalme de las series del mercado laboral urbano en Colombia. Borradores de Economía, (410), Banco de la República.

Arenas de Mesa, A. , Behrman, J. , & Bravo, D. (2004). Characteristics of and determinants of the density of contributions in private social security system. Michigan Retirement Research Center Working Paper, (077).

Arenas de Mesa, Alberto (2000). "Cobertura Previsional en Chile: Lecciones y Desafíos del Sistema de Pensiones Administrado por el Sector Privado" Financiamiento del Desarrollo series. ECLAC.

Arenas, A. and P. Gana (2005): "Proyecciones del gasto fiscal previsional en Chile, Bonos de reconocimiento 2005—2038", Estudios de Finanzas Públicas, n. 6, Budget Office.

Arenas, A. , D. Bravo, J. R. Behrman, O. S. Mitchelland P. E. Todd (2006): "The Chilean pension reform turns 25: lessons from the Social Protection Survey", NBER Working Paper 12401.

Arenas, A. , P. Benavides, L. González and J. L. Castillo (2008): "La reforma provisional chilena: Proyecciones fiscales 2009—2025", Estudios de Finanzas Públicas, Budget Office.

Arias, O. Fajnzylber, P. Malony, Mason, A. W. Perry, G. &

Saavedra-Channduvi, J. (2007). Informality exit and exclusion Latin American and Caribbean studies, World Bank. Arrau, P. (1991). La reforma previsional chilena y su financiamiento durante la transición. Colección Estudios CIEPLAN, (32).

Asofondos (February 15, 2001). Las inversiones de los Fondos de Pensiones. Boletín, (002), at: http://www.asofondos.org.co/VBeContent/Library/documents/Doc-NewsNo10DocumentNo34.pdf

Asofondos (August 13, 2001). Garantía de Pensión Mínima. Boletín, (14), at: http://www.asofondos.org.co/VBeContent/Library/documents/Doc-NewsNo10DocumentNo23.pdf

Asofondos (February 18, 2002). El fondo de Solidaridad pensional: Una reforma necesaria. Boletín, (002), at: http://www.asofondos.org.co/VBeContent/Library/documents/DocNewsNo10DocumentNo15.pdf

Ayala, U. (1992). Introducción a la seguridad social y a los seguros sociales. In Arévalo, D., Arévalo, E., Rodriguez, O., & Ulpiano, A. Estructura y crisis de la seguridad social en Colombia: 1946—1992 (pp. 15-69). Bogotá, Centro de Investigaciones para el Desarrollo-Universidad Nacional de Colombia.

Ayala, U. (2002). La regulación de los fondos de pensiones en América Latina: reseña y lecciones de la experiencia. Obra escogida Ulpiano Ayala Oramas, Cuarta parte, FEDESARROLLO.

Ayala, U. (2002). Observaciones sobre la propuesta gubernamental de reforma pensional. Obra escogida Ulpiano Ayala Oramas, Cuarta parte, FEDESARROLLO.

Bailliu, J., & Helmut, R. (1997). Do Funded Pensions Contribute to Higher Aggregate Savings?: A Cross-Country Analysis. Working Papers (130), OECD Development Centre.

Barco Daniel and Iberico, Jorge (2010) "Pensiones en nuevos soles: ampliando las alternativas de los pensionistas". Revista Moneda. Banco Central de Reserva del Perú (BCRP) 2010

Barr, N. (2000): "Reforming pensions: myths, truths and policy choices", IMF Working Paper WP/00/139.

Barr, N. and P. Diamond (2006): "The economics of pensions", Oxford Review of Economic Policy, vol. 22, n. 1, pp. 15-39.

Bennet, H. and K. Schmidt-Hebbel (2001): "Déficit previsional del sector public y garantía de pensión mínima", Economía Chilena, vol. 4, n. 3, pp. 87-95

Bernal, N., A. Muñoz, H. Perea, J. Tejada and D. Tuesta (2008): A look at the Peruvian pension system: Diagnosis and proposals. BBVA. Lima.

Bernal, Noelia, ángel Muñoz, Johanna Tejada, Hugo Perea and David Tuesta (2008) Una mirada al Sistema Peruano de Pensiones-Diagnóstico y propuestas (2008). Editorial Norma.

Bernal, R. (2008). The informal labor market in Colombia: identification and characterization. Working Paper. Universidad de los Andes, Departamento de Economía, Bogotá.

Bernstein, Solange; Larraín, Guillermo; Pino, Francisco (2005). "Cobertura, densidad y pensiones en Chile: Proyecciones a 20 años plazo". Documentos de Trabajo de la Superintendencia de Pensiones de Chile.

Berstein, S. and R. Chumacero (2005): "Cuantificación de los costos de los límites de inversión para los fondos de pensiones chilenos", Documento de Trabajo, n. 3, Superintendencia de Administradoras de Fondos de Pensiones.

Bertranou, (2004) "The impact of tax-financed pensions on poverty reduction in Latin America: Evidence from Argentina, Brazil, Chile, Costa Rica and Uruguay" (co-authors W. van Ginneken and C. Solorio), International Social Security Review, 57 (4), pp. 3-18.

Beyer, Harald; Valdés Prieto, Salvador (2004). "Propuestas para aumentar la densidad de cotizaciones" Centro de Estudios Públicos.

Bolsa Mexicana de Valores, BMV (2009), "Reforma al Reglamento Interior de la BMV", August 10.

Bustamante, J. (2006). Factores que inciden en la cobertura del sistema de pensiones en Colombia. Archivos de Economía, (312), DNP.

Cámara de Diputados del H. Congreso de la Unión, "Ley del Seguro Social" Current text with the latest reform published in the Diario Oficial de la Federación July 9, 2009.

Cárdenas, M. (2008). Reflexiones sobre la informalidad y seguridad social. Presentation at the BBVA Forum on the Future of Pensions, Bogotá, at http://serviciodeestudios.bbva.com

Cárdenas, M., & Mejía, C. (2007). Informalidad en Colombia: Nueva evidencia. Working paper, (35), Fedesarrollo, Bogotá.

Cárdenas, M., & Rozo, S. (2007). La informalidad empresarial y sus consecuencias: son las CAE una solución? Working paper, (38), Fedesarrollo, Bogotá.

CELADE. (2005). América Latina: Proyecciones de Población Urbana y Rural. 1970—2025. Boletín Demográfico (76).

Chacaltana Juan, Gallardo José and García Norberto (2002). "Los obstáculos a la expansión del sistema de pensiones en Políticas de empleo en Perú". Consorcio de investigación económica y social. CIES.

Clavijo, S. (2002). Monto del 'impuesto puro' en la seguridad social colombiana. Borradores de Economía, (219), Banco de la República.

Clavijo, S. (2003). Las reformas pensionales de 1993 y 2002 en Colombia: aspectos fiscales y laborales. Banco de la República.

Clavijo, S. (2004). Impacto económico de algunas sentencias de la corte: El caso de la Mesada Pensional 14 y de las Regulaciones en Vivienda. Banco de la República.

Clavijo, S., & Lozano, L. I. (2001). Generación de Empleo y Parafiscalidad: Soluciones Estructurales en Tiempos de Crisis. Borradores de Economía, (189), Banco de la República.

Colina, J., Ronconi, L., & Tomáis, M. (2002). Problemas para la expansión del grado de cobertura en el sistema reformado de pensiones Argentino: Centro de Estudios para el Desarrollo Institucional (CEDI).

Comisión de Racionalización del Gasto y la Finanzas Públicas (1997). Informe Final, Tercer Tomo, Ministerio de Hacienda y Crédito Público.

Comisión Nacional del Sistema de Ahorro para el Retiro (Consar) (2005), "Trabajador independiente…! Tú eres la pieza que faltaba!: Apertura del SAR a todos los mexicanos". Presentation. August.

Comisión Nacional del Sistema de Ahorro para el Retiro (Consar). Circulars published in the "Diario Oficial de la Federación" (various numbers), available at http://www.Consar.gob.mx/Consar.shtml

Comisión Nacional del Sistema de Ahorro para el Retiro (Consar), "Familia de materials informativos del SAR" available at http://www.Consar. gob. mx/Consar. shtml

Comparativo de leyes del Instituto Mexicano del Seguro Social 1973 y 1997", available at http://www. imss. gob. mx/IMSS/IMSS/IMSS_REG/Comparativo + de + Leyes. htm

Confis (August 23, 2005). Impacto Fiscal del Acto Legislativo. Boletín de coyuntura fiscal, (1), Ministerio de Hacienda y Crédito Público.

Confis (October 27, 2004). Sistema Pensional Colombiano. Boletín de coyuntura fiscal, (6), Ministerio de Hacienda y Crédito Público.

Conpes Social (May 14, 2007). Fondo de solidaridad pensional: ampliación de cobertura y ajustes en los requisitos y operación. (105), DNP.

Consejo Asesor Presidencial para la Reforma Previsional (2006): El derecho a una vida digna en la vejez. Hacia un contrato social con la previsión en Chile. Santiago de Chile.

Consejo Asesor Presidencial Trabajo y Equidad (2008). "Hacia un Chile más Justo: Trabajo, Salario, Competitividad y Equidad Social" Informe Final.

Corbo, V., & Klauss, S. (2003). Efectos macroeconómicos de la reforma de pensiones en Chile. Study prepared by the Asociación Industrial de Fondos de Pensiones, Santiago de Chile.

Corbo, Vittorio; Schmidt-Hebbel, Klaus (2005). "Efectos Macroeconómicos de la Reforma de Pensiones en Chile" in Resultados y Desafíos de las Reformas a las Pensiones. FIAP.

Cuevas, A., M. González, D. Lombardo and A. López-Marmolejo (2008): "Pension privatization and country risk", IMF Working Paper 08/195.

Davis, E. P. & Hu, Yu-Wei (2008). Does funding of pensions stimulate economic growth. Journal of Pension Economics and Finance, 7, (2), pp. 221-249

De la Cruz, J. & Stephanou, C. (2006). Financial system structure in Colombia: a proposal for a reform agenda Policy. Research Working Paper, (4006), World Bank.

De Soto, H. (1989). The Other Path. Publisher: Harper & Row, New York. Decree Law No. 3500 Peru.

Delgado, C. (2005). Educación y pensiones en Colombia: una perspectiva intergeneracional. Archivos de Economía, (282), DNP.

Delgado, O., & Cárdenas, M (1993). La política social en Colombia: los casos de salud y pensiones. Working Paper. FESCOL. Bogotá.

Departamento de Economía and Ministerio del Trabajo y Previsión Social (2004): Análisis y principales resultados. Primera Encuesta de Protección Social, 2002. Santiago de Chile

Departamento Nacional de Planeación (2005). Visión Colombia II Centenario: 2019 Propuesta para discusión.

Djankov, S., La Porta, R., Shleifer, A., Botero, J., & De Salinas, F. (2004). The regulation of labor. NBER Working Paper, (9756).

Echeverry, J., Escobar A., Santamaría, M. (2002). Tendencias, ciclos y distribución del ingreso en Colombia: una crítica al concepto de modelo de desarrollo. Archivos de Economía, (186), DNP.

Echeverry, J., Escobar, A., Merchán, C., Piraquive, G., & Santa María, M. (2001). Elementos para el debate de una nueva reforma pensional. Archivos de Economía, (156), DNP.

Edwards, S. (2005). Reforma Laboral y Empleo en Latinoamérica. Estudios Públicos, (98), University of Chicago. Fall.

Fainboim, I., & Rodríguez, C. (2004). Inversión en infraestructura en Colombia: comportamiento, evaluación, presupuestación y contabilización. Document Report, (32089), Finance, Private Sector and Infrastructure Unit, Latin America and the Caribbean, World Bank, at: http://www-wds.worldbank.org/external/default/WDSContentServer/WDSP/IB/2005/07/12/000011823_20050712150604/Rendered/PDF/320890CO0REDI01tura01bkgd0to0303791.pdf

Faulkner-MacDonagh, C. (2005): "Addressing the long-run shortfalls of the Chilean pension system". In Chile: Selected Issues. IMF Country Report n. 05/316.

Favre, M., A. Melguizo, A. Muñoz and J. Vial (2006): A 25 años de la reforma del Sistema Previsional Chileno. Evaluación y propuestas de ajuste. BBVA Provida SA. Santiago de Chile.

Fecol (1992). La política social en Colombia: los casos de salud y pensiones. Working papers. Fedesarrollo. El sistema pensional en Colombia: retos y alternativas para aumentar la cobertura. (2010).

Feldstein, M. (1995). Would privatized social security raise economic welfare? NBER Working Paper, (5281).

Fisher, K. (1998). A discrete martingale model of pension fund guarantees in Colombia: Pricing and markets effects. Working Paper, 1998 (02), CRéFA, Université Laval, Québec, Canada.

Flórez, C. (2000). Las transformaciones sociodemográficas en Colombia durante el siglo XX. Publisher: Tercer Mundo Editores and Banco de la República.

Foxley, Alejandro; Aninat, Eduardo; Arellano, José Pablo (1980). "Las Desigualdades Económicas y la Acción Del Estado". Fondo de Cultura Económica. Mexico.

Garay, L., & Rodríguez, A. (2005). La Emigración Internacional enColombia: Una Visión Panorámica a partir de la Recepción de Remesas. Ministerio de Relaciones Exteriores de Colombia and Organización Internacional para las Migraciones, Bogotá.

Gaviria, A. (2004). Ley 789 de 2002: Funcionó o no? Documento CEDE, (45), Universidad de los Andes.

Gill, I., T. Packard and J. Yermo (2005): Keeping the promise of Social Security in Latin America. Stanford University Press and World Bank. Washington.

Gómez, C., Jara, D., & Murcia, A. (2006). Impacto de las operaciones de los fondos de pensiones obligatorias en los mercados financieros colombianos. Borradores de Economía, (406), Banco de la República.

Grandolini, Gloria, and Luis Cerda (1998), "The 1997 Pension Reform in Mexico", World Bank Policy Research Working Paper, no. 1933, June.

Gruber, J. (1997), "The incidence of payroll taxation: evidence from Chile", Journal of Labor Economics, Vol. 15, no. 3, July, pp. S72-101.

Grupo de Estudios del Crecimiento Económico. (2004). El crecimiento economic colombiano en el siglo XX. Publisher: Fondo de cultura económica, Banco de la República, Bogotá.

Herrera, Carlos A. (2004), "Fortalecimiento de las pensiones del ISSSTE", BBVA Bancomer, Propuestas Series, No. 31, March.

Hinz, Richard, Heinz P. Rudolph, Pablo Antolín and Juan Yermo (2010) "Evaluating the financial performance of pension funds", World Bank.

Holzmann, R. & Hinz, R. (2005). Old age income support in the 21st century: an international Perspective on Pension System and Reform. World Bank, Washington DC.

Iglesias, A. (2007). Efectos de la reforma al sistema de pensiones en el Mercado laboral. Presentación de Prima América Consultores.

Iglesias, A. (2009): "Pension reform in Chile revisited: what has been learned?", OECD Social, Employment and Migration Working Papers n. 86.

IMSS "Comparativo de leyes del Instituto Mexicano del Seguro Social 1973 y 1997", at http://www.imss.gob.mx/IMSS/IMSS/IMSS_REG/Comparativo+de+Leyes.htm

Instituto de Seguridad y Servicios Sociales de los Trabajadores del Estado (ISSSTE), "Reforma Integral del ISSSTE" available at http://www.issste.gob.mx/reforma/home.html

Instituto Mexicano del Seguro Social (IMSS), "IMSS. 60 años", available at http://www.imss.gob.mx/IMSS/IMSS_SITIOS/CS/CS_PUB/CS_PUBLIB/CS_PUBLIB_60A_001_2003_12.htm

Inter-American Development Bank (2004). Good Jobs Wanted: Labor Markets in Latin America Economic and Social Progress Report, Washington DC.

ISSSTE "Historia del ISSSTE" available at http://www.issste.gob.mx/issste/Jara, D. (2006). Modelo de la regulación de las AFP en Colombia y su impacto en el portafolio de los fondos pensionales. Borradores de Economía, (416), Banco de la República.

Jara, D. (2006). Propuestas dirigidas a mejorar la eficiencia de los fondos de pensiones. Borradores de Economía, (423), Banco de la República.

Jara, D., Gómez, C., & Pardo, A. (2005). Análisis de eficiencia de los portafolios pensionales en Colombia. Ensayos sobre Política

Económica, (49), Banco de la República.

Law No. 15386 Peru.

Law No. 20255 Peru.

Leibovich, J., Nigrinis, M., & Ramos, M. (2006). Caracterización del mercado laboral rural en Colombia. Borradores de Economía, (408), Banco de la República.

Leon, C., & Laserna, J. M. (2008). Asignación Estratégica de Activos para Fondos de Pensiones Obligatorias en Colombia: Un Enfoque Alternativo. Borradores de Economía, (523), Banco de la República.

Ley de los Sistemas de Ahorro para el Retiro", current text with the latest reform published in the Diario Oficial de la Federación January 21, 2009.

Li Carmen and Olivera Javier (2005) "Participation in the Peruvian reformed pension system". Economics Discussion Papers 592. University of Essex.

Lindbeck, A. and M. Persson (2003): "The gains from pension reform", Journal of Economic Literature, vol. XLI, n. 1, pp. 74-112.

Loayza, N. (1997). The economics of the informal sector: a simple model and some empirical evidence from Latin America. Policy Research Working Paper, (1727), World Bank.

Loayza, N., & Rigogolini, J. (2006). Informality trends and cycles Policy. Research-Working Paper, (4078), World Bank.

Loayza, N., Schmidt-Hebbel, K., & Servén, L. (2001). Una revisión del comportamiento de los determinantes del ahorro en el mundo. Working papers, (95), Banco Central de Chile.

Lopez, P., & Musalem, A. (2004). Pension funds and national saving. World Bank Policy Research paper, (3410).

Lorente, L. (2002). Entorno macroeconómico y crecimiento en Colombia. Ensayos sobre Colombia y América Latina, Libro en memoria de Nicolás Botero, BBVA Economic Research Department.

Lucchetti, Leonardo; Rofman, Rafael (2006). "Sistemasde Pensiones en AméricaLatina: Conceptos y Mediciones de Cobertura". Discussion Paper No. 0616, World Bank.

Mangiero, S. (2004). Risk management for pensions, endowments and foundations. Publisher: Willey Finance, New Jersey.

Martínez, J., Osorio, J. & Rodriguez, T. (2005). El modelo DNPensión 4. 0. Archivos de Economía, (285), DNP.

McCarthy, D. & Neuberger, A. (2003). Pensions policy: evidence on aspects of savings behaviour and capital markets. Centre for Comparative European Policy Evaluation, London.

MEF-Ministry of Economy and Finance (2004) "Los sistemas de Pensiones en Perú".

MEF-SBS-ONP (2007). "Informe Final de la Comisión Técnica: Plan de Mejoras al Sistema Nacional de Pensiones y al Sistema Privado de Administración de Fondos de Pensiones que permitan asegurar su coexistencia en el mediano y largo plazo y Propuesta de nueva política de Inversiones del Fondo Consolidado de Reservas Provisionales."

Meixueiro, Gustavo (2005), "El salario mínimo en México", H. Congreso de la Unión, Centro de Estudios Sociales y de Opinión Pública, bulletin no. 7.

Melguizo, A. and J. Vial (2009): "Moving from pay as you go to privately managed individual pension accounts: What have we learned after 25 years of the Chilean reform?", Pensions: An International Journal, vol. 14, n. 1, pp. 14-27.

Melguizo, ángel; Muñoz, ángel; Tuesta, David; Vial, Joaquín (2009). "Reforma de las pensiones y politica fiscal: algunas lecciones de Chile". BBVA Research.

Melo, L., Zárate, H., & Telléz, J. (2006). El ahorro de los hogares en Colombia. Borradores de Economía, (428), Banco de la República.

Merchán, C. (2002). Cuales son los colombianos con pensiones privilegiadas? Archivos de Economía, (182). DNP

Merchán, C. (2002). Pensiones: conceptos y esquemas de financiación. Archivos de Economía, (177), DNP.

Mesa-Lago, C (2004). "Evaluación de un cuarto de siglo de reformas estructurales de pensiones en América Latina". CEPAL journal, #84.

Mesa-Lago, C. (2004): "Evaluación de un cuarto de siglo de reformas estructurales de pensiones en América Latina". Revista de la CEPAL, n. 84, pp. 59-82.

Mesa-Lago, C. (2008). Informal Employment and Pension and Healthcare Coverage by Social Insurance in Latin America. IDS Bulletin, 39, (2).

Mesa-Lago, C. (2008). Informal Employment and Pension and Healthcare Coverage by Social Insurance in Latin America. IDS Bulletin, 39, (2), pp. 79-86.

Mesa-Lago, Carmelo (1985). "El desarrollo de la seguridad social en América Latina". Studies and reports from ECLAC 43. Chapter VI, Peru. Santiago de Chile: ECLAC. 1985.

Modigliani, F. (1966). The life cycle hypothesis of saving, the demand for wealth and the supply of capital. Social Research, 33, pp. 160-217.

Modigliani, F. and Muralidhar, A. (2004). Rethinking Pension Reform. Cambridge. Morón, E. & Carranza, E. (2004). Reforma del Sistema de Pensiones: Efectos de la Reforma del Sistema de Pensiones sobre el Ahorro y la Producción. Cátedra Mario Mazzoleni Villa, Banco de Crédito del Perú, Universidad del Pacífico, Lima.

Münchener Rück, Munich Re Group (2006). Covering just simple risks? Residual markets and uninsured risks in workers' compensation systems. Discussion paper, (3), Centre of Competence For Workers' Compensation.

Munell, A. Kahill, K. & Jivan, N. (2003). How Has the Shift to 401 (k) s Affected the Retirement Age?. Issue in Brief, (13), Center for Retirement Research at Boston School.

Muñoz, A., C. Romero, J. Téllez and D. Tuesta (2009): Un paso adelante en la consolidación del sistema de pensiones colombiano. BBVA. Bogotá.

Muñoz, A., Romero, C., Tellez, J., & Tuesta, D. (2009). Confianza en el Futuro: Propuestas para un Mejor Sistema de Pensiones BBVA Colombia, Publisher: Norma

Muralidhar, A. (2001). Innovations in Pensions Fund Management. Publisher: Stanford University Press.

Nuñez, J. (2002). Empleo informal y evasión fiscal en Colombia. Archivos de Economía, (210), DNP.

OECD (2007): Pensions at a glance. Public policies across OECD countries. Paris. Oeppen, Jim; Vaupel, James (2002). "Broken Limits to Life Expectancy". Science No. 296.

Orszag, P. & Stiglitz, J. (1999). Rethinking social security: ten myths about social security systems. En New Ideas About Old Age Security, World Bank, Washington DC.

Orszag, P. R. and J. E. Stiglitz (2001): "Rethinking pension reform: ten myths about Social Security systems", in R. Holzmann and J. E. Stiglitz (eds.) New ideas about old age security. The World Bank. Washington D. C.

Packard, T. (2001). Is there a positive incentive effect from privatizing social security? Evidence from pension reforms in Latin America. Policy Research Working Paper, (2719), World Bank, Washington DC.

Pagés, Carmen (2010) "La era de la productividad: Cómo transformar las economías desde sus cimientos" Inter-American Development Bank, 2010

Parra, J. (2001). DNPensión: Un modelos de simulación para estimar el costo fiscal del sistema pensional colombiano. Archivos de Economía, (150), DNP.

Perea, H. (2005). Legislación laboral: definiendo objetivos. En Situación Perú -BBVA Banco Continental, Tercer Trimestre, Lima.

Pombo, C. & Valencia, O. (March 2007). Tributaciónóptima en un sistema PAYGO. Archivos de Economía, (329), DNP.

Pugh, C. (2006). Funding rules and actuarial methods OECD Working Papers on Insurance and Private Pensions. OECD Publishing, (1), doi: 10. 1787/274307371724

Reveiz, A. & León, C. (2008). Administración de fondos de pensiones y multifondos en Colombia. Borradores de Economía, (506), Banco de la República.

Reveiz, A. León, C. Laserna, J. & Martínez, I. (2008). Recomendaciones para la modificación del régimen de pensiones obligatorias en Colombia. Borradores de Economía, (507), Banco de la República.

Rodríguez, O. (1992). Los avatares de los seguros económicos y la centralización del ahorro. En Arévalo, D., Arévalo, E., Rodriguez, O.,

& Ulpiano, A. Estructura y crisis de la seguridad social en Colombia: 1946—1992, pp. 129-169. Bogotá: Centro de Investigaciones para el Desarrollo-Universidad Nacional de Colombia.

Rofman, R, Lucchetti, L. & Ourens, G. (2008) Pension systems in Latin America: concepts and measurements of coverage. Working Paper, (38170), World Bank.

Rofman, R., E. Fajnzylber ang G. Herrera (2009): Reforming the pension reforms: the recent iniciatives and actions on pensions in Argentina and Chile. Paper presented at the 11th Public Finance Workshop, Banca d'Italia.

Rofman, Rafael and Luccheti, Leonardo (2006) "Pension System in Latin America: Concepts and Measurement of Coverage". World Bank.

Roldos, J. (2004). Pension reform, investment restrictions and capital markets. IMF Policy Discussion Papers, (04), International Monetary Fund.

Rudolph, H. Cheikrouhou, H. Rocha, R. & Thorburn, C. (2007). Financial sector dimensions of Colombian pension system. Working Paper, (106), World Bank.

Sales Carlos, Fernando Solís and Alejandro Villagómez (1996), "Pension System Reform: The Mexican Case", National Bureau of Economic Research, Working Document, No. 5780, Cambridge, Massachussets, September.

Santiso, J. (2006): Latin America's political economy of the possible: Beyond good revolutionaries and free marketeers, MIT Press, Cambridge.
SBS. Superintendencia de Banca y Seguros At: http://www.sbs.gob.pe

Schmidt-Hebbel, K. (1995). La Reforma de Pensiones Colombiana: Efectos Fiscales y Macroeconómicos. Bolsa de Bogotá, Asofondos, Colombia.

Schmidt-Hebbel, K. (1998). Does pension reform really spur productivity, saving, and growth?. Working Paper, (33), Banco Central de Chile.

Silva, C. (2003). Garantía de Pensión Mínima en Colombia: El efecto de la volatilidad del retorno de la cuenta de ahorro individual. Documentos CEDE, (17), Universidad de los Andes.

Solís, Fernando (2000), "El sistema de pensiones en México: la agenda pendiente", Una agenda para las finanzas públicas de México, Centro de Economía Aplicada y de Políticas Públicas, ITAM, Mexico.

Solís, Fernando and F. Alejandro Villagómez (1999), "Las pensiones" en la seguridad social en México, Fondo de Cultura Económica, Serie Lecturas del Trimestre Económico, No. 88, Mexico, D. F.

Steiner, R., & Edwards, S. (2007). La revolución incompleta: las reformas de Gaviria. Publisher: Norma.

Superintendencia de Administradoras de Fondos de Pensiones (2003): The Chilean pension system. 4th edition. Santiago de Chile.

Superintendencia de Pensiones (2009). "Chile 2008: Una Reforma Previsional de Segunda Generación".

Superintendencia de Pensiones (2010). "El Sistema Chileno de Pensiones" Seventh Edition.

Taguas, D., & Vidal-Aragón, A. (2005). Hoja de ruta para la reforma de los sistemas provisionales. BBVA, Madrid.

Tapia, W and J. Yermo (2007). Implications of behavioral economics for mandatory individual account pension systems. OECD Working papers on insurance and private pensions, (11), doi: 10. 1787/103002825851.

Tapia, W. (2007). Private pension Systems across countries. Report prepared for the OECD-World Bank Project.

Tapia, W. (2008). Description of Private Pension Systems. OECD Working Papers on Insurance and Private Pensions, (22), doi: 10. 1787/237831300433.

Tejada, J (2007). Impacto fiscal de la convivencia de los sistemas de pensiones público y privado: la experiencia de tres países en América Latina en Observatorio de Pensiones. BBVA Economic Research Department, Second quarter.

Tokman, V (1992). The Informal Sector in Latin America: From Underground to Legal. Beyond Regulation: The Informal Economy in Latin America. PREALC, Lynne Rienner, Boulder, Colorado.

Valdés Prieto, S (2008). Proposal to reform the commission structure of Colombian pension fund management companies. Document prepared for the World Bank and the Ministry of Finance and Public Credit of Colombia.

Valdés Prieto, S. (2006). Alternativas para aumentar la competencia entre las AFP. Expansiva en Foco, (61).

Valdés Prieto, Salvador (2005). "Para Aumentar la Competencia entre las AFP". Estudios Públicos No. 98, Fall. Centro de Estudios Públicos.

Valdés, S. (2006): "Política fiscal y gasto en pensiones mínimas y asistenciales", Estudios Públicos, n. 103, pp. 44-110.

Vargas, C. (2002). Educación y crecimiento en Colombia: una comparación empírica. Facultad de Ciencias Económicas, Tesis Maestría en Ciencias Económicas, Universidad Nacional de Colombia.

Vargas, H. & Betancourt, R. (2006). Pension fund managers behavior in the foreign Exchange market. Borradores de Economía, (391), Banco de la República.

Verdera, Francisco (1997). "Seguridad Social y Pobreza en el Perú: una aproximación". Working Paper No. 84. Instituto de Estudios Peruanos.

Vial, J. (2008): "Efectos fiscales de la reforma previsional". In Sistemas de capitalización: su aporte a la solución del problema de las pensiones, pp. 187-2000. FIAP. Santiago de Chile.

Vidal-Aragón, A. & Taguas, D., (2005). Hoja de ruta para la reforma de los sistemas de previsión. Working paper, (01), BBVA Economic Research Department.

Walker, E. & Iglesias, A., (2007). Financial performance of pensions fund systems around the world: an exploratory study Final report for OECD and World Bank Project on Investment Performance of Privately Managed Pension Funds.

Walker, Eduardo (2009). "Riesgo y Pensiones" en Inversiones y Pensiones en los Sistemas de Capitalización. FIAP.

Whitehouse, E. (2006) Panorama de las pensiones. Sistemas de ingresos al retiro en 53 países. World Bank.

Whitehouse, Edward (2007), "Pensions Panorama: Retirement-Income Systems in 53 Countries", World Bank. Washington, D. C.

Whitehouse, Edward (2009) "Pensions, Purchasing-Power Risk, Inflation and Indexation", OECD Social, Employment and Migration Working Papers No. 77.

World Bank (1994) Averting the old age crisis. Policies to protect the old and to promote growth. The World Bank and Oxford University Press. Oxford.

World Bank (1995). The World of Work ina Global Economy. World Development Report, Washington DC.

World Bank (2008). Criterios para la Introducción de los Multifondos en Colombia. [Memo] Asistencia Técnica del Banco Mundial al Ministerio de Hacienda de Colombia. Yermo, J. (2003). Recent developments in occupational pension plan accounting. Working paper prepared for the OECD National Accounts Experts Meeting.

Zviniene, A. and T. G. Packard (2004): "A simulation of social security reforms in Latin America: what has been learned?" Working Paper 2004/01/01, Social Protection Team, World Bank.

Zviniene, A. & Packard, T. (2002). A Simulation of Social Security Reforms in Latin America: What Has Been Gained? World Bank, Poverty Reduction and Economic Management Network, Office of the Vice President and Head of Network, Washington, DC.

译者后记

呈现给大家的这本书是由"西班牙对外银行集团"(BBVA Group)组织撰写的关于拉丁美洲与加勒比地区(以下简称"拉美")养老金制度改革的专著。

"西班牙对外银行集团"(以下简称"BBVA 银行")是西班牙的一个全球性金融集团,总部设在马德里。据 2010 年年底的数据,BBVA 银行资产规模为 7 708.15 亿美元,利润为 60.66 亿美元;BBVA 银行的业务遍布欧洲、北美洲、南美洲和亚洲,分支机构 7 361 个,全球员工总计达 10.7 万人,客户多达 4 790 个。BBVA 银行始终被"标普"评级为 AA,就规模而言,在欧洲排名第 10,在欧元区居第 4 位。BBVA 银行业务的一大优势是其养老金业和保险业的资产的管理历史悠久,经验丰厚,尤其是对拉美地区养老金业资产的管理占世界领先地位,独具特色。

由于语言文化和 BBVA 银行的发展战略及其业务定位等方面的因素,BBVA 银行进入拉美地区养老金业和保险业市场较早,他们十分重视并大力开发拉美地区的养老金业,对其发挥的影响逐年提高,目前已成为拉美地区最大的养老基金管理机构之一。此外,在 BBVA 银行的业务分布结构中,拉美地区养老金业和保险业的业务具有重要的战略地位。数据可从一个侧面给出答案:在 2010 年拉美市场份额上,BBVA 银行大约占拉美地区客户的 17.35%,占该地区全部养老基金资产的 22.3%,税后利润占行业总额的 24.3%。

BBVA 银行的战略定位决定了其对拉美地区养老金制度现状、改革历史和基金运行等情况十分熟悉。实际上,BBVA 银行对拉美养老金制度具有较长的研究历史并拥有庞大的研究队伍,其研究部由 200 多位经济学家和分析师组成,除对美国、拉美和亚洲的宏观经济与动态跟踪很有特色以外,对拉美地区养老保险制度和养老基金投资运营体制相关领域的研究在欧洲也是摇摇领先。BBVA 银行的这个研究团队是全球金融机构中研究实力最为强大、最有影响力和最负盛名的团队,也是研究拉美养老金制度和养老基金投资管理的一个重镇;这个团队不仅掌握拉美养老金改革第一线的第一手资料,而且还形成了一套相对完整的研究体系。比如,他们每年发表的工作论文中,都有一些重点研究拉美国别养老金的长篇报告;再例如,很多 BBVA 银行的高管本身就是研究拉美养

译者后记
拉美养老金改革：面临的平衡与挑战

老金问题的资深专家，本书主编之一（也是第一章和第八章的作者）、研究部主任兼首席经济学家何塞·路易斯·埃斯克里瓦（José Luis Escrivá）于2011年12月被任命为该金融集团全球政府与跨国机构业务部总经理。

正是由于BBVA银行在拉美地区养老金业和保险业的资产管理和理论探索方面始终站在最前沿，我们这个研究养老金的团队——中国社会科学院世界社保研究中心，非常高兴地接受其委托，承担起这本刚刚由其编写和出版不久的《拉美养老金改革：面临的平衡与挑战》（*Pension Reforms in Latin America：Balance and Challenges Ahead*）的翻译工作。BBVA银行是中信银行的战略投资者，翻译工作得到中信银行的资助，同时也受到BBVA银行的部分资助；BBVA银行养老金与保险业务驻华代表胡玉玮先生在翻译过程中发挥了重要作用，给予了极大支持；中信银行的许戈先生在翻译过程中不厌其烦地给予了指导和支持。中国社会科学院世界社保研究中心副秘书长齐传钧博士花费了大量时间和精力对全文各章做了仔细校对和认真审稿，对保证和提升译文质量发挥了至关重要的作用。在这里，我代表中心，对所有作出贡献的同仁和机构表示感谢。当然，我们还要感谢人力资源和社会保障部基金监督司的领导和中信银行的领导为本书撰写了内容丰富的序言，这两篇序言毫无疑问提升了这部译著的可读性和影响力。

2011年，智利1980年11月4日颁布的、著名的"3500号律令"《基于个人资本化的社会养老制度》正式实施30周年。这部著名的"3500号律令"奠定了智利养老金改革的法律依据。

30年来，智利养老金改革的历史意义和深层含义始终让人们不断品味，所以，2011年是一个值得业界回顾、总结和关注的日子：

• 智利1981年改革是一个重要样板：它引领了拉美地区十几个国家的养老金体制从此走向改革之路。

• 智利1981年改革是世界社会保障制度历史上的一个里程碑：它创立了一个崭新的制度即DC型积累制。

• 智利1981年改革是养老金理论和社会保障研究中的一次革命：它引入了一整套前所未有的分析框架和研究范式，甚至改变了大学课堂里的教科书。

30年过去了，以"智利模式"为代表的拉美养老金模式改革风靡全球，影响了一代人和一代社会保障制度的改革进程，并且，这一影响还在继续扩大，其广度和深度令人意想不到：

- 个人账户的因素已经并正在渗透到几十个国家的失业保险制度之中,个人账户的引入已大量出现在发达国家和新兴经济体的养老金之中。
- 从国民的储蓄观念到消费行为习惯,从金融监管体制到金融市场的变革等,都可看到拉美养老金改革模式的影子。
- 尤其是在希腊主权信用几近破产和欧债危机肆虐的今天,当我们阅读这本关于拉美养老金体制改革的专著时,当看到书中对智利、墨西哥、哥伦比亚和秘鲁等典型案例国家的改革评论时,当看到书中对拉美国家养老金仍做不懈地改革努力时,更加感到拉美养老金改革模式中的某些内涵发人深省——尽管拉美养老金模式还有种种不尽如人意之处——那就是"缴费与权益的对等原则"。

中国社会科学院世界社保研究中心是非实体研究中心,译介国外社会保障研究的优秀著述、引介不同社会保障制度模式的经验教训、追踪国际社会保障改革最新动态、传播先进的社会保障理念与价值体系、探索符合中国国情的社会保障制度道路、建立适应大国崛起的社会保障制度体系,是这个团队的不懈追求,同时,也是贯彻落实中国社会科学院关于"三个定位"(坚强的马克思主义阵地,哲学社会科学的最高殿堂,党中央、国务院的思想库和智囊团)的具体表现。其中,在译介系列里,这本书只是一个开端。

本书的翻译分工如下:
第一章　房连泉
第二章　齐传钧
第三章　张彦丽
第四章　赵秀斋
第五章　张占力
第六章　李焕哲
第七章　孙永勇
第八章　郑秉文

中国社会科学院拉丁美洲研究所所长
中国社会科学院世界社保研究中心主任
郑秉文
2012 年 9 月